Wilhelm Baum

Zum Tode verurteilt.
NS-Justiz und Widerstand in Kärnten

Wilhelm Baum

Zum Tode verurteilt.

NS-Justiz und Widerstand in Kärnten

kitab

Gedruckt mit Unterstützung des Nationalfonds der Republik Österreich für Opfer des Nationalsozialismus

www.kitab-verlag.com
office@kitab-verlag.com

ISBN: 978-3-902585-93-6
Satz und Layout: Michael Langer
Titelfoto: DÖW Wien

Inhaltsverzeichnis

1. Die Entwicklung der deutschen Justiz nach Hitlers Machtergreifung 7

2. Die Opfergruppe der Zeugen Jehovas 17

3. Sozialisten und Kommunisten; die ersten Prozesse 28

4. Der erste Prozess vor dem Reichskriegsgericht in Klagenfurt und der Schauss-Prozess in Wien (1941/42) 33

5. Die St. Veiter Eisenbahner vor dem Reichskriegsgericht (1942) 40

6. Die Slowenen vor Roland Freislers Volksgerichtshof 64

7. Der erste Slowenenprozess vor dem Volksgerichtshof in Klagenfurt (7.-9.4.1943) 70

8. Widerstand in der katholischen Kirche – Die „antifaschistische Freiheitsbewegung Österreichs" 82

9. Walter Tollinger – der bürgerliche Intellektuelle 134

10. Der Prozess des Volksgerichtshofes gegen die Widerstandsgruppe Peskoller in Villach 138

11. Der Widerstand der Gruppen Käfer/Ročičjak/Mitsche 155

12. Fahnenflucht und Standgerichte der Wehrmacht in der letzten Kriegsphase 187

13. Anhang 201

14. Provisorische Liste der bekannten KZ-Opfer aus Kärnten 286

Quellen 325

Namensregister 332

Register der KZ-Opfer 338

1. Die Entwicklung der deutschen Justiz nach Hitlers Machtergreifung

Noch nie wurde bisher der Versuch unternommen, umfassend zu untersuchen, wie viele Menschen in und aus Kärnten in der NS-Zeit zum Tode verurteilt und hingerichtet wurden. Von den etwa 800 Hinrichtungsopfern in Österreich entfallen auf Kärnten über hundert Personen, also mehr als zehn Prozent. Diese Summe ist wiederum nur ein Bruchteil von den Opfern aus Kärnten, die in den KZs zu Tode gekommen sind. Die genaue Zahl ist nur schwer anzugeben, weil es keine vollständigen Daten darüber gibt. In Mauthausen wurden die Namen der Opfer von fremdsprachigen Registerführern häufig verballhornt und entstellt, in Ravensbrück wurden viele Unterlagen in den letzten Kriegstagen verbrannt; von Auschwitz gibt es Daten, ebenso von Dachau; hier wurde jedoch durch das bayerische Personenstandsgesetz die Publikation erschwert. Im Anhang des Buches wurde trotzdem versucht, eine unvollständige Liste der in den KZs ermordeten Personen aus Kärnten zu publizieren, die einige Vergleichsmöglichkeiten bieten. Die Quellenlage ist sehr unterschiedlich; von einigen Verfahren wie von zwei Freisler-Prozessen gegen Kärntner sind ausführliche Verhörprotokolle vorhanden, ebenso ausführliche Unterlagen über den Prozess gegen die „Antifaschistische Freiheitsbewegung Österreichs“ oder von zwei Prozessen vor dem Reichskriegsgericht. Sehr fragmentarisch sind dagegen die Akten der Feldgerichte bei Kriegsende, als in der Klagenfurter „Burg“ (Gestapozentrale) und im Landhaushof tagelang Akten verbrannt wurden, die man den Befreiern nicht in die Hände spielen wollte. Dies hat es in Kärnten lange leicht gemacht, sich damit herauszureden, man habe keine Akten aus der NS-Zeit. Gelegentlich tauchten auch Polizeiprotokolle auf Flohmärkten auf. Das vorliegende Buch stellt einen Versuch dar, das vorhandene

Quellenmaterial über die Todesurteile des NS-Systems in Kärnten einem breiteren Publikum zugänglich zu machen.

Nach Hitlers Machtergreifung in Deutschland am 30.1.1933 erfolgte schon in den nächsten Wochen die „Gleichschaltung" des gesamten Staatsapparates nach dem „Ermächtigungsgesetz" durch den Reichstag, das dem NS-System praktisch diktatorische Vollmachten einräumte. Der Justizapparat der Weimarer Republik konnte seine Unabhängigkeit jedoch nur kurze Zeit bewahren. Da der Prozess gegen die angeblichen Brandleger des Reichstages im Aufsehen erregenden „Reichstagsbrandprozess" nicht die von den Nationalsozialisten gewünschten Ergebnisse brachte, begann das NS-System mit der Einrichtung neuer Gerichtshöfe, die von Anfang an mit Nationalsozialisten durchsetzt waren und somit ein Gegengewicht zum traditionellen Gerichtssystem bildeten, in dem die „Gleichschaltung" sich nicht so rasch vollzog, wie es sich die Nazis wünschten. Die Gleichschaltung der Justiz begann nach der Machtübernahme Hitlers. Bereits die Notverordnung „zum Schutz von Volk und Staat" vom 28.2.1933 setzte wesentliche Freiheitsrechte außer Kraft, „schuf damit die juristische Basis für Schutzhaft und Konzentrationslager" und führte für die bisher mit lebenslanger Haft bedrohten Hochverratsdelikte die Todesstrafe ein.[1] „Schutzhaft" bedeutete eine Inhaftierung von Regimegegnern, die oft Monate ohne Gerichtsverfahren blieben und schließlich in ein KZ kamen.
Am 24.4.1934 kam es zur Änderung des Strafrechts und zur Gründung des Volksgerichtshofes (VGH), dessen anfängliche drei Senate über alle Delikte urteilen sollten, die als „Hochverrat" eingestuft wurden.[2] Der § 83 über den Hochverrat, der bisher höchstens eine Strafe von 10 Jahren vorsah, wurde nun erheblich ausgeweitet und konnte die Todesstrafe zur Folge haben.[3] Dazu gehörte auch die Beeinflussung der Massen durch Schriften, Bildmaterial oder Radiosendungen. Eine wichtige Rolle spielten in der Folge § 90

[1] Jürgen Zarusky: Einleitung, in: Widerstand als Hochverrat 1933-1945. Erschließungsband zur Mikrofiche-Edition, München 1998, 16.

[2] Günther Wieland: Das war der Volksgerichtshof, Berlin 1989, 23.

[3] Ebenda, 18.

(StGB) über „Volksverrat durch Lügenhetze“ und „Feindbegünstigung“ (§ 91). In § 5 der Kriegssonderstrafrechtsverordnung vom 17.8.1938 wurde der Tatbestand der „Wehrkraftzersetzung“, für den zunächst der Reichskriegsgerichtshof und seit 29.1.1943 auch der VGH zuständig war, umrissen und definiert. Sie hatte in der Folge häufig das Todesurteil zur Folge.[4] Ein solches war beim VGH auch innerhalb von 24 Stunden möglich – wie der Prozess gegen die Geschwister Scholl zeigt. Unter „Wehrkraftzersetzung“ fiel auch die Wehrdienstverweigerung, die vielen Angehörigen der „Zeugen Jehovas“ das Leben kostete.

In jedem Senat des VGH waren neben einem „Vorsitzer“ noch ein weiterer Richter und drei Laien als Richter tätig, die mit der NSDAP oder der Reichswehr in Verbindung standen. Die Laienrichter waren fast ausschließlich Funktionäre der NSDAP, besonders der SS oder SA, aber auch Wehrmachtsangehörige und Beamte oder Angehörige der Polizei. Dadurch stand der VGH eher unter der NS-Kontrolle als das Reichsgericht, mit dem der VGH 1936 auf eine Ebene gestellt wurde. Im Sommer 1942 fand ein „Radikalisierungsschub“ statt; nach der Justizschelte Hitlers vom 26.4.1942 stieg die Zahl der Todesurteile rasch an.[5] 1943 erhielt der VGH auch die Zuständigkeit für „Wehrkraftzersetzung“. Der Oberreichsanwalt, der die Untersuchungsergebnisse von Polizei und Gestapo erhielt, vertrat die Anklage und legte fest, welche Delikte dem VGH vorgelegt werden sollten. Er hatte somit einen Einblick in alle wichtigen Untersuchungen von Polizei und Gestapo. Seit 1935 amtierte der VGH in der Bellevuestraße in Berlin; ein Drittel der Verfahren wurden auswärts durchgeführt. Nach der Einführung der Todesstrafe (1933) wurde 1934 das erste Todesurteil vom VGH verhängt. 1936 wurde die Kompetenz des VGH unter dem Präsidenten Georg Thierack gesetzlich fest umrissen.

Der Volksgerichtshof entschied in erster und letzter Instanz; gegen seine Entscheidungen war kein Rechtsmittel zulässig. Bis 1945 sind 5253 Todesurteile am VGH nachweisbar.[6] Von 1942 bis Kriegsende wurden 95% aller

---

[4] Ebenda, 25.

[5] Ebenda, 32.

[6] Helmut Ortner: Der Hinrichter. Roland Freisler – Mörder im Dienste Hitlers, Wien 1993, 337.

Todesurteile vom VGH gefällt.[7] Da er bei Hitler höheres Ansehen genoss als das Reichs-Kriegsgericht (RKG), überließ Hitler dem VGH auch die Aburteilung der Männer des 20.7.1944. In Österreich wurden 2137 Personen vor dem VGH angeklagt, darunter 325 Frauen; 726 Verfahren wurden wegen Hochverrat, Landesverrat oder Wehrkraftzersetzung durchgeführt. Dabei wurden 814 Personen zum Tode verurteilt, von denen 51% aus dem Umfeld der KPÖ und SDAP kamen, 10 % hingegen von katholischen Gruppen. Von den 814 in Österreich nachweislich zum Tode verurteilten Personen stammten 100 nachgewiesene aus Kärnten, also mehr als 10 %! Zehn Zeugen Jehovas aus Kärnten wurden vor dem VGH zum Tode verurteilt.[8] Vor den Oberlandesgerichten Wien und Graz wurden 3461 Personen verurteilt, darunter fielen 14 Todesurteile. Ein beträchtlicher Teil der in Kärnten zum Tode verurteilten Widerstandskämpfer gehörte der slowenischen Volksgruppe an, ein großer Teil gehörte zur Berufsgruppe der Eisenbahner. Obwohl es nicht in jedem Fall möglich ist, zum Tode verurteilte Widerstandskämpfer eindeutig der slowenischen Minderheit zuzurechnen, dürften sie doch den größten Teil der Verurteilten gestellt haben – ganz zu schweigen von den um ein Vielfaches zahlreicheren Opfern, die im KZ umgekommen sind.

In der Weimarer Republik gab es keine Militärgerichtsbarkeit mehr wie in der Kaiserzeit; sie wurde erst am 12.5.1933 wieder eingeführt. Am 1.10.1936 wurde für die Angehörigen der Wehrmacht das „Reichskriegsgericht“ (RKG) gegründet; es blieb bis Kriegsende die oberste Rechtsmittelinstanz der Wehrmachtsjustiz. Der Sitz war zunächst in Berlin und wurde 1943 nach Torgau verlegt. Es wurde jedoch auch weiterhin vor dem VGH verhandelt; die Kompetenzabgrenzung zwischen den Gerichtshöfen war nicht immer eindeutig; so wurden auch Fälle der „Wehrkraftzersetzung[9]“ wie etwa die Militärdienstverweigerung dem RKG zugewiesen, später auch die Sabotage an der Reichsbahn. 1935 wurde der VGH um einen 4. Senat

[7] Zarusky (1998), 31.

[8] Wolfgang Neugebauer: Der österreichische Widerstand 1938-1945, Wien 2008, 37.

[9] Wolfgang Form: Wehrkraftzersetzung: Die Verfolgung des „Inneren Feindes“, in: Wehrmachtjustiz. Kontext, Praxis, Nachwirkungen, hrsg. v. Peter Pirker u. Florian Wenninger, Wien 2011, 60-76.

erweitert, 1941 um einen 5. und 1942 um einen 6. Senat. Bis 1936 wurden nur 2%, bis 1941 nur 8,5 % der Angeklagten zum Tode verurteilt. Insgesamt wurden im 2. Weltkrieg im „Reich" etwa 14500 Todesurteile vollstreckt; für den VGH sind 5253 Todesurteile nachgewiesen, für das RKG 1189, also insgesamt 6442![10] Ein Drittel der 16342 bekannten Personen, die vor dem VGH standen, wurden zum Tode verurteilt. 1939 erhielt der Oberreichsanwalt das Recht des Einspruchs gegen Urteile; wurde dem stattgegeben, sollte ein „Besonderer Senat" das letzte Wort haben. Das RKG bestand aus drei, ab 1941 aus vier Senaten, denen jeweils vier Militärjustizbeamte und drei Offiziere zugeteilt waren. Gegen Kriegsende bestanden die Senate nur noch aus je drei Richtern. Von 1939 bis November 1944 war Admiral Max Bastian Präsident des RKGs, der dessen Tätigkeit er auch nach 1945 in der Bundesrepublik noch verteidigte! Die Akten des RKGs sind nur sehr fragmentarisch erhalten, nur 96 Todesurteile erfolgten wegen Hochverrats; die Fälle von Hochverrat blieben weitestgehend beim VGH.[11] Insgesamt fällte das RKG zwischen 1939 und 1945 1523 Todesurteile. Das RKG ging 1942 gegen die Widerstandskämpfer der „Roten Kapelle" vor. Es verhandelte von 1939 bis 1945 gegen 224 Männer und Frauen aus Österreich; bekannt sind bis heute erst 61 Urteile[12], davon betreffen 26 Urteile Kärntner.[13] Insgesamt konnten bisher etwa 500 Todesurteile gegen österreichische Wehrmachtsangehörige eruiert werden, „wobei die Dunkelziffer auf Grund fehlender Quellen sehr hoch anzusetzen ist."[14] Die Zuordnung der Opfer zu Kärnten wurde dabei großzügig

[10] Hannsjoachim W. Koch: Volksgerichtshof. Politische Justiz im 3. Reich, München 1988, 499 u. Ortner (1993), 167 u. Norbert Haase: Das Reichskriegsgericht und der Widerstand gegen die nationalsozialistische Herrschaft, Berlin 1993, 13. Wolfgang Neugebauer: Der österreichische Widerstand 1938-1945, Wien 2008, 35 kommt auf „etwa 5200 Todesurteile" bei 7075 Angeklagten.

[11] Zarusky (1998), 34

[12] Peter Pirker: Gegen das „Dritte Reich". Sabotage und transnationaler Widerstand in Österreich und Slowenien, Klagenfurt 2010, 218.

[13] Hermann Göschler, Martin Čemernjak, Konrad Lipusch, Franz Knes, Franz Smounig, Gregor Wohlfahrt jr., Julius Ranacher, Michael Robert Essmann, Ludwig Höfernig, Josef Kuchler, Peter Schlömmer, Andreas Waste, Max Zitter, Karl Zimmermann, Johann König, Anton Dorner jr., Anton Uran, Johann Sablatnig, Robert Wohlbank, Bruno Resch, Josef Lassnig, Wilhelm Mösslacher, Leopold Kosmač u. Hermann Pischelsberger.

[14] Wolfgang Neugebauer: Der NS-Terrorapparat, in: NS-Herrschaft in Österreich, hrsg. v. Emerich Tálos,

interpretiert; einige sind gebürtige Kärntner, die später in anderen Bundesländern lebten, einige wurden in anderen Bundesländern geboren und lebten dann in Kärnten; zwei Opfer stammten aus dem Mießtal und aus Oberkrain, von 1941 bis 1945 ein Teil Kärntens, ein Opfer stammte aus Osttirol, das von 1938 bis 1945 ebenfalls zu Kärnten gehörte.
Die Oberlandesgerichte waren dem VGH und RKG nachgeordnet; sie bekamen „in der Regel nur weniger bedeutsame Verfahren zugewiesen.“[15] So wurden z.B. nach der großen Verhaftungswelle in Kärnten Anfang 1943 nur die „Hauptschuldigen“ aus den Slowenengruppen von Zell Pfarre und Eisenkappel zu einem Verfahren vor dem VGH zusammengefasst, die übrigen Verhafteten aber vom Oberlandesgericht Wien in Klagenfurt verurteilt; in diesen Prozessen gab es in der Regel nur Gefängnisstrafen. Todesurteile wurden meist nur vom RKG und VGH ausgesprochen, gegen Kriegsende auch in Schnellverfahren vor den „Feldgerichten“. Verdächtige, denen man nichts nachweisen konnte, wurden oft in „Schutzhaft“ genommen und ins KZ eingeliefert. Über diese sehr zahlreichen Opfer gibt es in der Regel leider keine Akten! Die zentralen Gerichte VGH und RKG verurteilten zwar den größten Teil der Widerstandselite, „jedoch gibt es Unschärfen bei der Abgrenzung: Vor den höchsten Gerichten wurden immer wieder relativ unbedeutende Fälle behandelt, während wichtige Prozesse zuweilen auch vor Oberlandesgerichten stattfanden.“[16] Entscheidend war, ob die Gestapo die zuständige Staatsanwaltschaft von einer Verhaftung verständigte oder nicht. Die Justiz konnte in der NS-Ära jedoch nie ihren „Ermittlungs- und Strafanspruch“ durchsetzen und nie bewirken, dass von der Gestapo Verhaftete in Untersuchungshaft statt in „Schutzhaft“ genommen wurden. Die Justiz blieb damit der Gestapo letztlich untergeordnet. Daher wird klar, „dass der politisch oppositionelle Untergrund im Dritten Reich einem massiven Verfolgungsdruck unterlag, der sich auch in entsprechenden Gerichtsverfahren niederschlug.“[17] Dazu gehört auch, dass Juden keine Verfahren vor Ge-

---

Ernst Hanisch, Wolfgang Neugebauer, Reinhard Siedler, Wien 2000, 721-743, hier 738.

[15] Zarusky (1998), 35.

[16] Ebenda, 36.

[17] Ebenda, 39.

richt mehr erhielten; nur „Arier“ konnten vor dem VGH verurteilt werden. Alle Akten der Gerichtshöfe stellen letztlich immer „Texte der Repression“[18] dar, da eine objektive Behandlung vor den NS-Gerichten nicht gegeben war. Bei allen Zitaten aus NS-Gerichtsakten muss diese hermeneutische Überlegung immer wieder angestellt werden.
Die Ermittlungen gegen politisch Verdächtige und Systemgegner wurden in der Regel von Polizei und Gestapo durchgeführt. Die Gestapozentrale in Klagenfurt in der „Burg“ hatte mehrere Abteilungen, die sich auf Slowenen, Kommunisten, Sozialisten usw. spezialisierten. Die Verhöre wurden meist in der Gestapozentrale in der Burg durchgeführt. Daneben wurden die Verhafteten auch im Polizeigefängnis St. Ruprecht und im Gerichtsgefängnis am St. Veiter Ring verhört. Die Gestapo schickte die Verhörprotokolle an den Oberreichsanwalt nach Berlin, der das Material sichtete und festlegte, welche „schweren Fälle“ dem Volksgerichtshof zugeteilt wurden. Verfahren gegen Wehrmachtsangehörige und Kriegsdienstverweigerer wurden vor dem RKG durchgeführt, insbesondere auch die Prozesse gegen die Angehörigen der Zeugen Jehovas.
Häufig kam es vor, dass man den Verhafteten nichts nachweisen konnte; die Betroffenen wurden dann einfach in „Schutzhaft“ genommen und ins KZ eingeliefert. Über die KZ-Insassen sind daher nur sehr wenige Unterlagen erhalten. Da die NS-Behörden bei Kriegsende ihre Spuren verwischen wollten, wurden viele Akten vor Kriegsende vernichtet, so auch bei der Kärntner Landesregierung und im Innenhof der Burg. Es sind daher nicht einmal alle VGH-Urteile vollständig erhalten, obwohl diese teilweise mit Stahlmatrizen vervielfältig und verschickt wurden!
Nach Ende des 2. Weltkrieges kam es zur Verabschiedung des vielfach novellierten Opferfürsorgegesetzes. Von den Opfern verlangte man „Beweise“, dass sie im KZ oder Zuchthaus gewesen waren; penibel wurden die Zeiten „angerechnet“ – es war dies kein Ruhmesblatt in der neueren österreichischen Geschichte! In den Opferfürsorgeakten finden sich dann doch gelegentlich Dokumente über frühere Leiden. Die Parteien versuch-

[18] Ebenda.

ten, neue Mitglieder zu werben und gaben relativ leicht den gestempelten Stehsatz, die betreffende Person habe „für die Freiheit Österreichs" gekämpft, was z. B. in Fällen früherer Partisanen der „Osvobodilna fronta" natürlich nicht stimmte. Vor allem die Parteien SPÖ und ÖVP stellten diese Bescheinigungen in großer Zahl aus. Es muss jedoch auch bedacht werden, dass die junge Republik nur wenige Steuereinnahmen hatte und auch die Kriegsopfer versorgen und den Wiederaufbau forcieren musste.
Der Oberreichsanwalt in Berlin entschied also in der NS-Zeit, an welchem Gerichtshof ein Fall behandelt wurde. Die „schweren" Fälle, bei denen es um den angeblichen „Hochverrat" ging und die Todesstrafe im Raum stand, kamen an den VGH, ansonsten wurden die „weniger schweren Fälle" an das Oberlandesgericht Wien abgetreten und häufig am Landgericht Klagenfurt abgehandelt. Dieses Gericht unterstand dem Oberlandesgericht Graz; der Präsident des Oberlandesgerichtes bereiste seinen Sprengel und schickte gelegentlich Berichte an das Justizministerium. Die Hochverratsfälle am VGH wurden in der Regel von dessen 1. Senat behandelt, dessen Präsident seit 1942 der berüchtigte Dr. Roland Freisler war. Wer dem 1. Senat des VGH zugeteilt wurde, stand gewissermaßen mit einem Fuß im Grab, wer in Klagenfurt vor Gericht kam, wusste, dass er in der Regel mit Zuchthaus oder Gefängnis davonkommen würde. Die meisten Todesurteile wurden vom VGH und RKG gefällt, das Urteil über Walter Tollinger vom Oberlandesgericht Graz und bei etlichen Soldaten von einfachen „Feldgerichten".

Am 26.8.1939 traten die Kriegsstrafverfahrensordnung und die Kriegssonderstrafrechtsverordnung (KSSVO) in Kraft: das RKG war zuständig für Hoch- und Landesverrat – wie der VGH - , Kriegsverrat, Spionage und „Wehrkraftzersetzung" (§ 5). Dazu zählten vor allem Eides- und Kriegsdienstverweigerung; deswegen wurden die Zeugen Jehovas vor dem RKG abgeurteilt, ebenso Verfahren gegen Offiziere und Wehrmachtsbeamte. Die KSSVO diente dem Kampf gegen die „Zersetzung des völkischen Wehrwillens"; ihre Hauptaufgabe war der Kampf gegen den Widerstand. Im § 5 der KSSVO wurde aufgelistet, was man unter „Wehrkraftzersetzung" verstand: Kriegsdienstverweigerung, „defätistische Äußerungen" und Selbstverstümmelung; im April

1940 wurde der Begriff „Öffentlichkeit“ bei mündlichen Äußerungen auch auf private Gespräche ausgedehnt. Später kam auch die „Rundfunkverordnung“ dazu, die das Hören von „Feindsendern“ unter schwere Strafen stellte. Am 1.9.1939 stellte die „Verordnung über außerordentliche Rundfunkmaßnahmen“ das Abhören von „Feindsendern“ unter Strafe, da es die „Widerstandskraft des deutschen Volkes“ gefährde. Das Abhören des Moskauer Senders wurde als „Hochverrat“ gewertet; all dies konnte auch mit dem Tode bestraft werden.[19] Der § 83 des Strafrechtes behandelte den „Verrat“; jetzt konnten gewisse Vergehen mit dem Tode bestraft werden; dazu gehörte auch die Beeinflussung der Massen durch Schriften, Bildmaterial und Funk. Mit diesen Bestimmungen konnte jegliche Opposition mundtot gemacht werden. So wurde z. B. sogar die SPD in einem Prozess als „hochverräterische Institution“ eingestuft! Auch jede Art von Sabotage wurde vom RKG geahndet, wie etwa das Unterbinden von Nachschub bei der Reichsbahn.
Nicht übersehen werden darf auch die Tätigkeit der „Feldgerichte“ und „Kriegsgerichte“, für die es teilweise kaum Quellen gibt. War die Aktenlage in den Jahren 1941 bis 1943 noch teilweise recht ausführlich, so wurde gegen Kriegsende oft „kurzer Prozess“ gemacht; die Akten der Feldgerichte sind selten länger als ein paar Seiten. Bei den VGH- und RKG-Prozessen sind bis 1943 oft Akten von mehreren hundert Seiten erhalten, die einen guten Einblick in die Sache vermitteln. Zwischen 1939 und 1945 wurden von diesen „kleinen“ Gerichten vor Ort mehr als 30.000 Todesurteile verhängt; die Begründungen werden gegen Kriegende immer kürzer, die Aktenlage dürftiger.[20] Von den rund drei Millionen Strafverfahren der Wehrmacht sind jedoch nur etwas mehr als 200.000 Akten erhalten, also insgesamt nur 7%![21] Eine vollständige Aufklärung über die Anzahl der NS-Verbrechen in der Wehrmacht und vor dem RKG ist damit – auch für Kärnten – ausgeschlossen!
Jede Art von Pazifismus wurde von der NS-Justiz unerbittlich verfolgt. Tau-

[19] Jürgen Zarusky: Einleitung, in: Widerstand als Hochverrat 1933-1945. Erschließungsband zur Mikrofiche-Edition, München 1998, 11-40, hier 26.

[20] Ebenda, 13.

[21] David Forster, Maria Fritsche und Thomas Geldmacher: Erläuterungen zur Methodik, zu den Quellenbeständen und zur Datenbank, in: Opfer der NS-Militärjustiz, hrsg. v. Walter Manoschek, Wien 2003, 63-78, hier 66.

sende von Zeugen Jehovas kamen ins KZ; religiöse Minderheiten wurden durch „Sondergerichte" und die Gestapo verfolgt. Wehrdienstverweigerer wurden prinzipiell nach § 5 der KSSVO wegen „Wehrkraftzersetzung" zum Tode verurteilt. Es wurde bei Urteilen darauf hingewiesen, dass Wehrdienstverweigerung aus Gründen der Abschreckung stets mit dem Tode bestraft werden sollte. Durch die Verordnung vom 11.5.1940 über den Umgang mit Kriegsgefangenen war „jedermann jeglicher Umgang mit Kriegsgefangenen und jede Beziehung zu ihnen untersagt".[22] In der Regel hatte das die Todesstrafe zur Folge, weil es dem „gesunden Volksempfinden" – das immer stärker zur Begründung der NS-Urteile herangezogen wurde – zuwiderlief. Dies wirkte sich besonders in Kärnten aus, wo in Abwesenheit der an der Front befindlichen Männer die Bauersfrauen mit französischen, polnischen oder russischen Kriegsgefangenen arbeiteten; jeglicher sexuelle Verkehr galt zudem als „Rassenschande". Am 7.12.1941 verkündete Hitler den „Nacht- und Nebel-Erlass", nach dem Widerständler in besetzten Gebieten „bei Nacht und Nebel" verhaftet und in Deutschland mit dem Tode bestraft werden sollten. Vorgehen gegen Ausländer wurde häufig mit „Notwehr" begründet. Aus „Abschreckungsgründen" sollte in diesen Fällen „auf die schwerste Strafe erkannt werden". Es wurden zunehmend juristische Grundprinzipien beim RKG missachtet; die Prozesse wurden in der Regel unter Ausschluss der Öffentlichkeit geführt. „Die Anwendung des Kriegssonderstrafrechts und -verfahrensrechts ließen von rechtsstaatlicher Substanz nicht viel übrig."[23]

Es geht in der vorliegenden Untersuchung um 100 Personen aus Kärnten, die nachweislich von NS-Gerichten zum Tode verurteilt wurden. Darunter befinden sich einige Eisenbahner und ein Zeuge Jehovas, die in Kärnten geboren wurden, aber später in der Steiermark z. T. bei der Reichsbahn tätig wurden und sich hier im Widerstand organisierten oder den Wehrdienst verweigerten. Auch diese Widerstandskämpfer können Kärnten als ihrer Heimat zugerechnet werden.

---

[22] Zarusky (1998), 14.

[23] Ebenda, 18.

2. Die Opfergruppe der Zeugen Jehovas

Die junge Religionsgemeinschaft der Zeugen Jehovas – von den Nazis „Bibelforscher" genannt, weigerte sich schon bei der Volksabstimmung über den „Anschluss", ihre Stimmen abzugeben, da dies mit ihren Grundsätzen nicht vereinbar sei; sie kamen seither „in die Vormerkung".[24] Von den etwa 550 Österreichern, die 1937 Zeugen Jehovas waren, wurden 445 inhaftiert und mindestens 145 ermordet; 54 wurden aufgrund von Gerichtsurteilen hingerichtet, neun davon aus Kärnten und eine Zeugin aus Osttirol[25] wurden nachweislich wegen „Wehrkraftzersetzung" vor das Kriegsgericht gestellt und hingerichtet. Leider sind nicht alle Akten dazu erhalten. In der jüngsten Zeit wurden die Namen der hingerichteten „Zeugen" sogar im Holocaust-Memorial in Washington verewigt; auch Kärntner Opfer sind hier registriert.

Als erster Kärntner Zeuge Jehovas wurde der am 26.2.1915 in Liebenfels geborene Maler und Musiker Hermann Göschler[26] aus Sörg verhaftet. Er arbeitete zunächst in der Sattlerei Tischler in St. Veit, diente danach zwei Jahre beim Bundesheer und wurde dann arbeitslos. Von der Bauerntochter Mathilde Pirker hatte er einen Sohn namens Josef. 1936 trat er aus der Kirche aus und wurde *„Bibelforscher"*, nachdem er von einem Freund auf die Bibel hingewiesen worden war. Er verweigerte daher den Wehrdienst und wurde 1939 in Völkermarkt inhaftiert, wo er von brutalen NS-Beamten geschlagen wurde. Nach seiner Verurteilung am 26.9.1939 vor dem RKG in Berlin wurde er zum Tode verurteilt und am 1.12.1939 im Zuchthaus Berlin-Plötzensee durch die Guillotine hingerichtet. Er scheint das erste

[24] August Walzl: Gegen den Nationalsozialismus. Widerstand gegen die NS-Herrschaft in Kärnten, Slowenien und Friaul, Klagenfurt 1994,240.

[25] Thomas Walter: Standhaft bis in den Tod. Die Zeugen Jehovas und die NS-Militärgerichtsbarkeit, in: Opfer der NS-Militärjustiz, hrsg. v. Walter Manoschek, Wien 2003, 342-357, hier 347

[26] Alexander Meier, in: Das Buch der Namen, Klagenfurt 2010, 502-504.

Todesopfer des Nationalsozialismus aus Kärnten gewesen zu sein.[27]
Das nächste Opfer der Kärntner „Zeugen“ war Gregor Wohlfahrt sr.[28], der am 10.3.1896 in St. Martin am Techelsberg, dem Zentrum der „Zeugen“ in Kärnten, geboren und 1929 Mitglied wurde. Da er bei schlechter Gesundheit war, wurde er zunächst freigestellt und erst zu Beginn des 2. Weltkrieges 1939 gemustert. Als er erklärte, er könne am Krieg nicht teilnehmen, wurde er nach Wien und dann nach Berlin gebracht, wo er am 8.11.1939 als Staatsfeind zum Tode verurteilt wurde; am 7.12.1939 wurde auch er in Plötzensee enthauptet. Die Kinder Anna und Ida wurden zwangsweise bei anderen Familien untergebracht. Die Söhne Kristian und Willibald kamen in ein Umerziehungsheim ins Saargebiet. Sein Sohn Franz wurde im April 1940 verhaftet und am 29.5.1940 „nur“ zu 5 Jahren Zuchthaus verurteilt, da er noch minderjährig war. Zuerst war er in der Karlau in Graz, 1941 kam er ins Strafgefangenenlager Rollwald in Deutschland. Im März 1945 wurde er von den Amerikanern befreit. Der am 24.7.1921 in Köstenberg geborene Sohn Gregor jr.[29] wurde am 18.12.1941 durch das RKG zum Tode verurteilt.[30] Er versuchte sein Leben zu retten, indem er sich zum Wehrdienst bereit erklärte, aber der 4. Senat des RKG lehnte ein Neuverfahren ab. Gregor wurde am 14.3.1942 in Brandenburg wegen Wehrdienstverweigerung enthauptet.[31]
Wenig ist über Maximilian Rutter bekannt, der am 23.10.1899 in Feldkirchen geboren wurde und bei einer Familie Obweger als Knecht arbeitete, die auch zu den „Zeugen“ gehörte. Im 1. Weltkrieg kam er an die italienische Front, wo er ständig Angst hatte, Verwandte zu erschießen. Er lebte in Leoben, wo er bei einer Firma in Hinterberg Arbeit fand und bei der Predigt von Haus zu Haus seine Frau Johanna Maier kennen lernte, die Zeugin wurde. Sie heirateten und bekamen eine Tochter namens Rudolfine. Er wurde am 17.10.1940 in Brandenburg enthauptet, offensichtlich nach ei-

---

[27] Gerti Malle: „Für alles bin ich stark durch den, der mir Kraft verleiht“. Widerstand und Verfolgung der Zeugen Jehovas in der Zeit des Nationalsozialismus in Kärnten, Klagenfurt 2011, 109f.
[28] Hans Haider: Gregor Wohlfahrt sen., in Das Buch der Namen, Klagenfurt 2010, 798f.
[29] Hans Haider: Gregor Wohlfahrt jun., in: Das Buch der Namen, Klagenfurt 2010, 799f.
[30] RKG 4. Senat, WL 2/42 (Ablehnung des Antrags auf Neuverfahren); vergl. dazu Walter (2003), 352.
[31] Malle (2011), 140f u. Hans Haider in: Das Buch der Namen (2010), 798-800.

hintere Reihe: Gregor Wohlfahrt jr. (1. v. links) u. sen. (4. v. links)

Maximilian Rutter

Anton Uran

nem Prozess vor dem RKG.[32] Seine Witwe heiratete in zweiter Ehe einen Mann, der durch Maximilian zu den Zeugen gekommen war.
Am 20.4.1942 erhielt der am 7.10.1902 geborene Klagenfurter Briefträger Richard Heide-Mattkey, dessen Mutter eine Schwester von Gregor Wohlfahrt sr. war, eine Vorladung vor das RKG, nachdem er eine Einberufung zur Wehrmacht erhalten hatte. Das RKG verurteilte ihn am 4.6.1942 zu eineinhalb Jahren Gefängnis, die bis Kriegsende ausgesetzt wurden .[33] Er überlebte den 2. Weltkrieg und starb 1974. Auch der am 1.4.1944 in Torgau vom RKG zu drei Jahren Gefängnis verurteilte Thomas Bürger aus Wurzen bei Velden überlebte den Weltkrieg.[34]
Franz Smounig (Samonig)[35] wurde am 2.7.1912 in Mallestig bei Finkenstein geboren.1941 kam er zu einem Bauern, der Kontakt zu Gregor Wohlfahrt sr. hatte. Er arbeitete mit bibelkundigen Frauen am Hof, auf dem Zeuginnen lebten. Obwohl er wusste, dass bereits ein Kärntner Zeuge hingerichtet worden war und acht weitere wegen Wehrdienstverweigerung inhaftiert waren, trat er am 28.4.1941 aus der katholischen Kirche aus und schloss sich den „Zeugen“ an. Er wurde verhaftet, kam in das Zuchthaus Torgau, wurde am 20.8.1941 wegen Wehrkraftzersetzung zum Tode verurteilt und am 27.9.1941 in Brandenburg hingerichtet. Auf dem Friedhof in Finkenstein ist er fälschlich als „Kriegsgefallener“ verewigt.
Anton Dorner aus Manessen bei Steindorf wurde 1891 geboren, sein Bruder Franz 1898. Als Franz 1942 zur Wehrmacht berufen wurde, zerriss er die Stellungspapiere; im März 1943 wurden die Brüder von der Gestapo geholt und ins Klagenfurter Gefängnis eingeliefert, am 15.3.1943 jedoch ins KZ Dachau, wo Anton am 23.12.1944 starb. Sein Bruder Franz starb kurz nach der Befreiung.
Antons Sohn Anton Dorner jr.[36], geboren am 28.4.1923 in Manessen, besuchte unter der Obhut der Großeltern die Volksschule in Steindorf. Seit

[32] Malle (2011), 127.
[33] Ebenda, 197-199.
[34] Ebenda, 104f u. 193-196; angeblich wurde er zunächst zum Tode verurteilt!
[35] Hans Haider: Franz Samonig, in: Das Buch der Namen, Klagenfurt 2010,
[36] Vinzenz Jobst: Anton Dorner jun., in: Das Buch der Namen, Klagenfurt 2010, 476f.

seinem 12. Lebensjahr las er die Bibel, mit 15 trat er aus der Kirche aus. Anton jr. kam 1932 mit der Lehre der Zeugen in Kontakt. Er wurde am 24.3.1942 zum Gebirgs-Pionier Ersatz-Bataillon 83 einberufen. Nach der Einberufung erklärte er, dass er aufgrund seines Bekenntnisses als Zeuge den Wehrdienst verweigere. Die Vorhaltungen des Kompanie-Chefs fruchteten nichts. Er weigerte sich auch, eine Uniform anzuziehen. Nach dem Wehrgesetz war er mit Einberufung zur Wehrmacht deren Mitglied! Nach der KSSVO § 5, der für den Fall der Wehrdienstverweigerung die Todesstrafe vorsah, wurde er vor dem Reichskriegsgericht angeklagt; er war damals 19 Jahre alt. Man hielt es jedoch nicht für ausgeschlossen, dass *„der von beiden Sachverständigen übereinstimmend bezeugte Mangel an Einsichtsfähigkeit durch Geistesschwäche verursacht*" sei. Man stellte allerdings fest, dass es ihm keinesfalls an Willenskraft fehlte. Nach der Einvernahme durch das Gericht der Division am 28.3.1942 kam er im Juli 1942 vor das RKG; der Sachverständige billigte ihm verminderte Zurechnungsfähigkeit nach § 51 StGB zu; die Justiz berief sich auch hier auf das *„gesunde Volksempfinden."* *„Dass er das Gesetz für ungerecht hält und glaubt, sich aus göttlichem Gebot über das Gesetz hinwegsetzen und die Strafe auf sich nehmen zu müssen*", gehe über den § 51 und den dort behandelten „Einsichtsmangel" hinaus. In acht Monaten Haft wurde ihm immer wieder zugeredet, aber ohne Erfolg. Er hielt das Gesetz für ungerecht und glaubte, „sich aus göttlichem Gebot über das Gesetz hinwegsetzen und die Strafe auf sich nehmen zu müssen". Auch in der Hauptverhandlung hielt er an der Ablehnung der Wehrpflicht fest und räumte ein, dass er „nach dem Gesetz des Staates für seine Wehrdienstverweigerung bestraft werden müsse". Eine mildere Beurteilung der „hartnäckigen Weigerung" sei daher nicht möglich. Das RKG lehnte eine Strafminderung nach § 51 des Strafgesetzbuches ab. Er wurde daher am 24.11.1942 wegen Wehrkraftzersetzung vom 4. Senat des RKGs unter dem Senatspräsidenten Biron zum Tode verurteilt. Das Urteil ist erhalten; es wurde bereits am 24.12. bestätigt.[37] Am 27.1.1943 wurde Anton im Zuchthaus Brandenburg hingerichtet. Sein Vater Anton und der

[37] Prag, Vojenský ustredni archiv RKG 6 (II), 01734, Urteile 4/1942 (StPl (HLS) IV 102/42 v. 21.12.1942 u. Malle (2011), 107

Onkel Franz Dorner wurden im März 1943 von der Gestapo verhaftet und kamen am 15.5.1943 ins KZ Dachau.
Der nächste zum Tode verurteilte Zeuge Jehovas war Franz Opetnik[38], geb. am 18.8.1910 in Aich/Moos bei Bleiburg, der nach der Pflichtschule das Spenglerhandwerk erlernte und zu Beginn der 1930er Jahre Zeuge Jehovas wurde. Am 16.1.1933 trat er aus der katholischen Kirche aus und zog nach Weißkirchen bei Judenburg, wo er als Spengler arbeitete. Am 17.11.1938 heiratete er in Judenburg Elise Schinnerl, mit der er eine Tochter hatte und die 1941 an einer Lungenkrankheit starb. Die zweijährige Tochter wuchs bei der Tante auf. Im Januar 1942 wurde er zur Wehrmacht eingezogen und zur Marine nach Beverloo in Belgien geschickt; er begab sich widerwillig zu seiner Einheit. Er verweigerte den Kriegsdienst und wurde nach Berlin gebracht, wo man ihn in einer Munitionsfabrik einsetzte, was er jedoch ebenso ablehnte. Am 26.3.1942 wurde Anklage gegen ihn erhoben. Auch der Bruder und die Schwägerin wurden einvernommen. Erst jetzt erfuhr das Militär, dass er zu den „Bibelforschern" gehörte. Er schwächte diese Zugehörigkeit jedoch ab. Als ihn das Kriegsgericht fragte: „Wenn Ihnen jetzt befohlen würde, mit der Waffe in der Hand im Osten gegen Russland zu kämpfen, könnten Sie das mit Ihrer Überzeugung vereinbaren?" verneinte er dies.[39] Daraufhin wurde am 26.5.1942 vor dem Gericht der 4. Panzerarmee – St.L 18/43 wegen Fahnenflucht die Todesstrafe verhängt, da er die Überzeugung vertrete, „dass Gott den Dienst in der Wehrmacht mit der Waffe verboten habe". Der Oberbefehlshaber der Kriegsmarine in Berlin bestätigte das Urteil; die Todesstrafe wurde dabei am 1.8.1942 in eine Gefängnisstrafe von 10 Jahren umgewandelt.[40] Am 12.2.1943 verurteilte ihn das Gericht des Admirals der Seebefehlsstelle in Antwerpen wegen Wehrkraftzersetzung zum Tode, da er sich u.a. auf eine „Erscheinung" berufen

[38] Martin Opetnik: Franz Opetnik, in: Das Buch der Namen, Klagenfurt 2010, 649 u. Heimo Halbrainer, Michael Schiestl (Hrsg.): Adolfburg statt Judenburg. NS-Herrschaft: Verfolgung und Widerstand in der Region Aichfeld-Murboden, Graz 2011, 272.

[39] Marcus Herrberger: Zeugen Jehovas als Kriegsdienstverweigerer in der NS-Zeit (1939-1945), in: M. Herrberger: Denn es steht geschrieben: Du sollst nicht töten!, (= Schriftenreihe Colloquium 12), Wien 2005, 216-221, hier 216 u. Urteil im Geschichtsarchiv der Zeugen Jehovas in Graz (Kopie).

[40] Graz, Geschichtsarchiv der Zeugen Jehovas (Kopie).

habe, die ihm zur Desertion geraten habe. Ein psychiatrisches Gutachten habe ergeben, dass er nicht schwachsinnig sei. Allerdings neige er dazu, „im harten Kampf des Lebens" sich „schutzsuchend auf ein höheres Wesen" zurückzuziehen. Im dritten Kriegsjahr gehe es jetzt *„um Sein oder Nichtsein des deutschen Volkes"*. Daher müssten auch Milderungsgründe abgelehnt werden, da eine derartige ungesühnte Haltung *„als schlechtes Beispiel"* dienen könne. Daher sei auch sein Vorschlag, in Rüstungsbetrieben zu arbeiten, als „belanglos" anzusehen.[41] Das vom Gericht des Admirals der Seebefehlsstellen in Antwerpen gefällte Urteil wurde jedoch vom Oberkommando der Kriegsmarine in eine 10-jährige Gefängnisstrafe umgewandelt. Am 16.9.1942 wurde er in das Wehrmachtsgefängnis Germersheim überstellt.

Am 15.11.1942 kam er mit der Feldstrafenabteilung 12 an die russische Front. Das Gericht des Admirals der Seebefehlsstellen erkundigte sich mehrfach nach Opetnik. Das Gericht des Oberkommandos der 4. Panzerarmee (St.I Nr. 18/43) in Taganrog verurteilte ihn jedoch nach § 5 der KSSVO am 12.2.1943 wegen Fahnenflucht zum Tode[42]; am 15.2. wurde er hingerichtet. Seine Mutter Maria erhielt am 6.3.1943 aus Taganrog am Asowschen Meer in der Ukraine die Mitteilung, dass er laut Urteil des Feldgerichts der Feldpostnummer 26789 Nr. 18/43 wegen Fahnenflucht zum Tode verurteilt worden sei. Das Urteil wegen *„Wehrunwürdigkeit"* sei am 15.2.1943 vollstreckt worden. In einem Abschiedsbrief schrieb er an seine Schwiegermutter: „Nun will ich Dir für mich eine sehr schwere Mitteilung machen. Am heutigen Tag hatte ich meine Hauptverhandlung mit einem traurigen und wieder freudigen Urteilsspruch, nämlich das Todesurteil. So werde ich also in aller Kürze durch den irdischen Richterspruch zu meinem Höchsten Richter kommen, wo ich mich rechtfertigen kann, der meine Treue zu ihm belohnen wird. Ob Gott der Herr ihnen vergeben wird, ist zweifelhaft, denn sie wissen ja, was sie tun. Ich bin durch die Worte meines Gottes gestärkt. Er wird mir Kraft geben, das irdische Dasein zu überwinden. So will ich alle grüßen, die mich kennen im Herrn Jesu Christi, Amen."[43]

---

[41] Herrberger (2005), 219.

[42] Ebenda, 219f.

[43] Ebenda, 220f.

Auch Anton Uran, von dem eine Biografie vorliegt, war Mitglied der Zeugen. Er wurde am 22.2.1920 am Hohen Karl in St. Martin am Techelsberg geboren. Ab 1938 setzte sich Anton mit der Bibel auseinander, trat aus der Kirche aus und erhielt im gleichen Jahr im Forstsee die Wassertaufe. Ende 1939 erhielt er die Einberufung zur Wehrmacht; als er den Dienst verweigerte, wurde er im Februar 1940 verhaftet. Er musste Zwangsarbeit leisten und wurde 1942 wegen Wehrkraftzersetzung vor dem RKG angeklagt, am 22.1.1943 zum Tode verurteilt und am 23.2. in Brandenburg auf dem Schafott hingerichtet.[44] Über Antrag seines Bruders Erasmus wurde das Urteil am 3.6.1997 vom Landesgericht Wien aufgehoben.[45] Es ist ein Skandal, dass sein Name noch heute auf dem Kriegerdenkmal in St. Martin am Techelsberg steht.

Wilhelm Mösslacher[46] wurde am 28.5.1925 in Edling bei St. Stefan im Gailtal als Sohn eines Eisenbahners geboren. Er wuchs im Bahnhofsgebäude auf und besuchte die Volks- und Hauptschule. Wilhelm hielt sich öfter beim Landwirt Johann Wernitznig auf, dem er beim Hüten der Kühe half und der ihm von den Zeugen Jehovas erzählte. Mit 15 Jahren ging er nach Lienz an die Handelsschule, wo er wiederum in Kontakt mit Zeugen Jehovas kam. Ab 1938 befasste er sich mit der Bibel und betrachtete sich als Zeuge Jehovas. Danach besuchte er noch ein Jahr die Schule in Villach; mit 18 Jahren trat er 1943 aus der Kirche aus. Am 27.1.1944 erhielt er den Einberufungsbefehl und fuhr nach Graz, wo er am 5.2.1944 vereidigt werden sollte. Kurz zuvor kam seine Tante in Klagenfurt bei einem Bombenangriff ums Leben. Die Mutter reiste am 31.1. nach Klagenfurt und kam ebenfalls bei einem Bombenangriff um. Wilhelm durfte am Begräbnis der Mutter nicht teilnehmen, da er inzwischen in Graz inhaftiert worden war. Als er gefragt wurde, ob er angesichts des Todes seiner Mutter auf „feind-

---

[44] Walter (2003), 353 u. Lieselotte Wölbisch: In tiefer Nacht beginnt der Morgen. Franz Wohlfahrt überlebt den NS-Terror, Klagenfurt-Ljubljana 2000, 199 (Abschiedsbrief).

[45] Vinzenz Jobst: Anton Uran, in: Das Buch der Namen, Klagenfurt 2010, 787-789 u. ders.: Anton Uran - verfolgt – vergessen – hingerichtet, Klagenfurt 2011.

[46] Malle (2011), 120-122 u. dieselbe: Wilhelm Mösslacher, ein NS-Opfer aus dem Gailtal, in: Literarische und historische Streifzüge durchs Gailtal, hrsg. v. Engelbert Obernosterer u. Wilhelm Baum, Klagenfurt 2010, 192f.

Helene Delacher

Wilhelm Mösslacher

Franz Opetnik

Hermann Göschler

liche Terrorflieger" schießen würde, antwortete er, er müsse die Flieger der Rache Jehovas überlassen. Nach drei Wochen Gefängnisaufenthalt in Graz wurde Wilhelm ins Zuchthaus Torgau an der Elbe überstellt. Er schrieb alle zwei Wochen nach Hause und erwartete Besuch. Seine beiden Schwestern Eleonore und Pauline konnten ihn am 20. und 21.4.1944 besuchen; sie erhielten nur 15 Minuten Sprecherlaubnis. Pauline erinnert sich, dass ihr Bruder Ketten an den Füßen trug. Man teilte ihnen mit, dass der Bruder bereits am 5.4. in Torgau vom Reichskriegsgericht wegen Wehrkraftzersetzung zum Tode verurteilt worden sei[47]; dabei hieß es: *„Wer seinem Volk in schwerster Kriegszeit den Wehrdienst hartnäckig und unbelehrbar verweigert, hat sein Leben verwirkt. Der Senat musste daher trotz der Jugend des Angeklagten auf die Todesstrafe erkennen."* Das Urteil könne jedoch aufgehoben werden, wenn Wilhelm widerrufe. Vergeblich versuchten die Schwestern ihn dazu zu überreden. Am 6.4. unterschrieb Wilhelm das Todesurteil; am 19.5. wurde er nach Halle gebracht, wo das Todesurteil vollstreckt wurde; er war damals 18 Jahre alt. Er war der letzte der neun Zeugen Jehovas aus Kärnten, der von der NS-Justiz aus Glaubensgründen wegen Wehrdienstverweigerung hingerichtet wurde.
Die Osttirolerin Helene Delacher[48] wurde am 25.8.1904 in Lienz in Osttirol geboren, das von 1938 bis 1945 zum „Reichsgau Kärnten" gehörte. Am 13.6.1940 wurde sie mit ihrem Verlobten Alois Hochrainer und zehn weiten Zeugen verhaftet. Sie wurde zu acht und Hochrainer zu zehn Monaten Gefängnis verurteilt. Nach seiner Freilassung ging er nach Südtirol in die Nähe des Brenners und hielt den Kontakt mit der Verlobten per Post aufrecht. Am 14.6.1943 wollten sich beide in der Nähe des Brenner-Passes treffen. Helene hatte Nummern des „Wachturmes" mit, um sie ihrem Verlobten zu übergeben. Sie wurde von der Polizei gestellt und nach Innsbruck ins Gefängnis gebracht. Das Gericht billigte Helene eine erheblich verminderte Zurechnungsfähigkeit zu. Im Urteil des VGH Berlin vom

---

[47] Prag, Vojeneky historicky archiv, RKLG 9 (II), 233/44.

[48] Gerti Malle (2011), 47-49 u. dies.: Delacher Helene, in: Auf Wiedersehen über den Sternen! Na svidenje nad zvezdami. Briefe aus Widerstand und Verfolgung unter dem NS-Regime in Kärnten, Klagenfurt 2012, 245-249.

4.10.1943 heißt es, sie habe versucht, „wehrfeindliche Flugschriften der Internationalen Bibelforscher-Vereinigung“ nach Italien zu schmuggeln und werde daher „*wegen Wehrkraftzersetzung mit dem Versuch landesverräterischer Lügenhetze zum Tode verurteilt*“. Am 12.11.1943 wurde sie in Berlin-Plötzensee enthauptet, nachdem sie ihrem Verlobten zuvor noch einen Abschiedsbrief geschrieben hatte. 1999 wurde sie durch das Wiener Landesgericht rehabilitiert. Sie war die einzige Frau aus Österreich, die aufgrund ihrer Zugehörigkeit zu den Zeugen Jehovas zum Tode verurteilt wurde.[49]

Neben den neun zum Tode verurteilten Zeugen kamen Franz und Anton Dorner sr., Hermann Fertin, Anton Platzer, Josef Rudl, Leonhard Rutter, Johann Stichauner und Franz Wohlfahrt sr. im KZ um, insgesamt handelt es sich um 16 Blutzeugen der kleinen Christengruppe in Kärnten, daneben noch die Osttirolerin Helene Delacher. Die Glaubensgemeinschaft der Zeugen Jehovas hat sich sehr bemüht, das Andenken ihrer Märtyrer im Gedächtnis zu bewahren.

Zur Gruppe der aus religiösen Gründen und wegen Wehrdienstverweigerung Verfolgten muss auch der am 15.2.1900 in Weitensfeld geborene Julius Ranacher gerechnet werden, ein uneheliches Kind. Als Schneider kam er 1935 zur Schneiderswitwe Moritschnig in Feldkirchen, die Adventistin war und mit der er zusammenlebte. Am 16.11. 1941 erhielt er die Einberufung. Er weigerte sich jedoch, die Uniform anzuziehen und wurde wegen Unbelehrbarkeit und Hartnäckigkeit am 18.2.1942 vom 3.Senat des RKGs zum Tode verurteilt und nach der Bestätigung durch Admiral Bastian hingerichtet.[50] Die Mitglieder der Zeugen Jehovas waren durchwegs einfacher bäuerlicher Herkunft; die Rechtsprechung war nicht einheitlich, manchmal hat man den Eindruck, dass die Gerichte nicht unbedingt darauf aus waren, die Glaubenseiferer zum Tode zu verurteilen.

[49] Gerti Malle: (2011), 48f.

[50] Wien, DÖW 21.062/17

3. Sozialisten und Kommunisten; die ersten Prozesse

Nach dem Verbot der Sozialistischen Partei im „Ständestaat“ ging ein Teil der Sozialisten zu den Kommunisten über. Josef Nischelwitzer in Kärnten war der bekannteste Vertreter dieser Gruppe. Nach dem „Anschluss“ bildeten die Kommunisten und „Revolutionären Sozialisten“ die stärksten Gruppen in der linken Opposition gegen das NS-Regime. Die Biografie von Hermine Sagmeister, die Ende März von der Gestapo verhaftet wurde, verdeutlicht das Organisationsnetz, über das die KPÖ auch im Untergrund noch verfügte.[51] In der Wohnung von Rupert Valet in Harbach wurde schon bald nach dem „Anschluss“ eine kommunistische Untergrunddruckerei eingerichtet, später auch in St. Ruprecht bei einer Frau Katharina Werhonig, die am 29.10.1941 vom OLG (Oberlandesgericht) Wien in Klagenfurt zu sechs Monaten Gefängnis verurteilt wurde. Der zu zwei Jahren Gefängnis verurteilte Jakob Wieser war ein frühes Opfer des NS-Regimes. Neben Franz Oberdorfer waren Josef Trapp, Leopold Gabernig und Egon Überfellner führend am Aufbau der illegalen Organisation beteiligt. Kilian Schauss war von 1938 bis 1940 an der Spitze der KP, dann folgte ihm Hubert Knes. Nach dem Anschluss fiel der Gestapo eine Mitgliederkartei der ehemaligen kommunistischen und sozialistischen Mitglieder mit etwa tausend Namen in die Hände.[52] Die Kommunisten versuchten daher, in Zukunft unauffällig in kleinen Gruppen zu operieren.

Seit Beginn des 2. Weltkrieges nahm der Widerstand der Linken in Kärnten zu. Gregor Gabriel, ein slowenischer Bauer aus Lessach bei Rosenbach,

[51] Herlinde Roth: Beiträge zum Widerstand gegen das NS-Regime in Kärnten 1938-1945, phil. Diss., Wien 1985, 157-164.

[52] Ebenda, 130.

der schon 1932 eine kommunistische Versammlung in St. Jakob besucht hatte, traf sich im Herbst 1938 in Klagenfurt mit Kilian Schauss, den er auch später öfters traf, um die politische Lage zu besprechen. Bald nahmen sie zu Karl Lepuschitz Kontakt auf, der 1912 in Rosenbach geboren wurde und 1945 kurz vor Kriegsende im KZ Neuengamme umkam. Er traf sich in seiner Wohnung mit dem KP-Verbindungsmann Josef Trapp, der am 30.3.1940 deportiert wurde und wenige Tage vor Kriegsende starb. Trapp übergab Lepuschitz 50 Exemplare kommunistischer Flugschriften und ersuchte ihn, neue Mitglieder zu werben. Da die kirchlich organisierten slowenischen Vereine die slowenischen Arbeiter eher vernachlässigten, fanden sie in erster Linie bei den illegalen Sozialisten und Kommunisten Unterstützung.
Die Linken organisierten sich jedoch eher nur auf lokaler Ebene, da die Gestapo im Besitz der früheren Mitgliederkartei war und die Widerständler auf lokaler Ebene bewusst keine starke Vereinsstruktur entwickelten. Sie sammelten Spenden für in Not geratene Genossen, die mittels der „Roten Hilfe" verteilt wurden. Am 24.5.1940 erließ der Ermittlungsrichter am Volksgerichtshof einen Haftbefehl gegen Karl Lepuschitz, der verdächtigt wurde, sich illegal für die KPÖ betätigt und Flugzettel verteilt zu haben.[53] Beim Prozess am 29.10.1941 erhielt er drei Jahre Zuchthaus für die „Vorbereitung zum Hochverrat". Er kam in ein Arbeitslager am Chiemsee und wurde im Jänner 1942 nach Wien gebracht, um im Prozess gegen die KP-Funktionäre Kilian Schauss und Josef Trapp auszusagen. Dann kam er ins Gefängnis nach Salzburg, wo er Blindgänger und Zeitzünder entschärfen musste und wenige Tage vor Kriegsende freigelassen wurde.
Unter den Eisenbahnern kam es aber auch zu grenzüberschreitenden Kontakten zu jugoslawischen Kollegen, die keine sprachlichen Probleme hatten. Bereits seit 1939 stand Gregor Gabriel mit dem Kommunisten Ferdinand Kravanja aus dem Oberkrainer Industriezentrum Jesenice/Assling in Verbindung, der wiederum mit den Brüdern Anton und Franz Ivančič[54]

[53] Ebenda, 189.

[54] Heimo Halbrainer u. Michael Schiestl (Hrsg.): Adolfburg statt Judenburg. NS-Herrschaft: Verfolgung und Widerstand in der Region Aichfeld-Murboden, Graz 2011, 266f.

Kontakt hatte; Franz arbeitete in Möderbrugg.[55] Die Familie lebte zeitweise in Kärnten und der Steiermark, hatten aber auch Kontakte nach Italien und Jugoslawien. Anton war Mitglied beim Arbeitersportverein „Freiheit" in Villach; 1939 gab es ein Verfahren wegen Körperverletzung zweier Nationalsozialisten gegen ihn, das aus Mangel an Beweisen eingestellt wurde. Zu Weihnachten 1939 kamen Kravanja und Anton zu Engelbert Glitzner aus Andritz bei Graz; in Rosenbach lernte er Gregor Gabriel kennen, der seit 1939 mit Kravanja einen grenzüberschreitenden Schmuggel mit Saccharin betrieb. In Klagenfurt kam Kravanja auch zu einem Treffen mit Kilian Schauss und Gregor Gabriel.[56]
Die transnationalen Kontakte zwischen den Eisenbahnern in Kärnten, der Steiermark und Jugoslawien wurden weiter ausgebaut. Im Februar 1940 besuchte Franz Ivančič Gregor Gabriel in Rosenbach. Im März 1940 kam es zu einer weiteren Zusammenkunft von Ivančič, Gabriel, Glitzner, dem Villacher Eisenbahner Josef Peskoller und Karl Tantinger im Bahnhofsrestaurant in Villach, wo die Weitergabe von Flugschriften beschlossen wurde; im April kam es zu einer weiteren Begegnung in Rosenbach. Auf diese Weise entstand ein transnationales Netz von slowenischen und österreichischen Kommunisten, die auch Kontakte zu den Slowenen in Italien hatten, wo die Widerstandsbewegung TIGR entstand, die die Befreiung von Triest, Istrien und dem Küstenland von der italienischen Herrschaft erstrebte. Die Gruppe um Kilian Schauss grenzte sich jedoch von den Jugoslawen ab, weil sie sich auch von den „bürgerlichen Demokratien" England und Frankreich distanzierte. Anton Ivančič bemühte sich außerdem um Kontakte zu Anton Tuder, den er vom Villacher Arbeitersportverein kannte. Aber auch Tuder, der sich aus christlichen Impulsen für sozial Schwache interessierte und heftig angefeindet wurde, hielt sich zurück. Vergeblich versuchte die Gestapo ihm später Kontakte zu Kravanja und den Brüdern Ivančič nachzuweisen. Er machte Kravanja jedoch mit dem jungen Alois Knes aus Maria Gail bekannt, der mit Gabriel verwandt war. Der aus Maria Gail stammende

[55] Ebenda, 195f u. Peter Pirker: Gegen das „Dritte Reich". Sabotage und transnationaler Widerstand in Österreich und Slowenien 1938-1940, Klagenfurt 2010, 159f

[56] Roth (1985), 196.

Franz Knes gehörte zu der etwa zehn Personen umfassenden Widerstandsgruppe, die sich in Maria Gail um Anton Tuder gebildet hatte. Tuder konnte sich in Deutsch, Slowenisch und Italienisch mündlich und schriftlich verständigen. Er war von 1931 bis zum Februar 1934 sozialistischer Bürgermeister gewesen und nach seiner Absetzung wegen kommunistischer Betätigung 1936 zu sechs Monaten Arrest verurteilt worden. Er verlor seine Pension; seine schwerkranke Frau und die Töchter lebten notdürftig von einer „Gnadenpension". Vergeblich schrieb er an den Bundespräsidenten Miklas und an das Land Kärnten. Ein Schreiben um Unterstützung an die Reichsbahn wurde von der NSDAP-Wiedergutmachungsstelle in Klagenfurt unter Friedrich Perkonig abschlägig beantwortet. Der Ermittlungsrichter am Volksgerichtshof erließ bereits am 20.2.1941 einen Haftbefehl gegen ihn.
Zu der KP-Zelle in Maria Gail gehörte nach einem späteren Verhör der jugoslawischen Geheimpolizei OZNA seit 1938 auch der Maurer Konrad Lipusch aus Kleinsattel, der nach 1934 wegen *„Vorbereitung zum Hochverrat"* in Haft gewesen war.[57] Zu der 12 Personen umfassenden „Maria Gailer Gruppe" gehörte neben Konrad Lipusch seit 1939 auch der Zimmermann Martin Čemernjak aus Gottestal bei Wernberg, der Bruder der Theresia Knes, der seit den 1920er Jahren Mitglied der sozialistischen Partei in Villach war. Die „Maria Gailer Gruppe" bereitete Sprengstoffanschläge vor und verbreitete Informationen über die politische Lage. Tuder half dem Deserteur Alois Knes, dem Sohn Huberts, der in Klagenfurt das Gymnasium besucht und das Maschinenbaustudium begonnen hatte, Ende 1939 bei der Flucht aus der Kaserne im Pongau über die jugoslawische Grenze. Er wurde nach der Flucht Kurier Kravanjas von Jesenice nach Kärnten und in die Steiermark zum Kontaktmann zwischen den Gruppen. Im Frühjahr 1940 brachte er Sprengmaterial aus Slowenien nach Kärnten, das er in seinem Elternhaus versteckte. Er war der Neffe von Martin Čemernjak, der sich als Marxist bekannte und Kontakt zu den Slowenen in seiner Umgebung hielt. Zu seinem Freundeskreis gehörte der Schneider Franz Melcher, der in die Verbindungen mit Jugoslawien eingeweiht war. Bereits im März 1940 waren auch der am 11.6.1940 verhaftete Osttiroler

[57] Ebenda, 163.

Eisenbahner Josef Peskoller und der aus Wien stammende KPÖler Karl Tantinger im Kreis der Villlacher NS-Gegner.[58] Um Peskoller und seine Frau Maria bildete sich eine eigene Widerstandsgruppe, die schließlich vor dem VGH unter Roland Freisler verurteilt werden sollte. Zum 2. Jahrestag der Okkupation Österreichs durch Hitler-Deutschland kam es im März 1940 zu einer Flugblattaktion; auch in Klagenfurt und St. Ruprecht wurde ein Teil der etwa 900 Flugblätter verteilt. Es kam im Anschluss an die Flugblattaktion zwischen März und Juli 1940 zur Verhaftung von etwa 80 Kommunisten. Glitzner schlug vor, Anton Ivančič sollte die Flugblätter gegen das NS-Regime von Jugoslawien zu Gregor Gabriel bringen, der sie an Peskoller und Tantinger bringen sollte, die sie wiederum an Antons Bruder Franz Ivančič in die Steiermark weiterleiten sollten. Peskoller und Tantinger lehnten die Kooperation bei der Aktion jedoch ab. Damit ist der Kreis der Mitwisser umrissen. Kurz darauf wurden Lepuschitz und Gregor Gabriel angeklagt; Gabriel wurde am 27.10.1941 zu zehn Jahren Zuchthaus verurteilt.[59] Am 20.2.1942 setzte das Gericht für die drei im Frühjahr 1940 festgenommenen Kommunisten Peskoller, Tantinger und Valle am 20.2.1942 in einem eigenen abgetrennten Verfahren Gefängnisstrafen zwischen drei und acht Jahren fest.

---

[58] Hans Haider: Nationalsozialismus in Villach, 3. Aufl., Klagenfurt 2008, 139 u. 143.

[59] Urteil 7 OJs 107/41; vergl. Roth (1985), 198

4. Der erste Prozess vor dem Reichskriegsgericht in Klagenfurt und der Schauss-Prozess in Wien (1941/42)

Weitere Aktivitäten der linken Eisenbahner führten schließlich zu einem Verfahren vor dem RKG mit Todesurteilen. Mit dem aus Jugoslawien geschmuggelten Sprengstoff unternahm der steirische Eisenbahner Engelbert Glitzner in der Nacht vom 15. auf den 16.4.1941 bei Judenburg den ersten Anschlag auf die Reichsbahn, dem am 19.5. ein weiterer Anschlag bei Judenburg folgte, was in der Folge zur Verhaftung der verdächtigten Eisenbahner führte. Wie Peter Pirker nachweisen konnte, hatte der britische Auslandsgeheimdienst dabei seine Hand im Spiel; Alexander Lawrenson unterstützte die Aktivitäten mit Waffen und Sprengstoff.[60] Die Gestapo stellte bald fest, dass die Zündvorrichtungen aus England kamen. Durch eine Art Rasterfahndung wurde man auf Engelbert Glitzner aufmerksam, dessen Wohnung durchsucht wurde, ebenso die des Slowenen Franz Ivančič, bei dem man in Rosenbach und Villach gelöste Fahrkarten fand. Glitzner wurde am 31.5.1941 von der Gestapo festgenommen; Ivančič, der in Jugoslawien bereits verhaftet worden war, wurde in Mai 1941 nach Deutschland überführt; am 13.6. wurde vom RKG der Haftbefehl erlassen. Sie legten ein Geständnis ab, bevor es zu einer Gegenüberstellung mit dem Klagenfurter Gestapo V-Mann Alexander Herbst kam, der bereits mit Ivančič und Kravanja sowie dem in Klagenfurt tätigen jugoslawischen Konsulatsmitarbeiter Karl Sirok zusammengetroffen war, der am 11.6.1941 in Klagenfurt von der Gestapo verhaftet wurde. Alois Knes blieb in Jugoslawien in englischen Diensten; 1942 war er unter den englischen Rekruten in Ägypten.

[60] Pirker (2010), 169.

Offensichtlich übernahm der Klagenfurter Gestapochef Dr. Ernst Weimann jetzt die Leitung der Aktion. Am 25. und 26.6. verhaftete die Gestapo in Maria Gail und Villach die Angehörigen der Familien Knes, Čemernjak, Lipusch und Melcher, die zunächst alles leugneten, bis die Gestapo bei Lipusch und Čemernjak sowie noch anderen Personen, denen vorgeworfen wurde, von Sabotage- und Terrororganisationen in der „Ostmark" gewusst zu haben, die Sprengstoffdepots bei Hausdurchsuchungen entdeckte. Einige Verhaftete wurden schließlich nach zwei Wochen aus der Haft entlassen; in Alois Knes, Anton Ivančič und Ferdo Kravanja sah man die Organisatoren der Sabotage. Damit wurden die Ermittlungen Anfang Juli 1941 abgeschlossen. Sicherheitsdienst-Chef Heydrich bildete eine Sonderkommission des Sicherheitsdienstes, die nach Jugoslawien geschickt werden sollte. Das Reichssicherheitshauptamt protestierte energisch bei der Regierung Cvetkovič in Belgrad dagegen, dass diese Anschläge offensichtlich von Jugoslawien aus gefördert worden waren. Es wurden einige Personen verhaftet, aber die mutmaßlichen Drahtzieher Knes, Kravanja und Anton Ivančič konnten entkommen, wurden jedoch in Jugoslawien zur Fahndung ausgeschrieben.

Die Anschläge auf die Reichsbahn, die im April 1940 in Judenburg begonnen hatten, hörten allmählich auf. Nach dem Sturz der deutschfreundlichen Regierung in Jugoslawien im April 1941 entschied der VGH in Berlin am 8.4.1941, den Prozess gegen die 37 Angeklagten dem RKG zu überlassen, das am 25.6.1941 die Anklageverfügung erließ.[61] Am 17.7.1941 begann vor dem Reichskriegsgericht (RKG) in Klagenfurt der erste große Prozess gegen die Eisenbahner, die wegen Hochverrats angeklagt wurden. Der 3. Senat des RKGs wurde von Karl Schmauser geleitet, der später auch die am Stauffenberg-Attentat beteiligten Wehrmachtsoffiziere verurteilen sollte. Es wurde der erste Prozess mit Todesurteilen gegen Kärntner: Franz Knes, Konrad Lipusch und Martin Čemernjak wurden dabei zum Tode verurteilt. Anton Ivančič und Ferdinand Kravanja wurden nach der Besetzung Jugoslawiens in einem Gefängnis ausfindig gemacht; Alois Knes konnte jedoch

[61] StPl (RKA) I 118/41, fol. 128-162, unterschrieben von Dr. Fischer.

entkommen. Das Urteil vom 25.7.1941 wurde am 30.9.1941 durch den Präsidenten Admiral Bastian bestätigt und in der Folge am 4.11.1941 im Zuchthaus zu Brandenburg vollstreckt. Die Gestapo war sich darüber im Klaren, dass man nur einen Teil der widerständischen Eisenbahner überführt hatte. Die Drahtzieher wurden weiter gesucht.

Der nächste große Prozess gegen NS-Gegner in Kärnten fand vom 15. bis 18.2.1942 vor dem VGH in Wien gegen Kommunisten aus Kärnten statt; Kilian Schauss, geboren am 7.7.1909 in St. Martin am Silberberg in Kärnten, war seit seiner Kindheit in der Sozialistischen Partei aktiv.[62] Er lernte das Bäckerhandwerk; nach dem Verbot der SDAP wurde er 1935 Kommunist und besuchte 1935 die Leninschule in Moskau. Er begann mit dem Aufbau kommunistischer Zellen in Kärnten und führte im März 1940 zum 2. Jahrestag des „Anschlusses" eine Flugblattaktion mit etwa 900 Flugblättern in Klagenfurt durch. Insgesamt wurden in der Folge etwa 50 Aktivisten von der Gestapo verhaftet. So kam es zur Aufdeckung der illegalen kommunistischen Landesleitung der KPÖ. Am 24.5.1940 erließ der Ermittlungsrichter am VGH einen Haftbefehl gegen mutmaßliche Aktivisten, die nach dem § 83 des Reichsstrafgesetzes (Vorbereitung zum Hochverrat) an-

Franz Knes

[62] Max Muchitsch: Die Rote Stafette. Vom Triglav zum Hochschwab, Wien 1985, 115-118.

geklagt wurden.[63] Die Anklageschrift wurde vom Oberreichsanwalt beim VGH am 22.9.1941 ausgestellt.[64] Kilian Schauss war am 29.3.1940 festgenommen und in die Untersuchungshaftanstalt Berlin-Moabit eingeliefert worden.
In den Unterlagen des Prozesses finden sich zahlreiche Einzelheiten über die Aktivitäten. So wurde der „Russenpakt", das Abkommen zwischen Hitler und Stalin, eifrig diskutiert. Die Mitglieder sammelten Beiträge und versuchten, ab Ende 1939 „Flugschriften herzustellen und zu verbreiten". Dabei waren vor allem Hubert Knes, Kilian Schauss, der Buchbinder Leopold Gabernig und der Schriftsetzer Egon Überfellner beteiligt; hergestellt wurden die Flugblätter auf einer Matrize und einem Vervielfältigungsapparat in St. Ruprecht. Darin wurden die „imperialistischen Kriegsziele" des Führers und seine „größenwahnsinnigen Raubpläne" kritisiert. „Stürzt das Hitler-Regime! Kämpft für ein glückliches freies Österreich, für ein Österreich ohne Kapitalismus, ohne Krieg, ohne Ausbeutung und Unterdrückung. Kämpft für eine Bauern- und Arbeiterregierung!" In einem weiteren Flugblatt heißt es:
„Die österreichische und deutsche Arbeiterklasse weiß, was die Nazis meinen, wenn sie vom Sozialismus sprechen. Sie lassen sich nicht irreführen von der Goebbel'schen Lügenpropaganda von Berlin, aber auch nicht von den Anbetern der bürgerlichen Demokratie von London und Paris. Nichtsdestoweniger werden sie den Kampf gegen den imperialistischen Krieg und die faschistische Unterjochung fortsetzen bis zur Verwirklichung des wahren Sozialismus. Unsere Losung: UMWANDLUNG DES IMPERIALISTISCHEN KRIEGES IN DEN BÜRGERKRIEG! FÜR DEN SOZIALISMUS!! IM SINNE MARX'S ENGEL'S LENIN'S UND DES FÜHRERS DER PROLETARISCHEN WELTREVOLUTION ---STALIN![65]
Der vom Volksgerichtshof bereits im Frühjahr 1941 in Abwesenheit in Wien zum Tode verurteilte Hubert Knes hatte ein Gedicht publiziert, in dem er

[63] Roth (1985), 206.
[64] 7 J 174/40. Vergl. dazu: Josef Nischelwitzer: Skizzen aus seinem Leben und seiner Zeit, Klagenfurt 1988, 78f
[65] 7 J 174/40 2 H 132/41, fol.16.

die Soldaten aufforderte, dem Kapitalismus den „Gnadenstoß“ zu geben:
„Er hat uns lange geknebelt, geknechtet,
Erbärmlich geschunden, beraubt und entrechtet.
EIN NEUES SYSTEM AN SEINE STELLE:
FREIE MENSCHEN UND GEISTESHELLE,
EINE NEUE PAROLE IM KAMPFE GLEICH,
PROLETARIER ALLER LÄNDER VEREINIGT EUCH!“[66]

Hierbei fällt auf, dass die Kommunisten für ein freies Österreich eintraten – was später die „Moskauer Deklaration“ als Bedingung für eine Wiedererrichtung Österreichs forderte. Die Flugblätter entstanden kurz vor dem ersten Einsickern slowenischer Partisanen in Südkärnten, die in der „Osvobodilna fronta“ organisiert waren, die unter der Leitung von Kommunisten standen und den Anschluss von Südkärnten an Jugoslawien forderten. Karel Prušnik-Gašper lässt durchblicken, dass die OF sich in der Frage der Zugehörigkeit Kärntens zunächst bedeckt halten wollte: „Vielfach fragten sie auch, wie die Grenzen in Kärnten verlaufen werden. Wir antworteten, dass das Volk selbst die Grenzen bestimmen wird: Wo Slowenen siedeln, dort wird Slowenien sein, wo Österreicher – Österreich, jedoch kein faschistisches.“[67] Das einigende Band zwischen den beiden Gruppen war im Grunde nur der Kampf gegen den Faschismus. Die Frage der zukünftigen Grenze Jugoslawiens wurde bei den Kommunisten zunächst noch nicht diskutiert. Es kam auch zum Druck von Broschüren, in denen Zitate von Rosa Luxemburg und Karl Marx angeführt wurden. Es blieb aber beim Bekenntnis zu einem demokratischen Österreich, das später in der „Moskauer Deklaration“ von den Alliierten thematisiert wurde. Gregor Gabriel, der im Rosental versuchte, eine kommunistische Zelle zu bilden, brachte Schauss auch ein Flugblatt der „Revolutionären Sozialisten“. Auch der Schneider Franz Haderlapp, ein ehemaliger Kommunist aus Lobnik bei Eisenkappel, beteiligte sich an der Verbreitung der Flugblätter; auch er wurde von der Gestapo verhaftet und vor Gericht gestellt. In der Nacht vom 11. zum

[66] Ebenda, fol. 17.

[67] Karel Prušnik-Gašper: Gemsen auf der Lawine. Der Kärntner Partisanenkampf, 3. Aufl., Klagenfurt 1981, 124.

12.3.1940 wurde eine Flugschrift zum 2. Jahrestag des „Anschlusses" verteilt; auch nach St. Veit wurden Flugblätter und Flugschriften transportiert. Josef Trapp betätigte sich bei der Verteilung der Flugblätter. In Rosenbach übergab er Karl Lepuschitz 50 Flugschriften, ebenso zu Ostern 1940. Der am Klagenfurter Fliegerhorst beschäftigte Malergehilfe Josef Schlager wurde am 10.4.1940 verhaftet und am 21.10.1941 in Klagenfurt vom OLG Wien zu zwei Jahren Zuchthaus verurteilt; die kommunistische Zelle flog auf. Karl Lepuschitz wurde am 29.10.1941 zu drei Jahren Zuchthaus verurteilt.[68] Zum 2. Jahrestag des „Anschlusses" ließ Schauss im März 1938 eine Druckschrift „Volk Österreichs" in Höhe von 900 Stück anfertigen, die mit Reißnägeln in der Rosentalerstraße an die Bäume geheftet wurden. Die Aktivitäten wurden vom Gericht als „Vorbereitung zum Hochverrat" und landesverräterische Feindbegünstigung gewertet; man unterstellte den Aktivisten, *„durch den Bürgerkrieg dem Kommunismus zum Durchbruch zu verhelfen"*.[69] Die Angeklagten bekannten sich bis auf Valet und Haderlapp der Vorbereitung zum Hochverrat schuldig. Über Schauss heißt es im Urteil vom 16.-18.2.1942 gegen Oberdorfer, Schauss, Trapp usw. auch: *„Er ist ein fanatischer Kommunist, dem jedes Mittel, dem Kommunismus zum Durchbruch zu verhelfen, recht ist. Der Weg, der durch die Zersetzung nicht nur der inneren Front, sondern auch der Wehrmacht beschritten werden sollte, war auch sein Weg. …Der Bürgerkrieg und der damit notwendig verbundene militärische Zusammenbruch des Reiches, der den Sieg der Feindmächte zur Folge gehabt hätte, waren aber das Mittel, durch das dieses Ziel erreicht werden sollte."*[70] Schauss wurde zum Tode verurteilt, weil er mit Hubert Knes zu den führenden Leuten der illegalen KPÖ gehört habe. *„Er hatte überall seine Hand im Spiel, setzte sich unermüdlich für den Aufbau und den Ausbau der KPÖ in Kärnten ein und ließ sich davon auch durch den dem Reich aufgezwungenen Krieg nicht abbringen."* Leopold Gabernig erhielt eine lebenslängliche Zuchthausstrafe, Überfellner 15 Jahre, Trapp 10, Valet 8, Oberdorfer 7, Haderlapp 6 und Frankl 5 Jahre Zuchthaus. Bei Überfellner wurde als mildernd angesehen, „dass es den

---

[68] OJS 105/41; vergl. Roth (1985), 190.

[69] 7J 174/40 2H 132/41 (18.2.1942), fol. 32.

[70] Ebenda, fol. 37.

Anschein hat, dass er sich wirklich bekehrt hat."[71] Der noch jugendliche Petscharnig erhielt 4 Jahre Gefängnis, Anton Köstenberger wurde mangels an Beweisen freigesprochen.
Der am 11.6.1886 in Stockenboi bei Villach geborene Schuhmachergehilfe Karl Ferdinand Kilzer war Mitglied einer kommunistischen Widerstandsgruppe um Albin Kaiser aus Wies bei Deutschlandsberg bei den Hermann Göring-Werken, der am 20.7.1941 verhaftet wurde. Kilzer, der seit 1940 bei der illegalen KPÖ mitarbeitete, wurde am 19.7.1941 verhaftet, am 30.7.1942 am Oberlandesgericht Graz verurteilt und am 30.9.1942 in Wien hingerichtet.[72]

Johann Strauß[73] wurde am 26.6.1898 in Tschau bei Arnoldstein geboren. Er war von Beruf Maschinenschlosser und wurde 1941 wegen „kommunistischer Betätigung" verhaftet. Er trat 1919 der SDAPÖ bei, kam später zur Wehrmacht, machte den Polenfeldzug mit und wurde im März 1940 in den Böhlauwerken in Kapfenberg dienstverpflichtet. Im Urteil hieß es: *„Der Angeklagte Johann Strauß entschloss sich im November oder Dezember 1940 nach mehreren Gesprächen, die er mit dem Angeklagten Waller in den Böhlau-Werken über den Kommunismus geführt hatte, zum Eintritt in die KPÖ, lernte durch Waller den dort ebenfalls beschäftigten Dreher Hermann Friesl kennen und setzte die politischen Unterredungen mit ihnen häufig fort. Im Dezember 1940 bildete er in den Böhlauwerken auch selbst kommunistische Betriebszellen, für die er im Dezember 1940 seine Arbeitskameraden, den Dreher Meinhard Brandstätter, den Schlosser Franz Schweiger und den Walzer Mathäus Peternell anwarb."*[74] Am 7.8.1942 wurde er mit J. Waller und J. Seper in Graz vor Gericht gestellt, wegen kommunistischer Betätigung zum Tode verurteilt und am 28.1.1943 im Landesgericht Wien hingerichtet. Er liegt auf dem Wiener Zentralfriedhof in der Schachtgräberanlage 40, Nr. 29/3 begraben. 1949 wurde ein Antrag der KPÖ für eine Gedenktafel für ihn im Villacher Gemeinderat abgelehnt.

---

[71] Ebenda, fol. 40

[72] Willi Weinert: „Mich könnt ihr löschen, aber nicht das Feuer". Biografien der im Wiener Landesgericht hingerichteten WiderstandskämpferInnen, 3. Aufl., Wien 2011,, 158.

[73] Hans Haider: Johann Strauß, in: Das Buch der Namen, Klagenfurt 2010, 761f.

[74] Weinert (2011), 252.

5. Die St. Veiter Eisenbahner vor dem Reichskriegsgericht (1942)

Die Kommunisten im Untergrund organisierten sich in der „Roten Hilfe", durch die man in Not geratene Familien mit Spenden unterstützen wollte. Ende Januar 1941 flog die „Rote Hilfe" in Villach auf; Albin Kopeter und Johann Hasslacher wurden am 9.9.1941 in Klagenfurt zu eineinhalb bzw. zweieinhalb Jahren Gefängnis verurteilt.[75] Der Kommunist, Hehler und Einbrecher Alexander Herbst, ein vielfach vorbestrafter Klagenfurter Trödler und Gestapospitzel, schleuste sich in St. Veit in ein Netz der „Roten Hilfe" ein, das durch ihn verraten wurde. Er sollte die Spenden für die Landesleitung der KP in einem Heuschober vor den Toren von St. Veit abholen.[76] In diesem Netz spielten der Hilfsmonteur Hermann Macher und eine Frau Gertrude Korack eine gewisse Rolle, ebenso der Schaffner Karl Zimmermann und der Zugbegleiter Ludwig Höfernig. Getrude hatte die Koordination nach der Verhaftung ihres Mannes Josef weitergeführt. Hermann Macher führte sie im Frühjahr 1939 weiter. Dabei gewann er Karl Zimmermann und Ludwig Höfernig als Mitarbeiter, die mindestens 50 Pfennig im Monat spendeten. Der Eisenbahner Franz Grojer hatte auch Beiträge von Peter Schlömmer erhalten. Dieser war offensichtlich unvorsichtig, wurde verhaftet und legte unter Folter ein Geständnis ab, das anscheinend etliche Kollegen mit in den Tod riss.[77] In die Sabotagetä-

---

[75] Roth (1985), 209.

[76] August Walzl: Gegen den Nationalsozialismus, (1994), 41 u. 66f.

[77] Schreiben Hermann Machers vom 28.7.1967 ans DÖW: „Keiner unserer Aktiven ist der Gestapo in die Hände gefallen, bis eines Tages trotz reiflichen Prüfens, Kamerad Brunner für einen Außenstehenden, genannt Peter Schlömmer, beide Hände ins Feuer legte. Wir nahmen Schlömmer in unsere Reihen auf, und damit war unser Schicksal besiegelt. Er aber war unvorsichtig und wurde verhaftet, seine Frau distanzierte sich von ihm, er wurde gefoltert, bis er ein Geständnis ablegte."

tigkeit dürften auch Zimmermann und Höfernig eingeweiht gewesen sein. Die Gestapo stellte seit Juni 1941 laufend fest, dass bei der Eisenbahn ständig Kupplungsschläuche durchgeschnitten, Sand in die Achsenlager der Waggons gestreut und die Schmierbüchsen der Lokomotiven verstopft wurden, und dies nur an Wagen, die für Wehrmachtszwecke Nachschub nach Italien lieferten. Am 20.8.1941 kam es zu Anschlägen in Villach. Die Vorfälle in Kärnten wurden auch im Reichssicherheitshauptamt in Berlin bekannt und diskutiert.

Die Klagenfurter Gestapo meldete am 11.11.1941 an das Reichssicherheitshauptamt, dass vom 17.6. bis Mitte November 1941 auf zahlreichen Bahnhöfen in der Steiermark und Kärnten mehr als 200 Sabotageakte an Wehrmachtsgarnituren verübt worden seien.[78] Reinhard Heydrich, der Chef des Sicherheitshauptamtes, meldete an Außenminister Ribbentrop, Kärntner Eisenbahner hätten bereits Kontakte zu unzufriedenen Eisenbahnern in Italien aufgenommen. Italien war im Krieg besonders von den Kohlelieferungen aus Deutschland abhängig, die über Judenburg, St. Veit und Villach nach Italien gingen.

Es handelte sich um eine Gruppe von Eisenbahnern in St. Veit, die sich aus Kommunisten und Sozialisten formiert hatte. Im Sommer 1941 kam es nach Ausbruch des Krieges mit der Sowjetunion und Aufforderungen sowjetischer Sender in deutscher Sprache zu Sabotageakten, ab Ende Juni zu Anschlägen auf die Bahn; es wurden Bremsschläuche zerschnitten, Sand, Steine und Eisenfeilspäne in Achslager geschüttet usw., um den Militärverkehr zu behindern. Am 2.10.1941 wurde der Lokführer Josef Rittner verhaftet; er wurde möglicherweise durch die eigene Frau und seinen Ziehsohn angezeigt. Als das Schwurgerichtsverfahren gegen ihn eingestellt werden musste, wurde er nach zwei Monaten am 1.5.1942 in das KZ Auschwitz deportiert, überlebte jedoch den Krieg.[79]

Am 4.9.1941 wurde Peter Schlömmer als erster der Gruppe verhaftet, am 1.10. Josef Kuchler und am 5.10. Maximilian Zitter, alle Eisenbahner aus St. Veit. Am 26.9. gab die Staatspolizei Wien bekannt, dass 18 Reichsbahn-

[78] Friedrich Vogl (Hrsg.): Österreichs Eisenbahner im Widerstand, Wien 1968, 65.

[79] Wien, DÖW, Nr. 13133; vergl. Roth (1985), S. 222.

angestellte verhaftet worden seien.[80] In der gleichen Meldung heißt es auch, dass der am 3.9.1895 in Tainach geborene Stellwerksanwärter Johann Sablatnig verhaftet worden sei.[81]

Am 3.10.1941 erließ der Ermittlungsrichter am VGH Schwarzböck beim Landesgericht Klagenfurt den Haftbefehl gegen folgende 14 Personen: Hermann Macher, Karl Zimmermann[82], Franz Grojer, Franz Brunner, Gertrude Korack, Johann Pleskott, Franz Töferle, Bartholomäus Leitmann, Leopold Huber, Anton Truck, Ludwig Höfernig sowie gegen Johann Zimmermann und die Reichsbahnangestellten Karl Salzmann[83] und Ernst Kienberger, die beschuldigt wurden, regelmäßig für die „Rote Hilfe" gezahlt zu haben."[84] Pleskott kam nach der Strafverbüßung zu einer Feldstrafeinheit der Wehrmacht und fiel in Griechenland.[85] Insgesamt scheinen 25 Beamte der Reichsbahn verhaftet worden zu sein. Interessant ist, dass aus der Gruppe der ersten 14 Verhafteten lediglich Höfernig, Truk und Zimmermann am 27.2.1942, also erst nach 5 Monaten, angeklagt wurden; nur Höfernig und Zimmermann wurden am 25.4.1942 zum Tode verurteilt. Die Reichsbahndirektion Villach teilte Andreas Waste am 14.11.1941 mit, dass er vorläufig vom Dienst enthoben sei und es ihm zukünftig verboten sei, die Bahnanlagen zu betreten. Peter Schlömmer erhielt am 1.7.1942 die Mitteilung, dass er aus dem Beamtenverhältnis ausgeschieden sei, fortan keine Bezüge mehr erhalte und keine Uniform mehr tragen dürfe.[86]

Der Generalstaatsanwalt in Wien stellte am 5.1.1942 eine (erste) Anklageschrift[87] für Hermann Macher, Gertrude Korack, Franz Brunner, Leopold Huber, Bartholomäus Leitmann, Johann Pleskott, Franz Täferle und Ernst Kienberger aus, die am 13. und 14.9.1941 verhaftet worden waren. In der Anklageschrift heißt es, dass schon vor dem „Anschluss Österreichs" der

---

[80] Vogl: Österreichs Eisenbahner im Widerstand (1968), 67.

[81] Ebenda, 68f; der Name fehlt im „Buch der Namen"!

[82] Weinert (2011), 276.

[83] Wien, DÖW 372

[84] Wien, DÖW, Zl. Er 87/41.

[85] Vergl. dazu: August Walzl: Gegen den Nationalsozialismus (1994), 44.

[86] Schreiben im Eisenbahnmuseum St. Veit.

[87] Wien, DÖW 8276 OJs 270/41.

Kommunist Josef Korack die „Rote Hilfe" organisiert habe und während seiner Inhaftierung von seiner Frau Gertrude vertreten worden sei. Auch Hermann Macher habe sich in der „Systemzeit" bei der Werbung neuer Mitglieder engagiert. In der ersten Anklage der ersten Gruppe der am 13. und 14.9.1941 Festgenommenen heißt es, dass sie vom Frühjahr 1939 bis Sommer 1941 Hochverrat begangen hätten. Im Frühjahr (1941) habe Macher dann mit der Werbetätigkeit begonnen. Die Anklageschrift wurde den Beklagten am 23.1.1942 vom Oberlandesgericht zugestellt; Gertrude Korack war im Inquisitenspital in Wien inhaftiert, die übrigen Angeklagten in Klagenfurt. Am 5.3.1942 wurden vom Gericht die Pflichtverteidiger bestellt. Hermann Macher erhielt am 10.3.1942 die Vorladung für die Verhandlung im Schwurgerichtssaal in Klagenfurt für den 26.3.; am 16.6.1942 wurde er aus dem Wehrpflichtverhältnis entlassen.[88]

„Alle Angeschuldigten stammen aus dem marxistischen bzw. kommunistischen Lager und sind dieser Einstellung auch nach dem Umbruch treu geblieben. Sie sind geständig", heißt es in der Anklageschrift.[89] Frau Korack hatte von ihrem Gatten Josef die Leitung der „Roten Hilfe" in St. Veit übernommen, durch die in Not geratene Genossen unterstützt wurden. Der am 18.4.1905 in Klagenfurt geborene Bartholomäus Leitmann war später Häftling im KZ Dachau.[90] Nur ein Teil der Verhafteten kam vor das Reichskriegsgericht.

Aus der (zweiten) Anklageschrift des Reichskriegsgerichtes vom 27.2.1942[91] lassen sich die Lebensumstände der später zum Tode verurteilten sieben Eisenbahner aus St. Veit mit Vorbehalt rekonstruieren. Es muss jedoch immer mitbedacht werden, dass die Fakten in der NS-Diktion der Gerichtsakten niedergeschrieben wurden, die mehr oder weniger die einzige Quelle zu diesen Fragen darstellen. Außer diesen Quellen ist in erster Linie der Bericht des am 27.3.1905 in Scheifling geborenen Hilfsmonteurs Hermann Macher vom 28.7.1967 erhalten; er selbst wurde jedoch nicht vors Kriegs-

[88] Wien, DÖW 4366/3.

[89] Wien, DÖW, 372.

[90] Datenbank der Kärntner Häftlinge im KZ Dachau.

[91] Online-Datenbank Nationalsozialismus, Holocaust, Widerstand u. Exil 1933-1945, StPol. III 657/1 (27.2.1942) (Anklageschrift, 47 S.)

gericht gestellt.[92] Macher stand auch in Verbindung zum Gestapospitzel Alexander Herbst in Klagenfurt, der 1919 kommunistischer Soldatenrat gewesen war und später für die Gestapo tätig war.[93] Er wusste natürlich nicht, dass Herbst im Dienst der Gestapo stand. Das Gericht warf ihm vor allem seine Unterstützung der „Roten Hilfe“ und seine Spendensammlung vor, die er an Gertrude Korack weiterleitete, deren Mann mit Kriegsbeginn einrücken musste. Im Urteil heißt es, dass die abwartende Haltung der Gesinnungsgenossen nach dem Anschluss bald zu neuen Aktivitäten geführt habe. „Danach wird dem ‚Hitlerfaschismus' in Österreich der schärfste Kampf angesagt, um durch gewaltsame Losreißung des ehemaligen Österreichs vom Reichsgebiet ‚ein freies und unabhängiges Österreich' wieder herzustellen.“ Im Frühjahr 1939 sei Gertrude Korack an Macher herangetreten, um die „Rote Hilfe“ wieder zu aktivieren.

In der (dritten) Anklageschrift[94] des Generalstaatsanwalts vom 30.3.1942 wurde Josef Korack angeklagt, „mit Gewalt ein zum Reiche gehörendes Gebiet vom Reiche loszureißen und mit Gewalt die Verfassung des Reichs zu ändern, vorbereitet zu haben“. Die Angelegenheit wurde dem 7. Senat des Oberlandesgerichts Wien überwiesen.

Betrachten wir daher zunächst die Fakten rund um die Aktivitäten der sieben zum Tode verurteilten Eisenbahner, wie sie sich aus Anklageschrift und Urteil ergeben. Herlinde Roth bemerkt dazu: „Durch das Geständnis von Peter Schlömmer wurde die Gestapo auch der Eisenbahnergruppe habhaft, die Sabotageakte auf die Reichsbahn verübt hatte“.[95] Außer Schlömmer dürften Karl Zimmermann und Ludwig Höfernig in die Sabotagetätigkeit eingeweiht gewesen sein. Niemand konnte wissen, was die Gestapo mit den Verhafteten gemacht hatte, ob Kollegen unter Folter Namen und Einzelheiten preisgaben usw.

Am 26.3.1942 verurteilte das Oberlandesgericht Wien in Klagenfurt im „erste St. Veiter Eisenbahnerprozess“ Hermann Macher zu vier und Ger-

---

[92] Wien, DÖW, Nr. 4366.

[93] Walzl: Gegen den Nationalsozialismus (1994), 65.

[94] Wien, DÖW 8276.

[95] Roth (1985), 212.

trude Korack, Franz Grojer und Franz Brunner zu drei Jahren, Leopold Huber und Johann Pleskott zu zweieinhalb Jahren Zuchthaus und Bartholomäus Leitmann zu einem Jahr und sechs Monaten Gefängnis.[96] Sechs Monate Untersuchungshaft wurden dabei angerechnet.[97] Brunner starb noch während der Haft. Man kann in diesem Verfahren einen „Vorprozess"

Maximilian Zitter

Karl Zimmermann

vor dem Hauptverfahren sehen. Am 9.4.1943 verurteilte das Oberlandesgericht Wien in Klagenfurt Franz Täferle zu drei und Ernst Kienberger und Josef Korack zu zweieinhalb Jahren Zuchthaus.[98]

Nun zu den Hauptangeklagten des großen Eisenbahner-Prozesses vor dem Reichskriegsgericht in Klagenfurt vom 14.-25.4.1942. Der Zugführer Maximilian Zitter[99] wurde am 7.8.1901 in Tschirnig bei St. Georgen am Längsee in Kärnten als viertes uneheliches Kind geboren und wohnte in St.

[96] 7 OJs 267/41, Wien, DÖW, Akt 8274.

[97] Roth (1985), 213.

[98] Wien, DÖW, 8276 (7 OJS 270/41).

[99] Weinert (2011), 276f.

Donat. Er besuchte sechs Jahre die Volksschule in St. Veit und war dann landwirtschaftlicher Hilfsarbeiter auf dem Gut Marienhof bei St. Veit. Mit 14 Jahren wurde er Hilfsarbeiter bei der österreichischen Bundesbahn, zuerst als Magazinarbeiter, dann als Verschieber und ab 1921 als Schaffner. Aus der 1926 geschlossenen Ehe gingen vier Kinder hervor. Bis zu ihrem Verbot 1934 gehörte er der SDAP an, trat dann jedoch der Vaterländischen Front und nach dem „Anschluss“ der SA bei. Wegen seiner Untergrundtätigkeit wurde er am 16.10.1941 verhaftet.[100] Er hatte offenbar sowjetische Sender gehört, in denen im Sommer 1941 dazu aufgefordert wurde, Sabotagehandlungen an der Deutschen Reichsbahn vorzunehmen. Nach dem Beginn des Krieges gegen die Sowjetunion wurden auch in Kärnten kommunistische Flugblätter verteilt.
Der Zugbegleiter Ludwig Höfernig wurde am 13.8.1902 in Eberstein als uneheliches Kind geboren, wo er auch die dreiklassige Volksschule mit gutem Erfolg besuchte. Danach arbeitete er als landwirtschaftlicher Hilfsarbeiter, Sägearbeiter und bis 1924 als Bergarbeiter in Hüttenberg. Im Juni 1925 kam er als Oberbauarbeiter zur ÖBB; nach dem „Anschluss“ wurde er Zugbegleiter mit einem Gehalt von 135,- RM. Aus seiner 1935 geschlossenen Ehe stammt ein Kind; der Sohn bewahrt noch heute die Briefe des Vaters aus dem Gefängnis auf. 1934 musste er der Vaterländischen Front beitreten, nach dem „Anschluss“ der SA, bei der er einem Musikzug angehörte. Am 13.10.1941 wurde er verhaftet.
Peter Schlömmer wurde am 19.6.1900 in Gröbming in der Steiermark als fünftes Kind eines Taglöhners geboren. Nach dem Besuch einer Privatschule in St. Agatha arbeitete er ab seinem 13. Lebensjahr in einem Kreidebergwerk. Ab 1917 war er bei der Staatsbahn als Bauarbeiter. 1931 kam er nach Villach, 1932 nach Bruck und 1940 nach St. Veit, wo er als Zugleiter arbeitete und 297 RM im Monat verdiente. Er war zweimal verheiratet; aus der ersten Ehe stammte ein Kind, aus der zweiten hatte er zwei Kinder. Von 1917 bis 1934 war er Mitglied der Sozialistischen Partei und der „Freien Gewerkschaft“, bei der er auch als Kassier tätig war. Von 1927 bis

[100] 8276 (7 OJS 270/41).

Peter Schlömmer

Josef Kuchler

Ludwig Höfernig

Michael Robert Essmann

1931 war er Mitglied des Schutzbundes, 1934 musste er zwangsweise der VF beitreten. Zur Zeit Schuschniggs zahlte er Beiträge an die illegale KPÖ; am 4.9.1941 wurde er verhaftet. Zuerst wurde er vor den VGH geladen, am 11.12.1941 vor das RKG. Er war vorbestraft wegen Beamtenbeleidigung. Ihm wurde auch besonders das Hören von „Feindsendern“ vorgeworfen, was streng verboten war. Seiner Frau sagte er offensichtlich einmal, „er bringe sich um, wenn die Bolschewisten den Krieg verlieren“. So steht es in den Akten.

Der Zugbegleiter Josef Kuchler wurde am 13.8.1902 in Nötsch als Sohn eines Lokomotivheizers geboren. In St. Veit besuchte er fünf Klassen der Volksschule, dann erlernte er das Schustergewerbe und wurde Sägearbeiter. 1926 kam er schließlich als Bauarbeiter zur ÖBB; 1926 ging er wegen eines Ischiasleidens für zwei Jahre in den Krankenstand. Ab 1930 arbeitete er in Algier als Krankenpfleger. 1932 kam er zurück und ging zum freiwilligen Arbeitsdienst, 1938 wurde er Heizer in St. Veit bei der Reichsbahn. 1938 heiratete er Emma Krimps. Seit seiner Jugend war er bei der sozialistischen Arbeiterjugend und beim Arbeiterturnverein. 1934 wurde er arretiert, als er sich an einer verbotenen Demonstration beteiligte und die „Arbeiter-Zeitung“ verkaufte. Nachdem er von den Behörden ständig „belästigt“ wurde, wurde er verhaftet und neun Monate eingekerkert. Er trat schließlich der SA bei und wurde am 1.10.1941 verhaftet. Seit Mitte 1940 besaß er ein „Fünf-Röhren-Empfangsgerät“, ein Radio, mit dem er Moskau, London und den Sender der „Europäischen Revolution“ abhören konnte. „Darin wurden die Arbeiter in den Rüstungsbetrieben und die Eisenbahner aufgefordert, möglichst langsam zu arbeiten und die Wehrkraft des Reiches in jeder Weise zu schädigen“.

Andreas Waste wurde am 30.11.1903 in Tigring bei Moosburg geboren, wo er zunächst auch die Volksschule besuchte, danach in St. Martin und Maria Feicht. Danach war er landwirtschaftlicher Hilfsarbeiter und kam mit 17 in St. Veit als Oberbauarbeiter zur ÖBB, wo er viereinhalb Jahre blieb. 1925/26 arbeitete er in St. Veit als Verschieber und Weichensteller, zeitweise seit 1928 auch im Fahrdienst. 1927 heiratete er die Schwester Ludwig Höfernigs, mit der er ein Kind hatte, die Tochter, die noch heute

sein Radiogerät aufbewahrt. Seit 1928 gehörte er der SDAP und der „Freien Gewerkschaft“ als Mitglied an. 1934 musste er der VF beitreten, 1938 dem NSV. Am 4.10.1941 wurde er festgenommen.
Karl Zimmermann wurde am 3.11.1910 in Pontebba im Kanaltal als Sohn eines Reichsbahnwerkmeisters geboren, der im 1. Weltkrieg Soldat gewesen war; die Mutter flüchtete mit den drei Kindern nach St. Veit. Hier besuchte Karl vier Jahre die Volksschule und zwei Jahre die Bürgerschule und wurde dann Hilfsarbeiter in einem Sägewerk in St. Veit. Seit 1920 arbeitete er bei der ÖBB als Zugbegleiter und im Fahrdienst. Beim Personalabbau 1930 wurde er entlassen und blieb teilweise arbeitslos, bis er 1937 wieder als Zugbegleiter mit einem Gehalt von 230 RM angestellt wurde. 1937 heiratete er die Tochter eines Lokomotivführers und sorgte für zwei Kinder. Ab 1932 gehörte er der Sozialistischen Partei und Gewerkschaft bis zu ihrem Verbot an. 1934 trat er zwangsweise der VF bei, 1938 der SA, blieb aber seinen alten politischen Idealen treu; 1939 wurde er von Hermann Macher für die „Rote Hilfe“ angeworben. Am 13.9.1941 wurde er festgenommen.
Michael Robert Essmann wurde am 28.11.1896 als 11. uneheliches Kind der 1921 verstorbenen Mutter geboren, einer Arbeiterin in einer Baumschule in Maria Saal. Mit 11 Jahren kam er zu einem Bauern in Dienst, mit 14 wurde er Knecht und mit 16 begann er in Klagenfurt eine Fleischerlehre. Den 1. Weltkrieg verbrachte er an der russischen und italienischen Front. Vom Ende des Krieges bis Ende 1920 arbeitete er wieder als Knecht eines Bauern und trat am 11.1.1921 den Dienst als Bauarbeiter bei der ÖBB an. 1922 wurde er Zugschaffner in St. Veit; zuletzt verdiente er 262 RM. Er war verheiratet und hatte fünf Kinder; der älteste Sohn fiel 1941 in Russland. 1921 trat er der SP und der „Freien Gewerkschaft“ bei und war Subkassier bei den Kinderfreunden. 1934 trat er zwangsweise der VF bei; am 13.9.1941 wurde er verhaftet. Alle Hauptangeklagten stammten demnach aus ähnlichen ärmlichen Verhältnissen und waren kommunistisch oder sozialistisch geprägt.
Von Anfang 1940 bis August 1941 wurden in St. Veit Beiträge für die kommunistische „Rote Hilfe“ gesammelt. Die Bahnarbeiter verdienten zum Teil

recht gut; es hatten fast alle ein Vierröhrenradio.[101] Als im Juli 1941 bekannt wurde, dass italienische Truppen durch Kärnten transportiert würden, sprach zunächst Josef Kuchler mit Ludwig Höfernig auf dem Pulverberg bei St. Veit und dann Max Zitter mit Andreas Waste über die Möglichkeit, Sicherungsringe aus den Bremsdruckschläuchen zu entfernen; dies hatte

Andreas Waste

eine Verlangsamung des Tempos zur Folge, eventuell auch eine Fahrtunterbrechung; dies reichte jedoch nicht, um Züge zum Entgleisen zu bringen und Sabotage zu üben. Kuchler wandte sich in dieser Sache im Juli 1941 auch an den Zugbegleiter Leopold Krug, der für die illegale kommunistische Organisation „Rote Hilfe" tätig war. Waste traf seinen Schwager Höfernig, der auch kommunistisch eingestellt war und von Hermann Macher für die „Rote Hilfe" angeworben wurde. Höfernig weihte dann den Kollegen Kuchler in die Sabotagepläne ein. Waste erklärte Höfernig und Zitter, man müsse dafür sorgen, dass „die Durchfahrt der italienischen Divisionen verhindert werde". Es sollten auch Weichen verstellt und Bremsschläuche durchschnitten werden. Zwischen dem 16. und 18.7.1941 entfernte Schlömmer bei mehreren Zügen insgesamt 59 Dichtungsringe von Zügen,

[101] Mitteilung von Hermann Höfernig, St. Veit.

die er vergrub und die später gefunden wurden. Am 20.7.1941 sprachen Kuchler und Zimmermann in St. Veit über die Möglichkeit, Züge bei der Steilstrecke von St. Lambrecht ins Murtal zum Entgleisen zu bringen. In Höfernigs Wohnung hörten Kuchler und Zimmermann auch wiederholt ausländische Sender. Am 22. oder 23.7. traf Kuchler den Mitbeschuldigten

Andreas Wastes 5-Röhren-Gerät (Radio)

Anton Truk aus St. Veit, der ihm mitteilte, dass die Züge jetzt bewacht würden. Die Polizei hatte offensichtlich die Sabotage bemerkt.
Anfang August 1941 wurde bei der Eisenbahn bekannt, dass ein Zug von St. Lambrecht handgebremst nach Bruck fahren musste, weil die Bremsschläuche durchschnitten waren. Der Kreis der Mitwisser wurde allmählich größer. Um den 10.8.1941 erzählte Schlömmer dem Kollegen Essmann von seinen „Sabotageakten“. Am 21.8.1941 trafen sich Kuchler und Waste auf dem Bahnhof in Treibach-Althofen, als ein italienischer Kohlenzug auf abgestellte Wagen auffuhr, in den dann ein D-Zug raste, wobei schwerer Sachschaden entstand. Beide erzählten davon, sie hätten Bremsschläuche zerschnitten.

Ab Mitte September begannen die Verhaftungen und die Verhöre durch die Gestapo in Klagenfurt. Der Zugführer Johann König aus Bruck, der Leobener Bahnwart Richard Götzinger und der Zugführer Peter Schlömmer aus St. Veit wurden als geistige Anführer der Anschläge enttarnt. Dabei wurde wie bei anderen Widerstandsgruppen von der Gestapo auch die Methode der Folter angewandt, um Geständnisse zu erpressen.[102] Der Zeitzeuge David Holzer berichtete 2002 über die Verhöre im 2. Stock des Gestapogefängnisses: „Da ist es vorgekommen, dass sie geschrien haben oben (...) Da haben sie gewollt ein Geständnis herauszwingen (...) Da hätte ich alles niedergeschossen rundherum, wenn (...) die Gelegenheit gewesen wäre, so ein Widerstand, so ein Widerstandswillen ist in einem heraufgewachsen."[103] Es muss immer auch hinterfragt werden, inwieweit die Angeklagten durch Schutzbehauptungen ihre Haut zu retten versuchten. Einige Häftlinge bestritten z. B. auch, Mitglied der „Roten Hilfe" gewesen zu sein und erklärten, sie seien politisch völlig uninteressiert. Frühere Geständnisse wurden auch widerrufen. Zimmermann und der am 16.9.1941 verhaftete Höfernig gaben jedoch zu, Kommunisten zu sein. Auch Schlömmer gab zu, Kommunist zu sein und „Feindsender" gehört zu haben.

Die verhafteten Eisenbahner wurden daher wegen „Vorbereitung zum Hochverrat" angeklagt. In der NS-Diktion heißt es: „Die Angeklagten sind ohne Ausnahme aus früherer Zeit bekannte Sozialdemokraten und Kommunisten, die bei dieser Einstellung auch nach dem Umbruch geblieben sind. Sie haben aus dem Streben, den Kommunismus, also den Feind von Staat und Partei, vorwärtszutreiben, die feindliche Aufforderung, den Betrieb der Reichsbahn nach Kräften zu stören, bereitwillig aufgegriffen und weitergegeben." Die Anklage berief sich auf die Verletzung des Rundfunkgesetzes, Vorbereitung zum Hochverrat, „Feindbegünstigung", Nichtanzei-

---

[102] Dass im Klagenfurter Gestapogefängnis gefoltert wurde, geht klar und anschaulich an dem Einspruch der Maria Olip beim 1. Freisler-Prozess hervor, bei dem sogar drei Mitverhaftete die Folter bestätigten! Vergl. Wilhelm Baum: Die Freisler-Prozesse in Klagenfurt, Klagenfurt 2011, 51-53.

[103] Hannes Metzler: „Soldaten, die einfach nicht im Gleichschritt marschiert sind..." Zeitzeugeninterviews mit Überlebenden der NS-Militärgerichtsbarkeit, in: Walter Manoschek (Hg.): Opfer der NS-Militärjustiz. Urteilspraxis – Strafvollzug – Entschädigungspolitik in Österreich, Wien 2003, 494-602, hier 534.

ge und „Wehrkraftzersetzung“. „Mit dem 22.6.1941,...an dem der Führer in letzter Stunde dem seit langem gemeinsam mit England verabredeten und vorbereiteten Einfall der bolschewistischen Armeen in Deutschland zuvorkam, ist aus dem bloßen politischen Gegenpol und Gegenspieler, den der Kommunismus bis dahin darstellte, der offene militärische Feind des Reichs geworden.“ Für das Hören von „Feindsendern“ war in besonders schweren Fällen der Tod vorgesehen.
Es scheint, dass die Kärntner Eisenbahner jedoch in erster Linie durch das Geständnis des 1900 in Klagenfurt geborenen steirischen Eisenbahners Johann König ins Verderben gerissen wurden. Dies behauptete der Klagenfurter Gestapomann Hans Sellak aus Stein bei Viktring, der 1947 von den Engländern in Klagenfurt vor Gericht gestellt und dann freigesprochen wurde.[104] Die Anklageverfügung gegen den am 4.9.1942 verhafteten Johann König, der vom Gericht als „geistiger Führer der Sabotageakte“ bezeichnet wurde und seinen ebenfalls zum Tode verurteilten Kollegen Richard Götzinger wurde erst am 10.3.1942 ausgefertigt. Bereits im Juli 1941 hatte er mit Schlömmer über Sabotageakte gegen die Bahn gesprochen und dabei betont, „dass die Sache (nämlich die Sabotagetätigkeit) in der Obersteiermark gut funktioniere“. Schlömmer habe zugegeben, „dass er durch seine Tat Sowjetrussland helfen und zur militärischen Niederlage Deutschlands beitragen wollte“. Damit war sein Schicksal besiegelt.
Johann König stand in Verbindung mit Götzinger, der überzeugter Kommunist war. Auch Max Zitter besaß ein Rundfunkgerät; mit Waste besprach er das weitere Vorgehen, der dies mit seinem Schwager Höfernig besprach. Dieser weihte wiederum Kuchler ein, der mit Zimmermann englische Sender hörte. Kuchler habe mindestens fünf Mitangeklagten von seinen Sabotageakten erzählt. Bei einem Spaziergang auf dem Pulverberg bei St. Veit habe Höfernig mit Kuchler und Zimmermann die Anschläge auf die italienischen Züge besprochen und damit „Feindbegünstigung“ zu verantworten. Das Gericht konstatierte, die Angeklagten hätten „die Geschäfte des Feindes betrieben und sich in bewusster Auflehnung und Feindschaft gegen

[104] Walzl: Gegen den Nationalsozialismus (1994), 42f.

das Deutsche Reich und gegen den Nationalsozialismus für Kommunismus und Bolschewismus eingesetzt und betätigt."

Über Max Zitter heißt es in der Anklageschrift: „Er nimmt unter den Mitbeschuldigten eine führende Stellung ein. Wie er angibt, ist er von sich aus durch Abhören des von der Feindpropaganda geleiteten ‚Revolutions-Senders' im Sommer 1941 dazu gekommen, Sabotagehandlungen an Einrichtungen der Deutschen Reichsbahn vorzunehmen und dafür bei den Arbeitskameraden Stimmung zu machen. Er besitzt ein Vier-Röhren-Gerät und vernahm bei der Abhörung von Feindsendern einen Aufruf an die Eisenbahner, den Verkehr auf der Eisenbahn zu hemmen."[105] Schlömmer besaß seit 1940 ein Fünf-Röhrengerät und hörte mit Freunden „Feindsender", darunter Moskau, England und den „Sender der Europäischen Revolution".[106] Das Gericht vermutete, dass die Zahl der Beteiligten an den Anschlägen noch viel größer gewesen sei.

Die Frau von Ludwig Höfernig konnte ihren Mann im Gefängnis in St. Ruprecht und dann bei der Gestapo in der Burg besuchen und mit ihm korrespondieren. Auch die Frau von Max Zitter besuchte ihren Mann und schmuggelte Kassiber aus dem Gefängnis heraus. Insgesamt sind 25 Briefe Höfernigs an seine Frau und seinen Sohn vom 22.9.1941 bis zum 29.6.1942 erhalten, die meisten aus dem Polizeigefängnis in der Klagenfurter Burg; sie geben einen guten Einblick in die Situation in der Haft. Am 10.5. berichtet er dann bereits aus dem Wiener Landesgerichtsgefängnis von seiner letzten Fahrt durch St. Veit über den Semmering nach Wien. Noch in der Zelle im Wiener Landesgerichtsgefängnis schrieb Höfernig an seine Familie; die Briefe sind gut lesbar in klarer Schrift, obwohl er nur drei Klassen Volksschule besucht hatte. An seinen Sohn schrieb er in einem Abschiedsbrief, er brauche sich seines Vaters nicht zu schämen, da er nichts Unrechtes getan habe.

Die sieben St. Veiter Angeklagten Michael Robert Essmann, Ludwig Höfernig, Josef Kuchler, Peter Schlömmer, Andreas Waste, Max Zitter und Karl Zimmermann wurden unter dem Vorsitz von Karl Schmauser am

---

[105] St.PL (RKA) III 657/41, fol. 18f.

[106] Ebenda, fol. 24.

25.4.1942 in Klagenfurt zum Tode verurteilt. Nach dem Urteilsspruch vom 25.4.1942[107] vor dem 3. Senat des RKGs wurden die Verurteilten an Händen und Füßen in Ketten gefesselt und bis zum Abtransport in Einzelzellen gelegt. Admiral Bastian bestätigte das Urteil am 18.5.1942; die Vollstreckung wurde bis zur Entscheidung über das Gnadengesuch von Essmann aufgeschoben, da die Hinrichtung aller Verurteilten gleichzeitig erfolgen sollte. Max Zitter konnte noch den Besuch seiner Frau Maria empfangen; er führte auch Gespräche mit den Gefängnisgeistlichen Köck und Rieger. Köck gab ihm die Sterbesakramente und schrieb später einen Brief an seine Frau Maria. Aus dem Wiener Gefängnis sind vier Briefe Zitters erhalten. Wenn eine Hinrichtung angeordnet wurde, waren keine Besuche mehr zugelassen. Eine Absage des Besuches eines Bruders Zitters erreichte den Betroffenen nicht mehr.[108] Am 30.6. wurden die St. Veiter Eisenbahner im Wiener Landesgericht hingerichtet.
Verhaftet und zum Tode verurteilt wurden vom Reichskriegsgericht in Klagenfurt auch etliche steirische Eisenbahner, wie der am 17.10.1900 in Klagenfurt geborene Zugführer Johann König[109], der im 1. Weltkrieg an der italienischen Front gekämpft und am Kärntner Abwehrkampf teilgenommen hatte. 1919 ging er zur ÖBB, wurde Zugbegleiter, trat 1920 der SDAPÖ bei und nahm 1934 an den Kämpfen teil. Er kam ins Anhaltelager Wöllersdorf und wurde 1938 wieder angestellt. Er lebte in Bruck an der Mur, war mit Schlömmer in Kontakt und wurde als geistiger Führer der Sabotageakte bezeichnet, ebenso wie Richard Götzinger aus Donawitz, und wurde am 4.9.1942 mit den St. Veiter Eisenbahnern verhaftet, im gleichen Prozess verurteilt und am 30.6.1942 in Wien hingerichtet.[110] Sein Name steht auf der 1950 enthüllten Gedenktafel am Bahnhof Leoben sowie am Gedenkstein am Bahnhof Bruck an der Mur, der 1956 vor dem ÖGB-Haus aufgestellt wurde. Seine Überreste wurden am 16.3.1966 auf dem Wiener

[107] Bundesarchiv Berlin, MA, MFB 2/M 1001, Aff.; Online-Datenbank Nationalsozialismus, Holocaust, Widerstand u. Exil 1933-1945, StPol. III 657/41 (25.4.1942) (Urteil RKA I 118/41)Vergl. dazu: Manfred Messerschmidt: Die Wehrmachtsjustiz 1933-1945, Paderborn-München-Wien-Zürich 2005, 126f.

[108] Mitteilung von Armin Zitter, Wien (29.1.2012).

[109] Weinert (2011), 162f.

[110] Ebenda.

Zentralfriedhof exhumiert. Auch er wurde vom RKG zum Tode verurteilt und am 30.6.1942 hingerichtet.
Der 1901 in St. Gandolf bei Klagenfurt geborene und in St. Veit lebende Leopold Krug erhielt 10 Jahre Zuchthaus. Der 1913 in Weizelsdorf geborene Franz Tripolt, seit seiner Jugend Mitglied bei den „Roten Falken", erhielt fünf Jahre Zuchthaus. Der in St. Veit lebende kommunistische Angeklagte Anton Truk erhielt drei Jahre Zuchthaus. Der 1903 in Bleiberg geborene ehemalige Schutzbündler Ernst Martl wurde freigesprochen. Der nach Anzeige seines Ziehsohnes und seiner Frau am 2.10.1941 in St. Veit verhaftete Lokführer Josef Rittner gab zu, „ein alter Kommunist" zu sein; da ihm nichts nachgewiesen werden konnte, wurde das Verfahren gegen ihn eingestellt und er wurde ins KZ Auschwitz eingeliefert.[111] Nach der Befreiung konnte er seine Erlebnisse beschreiben.
Die Familien und Kinder waren in der Folge in Schule und Umfeld zahlreichen Demütigungen ausgesetzt, die dazu führten, dass eine Opferfamilie später auch die Bezahlung einer Entschädigung ablehnte. Sie bekamen nur einen Opferausweis bis zur Volljährigkeit, den sie dann wieder abgeben mussten. Die Familien lebten von der Eisenbahnerpension. Höfernigs Familie erhielt auch ein Schreiben der Reichsbahn, in der die Kündigung ihres Vaters mitgeteilt wurde. Die Eisenbahner Franz Täferle, Ernst Kienberger und Josef Korack wurden am 9.4.1943 in Klagenfurt vor dem 7. Senat des Oberlandesgerichtes Wien zu drei Jahren (Täferle) bzw. zu zweieinhalb Jahren Zuchthaus (Kienberger u. Korack) verurteilt.[112] Von den 15 Angeklagten überlebte der 1900 in Simbach am Inn geborene Josef Hermann, der zu acht Jahren Zuchthaus verurteilt worden war; er wurde im April 1945 von den Alliierten im Moorlager in Bayern befreit.
Nach dem Ende des Krieges wurden die sterblichen Überreste vieler Hingerichteter vom Wiener Zentralfriedhof in die Heimat umgebettet; Josef Hermann bemühte sich mit dem früheren Villacher Bürgermeister Viktor Petschnig um die Rückführung der Toten nach St. Veit. Bis heute hat die Stadt St. Veit nichts unternommen, um die Opfer zu rehabilitieren, was nach

[111] Wien, DÖW Akt 13133 u. 1448 sowie Roth (1985), 222.
[112] Wien, DÖW, 8276.

dem Rehabilitierungsgesetz von 2009 möglich wäre. Im Eisenbahnmuseum in St. Veit ist eine Vitrine den Widerstandskämpfern gewidmet. Im Mai 1947 berichtete die „Neue Zeit“ über die Rückführung der Urnen nach St. Veit: „Den Bemühungen des Nationalrates Petschnig, des Genossen Josef Hermann, der damals zu acht Jahren Zuchthaus verurteilt wurde und von den Alliierten im April 1945 im Moorlager (Bayern) befreit wurde, sowie Freunden der Verstorbenen ist es gelungen, die sterblichen Überreste auf dem Wiener Zentralfriedhof auszuforschen. Vorgestern konnte Nationalrat Petschnig die Urnen, die die Asche dieser toten Helden bergen, im Rahmen einer überaus eindrucksvollen Feier im Rathaus in Anwesenheit der Hinterbliebenen, der Funktionäre der SPÖ St. Veit, des Landessekretärs der Eisenbahnergewerkschaft, Erich Suchanek, des Bürgermeisters Polanz von St. Veit und vieler Freunde der Verstorbenen dem Bürgermeister der Stadt St. Veit übergeben. Nationalrat Petschnig … führte unter anderem aus, dass es für uns alle heilige Pflicht ist und immer sein wird, dieser herrlichen Menschen, die für ihre sozialistische Idee, die der Befreiung Österreichs galt, ihr Höchstes, ihr Leben gaben, in Ehren zu gedenken. Heute wollen wir vor die Urnen treten und danken und das Gelöbnis ablegen, dass wir über ihren Tod hinaus ihnen die Treue bewahren werden. Den Kindern wollen wir jedoch sagen, dass ihre Väter Arbeiter waren, die unbeirrt trotz aller Gefahren für die Freiheit ihres Vaterlandes kämpften“.

Vergleicht man den St. Veiter Eisenbahnerprozess mit dem Villacher Prozess, fällt auf, dass im ersteren den Angeklagten wesentlich schwerwiegendere Dinge vorgeworfen wurden: Sabotage, Beschaffung von Sprengmaterialien, transnationale Zusammenarbeit mit slowenischen Partisanen der OF und der TIGR, während die St. Veiter Eisenbahner lediglich Verzögerungen im Bahnverkehr bewirkten, dagegen keinerlei Sprengstoffanschläge und dergleichen verübten, was im Fall der Villacher detailliert dokumentiert wurde. Der groß aufgezogene Prozess mit umfangreichen Anklageschriften brachte wenige Fakten zutage, aus denen sich eine Sabotage ableiten ließ. Das Urteil muss daher als erheblich „strenger“ als im ersten Eisenbahnerprozess gewertet werden; es sollte wohl in erster Linie abschrecken.

Neben den sieben Angeklagten vor dem Reichskriegsgericht, Johann Sablatnig, dem am 14.4.1944 im Zuchthaus Stein umgekommenen Ladeschaffner Peter Rogy[113] sowie dem in Dachau erschlagenen Bartholomäus Leitmann[114] dürften somit zumindest zehn Kärntner Eisenbahner dem NS-Regime zum Opfer gefallen sein. In einem neuen Forschungsprojekt wurden 2534 Österreicher evidentiert, die Opfer der NS-Militärjustiz wurden; davon waren 2517 Männer und 17 Frauen. 32,7 % der „Delikte“ fanden in der Heimat der Opfer statt. 421 (21,8 %) Verurteilungen lauteten auf die Todesstrafe.[115] Von den 234 nachgewiesenen Vollstreckungen entfielen 74 auf das Jahr 1942; sieben davon entfielen auf St. Veit, also rund 10% der Todesurteile in diesem Jahr in Österreich! Eine Tafel am Bahnhof in St. Veit erinnert an sie. Ansonsten aber ist es still um sie geworden – auch in der „roten Eisenbahnerstadt“ St. Veit, wo 1965 ein Gedenkstein auf dem Friedhof errichtet wurde. In Dinklages „Geschichte der Kärntner Arbeiterschaft“ – einem großformatigen zweibändigen Werk – findet sich darüber nichts! Festzuhalten ist, dass in Österreich vom NS-System zumindest 155 Eisenbahner zum Tode verurteilt wurden und dass zumindest 139 in KZs oder Zuchthäusern zu Tode kamen.[116] In die Neuausgabe des Werkes von Willi Weinert: „ ‚Mich könnt ihr löschen, aber nicht das Feuer‘. Wiener Zentralfriedhof – Gruppe 40“ wurden auch die St. Veiter Eisenbahner aufgenommen.[117]

Durch die Beschäftigung bei der Eisenbahn verschlug es mehrere gebürtige Kärntner auch in andere Gebiete Österreichs, wo sie im Widerstand aktiv waren, vor allem in der Steiermark. Auch diese Eisenbahner müssen dem Kreis der NS-Opfer aus Kärnten zugerechnet werden; im Bereich der Reichsbahnzentrale Villach wurden Eisenbahner oft hin- und herversetzt. Am 7.8.1943 wurde in Graz der am 22.6.1898 in Seebach bei Villach ge-

---

[113] Hans Haider: Peter Rogy, in: Das Buch der Namen, Klagenfurt 2010, 720.

[114] Walzl (1994), 44.

[115] Maria Fritsche. Österreichische Opfer der NS-Militärgerichtsbarkeit. Grundlegende Ausführungen zu den Untersuchungsergebnissen, in: Walter Manoschek (Hg.): Opfer der NS-Militärjustiz. Urteilspraxis – Strafvollzug – Entschädigungspolitik in Österreich, Wien 2003, 80-112, 93 u. 95 sowie 822, Tabelle 29.

[116] Österreichs Eisenbahner im Widerstand (1968), 209-225.

[117] Weinert (2011), 99, 139, 173, 228, 266, u. 276f.

borene Maschinenschlosser Johann Strauß, der zunächst Mitglied der SD-APÖ war, gemeinsam mit Johann Waller aus Wien und Josef Seper aus Oberwart wegen Aktivitäten für die KPÖ zum Tode verurteilt. Im Urteil heißt es: „*Der Angeklagte Johann Strauß entschloss sich im November oder Dezember 1940 nach mehreren Gesprächen, die er mit dem Angeklagten Waller in den Böhler-Werken über den Kommunismus geführt hatte, zum Eintritt in die KPÖ, lernte durch Waller den dort ebenfalls beschäftigten Dreher Hermann Friesl kennen und setzte die politischen Unterhaltungen mit ihnen häufig fort. Im Dezember 1940 bildete er in den Böhler-Werken auch selbst kommunistische Betriebszellen, für die er im Dezember 1940 seine Arbeitskameraden, den Dreher Meinhard Brandstätter, den Schlosser Franz Schweiger und den Walzer Mathäus Peternell anwarb.*“[118] Strauß, der in der Wehrmacht gedient und den Polenfeldzug mitgemacht hatte, wurde im März 1940 bei den Böhler-Werken dienstverpflichtet. Am 31.7.1941 wurde er verhaftet, am 7.8.1942 in Graz zum Tode verurteilt, und am 28.1.1943 in Wien hingerichtet.

Am 10.12.1942 verurteilte der 6. Senat des VGHs in Graz sechs Eisenbahner, die im Gebiet der Reichsbahndirektion Villach Sabotage betrieben hätten, wegen „Vorbereitung zum Hochverrat“ zum Tode. Darunter war der am 3.9.1895 in Tainach geborene Reichsbahnschrankenwärter Johann Sablatnig, der in St. Peter-Freienstein lebte.[119] Im Urteil heißt es, dass er für eine „illegale revolutionäre marxistische Organisation“ angeworben worden sei und Beiträge für Gesinnungsgenossen gesammelt habe. Nach dem Wiedereinsetzen der Untergrundtätigkeit habe sich auch Sablatnig an Beitragssammlungen beteiligt. Mit dem ebenfalls zum Tode verurteilten Richard Götzinger habe er sich im Juli 1941 getroffen und eine Teilnahme an Sabotageakten abgelehnt. Er habe Götzinger aber nicht wegen dessen Sabotageakten angezeigt. Er gab auch zu, bis zum Ausbruch des Krieges mit der Sowjetunion die Sender London, Moskau und Beromünster gehört zu haben. Sablatnig, der den anderen Angeklagten intellektuell überlegen gewesen sei, habe versucht, alles zu leugnen. Die Angeklagten hätten die

[118] Ebenda, 252.

[119] 7 J 392/42 vergl. dazu: Vogl (1968), 68f.

Vernichtung des Kommunismus verhindern wollen. Da sie sich auf die Seite des Bolschewismus hätten schlagen wollen, sei das Todesurteil damit klar gewesen. Sablatnigs Rundfunkgerät wurde eingezogen, er selbst am 12.10.1942 in Graz zum Tode verurteilt und am nächsten Tag hingerichtet.[120] Sein Name steht auf der Gedenktafel am Bahnhof Leoben.
Der am 26.9.1900 in Greifenburg geborene Michael Burgstaller[121] kam 1921 zur ÖBB; 1924 war er Anheizer in Amstetten. Er schloss sich der SDAP an, wurde 1927 Mitglied des Schutzbundes und arbeitete bei

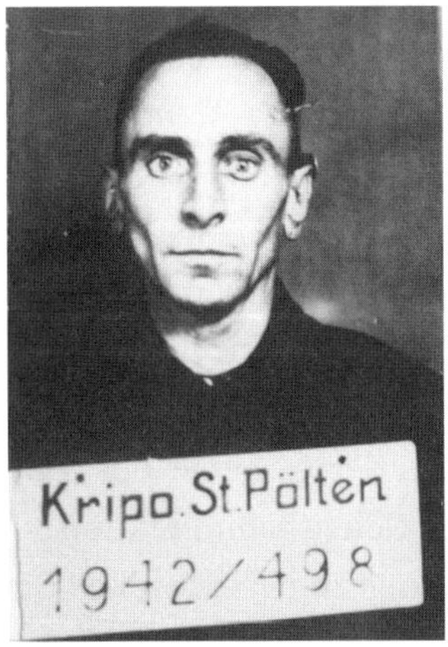

Michael Burgstaller

den Naturfreunden und im Arbeiter-Gesangverein Amstetten mit. Seit Ende 1940 arbeitete er bei einer Widerstandsgruppe der KPÖ mit und sammelte Hilfsgelder. 1942 wurde er von der Gestapo verhaftet und wegen Vorbereitung zum Hochverrat angezeigt. Am 13.5.1943 verurteilte ihn der VGH zum Tode. Am 9.7.1943 wurde er im Zuchthaus Berlin-Plötzensee hingerichtet.
Am 6.9.1942 wurde auch der am 4.1.1915 in Zellach im Lavanttal geborene Franz Seifried, Schlosser bei der Reichsbahn, der 1934 nach Prag geflohen und in der Exil-SP tätig geworden war, verhaftet, am 17.2.1943 in Graz

[120] Vogl (1968), 215 u. Weinert (2011), 225
[121] Peter Pirker: Michael Burgstaller, in: Das Buch der Namen, Klagenfurt 2010, 465f.

zum Tode verurteilt und am 1.7.1943 hingerichtet. Er wurde Kassier bei der „Roten Hilfe“ um den Funktionär Heinrich Gärtner und verfasste kommunistische Flugblätter.[122] Im Urteil heißt es: „Seifried erklärte sich zum Beitritt, zu regelmäßigen Spenden und zur Mitarbeit in der ‚Roten Hilfe‘ bereit. Er wurde von Gärtner angewiesen, weitere Mitglieder zu werben und sie zu Zellen zu drei Mann zusammenzuschließen. Entsprechend diesem Auftrag warb er im Sommer und Herbst 1941 die Angeklagten Lackmeier und Gregor und die Hilfsarbeiter Pöttcher und Wachter, Anfang 1942 den Schlosserwerkführer Stummer und im April 1942 die Schlossergehilfen Neubauer und Sattler an.“[123] Es gab demnach eine Reihe von in Kärnten geborenen Eisenbahnern, die in der Steiermark im Widerstand tätig wurden und dabei ums Leben kamen; sie können somit beiden Ländern zugerechnet wewrden. Seifrieds Name steht auf dem 1953 errichteten Eisenbahnerdenkmal in Knittelfeld.

Josef Fritz wurde am 1.6.1897 in Görtschach geboren, war in der 1. Republik Mitglied der SDAP und des Republikanischen Schutzbundes und Eisenbahner in Knittelfeld. Zwischen 1934 und 1938 gehörte er zu einer kommunistischen Zelle bei der Eisenbahn um Heinrich Gärtner; als dieser 1939 die „Rote Hilfe“ aktivierte, wurde er Zellenleiter. Wegen „Vorbereitung zum Hochverrat und Beeinflussung der Massen durch Herstellung und Verbreitung von Schriften“ wurde er am 9.6.1942 verhaftet, am 18.2.1943 vom VGH in Graz zum Tode verurteilt und am 17.5.1943 in Wien hingerichtet.[124] Im Urteil heißt es: „Die ‚Rote Hilfe‘ ist eine Nebenorganisation der KPÖ. Sie soll durch Sammlungen und durch Unterstützung Angehöriger verhafteter Kommunisten, aber auch verhafteter anderer Marxisten und so durch die Betonung des proletarischen Solidaritätsgedankens für die Kommunistische Partei werben und die Bereitschaft des Einzelnen zur kommunistischen Betätigung stärken. Jede Betätigung für die ‚Rote Hilfe‘ stellt demnach Vorbereitung zum Hochverrat im Sinne des § 83 Abs. 2 StGB dar. … Fritz hat sich der Vorbereitung zum

[122] Halbrainer-Schiestl (2011), 277.

[123] Weinert (2011), 240.

[124] Ebenda, 262.

Hochverrat auch dadurch schuldig gemacht, dass er die deutschsprachigen Nachrichten des Senders London abgehört hat."[125] Sein 1895 in Treffen geborener Kollege Heinrich Gärtner gehörte zwischen 1934 und 1938 der Leitung der KPÖ in Knittelfeld an, wurde 1937 verhaftet und wegen Hochverrats angeklagt, jedoch aus Mangel an Beweisen freigesprochen. 1938 baute er die „Rote Hilfe" auf, wurde von der Gestapo verhaftet und so misshandelt, dass er am 7.7.1942 starb.[126]
Zu Gärtners Freunden gehörte auch Simon Krassnik aus Rosenegg, wo er am 14.12.1893 geboren wurde. Er war Eisenbahner in Knittelfeld, gehörte zur SDAP und zum Schutzbund und beteiligte sich an Gärtners Sammlungen für die „Rote Hilfe". Im Juni 1942 wurde er verhaftet und vom OLG Wien am 4.5.1943 in Graz wegen „Vorbereitung zum Hochverrat und Rundfunkverbrechen" zu sechs Jahren Zuchthaus verurteilt; er kam am 19.2.1945 im Zuchthaus Karlau bei einem Bombenangriff ums Leben.[127] Ebenso erging es dem am 9.12.1890 in Wunderstätten geborenen Hieronymus Rumpf, der am 15.7.1941 wegen seiner Tätigkeit für die "Rote Hilfe" verhaftet und am 4.6.1943 vom OLG Wien zu drei Jahren Zuchthaus verurteilt wurde; auch er kam am 19.2.1945 beim Bombenangriff in der Karlau um.[128]
Der am 10.10.1897 in St. Veit geborene Johann Regenfelder war bis 1934 Sozialdemokrat und wirkte ab 1940 bei der „Roten Hilfe" mit. Am 16.8.1941 wurde er verhaftet und am 6.8.1942 wegen Zahlung von einer Mark monatlich in Graz vom VGH zum Tode verurteilt. Am 5.3.1943 zu sieben Jahren Zuchthaus begnadigt, starb 1944 im Zuchthaus Straubing.[129]
Ebenso kam auch der am 2.5.1893 in Rading geborene Eisenbahner Pius Schedenig zu Tode, der im Kreis Gärtners für die „Rote Hilfe" tätig war und am 4.5.1943 vom OLG Wien zu sieben Jahren Zuchthaus verurteilt worden war.

[125] Weinert (2011), 109.
[126] Halbrainer-Schiestl (2011), 263f.
[127] Ebenda, 268f.
[128] Ebenda, 275.
[129] Ebenda, 274f.

Ein weiteres in Kärnten geborenes NS-Opfer war der Eisenbahner Ernst Kapaunig, der am 14.5.1893 in Villach geboren wurde. Als Eisenbahner kam er in die Steiermark nach Graz/Leitendorf, bis 1934 war er Mitglied der SDAPÖ und des Republikanischen Schutzbundes. Er wurde ab 1938 für die KPÖ aktiv und arbeitete nach Kriegsbeginn an Sabotageakten an Zugsgarnituren mit. Am 10.10.1941 wurde er verhaftet, am 9.12.1942 vom RKG in Graz zum Tode verurteilt und am 13.4.1943 in Wien hingerichtet. Im Urteil heißt es: „Kapaunig ... wurde ... schon im Herbst 1938 veranlasst, Spenden, die unter den Kameraden zur Unterstützung bei Unglücks- und Todesfällen gesammelt wurden, zu übernehmen und aufzubewahren. König übergab ihm dabei den bisher von ihm verwahrten Barbestand. Allmählich stieg Kapaunig zum Hauptkassier der Bahnhöfe Leoben und St. Michael auf und übernahm seit Frühjahr 1940 die ... in Leoben und ... in St. Michael eingezogenen Beiträge. Auch von Götzinger übernahm er insgesamt 13,- RM, die dieser in Donawitz eingezogen hatte, sowie von dem Ladeschaffner Peter Rogy aus Leoben weitere 5,- RM.“ Sein Name steht auf der 1950 enthüllten Gedenktafel am Bahnhof von Leoben und am dortigen Denkmal aus dem Jahre 1975.[130] Der Prozess verdeutlicht, dass die Eisenbahner ein Netzwerk gebildet hatten, um Solidarität mit den Kollegen ausüben zu können, die in Not geraten waren.

Die Kärntnerin Helene Serfecz geb. Wriessnegger wurde am 16.4.1886 in Klagenfurt geboren. Seit 1919 gehörte die Hausfrau der Sozialdemokratie und deren Frauenkomitee in Graz an. Nach dem Februar 1934 wirkte sie in der „Roten Hilfe“ mit. In der NS-Zeit war sie mit ihrem Sohn Josef im Umfeld der „Roten Gewerkschaft“ um Lorenz Poketz aktiv. Im August 1942 wurde sie verhaftet, am 30.6.1943 vom VGH Berlin zum Tode verurteilt und am 13.9.1943 in Graz hingerichtet. Ihr Name findet sich auf der Gedenktafel im Hinrichtungsraum des Grazer Landesgerichts.[131]

---

[130] Vogl (1968), 69 u. 212 u. Weinert (2011), 154.

[131] Maria Cäsar/Heimo Halbrainer (Hrsg.): „Die im Dunkeln sieht man doch“. Frauen im Widerstand - Verfolgung von Frauen in der Steiermark, Graz 2007, 175-188, hier 182.

6. Die Slowenen vor Roland Freislers Volksgerichtshof

Der berüchtigte NS-Jurist Dr. Roland Freisler, der bereits 1924 der NSDAP beigetreten war, gehörte seit 1932 dem preußischen Landtag an, 1933 wurde er Ministerialdirektor im preußischen Justizministerium, 1935 auch Staatssekretär im Justizministerium.[132] Auch die Richtervereine wurden „gleich geschaltet", jüdische Richter entlassen. 1935 wurde auch das Nicht-Anzeigen von Hoch- und Landesverrat strafbar. Nach dem „Anschluss" trat am 1.7.1938 das deutsche Strafrecht in Österreich in Kraft; für österreichische Fälle wurde ein besonderer Senat reserviert, der auch österreichische Richter enthalten sollte. Nach dem „Münchener Abkommen" wurde auch das Sudetenland dem VGH unterstellt, im März 1939 auch das „Reichsprotektorat Böhmen und Mähren". Der Anteil der Tschechen an den Opfern des VGH war besonders hoch. Im Laufe des 2. Weltkrieges wurden auch besetzte Gebiete dem VGH unterstellt. Die Anwälte, die die Angeklagten vor dem VGH verteidigten, hatten weniger Rechte als an den übrigen Gerichten und bekamen die Anklageschriften erst kurz vor der Eröffnung der Verhandlung zugestellt, die Angeklagten selbst bekamen sie häufig nicht zu Gesicht.[133] Die Richter am VGH waren fast vollständig Mitglieder der NSDAP; die Erhebungen führte fast immer die Gestapo durch. Die Verhafteten wurden während des Gefängnisaufenthaltes auch drangsaliert und gefoltert. Konnte die Gestapo keine Beweise für die Anschuldigungen vorlegen, wurde über derartige Angeklagte die „Schutzhaft" verhängt und sie kamen ins KZ. Daher ist über diese Angeklagten viel weniger Quellenmaterial vorhanden als bei den vom VGH Verurteilten,

[132] Ortner (1993), 60.

[133] Einige Angeklagte von Zell Pfarre erhielten die Anklageschriften zugestellt.

bei denen teilweise sogar die Verhörprotokolle erhalten sind.[134] Die Akten wurden häufig zwischen VGH und Gestapo ausgetauscht. Seit Kriegsbeginn konnte auch Heydrichs „Sicherheitspolizei“ eigenständig Verfahren gegen Oppositionelle einleiten. Hans Frank, zunächst Präsident der „Akademie für Deutsches Recht“, kritisierte die Zurückdrängung traditioneller Rechtsgrundsätze; er wurde daraufhin von Hitler mit Redeverbot belegt.
In seiner letzten Rede vor dem Reichstag machte Hitler das Publikum mit seiner Verachtung des Justizapparates bekannt, er verlangte, dass er „das gesetzliche Recht besitze, jeden zur Erfüllung seiner Pflichten anzuhalten, beziehungsweise denjenigen, der seine Pflichten nach meiner gewissenhaften Einsicht nicht erfüllt, entweder zur gemeinen Kassation zu verurteilen, oder ihn aus Amt und Stellung zu entfernen ohne Rücksicht, wer es auch sei oder welche erworbenen Rechte er besitze.“[135] Damit wurden auch die letzten allgemeinen Rechtsgrundsätze dem Pragmatismus des NS-Systems untergeordnet.
Am 22.7.1942 sprach der Reichspropagandaminister Josef Goebbels vor dem VGH und betonte, im Krieg gehe es nicht so sehr darum, ob ein Urteil gerecht oder ungerecht sei, sondern nur um die Zweckmäßigkeit der Entscheidung. Er berief sich bei seinen Ausführungen auf die Zustimmung Hitlers und erklärte, es sei nicht in erster Linie die Aufgabe des Gerichts, Vergeltung oder Besserung zu bewirken, denn es sei nicht vom Gesetz auszugehen, „sondern von dem Entschluss, der Mann müsse weg.“[136] Am 20.8.1942 wurde Georg Thierack von Hitler zum Justizminister ernannt; Freisler erreichte jetzt den Zenit seiner Karriere, als er am gleichen Tag zum Präsidenten des Volksgerichtshofes ernannt wurde und wie sein Vorgänger den Vorsitz des 1. Senates übernahm. Auch er befolgte das Prinzip seines Vorgängers, die interessantesten Fälle an den 1. Senat zu ziehen und somit seine Karriere zu befördern. Im 1. Senat, der über Hochverratsfragen verhandelte, wurden auch weiterhin die meisten Todesurteile gefällt: 1942

---

[134] Bei den Kärntner Prozessen sind vor allem vom Freislerprozess vom 7-9.4.1943 gegen die Zellaner und gegen die Gruppe Käfer von Anfang 1945 Verhörprotokolle erhalten.
[135] Ortner (1993), 130.
[136] Ebenda, 131.

(insgesamt) fast 650, 1943 779 und 1944 866! Über 2000 Todesurteile gehen somit auf Freislers Konto. Daneben leitete er auch den „Besonderen Senat“, der 1944 allein 75 Todesurteile verhängte. Der erste spektakuläre Fall, den Freisler an sich zog, war der der Geschwister Scholl, die er am 22.2.1943 zum Tode verurteilte.

In keiner Gruppe war der Widerstand gegen das NS-Regime in Österreich so groß wie bei den Slowenen und den Kommunisten. Die Sozialisten waren durch die Unterdrückung im Ständestaat gelähmt; ein Teil des linken Flügels schloss sich der KPÖ an. Die Slowenen waren dem neuen Regime gegenüber nach der Machtergreifung in Österreich 1938 zunächst zurückhaltend. Der Widerstand wurde jedoch allmählich stärker. Kärntner Slowenen desertierten aus der Wehrmacht nach Jugoslawien, bis sie durch den deutschen Einmarsch 1941 den Rückhalt in Slowenien verloren und zum Teil wieder nach Südkärnten zurückkehrten, in Bunkern lebten und von der Bevölkerung mit Nahrungsmitteln versorgt wurden. Durch die Aussiedlung von über 900 Slowenen im April 1942 nahm der Widerstand immer mehr zu; in diesem Jahr sickerten auch die ersten bewaffneten Kämpfer der Befreiungsfront „Osvobodilna fronta“ in Kärnten ein. Karel Prušnik-Gašper aus Lobnig wurde ab 1943 zu ihrem bekanntesten Vertreter.

In Zell Pfarre, Ebriach und Eisenkappel mit den benachbarten Gräben desertierten die ersten Männer bereits kurz nach dem „Anschluss“; Tomaž/Thomas Olip mit Josef Kelih/Kelich und Ivan/Johann Županc vlg. Žnidar Hanzi aus Ebriach am 19.9.1938, am 5.9.1939 Tone und Stanko Jelen aus Bleiburg, dann Paul Malle, im Frühjahr 1940 Maks Kelih/Kelich und Josef Šorli aus Eisenkappel und am 16.6.1940 die Brüder Johann, Peter und Valentin Olip vlg. Užnik. Tone Jelen beschreibt in seinen Erinnerungen, wie die Deserteure aus Südkärnten in Ljubljana aufgenommen wurden. Einige Arbeiter zogen auch weiter bis nach Serbien.

Nach dem deutschen Einmarsch in Jugoslawien 1941 kehrte ein Teil der Wehrmachtsdeserteure, die nach ihrer Flucht in Slowenien Unterschlupf gefunden hatten, nach Kärnten zurück. Sie wurden von ihren Verwandten und Freunden mit Lebensmitteln versorgt. Unter diesen „Rückkehrern“ waren Thomas, Johann, Peter und Valentin Olip, Maks Kelich und Johann

Županc, die in Ljubljana das „Sekstet Javornik“ bildeten; zu ihrem Kreis gehörten auch Johann Gruden, Male „Tomkov“ sowie Johann Supan und der erst kürzlich verstorbene Aloys Mak aus Zell. Sie gehörten nach ihrer Rückkehr 1941 nach dem deutschen Einmarsch in Jugoslawien zu den „Grünen Kadern“, einer der ersten Widerstandsbewegungen in Kärnten. Jakob Oraže/Orasche aus Zell, der mit Thomas Olip geflüchtet war, kam auch mit ihm und Josef Malle wieder zurück. Sie versteckten sich mit den Brüdern Peter, Johann und Valentin Olip zuerst in einem verlassenen Bunker am Setiče und bauten ab April 1941 auf Rat des Freundes Franc Pris tovnik einen neuen Bunker an der unteren Hlipovčik-Hube in Zell/Sele, der aufgrund der zahlreichen Sägen im Graben auch wegen der Fußspuren im Schnee keinen Verdacht erregte. Im Oktober 1941 kehrte auch Maks Kelich zurück. Ohne Wissen seiner Familie brachte Franc Pristovnik die Deserteure im Herbst 1941 in die Scheune seiner väterlichen Hus-Hube, wo er sie den Winter über versteckte. Ganz in der Nähe war das Gehöft von Jernej Oraže vlg. Ožbavt, wo sich die Deserteure abends gelegentlich am Waldrand trafen. Die Gestapo kam einem gewissen Peter Blažič aus Slowenien auf die Schliche, der unter Folter bekannte, den Hlipovčnikbunker zu kennen. Durch eine von der SS am 15.9.1942 erbeutete Partisanentasche erfuhr man von den Umtrieben eines gewissen „Johan“, der von der Gestapo bald als Johann Županc identifiziert wurde.
Am 11.11. gelang es der Gestapo mit Hilfe von Spitzeln, seine Schwester Maria Olip nach einem Feuergefecht bei der Gollobkeusche oberhalb von Eisenkappel gefangen zu nehmen. Am 1.12.1942 hob die Gestapo mit Unterstützung von Peter Blažič den Bunker an der Hlipovčnikhube aus, nahm Thomas Olip gefangen und fand sein Tagebuch, das in den folgenden Tagen von der Gestapo ausgewertet wurde und zu einer Verhaftungswelle führte.[137] Županc, der in Kärnten eine kleine Gruppe der „Osvobodilna fronta“ im Eisenkappler Raum aufstellen sollte, konnte jedoch im letzten Moment entkommen. Im ersten Bericht eines Politkommissars aus Kärnten ist neben Thomas Olip von drei weiteren Kandiaten für die OF die Rede. Es war

[137] Wie ein Vogel im Käfig. Das Tagebuch des Thomas Olip, hrsg. v. Wilhelm Baum, Klagenfurt 2011.

dies der erste Versuch, vom heutigen Slowenien aus eine Partisanengruppe in Südkärnten aufzubauen. Als Folge der Aktion wurden daraufhin mehr als hundert Slowenen von der Gestapo verhaftet und vom Gestapomann Hans Sellak und seinen Mitarbeitern verhört. Roland Freisler erkannte als Präsident des Volksgerichtshofes nach dem Eintreffen der Ermittlungsberichte am VGH die politische Brisanz des Falles, den er an sich zog.
Das erste Todesurteil gegen einen Slowenen in Kärnten traf nach den (ersten) Todesurteilen gegen Martin Čemernjak, Franz Knes und Konrad Lipusch, den aus Draga bei Kranj/Krainburg in Oberkrain zugezogenen Karl Peternelj. Dieser wurde am 6.3.1917 in Draga außerehelich geboren; im Juli 1940 flüchtete er vom jugoslawischen Heer nach Kärnten und arbeitete in Viktring in der Tuchfabrik Moro. Seit 1937 lebte er mit der Weberin Ottilie Galina zusammen und sorgte für ein außereheliches Kind. In der Anklageschrift vom 11.9.1942 wird die Äußerung Peterneljs überliefert, zur gegebenen Zeit würden „ohnehin alle ihren Arbeitsplatz verlassen und zu den Partisanen übergehen". Vor Weihnachten 1941 hörte er bei der Familie des Hilfsarbeiters Franz Kutscheg Nachrichten in slowenischer Sprache von Radio London, die von Dr. Kuhar, einem slowenischen Priester und Bruder des Dichters Prežihov Voranc, gesprochen wurden.[138] Zwei Zeugen sagten jedoch aus, dass Peternelj, der am 17.3.1942 verhaftet wurde, regelmäßig Radio London und Moskau gehört habe; er war überzeugt, „dass mit Hilfe der Sowjetunion ein neues Groß-Slowenien entstehen werde". Das Gericht glaubte den Zeugenaussagen, die das Trauma des NS-Regimes in Kärnten widerspiegelten. Auch andere Arbeiter der Fabrik berichteten von derartigen Aussagen Peterneljs, der seine Kollegen im Herbst 1941 aufforderte, nach der Schneeschmelze mit ihm nach Slowenien zu den Partisanen zu gehen. Er habe auch öfters von Angehörigen von Soldaten und Polizisten erzählt, die von den Partisanen erschossen worden seien. Kutscheg sagte am 17.4.1942 beim Verhör aus, Peternelj habe ihn aufgefordert, es „mit den Slowenen zu halten". Ein Elektriker Wilfan sagte aus, Peternelj habe sich in Oberkrain nach der politischen Gesinnung einiger Slowenen erkundigt, die nach Kärnten gekommen waren, ob sie „für eine eventuelle Aktion verlässlich

[138] 8 J 215/42g 6 H 12/42.

wären“. Er hatte offenbar auch mit dem Gedanken gespielt, „sich den Partisanen anzuschließen und für ein neues großes Slowenien mit der Waffe in der Hand zu kämpfen.“ Am 15.7.1942 habe er versucht, einen Brief an seine Lebensgefährtin aus dem Gefängnis zu schmuggeln, es kümmere ihn nicht, wenn er auf dem Papier vielleicht einige Jahre bekomme, da sie ja „bald frei“ sein würden.

Die Prozessakten verdeutlichen, dass die NS-Führung in Kärnten bereits im Frühjahr 1942 mit dem Thema des Partisanenkampfes beschäftigt war. Im Akt Peternelj ist auch von den Aktivitäten des serbischen Obersten Draža Mihajlović die Rede, dessen Aktivitäten in liberalen slowenischen Kreisen großen Anklang fanden. Man sieht daran, dass die Gestapo über die wirklichen Verhältnisse in Jugoslawien nur unzureichend informiert war. Die Gründung der „Anti-imperialistischen Front“ am 26.4.1941 und die Umwandlung in die „Osvobodilna fronta“ nach Ausbruch des Krieges gegen die UdSSR werden hier noch nicht erwähnt, obwohl zu dieser Zeit mit Johann Županc bereits erste Vertreter der OF in Kärnten aktiv wurden! Es heißt nur, dass sich Anhänger der Komintern in Slowenien im Juni mit *„nationalistischen serbischen Banden“* zusammengeschlossen und dem Kommando des Generals Mihajlović unterstellt hätten. Peternelj gab zu, im Frühjahr 1942 in Slowenien gewesen zu sein, „um sich den Partisanen anzuschließen und für ein neues großes Slowenien mit der Waffe in der Hand zu kämpfen“. Beim Verhör versuchte er, diese Absichten abzuschwächen, was ihm jedoch nicht geglaubt wurde. Im Urteil vom 8.12.1942 heißt es dann, die von Peternelj verbreiteten Nachrichten stellten den Tatbestand der *„landesverräterischen Feindbegünstigung“* im Sinne des § 91 b StGB dar, da er *„zum Eintritt in die gegen das Reich kämpfenden Banden geworben“* habe.[139] Das Todesurteil erfolgte eine Woche nach der Öffnung der beiden Deserteur-Bunker in Zell Pfarre, die zum Höhepunkt der Slowenenverfolgung in Südkärnten im Herbst 1942 führte, am 8.12.1942 am Oberlandesgericht Graz; vollstreckt wurde es am 15.2.1943 am Oberlandesgericht Wien.[140]

[139] Ebenda, fol. 6.

[140] Weinert (2011), 209.

7. Der erste Slowenenprozess vor dem Volksgerichtshof in Klagenfurt (7.-9.4.1943)

Im Zusammenhang mit dem Zellaner Prozess sind einige Briefe erhalten, die dokumentieren, wie die Kärntner Nationalsozialisten diesen Prozess zu einem Schlag gegen die slowenische Minderheit benutzen wollten. Der Grazer Oberlandesgerichtspräsident Dr. Meldt erwähnt in seinem Bericht vom 26.11.1942 die „hohe Zahl der Polizeigefangenen“; am 27.1.1943 berichtet er, „dass mehrfach Kärntner Slowenen mit oberkrainischen Banden in Verbindung traten.“[141] Am 4.2.1943 schrieb Gauleiter Dr. Friedrich Rainer an Justizminister Thierack über die Schwierigkeiten mit den Slowenen, die er darauf zurückführte, dass die Grenze nicht richtig geschützt sei, und drängte auf eine rasche Abhaltung des Prozesses.[142]

Justizminister Thierack schrieb am 11.2.1943 an SS-Gruppenführer Ernst Kaltenbrunner vom Reichssicherheitshauptamt, Gauleiter Rainer sei vor einigen Tagen bei ihm gewesen, um auf einen Abschluss der Ermittlungen gegen die Kärntner Slowenen zu dringen. Er habe darum Anweisung gegeben, alle Hochverratsangelegenheiten in Kärnten ausschließlich dem VGH zu übertragen und ersuchte ihn, zu veranlassen, „dass die Ermittlungen gegen Kommunisten in beiden Gauen mit größter Beschleunigung durchgeführt werden.“[143] Kaltenbrunner als Chef der Sicherheitspolizei entsprach dem Wunsch des Ministers und Gauleiters. Ein Landgerichtsdirektor Jäger berichtete am 9.3.1943 über eine Dienstreise nach Kärnten ans Ministerium: Es liege dem Gauleiter daran, *„dass die Verfahren gegen*

---

[141] Wolfgang Form, Oliver Uthe (Hg.): NS-Justiz in Österreich. Lage- und Reiseberichte 1938-1945, (= Schriftenreihe des DÖW 3), Wien 2004, 153 u. 158.

[142] Koblenz, Bundesarchiv, R 22/4062, RJM-Akten, R 22 Gr. 5/535; vergl. dazu: Koch (1988),267f.

[143] Form-Uthe (2004), 435f.

die 114 Slowenen, die Ende vorigen Jahres wegen Begünstigung slowenischer Banden aus Oberkrain festgenommen worden seien, vor allen anderen Verfahren so beschleunigt wie möglich durchgeführt würden. Die möglichst baldige Aburteilung der Schuldigen sei zur Abschreckung der aufsässigen slowenischen Bevölkerungsteile und zur Verhinderung schwerster Gefahren unbedingt erforderlich.“[144] Es sei ihm erwünscht, die Hauptverhandlung des Volksgerichtshofes im „*Tatgebiet*“ abzuhalten, am besten in Ferlach, wenn das organisationstechnisch möglich sei. Auf Jägers Bemerkung, dass ein derartiger Prozess in einem kleinen Ort wie Ferlach kaum möglich sei, erklärte Rainer, „er sei, wenn es nicht anders gehe, auch mit einer Hauptverhandlung in Klagenfurt einverstanden. Die Hauptsache sei ihm, dass möglichst bald verhandelt werde.“

Die Kärntner NS-Stellen machten also massiven Druck, ein Exempel zu statuieren. In einem Schreiben an den Oberreichsanwalt Ernst Lautz wird ebenfalls erwähnt, dass Gauleiter Rainer darauf dränge, dass der Prozess gegen die Slowenen in Kärnten in Ferlach stattfinden solle. Er möge deswegen mit Freisler reden; wenn es aber aus technischen Gründen nicht machbar sei, dürfe nur Klagenfurt in Betracht kommen.[145] Am 24. und 25.3.1943 stellte Oberreichsanwalt Lautz die Anklageschriften aufgrund der Verhörprotokolle aus und beantragte, die Klagen vor dem VGH zu erheben und den Angeklagten Pflichtverteidiger zu bestellen. Diese konnten sich somit kaum in die Materie einarbeiten, weil der Prozess bereits am 5. April begann. Am 31.3. wurde der in Berlin weilende Adjutant von Gauleiter Rainer vom Volksgerichtshof informiert, dass Landesgerichtsdirektor Jäger vom Reichsjustizministerium dem Gauleiter mitgeteilt habe, dass das Verfahren gegen die „*140 Slowenen*“ noch im März eingeleitet werde; der Senat würde dann zur Verhandlung nach Salzburg fahren.[146] Offensichtlich wurde die Zahl der Angeklagten dann noch in letzter Minute auf 35 reduziert und Klagenfurt endgültig als Verhandlungsort festgesetzt. Auch hierbei zeigt sich, dass der Perfektionismus der Deutschen oft überschätzt

[144] Ebenda, 441.
[145] Ebenda, 443
[146] Ebenda, 446.

wurde und vieles, was nach außen als perfekte Organisation aussah, in Wirklichkeit oft in letzter Minute improvisiert und entschieden wurde. Nach der Unterzeichnung der Anklageschriften konnte der Prozessbeginn angesetzt werden.

Kurz zuvor hatte Gauleiter Rainer am 5.4.1943 ein Gespräch mit dem Kapitularvikar des Bistums Gurk, Bischof Dr. Andreas Rohracher, der in seinem Gedächtnisprotokoll über Gauleiter Rainers Erzählung festhielt: „Wie bekannt, würde in den nächsten Tagen der Volksgerichtshof in Klagenfurt gegen etwa 140 Slowenen in Tätigkeit treten, die mit Partisanen von Oberkrain Verbindung gehabt oder sie irgendwie unterstützt hätten. Man rechne mit der Verurteilung von etwa 100 Personen. Im Nachhange zu dieser gerichtlichen Verurteilung müsse eine neuerliche Aussiedlung von Kärntner Slowenen erfolgen, weil es untragbar sei, dass solche unverlässlichen Elemente die Grenze bewohnen und der kommunistischen Agitation Vorschub leisteten.“[147] Wenn das Gedächtnisprotokoll richtig ist, zeigt sich, dass Gauleiter Rainer, der bis Kriegsende als Scharfmacher in der Slowenenfrage galt, die Situation doch falsch einschätzte.

Es war Freislers erste Reise nach Klagenfurt. Der Prozess fand im großen Saal des Landesgerichts statt, das damals „Landgericht“ hieß; hier war auch das Gefängnis mit den Gefangenen, die hauptsächlich an der noch heute vergitterten Front am St. Veiter Ring inhaftiert waren. Die Anklageschriften wurden den Angeklagten vorher zugestellt, die auch Pflichtverteidiger bekamen.[148] Einzelne Angeklagte wie Thomas Olip, Franc Pristovnik, Florjan Kelich oder Miha Županc reichten Einwände gegen die Anklageschriften ein, ohne damit jedoch besonderen Erfolg zu haben. Bei Freisler ging es auch nicht um Rechtsfindung, es ging ihm nur darum, die Urteile formell zu „begründen“. Thomas Olip und Franc Weinzierl wurden als Angehörige der Wehrmacht noch vor dem RKG einvernommen.

Über den Verlauf des am 7.4.1943 beginnenden Prozesses sind kaum nähere Quellen bekannt. Eine direkte Äußerung dazu ist nur von Katharina,

---

[147] Peter Tropper (Hrsg.): Kirche im Gau, Klagenfurt 1995, 203.

[148] Man liest häufig, dass die Angeklagten keine Anklageschriften erhielten. Beim „Zellaner Prozess“ war das nicht so.

der Frau von Jurij Pasterk, erhalten: „*Bis zum März war ich im Gefängnis, dann war die Verhandlung, bei der die anderen zum Tod verurteilt wurden. Sie jagten uns in den Saal, dann kamen die Richter, wie schlimm das war, alle in diesen roten Mänteln, wie die Teufel kamen sie herein. 36 Angeklagte waren wir. Die, die sie zum Tod verurteilten, saßen in der ersten Reihe. Mein Mann saß vor mir. Ich weiß nicht mehr, wie es dort zuging, ich kann mich nicht mehr erinnern. Zum Schluss wurde das Urteil verlesen: ich bekam zuerst fünf Jahre, später wurde das auf drei Jahre reduziert. Der Jurij wurde*

Roland Freisler

zum Tode verurteilt. Ein Wächter im Arrest, der war noch so gut, dass er uns zusammenließ, ich saß dort, wie mein Mann aus der Zelle kam, in Ketten gelegt. Wir brachten beide nichts heraus. Das war unser letztes Treffen, vermutlich im April. Dann brachten sie ihn weg und ich hörte nichts mehr von ihm.“[149] In einem vom ORF aufgezeichneten Interview berichtete Katharina Pasterk später, wie sie erlebte, wie Maria Olip zusammenbrach, als sie von ihrem Todesurteil erfuhr.

Eine weitere Einzelheit beim Zellaner Prozess ergibt sich aus dem Verhör der Sekretärin Wilhelmine Hoja nach dem Zweiten Weltkrieg im Klagen-

[149] Katharina Kölich: Rote Mäntel, in: Spurensuche. Erzählte Geschichte der Kärntner Slowenen, Wien 1991, 255-257, hier 256f.

furter Sellak-Prozess 1947, in dem sie aussagte: „Bei der Hauptverhandlung vor dem Volksgericht in Klagenfurt war ich nicht anwesend, aber nach der Verhandlung diktierte mir der damalige Chef der Dienststelle Dr. Weimann in die Maschine einen Bericht aus der Verhandlung. Darin berichtete er, dass die Beschuldigte Olip Maria bei der Gestapo behauptet habe, sie könne nicht Deutsch und sei deshalb durch die Gestapo unter Zuziehung eines Dolmetschers vernommen worden. Bei der Hauptverhandlung habe man festgestellt, dass die Maria Olip doch Deutsch verstanden hat. Maria Olip sowie noch andere Beschuldigte hätten bei der Hauptverhandlung behauptet, ihr Geständnis bei der Gestapo infolge von Misshandlungen unter Druck wahrheitswidrig gemacht zu haben. Der Vorsitzende habe, als festgestellt worden sei, dass Maria Olip Deutsch versteht, gesagt, *„dass sie auch in dieser Hinsicht bei der Gestapo gelogen habe, dass daher der Beschuldigten auch hinsichtlich der angeblichen Misshandlungen kein Glauben geschenkt werden kann.*" Ein eigenartiger Schluss Freislers, der die Glaubwürdigkeit von Maria Olip in Frage stellen sollte! Frau Hoja sagte weiter: „Während der ganzen Zeit, wo ich bei der Gestapo bedienstet war, habe ich zwar munkeln gehört, dass Häftlinge und Beschuldigte durch Gestapobeamte misshandelt werden, aber ich war nie bei irgendwelcher Misshandlung zugegen und kann in dieser Hinsicht keine bestimmten Angaben machen."[150] So einfach war die Ausrede einer Kärntner Gestapo-Sekretärin, die angeblich nichts von der Folter mitbekommen hatte! Justine Jug erklärte 1947, sie habe im Februar oder März 1943 einen heimlich geschriebenen Brief von Franc Pristovnik erhalten, in dem es hieß, *„er sei am 24.12.1942, also am Heiligen Abend, durch den Gestapobeamten Sellak wund geschlagen worden.*"[151] Über die Folterungen der Gestapo berichtete auch der inhaftierte Zellaner Pfarrer Aloys Vauti.

Janez Urank erlebte das Urteil in Zelle 61: „Dann kam der berüchtigte Freisler. … Ich war in Zelle 61, der Schwurgerichtssaal war darunter und ging zum Hof hinaus. Der Freisler schrie so, dass man das in den Zellen hörte. Nur ‚Schweine' und ‚Banditen'. … Die Dreizehn wurden zum Tode

---

[150] Klagenfurt, Kärntner Landesarchiv, 17 VR 1899/46 (31.7.1947).

[151] Klagenfurt, Kärntner Landesarchiv, 17 VR 1899/47/55 (5.9.1947).

verurteilt und in Handschellen gelegt."[152] Auch die heute 100-jährige Marija Olip erzählt, dass sie das Gebrüll Freislers durch den Luftschacht bis in ihre Zelle gehört habe. Besonders umstritten war die Verurteilung des noch minderjährigen Briefträgers Johann Oraže. *„Der Hanzi, der war 18 Jahre alt, der konnte nicht mehr reden. Wie er herausgekommen ist, hat er gerade noch so mit der Hand gemacht, der Kopf ist verloren. Die Marija Olip, ... die*

Maria Olip

Thomas Olip

hat es angeblich so geschüttelt: ‚So ein schöner Tag draußen' hat sie gesagt, und ich werde sterben müssen". Franc Pristovnik kam zurück zur Zelle von Pfarrer Vauti und sagte nur: ‚Zum Tode'".[153] Jurij Pasterk, der im August 1942 mit seiner Frau den ersten Gebietsausschuss der OF in Kärnten gegründet haben soll[154], scheint die Richter als Mörder bezeichnet zu haben, nach Tone Jelen rief er den anderen zu: „Lasst euch nicht einschüchtern, denkt an uns, lasst uns die slowenische Sprache und das slowenische Lied

[152] Janez Urank: Spießrutenlauf, in: Spurensuche (1991), 248.

[153] Marija Olip: Das Wasser rinnt noch, in: Spurensuche (1991), 267.

[154] Lisa Rettl: Fahnenflucht in den Widerstand. Kärntner Slowenen als Deserteure und Partisanen, in: Wehrmachtsjustiz. Kontext, Praxis, Nachwirkungen, hrsg. v. Peter Pirker u. Florian Wenninger, Wien 2011, 152-166, hier 158f.

nicht nehmen, für die wir sterben werden."[155] Es waren aber nicht einmal alle Ehefrauen der Angeklagten über den Prozess informiert. Die Frau des Urh Kelich wusste gar nicht, wann der Prozess stattfand. Es waren aber auch einige Zellaner Nazis anwesend, die beim Urteil sogar applaudierten. Die Wache erlaubte es, dass Tone Jelen sich durch die verschlossene Tür von den Verurteilten verabschieden durfte, bevor sie nach Wien gebracht wurden.

Einige erhaltene Gnadengesuche der zum Tode Verurteilten Slowenen wurden mit Sicherheit nicht von den Verurteilten selbst geschrieben. Die Gnadengesuche wurden am 17.4.1943 von Hitler im Führerhauptquartier abgelehnt, die Hinrichtungen der Opfer fanden am 29.4. statt. Von diesem Tag datieren auch die erhaltenen Abschiedsbriefe von Franc Gregorič, Florjan Kelich, Johann Dovjak, Franc Weinzierl und Jurij Pasterk. Es scheint, dass keiner der zum Tod Verurteilten im Gefängnis in Wien noch einen Besuch seiner Angehörigen erhielt, die wohl zu eingeschüchtert waren. Andere Gnadengesuche wie das Gesuch von Christine Pegrin für Franc Gregorič vom 7.5.1943 und von Paula Kelich vom 8.5.1943 wurden abgefasst, als die Verurteilten längst hingerichtet waren. Der Gefängnispfarrer Eduard Köck konnte Christine Pegrin erst am 16.6.1943 einige Sätze über den Tod ihres Verlobten mitteilen.[156] Die Kärntner Zeitung berichtete erst am 8.6.1943 über die Vollstreckung des Urteils, ohne ein Datum für den Prozess anzugeben. Die roten Plakate mit der Bekanntgabe der Verurteilung scheinen nicht in Kärnten verbreitet worden zu sein; im Bundesarchiv in Berlin findet sich noch eine große Anzahl der Drucke.

1974 wurden erstmals teilweise Einzelheiten des Urteils aus dem Bundesarchiv Koblenz in Walter Wagners Studie über den VGH veröffentlicht[157]. Leider wird die NS-Diktion der Texte nicht kommentiert. Wagner erwähnt auch einen Prozess gegen einen Volksdeutschen Hafner aus Jugoslawien vom 7.12.1942, der vom Vorwurf freigesprochen wurde, Jugoslawen aufgefordert zu haben, mit ihm nach Oberkrain zu gehen *„und sich den dortigen*

[155] Jelen (2007), 142.

[156] Sämtlich Slowenen, hrsg. v. Franc Kattnig, Klagenfurt 1978, 85.

[157] Walter Wagner: Der Volksgerichtshof im nationalsozialistischen Staat, (= Die deutsche Justiz und der Nationalsozialismus 3), Stuttgart 1974, 657f.

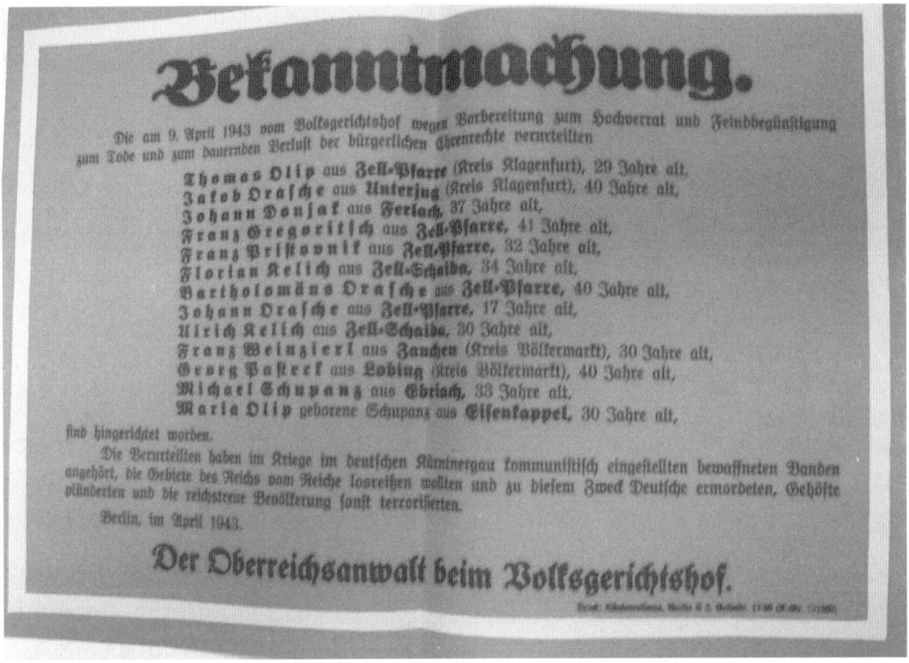

Bekanntmachung.

Die am 9. April 1943 vom Volksgerichtshof wegen Vorbereitung zum Hochverrat und Feindbegünstigung zum Tode und zum dauernden Verlust der bürgerlichen Ehrenrechte verurteilten

Thomas Olip aus Zell-Pfarre (Kreis Klagenfurt), 29 Jahre alt,
Jakob Orasche aus Unterjug (Kreis Klagenfurt), 40 Jahre alt,
Johann Doujak aus Ferlach, 37 Jahre alt,
Franz Gregoritsch aus Zell-Pfarre, 41 Jahre alt,
Franz Pristovnik aus Zell-Pfarre, 32 Jahre alt,
Florian Kelich aus Zell-Schaida, 34 Jahre alt,
Bartholomäus Orasche aus Zell-Pfarre, 40 Jahre alt,
Johann Orasche aus Zell-Pfarre, 17 Jahre alt,
Ulrich Kelich aus Zell-Schaida, 30 Jahre alt,
Franz Weinzierl aus Zauchen (Kreis Völkermarkt), 30 Jahre alt,
Georg Pasterk aus Lobnig (Kreis Völkermarkt), 40 Jahre alt,
Michael Schupanz aus Ebriach, 33 Jahre alt,
Maria Olip geborene Schupanz aus Eisenkappel, 30 Jahre alt,

sind hingerichtet worden.

Die Verurteilten haben im Kriege im deutschen Kärntnergau kommunistisch eingestellten bewaffneten Banden angehört, die Gebiete des Reichs vom Reiche losreißen wollten und zu diesem Zweck Deutsche ermordeten, Gehöfte plünderten und die reichstreue Bevölkerung sonst terrorisierten.

Berlin, im April 1943.

Der Oberreichsanwalt beim Volksgerichtshof.

Bekanntmachungsplakat über die Hinrichtungen der 13 Slowenen

Kärntner Zeitung — Montag den 12. April 1943

Der Volksgerichtshof fällte 13 Todesurteile

Kommunistisch-terroristische Elemente unschädlich gemacht — Schwere Zuchthausstrafen für die Helfershelfer

Der Erste Senat des Volksgerichtshofes tagte in dreitägiger öffentlicher Verhandlung unter dem Vorsitz seines Präsidenten Staatssekretär a. D. Dr. Freisler im Landgericht Klagenfurt über die Anklage, die der Oberreichsanwalt gegen 37 Personen aus den Gemeinden Zell-Pfarre und Eisenkappel-Vellach erhoben hatte.

Kleine Kreise aus dem ehemaligen Abstimmungsgebiet Kärnten, die sich aus Deserteuren, Kommunisten und Verbrechern zusammensetzten, aus Oberkrain Zuzug bekamen, Banden bildeten, um das schaffende und kämpfende Volk zu terrorisieren, Höfe zu überfallen und zu plündern, deutsche und reichstreue Männer, ja selbst Frauen viehisch zu morden und die Ruhe und Ordnung zu untergraben, hatten sich damit der Neuordnung Europas verräterisch entgegengestellt und sich zu Handlangern des Bolschewisten Stalin und der Plutokraten Roosevelt und Churchill gemacht.

Der Volksgerichtshof verurteilte folgende Personen zum Tode:

Thomas Olip, Holzarbeiter aus Zell-Pfarre;
Jakob Orasche, Holzarbeiter aus Zell-Pfarre;
Johann Doujak, Büchsenmacher aus Ferlach;
Franz Gregoritsch, Landwirt aus Zell-Pfarre;
Franz Pristovnik, landwirtschaftlicher Arbeiter aus Zell-Pfarre;
Florian Kelich, Holzarbeiter aus Zell-Pfarre;
Bartholomäus Orasche, Keuschler aus Zell-Pfarre;
Johann Orasche, Postfacharbeiter aus Zell-Pfarre;
Ulrich Kelich, landwirtschaftlicher Arbeiter aus Zell-Schaida;
Franz Weinzierl, Landwirt aus Zauchen;
Georg Pasterk, Bauer aus Lobnig;
Michael Schupanz, Keuschler aus Ebriach;
Maria Olip, Gelegenheitsarbeiterin aus Eisenkappel.

Die nachstehenden Personen hat der Volksgerichtshof ebenfalls für schuldig erkannt und zu Zuchthausstrafen von verschiedenem Ausmaß verurteilt. Sie haben für die Terrorbanden Kurier- und Kundschafterdienste geleistet, mit Funktionären der Widerstandsorganisation ständig Verbindung gehalten, bei der Zuführung neuer Terroristen mitgewirkt, kommunistische Besprechungen mitangehört, Banditen Unterkunft gewährt, Essen gegeben oder sonstwie geholfen und die nach dem Gesetz bestehende Verpflichtung, Banditen, Deserteure und sonstige Verbrecher anzuzeigen, unterlassen.

Es wurden verurteilt:

Bartholomäus Woschitz, Bauer aus Zell-Freibach, zu 12 Jahren Zuchthaus; Josef Olip, Forstarbeiter aus Zell-Pfarre, zu 10 Jahren; Sabine Ogris, Hausgehilfin aus Zell-Schaida, zu 8 Jahren; Olga Kelich, landwirtschaftliche Arbeiterin aus Zell-Pfarre, zu 5 Jahren; Katharina Pristovnik, Schuldienerin aus Zell-Pfarre, zu 5 Jahren; Maria Linasi, Haushälterin aus Zell-Pfarre, zu 4 Jahren; Justine Jug aus Zell-Pfarre zu 5 Jahren; Anna Orasche, Haushälterin aus Zell-Pfarre, zu 5 Jahren; Ursula Weinzierl, Auszüglerin aus Zauchen, zu 3 Jahren; Katharina Pasterk, Bäuerin aus Lobnig, zu 3 Jahren; Johann Rozmann, Schuhmachergehilfe aus Klagenfurt, zu 2 Jahren; Alois Luschin, Bergmann aus Eisenerz, zu 7 Jahren; Anton Golob, Holzarbeiter aus Vellach, zu 6 Jahren; Johann Smolnik aus Sittersdorf zu 4 Jahren; Michael Tonitz, Fabrikarbeiter aus Rechberg, zu 3 Jahren; Thomas Olip, genannt Jereb, Bauer aus Ebriach, zu 8 Jahren; Ursula Olip, Bäuerin aus Ebriach, zu 2 Jahren; [illegible] Erzen aus Eisenkappel zu 3 Jahren.

Die Verurteilten wurden für die Dauer ihrer Strafe — Bartholomäus Woschitz für 10 Jahre — ehrverlustig erklärt.

Zu Gefängnisstrafen wurden verurteilt: [illegible] Jug, Buchhalterin aus Ferlach, Maria Ogris, Hausgehilfin aus Zell-Pfarre, und Maria Pristovnik, Haustochter aus Zell-Pfarre, zu je 2 Jahren Gefängnis; Vida Jug aus Zell-Pfarre zu 9 Monaten Gefängnis.

In seiner Urteilsbegründung führte der Präsident des Volksgerichtshofes u. a. aus:

Der Schutz des Reiches gegen Bandenumtriebe von Reichsfeinden, die im Kriege unsere Kampfkraft schwächen und so dem Kriegsfeind helfen, muß unter allen Umständen sichergestellt sein. Jeder, der am Großdeutschen Reich strafbar schuldig wird, muß sich gefallen lassen, daß sein Verhalten, wenn seine Tat und Schuld festgestellt ist, nach der Gefährlichkeit seines Tuns für Volk und Reich bewertet wird. Das ist die Rechtspflege dem anständigen Volksgenossen, das ist sie dem Volk und Reich schlechthin, das ist sie vor allem dem kämpfenden deutschen Soldaten schuldig. Nicht zu verantworten wäre es, in Fällen, wie denen, über die der Volksgerichtshof in dem vorstehenden Urteil Recht sprach, das Geständnis oder die bisherige Unbescholtenheit eines Täters über die Grenze hinaus zu berücksichtigen, die die Verbürgung der unantastbaren Sicherheit des Reiches zuläßt.

Die Entschuldigung, die fast alle Helfershelfer vorgebracht haben, nämlich, daß sie unter Druck und Drohung der Deserteur-Banditen gehandelt hätten, kann keineswegs als solche anerkannt werden. Das Reich muß verlangen, daß der anständige Bürger sich diesem Terror nicht beugt, sondern in solcher Gefahr seinen Mann steht. Er nimmt damit noch lange nicht die Gefahren auf sich, denen der deutsche Soldat täglich die Stirn bietet.

Artikel in der Kärntner Zeitung

kommunistischen Banden anzuschließen.“[158] Offensichtlich fand die Diktion von den „*kommunistischen Banden*“ in Oberkrain schon Ende 1942 Verwendung.
Aus dem Prozess in Klagenfurt publizierte Franc Kattnig 1978 in der Sammlung „Sämtlich Slowenen“ Freislers Kommentar zu Johann Oražes Bemerkung, die vernehmenden Beamten hätten ja das Protokoll verfälschen können.[159] Die Übersetzung eines Flugblatts in den Akten des Freislerprozesses erwähnt bereits den Begriff „OF“[160]; er muss also bis April 1943 bereits geläufig gewesen sein.

Von einigen Hingerichteten sind nur noch die Namen bekannt. Der am 10.8.1915 in Unterloibl geborene Bäckergehilfe Lorenz Hofer wurde vom RKG zum Tode verurteilt und am 10.10.1943 in Graz hingerichtet. Bekannt ist dies durch einen Bericht des Präsidenten des LG Graz von 1962 an den KZ-Verband Wien.[161] Der letzte Hingerichtete aus Kärnten, der Ende Juni 1943 vom RKG zum Tode verurteilt wurde, war Leopold Kosmatsch aus St. Margarethen bei Bleiburg, geboren am 15.11.1919 in Koprain bei Maribor, genannt „Jurjev hlapec“ („Jur-Knecht“), der im Frühjahr 1943 aus der Wehrmacht desertierte und zu den Partisanen ging. Er wurde im Herbst 1943 verhaftet, kam vor das RKG und wurde am 4.7.1944 in Graz hingerichtet.[162] Das Delikt ist aus dem Akt nicht ersichtlich. Im Jahr 1944 nahmen die Todesurteile bei der Wehrmacht schlagartig zu. Der am 12.3.1912 in Völkendorf bei Villach geborene Forstgehilfe Franz Mayr wurde ebenfalls vom RKG zum Tode verurteilt und am 4.7.1944 in Graz hingerichtet.[163] Am 8.12.1944 wurde der am 10.1.1900 in Klagenfurt geborene Buchhalter Paul Trabesinger in Graz hingerichtet.[164] Das

[158] Wagner (1974), 659.
[159] Hannsjoachim W. Koch: Volksgerichtshof. Politische Justiz im 3. Reich, München 1988, 267.
[160] Berlin, Bundesarchiv, VGH 2329, A 1.
[161] DÖW Nr. 1936.
[162] DÖW, Nr. 1936 (freundl. Hinweis von Walter Manoschek) u. Lipej Kolenik: Für das Leben, gegen den Tod. Mein Weg in den Widerstand, Klagenfurt 1997, 57.
[163] DÖW, Nr. 1936.
[164] Brief des OLG-Präsidenten von Graz vom 29.5.1962 an den KZ-Verband.

Miha Županc

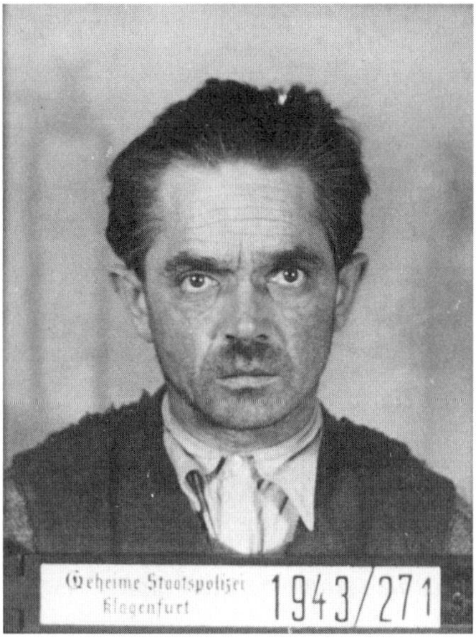

Jernej Oraže

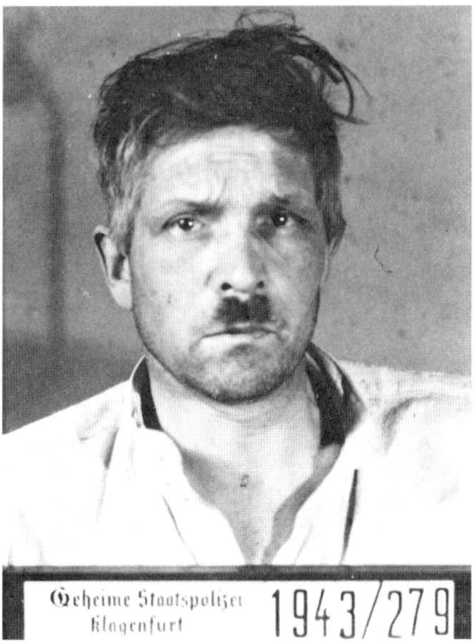

Jakob Oraže

Franc Weinzierl

Todesurteil ist nicht erhalten, aber eine sehr interessante Anklageschrift vom 3.8.1944, die Auszüge aus etlichen Briefen Trabesingers enthält. So hatte er am 4.4.1944 an einen Freund geschrieben: „*Während nun immer mehr Wohn-, Kultur und Arbeitsstätten in Schutt und Asche sinken, faseln die Propagandapapageien unentwegt vom Endsieg, wobei sie womöglich weismachen wollen, dass durch die sich häufenden Niederlagen das erreicht würde, was früher durch die Siege nicht gelingen wollte: nämlich der Welt ein unmögliches System aufzuzwingen. Man schaudert nur bei dem Gedanken, dass dadurch soviel Blut und Tränen fließen müssen und der Menschheit ein Übermaß von Leiden aufgebürdet wird. Dabei darf man gar nicht hoffen, dass dem Gemetzel in absehbarer Zeit Einhalt geboten wird. Denn das Verderben nimmt im Gegenteil immer weitere Ausmaße an, bis es schließlich alles in seinen Strudel zieht.*" An eine Schulfreundin hatte er geschrieben, man könne sich kaum vorstellen, wie der „Menschenschlächterei" Einhalt geboten werden solle. "*Ich kann gar nicht sagen, mit welchem Abscheu ich das Zeitgeschehen betrachte, das ruhig hinzunehmen Phantasiearmut oder dumpfe Resignation zur Voraussetzung haben. Es müsste doch endlich den heroischen Tollhäuslern an den Kragen gehen, die durchhalten wollen, bis es nichts mehr als Ruinen und Friedhöfe auf Erden gibt. Mögen sie in dem von ihnen hervorgerufenen Meer von Blut und Tränen verdientermaßen ersaufen…*".[165]

Am 13.3.1945 wurde der am 3.7.1903 in St. Martin bei Klagenfurt geborene Kranführer Josef Kröll, der vom VGH zum Tode verurteilt worden war, hingerichtet.[166] Ob die am 25.3.1888 in Stockenhof bei Villach geborene Näherin Maria Roth, die am 26.1.1945 in Graz zum Tode verurteilt wurde, auch hingerichtet wurde, ließ sich 1962 nicht mehr ermitteln.

[165] OJs 443/44.

[166] Döw Wien, Nr.1036.

Urh Kelich

Florjan Kelich

Franc Pristovnik

Johann Dovjak

8. Widerstand in der katholischen Kirche – Die „antifaschistische Freiheitsbewegung Österreichs“

Im Bistum Gurk resignierte Fürstbischof Adam Hefter, ein „Reichsdeutscher“, der sich nie ganz mit dem Ständestaat identifiziert und im April 1938 in Klagenfurt Hitler begrüßt hatte. Dies hatte ihm den Vorwurf eines „Hitlerbischofs“ eingebracht[167]; er zog sich fortan in die bischöfliche Jagdhütte auf der auf die Flattnitz zurück. Seit 1931 war der aus Lienz stammende Andreas Rohracher sein Hilfsbischof, der 1938 zum Kapitelvikar und Amtsnachfolger ernannt wurde. Nach dem „Anschluss“ wurde das Jesuitenkolleg St. Andrä, das Stift St. Paul, die Olivetanerabtei Tanzenberg und das Kloster der Missionare von St. Georgen am Längsee aufgehoben. Das NS-Regime erkannte das 1933 mit Bundeskanzler Dollfuß geschlossene Konkordat nicht an; nach dem „Anschluss“ bestand somit ein „konkordatsfreier Raum“. Die „Carinthia“ mit dem Haus St. Josef am Völkermarkter Ring wurde von den Nazis beschlagnahmt und wurde zum „NS-Gauverlag“; der „Kärntner Grenzruf“ wurde die neue offiziöse Zeitung.[168] Im Juli 1938 wurde erstmals die Ehescheidung eingeführt. Rohracher amtierte als Kapitelvikar, bis er 1943 zum Erzbischof von Salzburg ernannt wurde. 1941 kam es zur Angliederung Oberkrains an Kärnten. Rohracher versuchte, eine Seelsorge im annektierten Gebiet aufzubauen.

Auch in konservativen und katholischen Kreisen kam es zur Entstehung von Widerstandszellen gegen das nationalsozialistische System. Als es Gerüchte um den Abtransport geistig behinderter Kinder gab, untersagte

[167] Jakob Obersteiner: Die Bischöfe von Gurk (1824-1979), Klagenfurt 1980, 188.

[168] August Walzl: „Als erster Gau…“. Entwicklungen und Strukturen des Nationalsozialismus in Kärnten, Klagenfurt 1992, 195 u. Wilhelm Baum: Klagenfurt. Geschichte einer Stadt am Schnittpunkt dreier Kulturen, Klagenfurt 2002, 143f.

Kapitelvikar Rohracher, der mehrfach mit Nachdruck gegen die Euthanasie protestiert hatte[169], am 30.8.1940 der Direktion der Anstalt für geistig Behinderte in Tainach deren Abtransport. Er verlangte, dass ohne seine Zustimmung keine Pfleglinge an andere Institutionen abzugeben seien. Er wollte jeweils zuvor von den Schwestern über die listenmäßige Erfassung und den möglichen Abtransport der Behinderten informiert werden.[170]
Bei der Erforschung des Widerstandes gegen den Nationalsozialismus in

April 1938 Klagenfurt: Hitler mit Fürstbischof Hefter

Kärnten wurde die Klagenfurter Bewegung um den Priester Dr. Anton Granig lange übersehen.[171] Erst die Dissertation von Herlinde Roth wies 1985 darauf hin und sprach von „einem bisher vernachlässigten bzw. ver-

[169] Neugebauer (2008), 127f.

[170] Peter Tropper (Hrsg.): Kirche im Gau. Dokumente zur Situation der katholischen Kirche in Kärnten von 1938 bis 1945, Klagenfurt 1995, 98.

[171] Hellwig Valentin: Der Sonderfall. Kärntner Zeitgeschichte 1918-2004/08,2. Aufl., Klagenfurt 2009, erwähnt die Widerstandsgruppe nicht, Wolfgang Neugebauer widmet ihr eine Seite: Der österreichische Widerstand 1938-1945, Wien 2008, 152. Vergl. dazu Walzl: Gegen den Nationalsozialismus (1994), 111-136.

drängten Kapitel der Zeitgeschichte".[172] Nach dem „Anschluss" wurde eine Reihe von Persönlichkeiten, die im Ständestaat eine politische Funktion eingenommen hatten, in „Schutzhaft" genommen; so etwa der ehemalige Landessekretär der „Vaterländischen Front" Karl Krumpl, der zu vier Jahren Kerker verurteilt wurde. Andere wurden aus dem Dienst entlassen wie der Oberlehrer Franz Bernthaler, der im Gasthaus Baratom in der Priesterhausgasse in Klagenfurt einen Stammtisch der Opposition gegen das neue Regime bildete. Der ehemalige Heimwehrführer Rechtsanwalt Dr. Karl Wanner aus Lienz wurde zunächst verhaftet und erhielt dann einen Gauverweis. Im Gasthaus Lambert in der Wiener Riemergasse bildete er einen Stammtisch, an dem sich die Gegner des NS-Systems trafen. In Schloss Rain bei Grafenstein bildete sich ein Zirkel um Graf Dr. Karl Czernin, der Landesleiter des „Reichsbundes" in Kärnten gewesen war. Ministrantenzirkel um die Brüder Georg und Wunibald Lexer fanden im Jesuitenkolleg in der Kaufmanngasse einen Ort für ihre Diskussionen. Auf diese Weise entstanden einzelne Netzwerke der Opposition. Die katholischen Kreise waren jedoch unvorsichtiger als die Kommunisten, die Strategien entwickelten, um möglichst unerkannt zu bleiben. Bei einem Gasthaus-Stammtisch war es der Gestapo natürlich leicht möglich, Spitzel einzuschleusen und die Gruppen zu beobachten.[173]
Dem Kreis um den am 17.9.1901 in Mitten in der Pfarre Sagritz im Mölltal geborenen Priester Anton Granig[174], der nach der Matura am Klagenfurter Staatsgymnasium (1928) am Klagenfurter Priesterseminar Theologie studierte und 1936 in Graz zum Dr. der Theologie promovierte, wurde seither mehr Beachtung geschenkt.[175] 1941 übernahm er die Leitung der St. Josefs Bruderschaft. Das Urteil des VGH zeigt eindeutig, dass Granig Predigten des Münsteraner Bischofs Clemens August von Galen aus der Zeit vor dem „Anschluss" kannte und im Herbst 1941 gegenüber seinem Freund

[172] Roth (1985), VII.

[173] Vergl. dazu Walzl: Gegen den Nationalsozialismus (1994), 49ff.

[174] Wilhelm Baum: Anton Granig, in: Biografisches-Bibliografisches Kirchenlexikon 32, 2011, 536-543.

[175] So Maximilian Liebmann in seinem zuerst 1985 erschienenen Aufsatz: Die Antifaschistische Freiheitsbewegung Österreichs, jetzt in: ders.: Kirche in Gesellschaft u. Politik, hrsg. v. M. Kronthaler, R. Zinnhobler u. D. A. Binder, Graz 1999, 318-337.

Eduard Pumpernig[176], der vorher unter dem Namen „Frater Benno" im Kapuzinerkloster St. Pölten Novize gewesen und dann als Soldat an den Klagenfurter Flughafen gekommen war, den Wunsch geäußert hatte, diese Predigten „für sich abzuschreiben und zu vervielfältigen".[177] Als Pumpernig auf seinen Reisen nach Wien kam, fragte er den später mitangeklagten Franziskaner Karl Staudacher, ob er diese Predigten habe. Als Staudacher dies verneinte, äußerte Pumpernig den Wunsch, einige Predigten des Bi-

Dr. Anton Granig

schofs auf dem Abziehapparat des Klosters zu vervielfältigen. Es kann sich hierbei wohl nur um die Xantener Viktorspredigt vom 6.5.1936 gehandelt haben, in der der Bischof über die Stelle Römer 13,1 und das Problem des Gehorsams gegenüber der Gewalt geäußert hatte: *„Wieviel Dank ist die Menschheit schuldig diesen Blutzeugen nicht nur des Christenglaubens, sondern auch der Menschenwürde, die sie mit ihrem Blut und Leben verteidigt haben! Denn in dem Augenblick, in welchem die menschliche Obrigkeit in ihren Befehlen den klar erkannten, im eigenen Gewissen bezeugten Willen Gottes widerstreitet, hört sie auf, Gottes Dienerin zu sein, zerstört sie die*

[176] Wilhelm Baum: Eduard Pumpernig, in: Das Buch der Namen, Klagenfurt 2010, 309f.

[177] 7 (8) J 208/43, fol. 17.

eigene Würde, verliert sie das Recht zu gebieten, missbraucht sie ihre Macht zu belohnen und zu bestrafen, und versucht sie freventlich, die von Gott gegebene Freiheit der menschlichen Persönlichkeit, das Ebenbild Gottes im Menschen zu erwürgen!"[178] In diesem Zusammenhang ist interessant, dass Galen am 3.5.1937 mit Genehmigung der Bundesregierung das Ehrendoktorat der Theologie an der Innsbrucker Jesuitenfakultät erhalten hatte. Es ist daher durchaus plausibel, dass Granig schon vor dem „Anschluss" über die Auffassungen des „Löwen von Münster" informiert war.
Dr. Anton Granig erklärte später beim Verhör, er sei durch Dr. Franz Zach,

Eduard Pumpernig

den Soziologieprofessor am Priesterseminar in Klagenfurt und früheren Direktor der St. Josefs-Bruderschaft, zum Gegner des NS-Systems geworden. Sein Charakter ist nicht leicht zu beschreiben. Er war ehrgeizig und wollte in der Kirche Karriere machen, was ihm nicht recht gelingen wollte. Er hasste das NS-System und forderte immer wieder zu Taten auf, blieb selbst aber im Hintergrund. Er schreckte auch nicht davor zurück, zu Bombenanschlägen und anderen Terrorakten aufzurufen.
Seit 1938 gab es eine katholische Jugendgruppe in Klagenfurt, die im Som-

[178] Peter Löffler (Hrsg.): Bischof Clemens August Graf von Galen – Akten, Briefe und Predigten 1933–1946, Paderborn/München/Wien/Zürich, 2. Aufl. 1996, 439ff.

mer 1938 ein Zeltlager in St. Georgen am Längsee aufschlug und von der Gestapo einvernommen wurde, deren Chef in Klagenfurt zu dieser Zeit noch ein Österreicher war. Im Jesuitenkonvent in der Kaufmanngasse versuchte die Hitlerjugend im Herbst 1938 Spitzel einzuschleusen.[179] Die Jungscharmitglieder verkehrten im Jesuitenkolleg; in ihren kirchlichen Kreisen waren restaurative monarchistische Tendenzen präsent. Ihr Widerstand formierte sich im Freundes- und Jungscharkreis; von einer konspirativen Tätigkeit nach Art der Kommunisten im Untergrund und deren Taktik hatten sie keine Ahnung. Die Brüder Lexer gehörten zu diesen Kreisen.
Dr. Granig wurde im Frühjahr 1941 durch die noch lebende Gertrude Gabernig, die Tochter des Lehrers Franz Bernthaler, mit dem am 9.3.1920 in Scheifling in der Steiermark geborenen Eduard Pumpernig bekannt. Nach dem Besuch des Franziskanergymnasiums St. Pölten (1937-1939) und einem kurzen Theologiestudium am 5.11.1939 kam dieser zur Wehrmacht und schließlich 1940 zum Fliegerhorst Klagenfurt, wo er bald einen gewissen Einfluss in der Verwaltung bekam und insbesondere Urlaubsscheine austellen und fälschen konnte; er ist bis heute höchst umstritten und eine schillernde Figur, da nicht eindeutig klar wurde, wieso er als einer der Hauptakteure des kirchlichen Widerstandskreises „nur" zu 10 Jahren Zuchthaus verurteilt wurde. Acht weitere Beteiligte, die z.T. wesentlich weniger „getan" hatten, wurden hingerichtet. Offensichtlich arbeitete der spätere ÖVP-Bundesrat mit der Gestapo zusammen, was die Abneigung einiger Mitglieder der Kirchenkreise erklärt, wobei es fraglich ist, ob sie wirklich Näheres wussten oder nur vermuteten. In Pumpernig fand Granig einen Gesinnungsfreund, mit dem er den Hass auf das NS-Regime teilte.
Bereits im Juli 1941 führte Pumpernig mit dem Oberschüler Georg Lexer eine erste Schmieraktion in Klagenfurt anlässlich der „HJ-Reichswettkämpfe im Schwimmen" durch, bei der Nazifahnen im Strandbad entfernt und Zettel mit „Nieder mit Hitler", „Österreich erwache" usw. verteilt und entlang des Lendkanals an Bäume geheftet wurden; dabei wurde durch das „Signieren" mit Hammer und Sichel der Verdacht auf die Kommunis-

[179] Roth (1985), 8.

ten gelenkt. Es war dies die erste öffentliche Aktion der Gruppe. Bis zum Juni 1943 gelang es der Gestapo nicht, die Urheber der Aktion zu ermitteln. Auch bei der Entfernung von Naziflaggen am Künstlerhaus waren die Ministranten-Brüder Georg und Wunibald Lexer und andere Anhänger und „Ministranten" um Pumpernig beteiligt. Nach dieser ersten gemeinsamen Aktion der Brüder Lexer mit Pumpernig im Juni 1941 kam es jedoch rasch zu einer Entfremdung, die in der Familie Lexer bis heute nachwirkt. Möglicherweise hatten die beiden Brüder die Leichtfertigkeit und Naivität Pumpernigs bald erkannt, der später die in Wien gedruckten Flugblätter bei ihrer Mutter deponierte und sie damit in Gefahr brachte.

Im Juli 1941 kam es zu ersten Schmieraktionen von Parolen wie „Heil Österreich!" und „Österreich erwache!", die von Georg Lexer und Pumpernig durchgeführt wurden. Gleichzeitig machte Granig Pumpernig mit dem eben aus der Haft entlassenen Karl Krumpl und dem ebenfalls aus der Haft entlassenen 1897 in Klagenfurt geborenen Arbeiter Wenzel Primosch[180] bekannt. Dieser war bis zu seiner Einberufung 1915 Hilfsarbeiter und im ersten Weltkrieg Soldat an der russischen, italienischen und türkischen Front gewesen und hatte die bronzene und silberne Tapferkeitsmedaille und das Karl-Truppenkreuz erhalten. Anschließend nahm er am Kärntner Abwehrkampf teil. Von 1930 bis 1938 war er erwerbslos. Zunächst war er großdeutsch eingestellt, dann trat er der „Vaterländischen Front" bei. Primosch war zehnmal vorbestraft und trat dem Soldatenbund und den „Ostmärkischen Sturmscharen" bei. Im August 1939 wurde er zur Luftwaffe einberufen und zum Klagenfurter Flughafen abkommandiert. Hier lernte er durch den Techniker Gottfried Wunder, der Mitglied der „Vaterländischen Front" gewesen war, dessen Schwager, den Unteroffizier Ernst Ortner und auch Pumpernig näher kennen.

Pumpernig war das Zentrum einer Gruppe von Freunden und Kollegen am Klagenfurter Flughafen. Er reiste viel nach Lienz, Wien und Salzburg, um Gleichgesinnte anzuwerben, die er in „legitimistischen" konservativen, katholischen und habsburgtreuen Kreisen suchte. Anfang 1942 teilte er dem

[180] Wilhelm Baum: Wenzel Primosch, in: Das Buch der Namen, Klagenfurt 2010, 699f.

Franziskaner P. Dr. Angelus (Eduard) Steinwender, den er im St. Pöltener Konvent kennen gelernt hatte, mit, dass er in Klagenfurt in einem legitimistischen Widerstandskreis sei. Auf diese Weise wurde P. Angelus in die Sache hineingezogen, die ihm schließlich den Kopf kosten sollte. Im Februar 1942 wurde darüber diskutiert, wer die Leitung der neuen Organisation übernehmen könnte. Man schlug dafür den früheren Bezirksrichter Dr. Alois Karisch vor, der jedoch ablehnte. Der spätere ÖVP-Politiker und Landeshauptmannstellvertreter wollte sich offensichtlich nicht auf ein derartiges Abenteuer einlassen. Die Frage der Führung blieb daher ungeklärt. Im März 1942 wurden die in St. Pölten abgezogenen Flugblätter in Klagenfurt gestreut. Im Mai 1943 brachte P. Angelus den Abziehapparat ins Wiener Franziskanerkloster, wo Pumpernig in der Gastzelle weitere 2000 Flugblätter vervielfältigte. In St. Pölten hatte Pumpernig 1937 auch den Franziskaner P. DDDr. Kapistran (Wilhelm) Pieller kennengelernt. Als dieser von Pumpernigs Aktivitäten erfuhr, gab er ihm 150 Reichsmark, was ihn ebenfalls den Kopf kosten sollte. 1942 diktierte er Pumpernig im Wiener Franziskanerkloster den Aufruf an die Tiroler, der für Lienz gedacht war, aber nicht mehr zur Verteilung kommen sollte.

Von allen Mitgliedern des Kreises um Dr. Granig war Pumpernig der aktivste, wenn auch Granig im Hintergrund die Fäden zog. Er wirkte primär in seinem Kreis, zu dem vor allem katholische Aktivisten in Klagenfurt eingeladen wurden. Nach der Verhaftung suchte er seine Haut zu retten und verfasste am 10.7.1943 im Gefängnis in Wien „*Das Bekenntnis eines jungen Deutschen*", in dem er mit seiner klerikalen Vergangenheit abrechnete. Denkbar ist, dass er in Todesangst glaubte, sich damit retten könnte, indem er alle Schuld auf die anderen schob.

Zu Granigs Klagenfurter Kreis[181] gehörte auch der am 27.9.1909 in St. Veit geborene christlichsoziale Abgeordnete Karl Krumpl[182], Mitglied der MKV-Verbindung „Gral" in Klagenfurt, der Schriftsetzer in der „Carinthia", seit 1935 Mitglied des Kärntner Landtages und von 1934 bis 1938

---

[181] Im Mittelpunkt der Betrachtungen stehen natürlich vor allem die Mitglieder, die vom VGH zum Tode verurteilt wurden.

[182] Wilhelm Baum: Karl Krumpl, in: Das Buch der Namen, Klagenfurt 2010, 576-578.

Landesleiter der „Ostmärkischen Sturmscharen“ in Kärnten gewesen war. Er wurde nach dem „Anschluss“ in Schutzhaft genommen und blieb bis Juli 1941 inhaftiert. Nach seiner Freilassung nahm er Kontakt zu Granig auf. Kurz nach der Gründung der „Antifaschistischen Freiheitsbewegung Österreichs“ erhielt Krumpl einen Gauverweis. Er hatte nämlich versucht, auch Persönlichkeiten aus anderen politischen Lagern für den Widerstand zu gewinnen. Er musste in Bruck an der Mur eine Stelle als Lohnbuchhalter annehmen und konnte direkt wenig in das Geschehen in Kärnten eingreifen. Jeden zweiten Sonntag durfte er seine Frau in Klagenfurt besuchen. An

P. Kapistran Pieller OFM

Angelus Steinwender OFM

den anderen Wochenenden besuchte er häufig die Wiener Runde um Dr. Karl Wanner[183]. Trotzdem war er neben Granig, Bernthaler und Pumpernig die wichtigste Figur des Widerstandskreises, dessen Aktionen im Vergleich mit den Kommunisten und Slowenen – die man für die eigenen Ziele einzuspannen versuchte – eher dilettantisch und naiv anmuten.

Im Herbst 1941 verfasste Granig eine an die Tiroler gerichtete Flugschrift, in der er zum Kampf gegen den Nationalsozialismus aufforderte. Es kam

[183] Ebenda, 153f.

jedoch nicht zum Druck des Pamphlets. Granig las den Freunden auch einen angeblich vom verstorbenen Dr. Zach verfassten Artikel „Die Ketten sind gefallen“ vor, der am Tage des erhofften Zusammenbruchs des NS-Systems in den Kärntner Zeitungen erscheinen sollte. In einer weiteren Aktion der Gruppe ging es ab Ende 1941 um das Wohl des von den Nazis inhaftierten Altkanzlers Dr. Kurt von Schuschnigg, dem die Gruppe um Granig zu Weihnachten Rauchwaren zukommen ließ. Dr. Reinhold Möbius, der 1941 nach einem Gauverweis in Salzburg lebte, traf sich hier mit Pumpernig, lehnte aber die Schmieraktionen ab und wollte sich auch persönlich nicht für Schuschnigg engagieren. Möbius wurde am 12.4.1944 vom Oberlandesgericht Wien zu drei Monaten Gefängnis verurteilt, weil er *„von dem Bestehen einer umstürzlerischen Tätigkeit glaubhafte Kenntnis erhalten und es dennoch unterlassen“* hatte, *„der Behörde hiervon Anzeige zu erstatten“* – ein vergleichsweise mildes Urteil.[184] Er besorgte Pumpernig jedoch die Adresse von Schuschniggs Frau in München, wo der Altkanzler im Gestapogefängnis inhaftiert war. Pumpernig brachte ihr Lebensmittelkarten und Anfang Dezember 1941 auch Lebensmittel. Dabei erreichte er die inzwischen inhaftierte Frau nicht mehr. Pumpernig gab seine diesbezüglichen Bemühungen jedoch nicht auf, die ihm wohl dazu dienten, sich in der Widerstandsgruppe zu profilieren.

Die „Antifaschistische Freiheitsbewegung Österreichs“ (AFOe)[185] konstituierte sich endgültig Anfang März 1942 in Klagenfurt um Dr. Anton Granig und dessen ehemaligen Schulkollegen Karl Krumpl. Es war keine festgefügte Gruppe wie bei einem Geheimbund; einige Mitglieder scheinen sich der Gefährlichkeit ihres Verhaltens nicht ganz bewusst gewesen zu sein. Vor allem die Gruppe um Dr. Granig, die eher als Ideenlieferant auftrat, war weniger mit den Gefahren des Widerstandes vertraut als die Unteroffiziere um Pumpernig am Klagenfurter Flughafen. Hinter diesen beiden Gruppen in Kärnten stand noch eine Gruppe von Sympathisanten in Tirol, insbesondere der Stammtisch des Tiroler Anwalts Dr. Karl Wanner in

[184] 7 OJs 612/43 (Klagenfurt, 12.4.1944).

[185] Neugebauer (2008), 152-154.

Wien. Zwischen Mitte Februar und Mitte März 1942 kamen Granig und Krumpl nach Wien und machten die Gruppe um Wanner mit den Ideen der AFOe bekannt. Dazu gehörten auch Monarchisten und Sympathisanten einer Restauration der Habsburger-Monarchie. Man suchte Anschluss an die Linke und an die Slowenen, um mit ihrer Hilfe die Loslösung von Hitlerdeutschland zu erreichen. Langfristig blieben die Differenzen zwischen den Lagern jedoch stärker als das Gemeinsame, – die Ablehnung des NS-Systems –, und es kam zu keiner Gruppenbildung über das eigene weltanschauliche Lager hinaus. Die Sorglosigkeit dieser „Amateure" erleichterte es der Gestapo, Spitzel in die Kreise einzuschleusen.
Fürstbischof Hefter beklagte sich in der Silvesterpredigt 1938 über die Neuerungen und den Abschied von alten kirchlichen Institutionen. Das Kloster St. Paul wurde in „Spanheim" umbenannt und zur NAPOLA-Schule. Die Tagebücher des Dichters Janko Messner aus dieser Zeit illustrieren die rasche Umpolung „Spanheims".[186] 1941 wurde das Kloster enteignet. Das Priesterseminar übersiedelte nach St. Georgen am Längsee. Andreas Rohracher, der 1939 die Nachfolge Hefters übernahm – der freilich durch regelmäßige Aufenthalte auf dem bischöflichen Jagdsitz auf der Flattnitz in Kärnten präsent blieb – hatte bei Kriegsbeginn 1939 in einem Hirtenbrief für die Diözese die Gläubigen aufgefordert, ihre Pflicht zu tun; er bat Gott, Kärnten zu einem für Gott und das Vaterland „segensreichen Erfolg" zu führen.[187] Von der Übersiedlung des Kapitelvikars Rohracher nach Salzburg (1943) bis zur Bestellung Josef Köstners (1945) amtierte im Bistum Gurk Josef Kadras als „Verweser" der Diözese. In dieser Zeit kam Rohracher jeden Monat für einige Tage nach Kärnten. Kadras versuchte in dieser Zeit die Interessen der Kirche zu wahren, ohne mit dem NS-System in offenen Konflikt zu geraten. 1940 wies er in zwei höflichen Briefen die NS-Führung darauf hin, dass die Euthanasie zur Beunruhigung des Vol-

[186] Janko Messner: Spanheimer Idyllen besonderer Art, in: Ausgewählte Werke, Bd.7, Klagenfurt 2011, 11-26 u. Es lebe Großdeutschland, ebenda, 27-39. Der Zeitzeuge Franz Brezjak illustrierte dem Verfasser, wie die Jugend des „Marianums" in Klagenfurt nach der Übersiedlung nach „Spanheim" innerhalb von Tagen von den Nazi-Lehrern „umgedreht" wurde.
[187] Peter Schernthaner: Andreas Rohracher, Erzbischof von Salzburg im „Dritten Reich", Salzburg 1994, 55.

Fürstbischof Adam Hefter

Kapitelvikar Bischof Andreas Rohracher

kes führen könnte. Nach Kriegsende gab Vikar Kadras auch ehemaligen NS-Funktionären wie dem Gestapomann Hans Sellak vor dem englischen Gericht einen „Persilschein".
Kadras, der nach der Bestellung Rohrachers vom Ordinariatskanzler zum „de-facto-Generalvikar" und Verweser der Diözese Gurk aufrückte, war streng und autoritär; sogar Hunde wurden nach ihm benannt. Er unterstützte den Widerstand jedoch, wo es ging – vor allem bei treuen Kirchenmitgliedern! Obwohl er vielen Zeitgenossen – vor allem den Slowenen – half, hat er – wie die zahlreichen Interventionen bei der Gestapo in seinem Nachlass dokumentieren – sich immer wieder für die „kleinen Leute" eingesetzt und Gnadengesuche für sie geschrieben. Am 27.11.1941 erließen die „ostmärkischen" Bischöfe ein Rundschreiben, in dem es hieß, dass Deutschland einen Kampf gegen den Bolschewismus führe. Hefter und Rohracher protestierten nicht gegen die „Kristallnacht" und solidarisierten sich mit dem Krieg. Ausgerechnet der „Nazibischof" Alois Hudal beklagte sich am 24.7.1942 bei Pius XII. über „das fast völlige Fehlen führender Kämpfergestalten im höheren österreichischen Klerus".[188] 1948 wurde der ehemalige Kärntner Landeshauptmann Wladimir Pawlowsky vor das Volksgericht in Graz zitiert, wo er erklärte, er habe seinem „Freund" Hefter und Dr. Rohracher bei der Einziehung des Stiftes St. Paul und der geistlichen Betreuung Oberkrains geholfen.
Im deutschnational geprägten Kärnten war der Einfluss der katholischen Kirche deutlich geringer als in den übrigen Bundesländern. Dies lässt sich auch an den Wahlresultaten der Christlichsozialen deutlich feststellen, die bei den Gemeinderatswahlen 1932 nur 12930 Stimmen erhielten, die Deutschnationalen dagegen 22028, die Sozialisten 57483, die Kommunisten 3299, die Slowenen 7140 und der Bauernbund 6467.[189] Das „schwarze" Lager war in Kärnten immer am schwächsten, das deutschnationale dagegen am stärksten. Dies lässt sich damit erklären, dass die katholische Kirche in der Regel die Slowenen unterstützte, die vor allem von den Deutschnationalen bereits seit Ende des 19. Jahrhunderts bekämpft wurden.

---

188 Ebenda, 25.

189 Karl Dinklage: Geschichte der Kärntner Arbeiterschaft, Bd. 2, Klagenfurt 1982, 330f.

In dieser Welt eines „schwachen" Katholizismus im deutschnationalen und sozialistischen Umfeld bewegten sich die Leute um den Priester Dr. Anton Granig in Klagenfurt. Pumpernig war am Klagenfurter Flughafen tätig und der aktivste Anhänger; er wurde ab Sommer 1941 mit Kurierdiensten für die „AFOe"[190] genannte Gruppe und der Beschaffung von Waffen betraut. Krumpl nahm Verbindungen mit anderen Widerstandsgruppen auf. Bis Oktober knüpfte er Kontakte zu Wenzel Primosch. Granig rief die Freunde Pumpernig, Krumpl und Ortner im Februar 1942 in seine Wohnung, um grundsätzliche Fragen mit ihnen zu besprechen. Er meinte, es wäre gut, wenn die Gruppe auch in der Wehrmacht Fuß fassen könnte, damit man auch über eine bewaffnete Macht verfüge und forderte in diesem Zusammenhang Pumpernig und Ortner auf, Gruppen von Wehrmachtsangehörigen zu bilden. Es müsse auch getrachtet werden, mit führenden Persönlichkeiten der aufständischen Slowenen in Verbindung zu kommen und diese für den gemeinsamen Kampf gegen den Nationalsozialismus zu gewinnen.[191] Im März 1942 sprach man im Kreis bereits über die Maßnahmen, die beim zu erwartenden Zusammenbruch des NS-Systems zu treffen seien; gedacht war an eine Erneuerung der Monarchie und die Zusammenarbeit mit der Linken. Im März unternahm Pumpernig auch vom Bahnhof aus eine weitere Streuaktion mit Flugblättern mit Georg Lexers Bruder Wunibald, der sich danach offensichtlich von Pumpernig distanzierte.[192] Im Frühjahr 1942 lernte Pumpernig auch den 1899 in Anger in der Steiermark geborenen Franz Stoppacher kennen, einen Schustergesellen, Hilfsarbeiter und Unteroffizier aus Treibach, der ab 1934 Mitglied der „Vaterländischen Front" gewesen war und am 11.8.1944 vom VGH wegen „Beihilfe zum Hochverrat" zu sechs Jahren Zuchthaus verurteilt werden sollte.
Aus den Akten der Gestapo lässt sich die Entstehung des Kreises der AFOe

[190] Widerstand und Verfolgung in Wien 1934-1945, eine Dokumentation, hrsg. v. DÖW, Bd. 3, Wien 1975, 145-148.

[191] Maximilian Liebmann: Planungen und Aktionen der „Antifaschistischen Freiheitsbewegung Österreichs" sowie die von einzelnen ihrer Anhänger, in: Kirche in Gesellschaft u. Politik, hrsg. v. M. Kronthaler, R. Zinnhobler u. D. A. Binder, Graz 1999, 338-357., ebenso ders.: Erzbischof Rohracher und die Antifaschistische Freiheitsbewegung Österreichs, in: Erzbischof Andreas Rohracher. Krieg, Wiederaufbau und Konzil, hrsg. v. Ernst Hintermaier, Alfred Rinnthaler u. Hans Spatzenegger, Salzburg 2010, 95-113.

[192] Wien, DÖW, 9226, fol. 51.

ab dem Frühjahr 1942 gut rekonstruieren. Alle Mitglieder der Gruppe waren gläubige Katholiken, die den Ständestaat unterstützt hatten, sich gut kannten und bedingungslos vertrauten. Die Gruppe bildete sich seit Herbst 1941. Neben dem harten Kern von Christlichsozialen, Legitimisten und Monarchisten gab es auch eine Gruppe von Mitläufern. Seit März war auch der 1914 in Innsbruck geborene Lienzer Ernst Ortner[193], der Ende 1941 am Fliegerhorst Klagenfurt Pumpernig kennengelernt hatte, Mitglied der Gruppe. Granig, Krumpl, Ortner, Primosch, Kofler und Bernthaler waren die sechs Widerständler aus Klagenfurt, die am 11.8.1944 vom VGH zum Tode verurteilt werden sollten.

Am Flughafen Klagenfurt wurde Ernst Ortner mit Gottfried Wunder – nach Gestapoprotokoll *„ein fanatischer Anhänger der ‚Schwarzen'"* – und Dr. Arthur Trattler bekannt, die zum Umkreis der Gruppe um Pumpernig gehörten. 1941 wurde Pumpernig auch mit Theodor Binder bekannt, der ihn bei seiner ersten Fahrt nach München zur Familie Schuschnigg begleitete und auch mit ihm und Primosch nach Innsbruck fuhr, um dort Mitglieder zu werben.

1942 fuhr Pumpernig noch ein drittes Mal nach München, aber die Familie des Altbundeskanzlers war bereits in Berlin, wo Schuschnigg am 8.12.1941 ins KZ Sachsenhausen eingeliefert worden war. Binder, der im Ständestaat verschiedene Funktionen ausgeübt hatte, versuchte noch im Januar 1943 in Berlin mit Schuschnigg Kontakt aufzunehmen. Dies zeigt, dass ein Teil der Gruppe um Granig und Pumpernig sich an den Leitfiguren des Ständestaates orientierte. Im Frühjahr 1943 wollte Pumpernig mit dem Schwager Ernst Ortners Rauchwaren für Schuschnigg nach Berlin bringen. Pumpernig nahm mit Schuschniggs Bruder Arthur Kontakt auf, der in Berlin seinen Wehrdienst leistete. 1960 bedankte sich Schuschnigg bei Pumpernig, den er nie kennengelernt hatte, für seine Aktivitäten und teilte ihm mit, dass er drei Jahre zuvor (1957) Theodor Binder in Klagenfurt getroffen habe.[194] Auch diese Aktionen zeigen die Umtriebigkeit Pumpernigs. Zu der Familie des Ehepaars Johann und Maria Jörgl und zu deren Töchtern Grete

[193] Wilhelm Baum: Ernst Ortner, in: Das Buch der Namen, Klagenfurt 2011, 656f.

[194] Ebenda, 33.

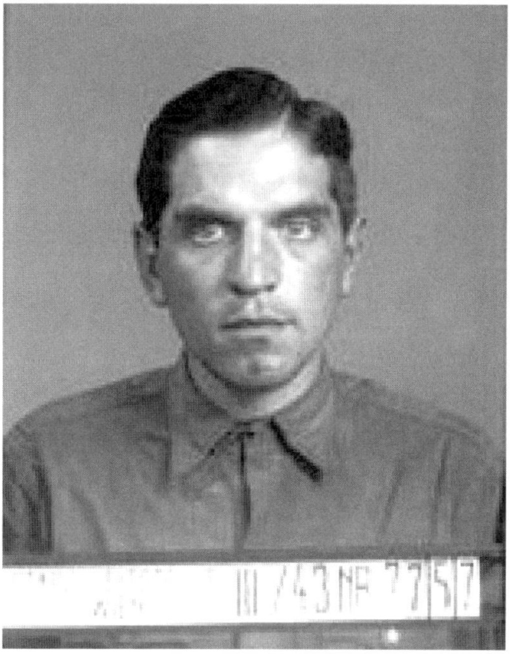

Karl Krumpl

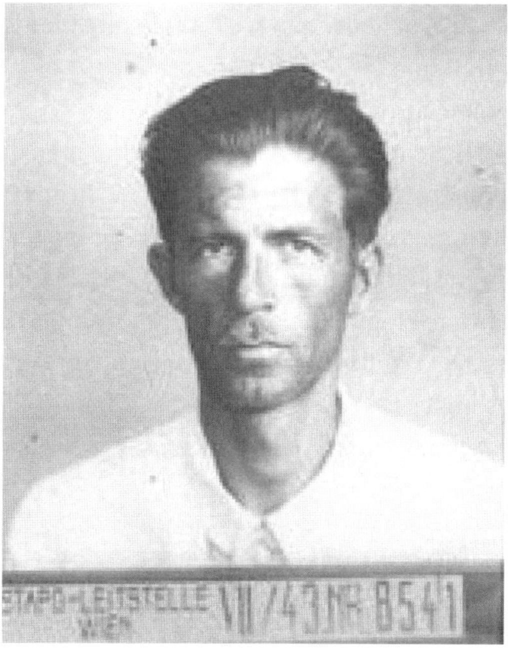

Ernst Ortner

und Sophie knüpfte Pumpernig Kontakte. Sophie tippte ein Flugblatt auf eine Matrize und wurde später wegen „*Vorbereitung zum Hochverrat*“ vom VGH zu sechs Jahren Zuchthaus verurteilt.
Im März 1942 berichtete Karl Krumpl über ein Gespräch mit Andreas Rohracher; die Audienz kam auf Vermittlung Granigs zustande. Rohracher habe sich „sehr erfreut“ über die Bildung der Gruppe gezeigt und ihr auch versprochen, einen größeren Geldbetrag zur Verfügung zu stellen.[195] Ob Dr. Rohracher tatsächlich den versprochenen Geldbetrag gespendet hatte, darüber waren nur Granig und Krumpl informiert. Rohracher verhielt sich der NS-Führung gegenüber sehr vorsichtig.[196] Da dies auch vor der Gestapo geheim gehalten werden konnte und beide 1945 der NS-Justiz zum Opfer gefallen sind, wird diese Frage unbeantwortet bleiben. Die Kirchenführer waren in diesen Fragen äußerst vorsichtig. Da sie mit Hausdurchsuchungen rechnen mussten, vermieden sie es, schriftliche Dokumente über systemfeindliche Aktivitäten zu hinterlassen. Im März 1942 erstellten Granig, Krumpl und Pumpernig ein Konzept für den etwaigen Zusammenbruch des NS-Systems. Krumpl erhielt im März 1942 den Gauverweis und erhielt durch ein Mitglied der Familie Jörgl eine Anstellung in einer Eisenhandlung in Bruck an der Mur; er konnte seine Frau an Wochenenden besuchen, fuhr aber auch an anderen Wochenenden nach Wien, um hier Bekannte aus dem Wanner-Kreis zu treffen.
Granig stellte Pumpernig für die Flugzettelaktion 1000 Blatt Papier zur Verfügung. Da die Texte relativ kurz waren, konnte man davon 3000 Stück herstellen, die Pumpernig im März 1942 von Wien nach Kärnten brachte. Die nächste Streuaktion führten Pumpernig, Stoppacher und Primosch vom Kreuzbergl in die Innenstadt durch. Die zunächst bei Ottilie Lexer in Klagenfurt verwahrten Flugblätter wurden von Pumpernig, Wunibald Lexer, Franz Stoppacher, Wenzel Primosch und Johann Brunner in Klagenfurt anlässlich des Tages der Wehrmacht vom 27. zum 28.3.1942 verteilt. Darin hieß es: „*Kärntner, unsere Heimat ist in Not. Braune Verbrecher ha-*

[195] Roth (1985), 60 u. Peter Schernthaner: Andreas Rohracher (1994), 12.
[196] Franz Graf-Stuhlhofer: Bischof Andreas Rohracher als NS-Kritiker – eine denunziatorische Überinterpretation?, in: Mitt. d. Gesellschaft f. Salzburger Landeskunde 138, 1998, 99-102.

ben unsere Heimat verraten! Unsere Söhne bluten und fallen an den Fronten für ein braunes Verbrechertum. Die braunen Volksverräter sind daheim in warmen Ämtern und beuten das Volk aus. Kärntner, auf zur Tat! Hinaus mit den braunen Bonzen an die Front! Kärnten und Österreich müssen wieder frei werden vom preußischen Joch. Alle einig gegen die braunen Verbrecher! Es lebe Kärnten! Kärntner, auf zum Kampf gegen die Sendlinge des preußischen Imperialismus! Ob Sozialist, Kommunist, Katholik, es ist gleich, es geht um die Heimat, um Österreich!"[197]

Pumpernig brachte den Text nach Wien zum Franziskanerkloster. Er wurde an P. Dr. Eduard Steinwender verwiesen, den 1895 in Lankowitz geborenen Provinzial der österreichischen Franziskanerprovinz, der seine Abziehmaschine zur Verfügung stellte. In alkoholisiertem Zustand verteilte Pumpernig mit seinen jugendlichen Freunden noch weitere Flugzettel nachts in Klagenfurt. Der Obergefreite Johann Brunner, den Pumpernig mit zu der Tat aufgestachelt hatte, wurde dafür am 14.11.1944 zu zwei Jahren Zuchthaus verurteilt. Granig ersuchte Pumpernig im Juli 1942, dem jüdischen Arzt Dr. Walter Porges illegal zur Flucht in die Schweiz zu verhelfen. Wunibald Lexer fuhr nach Vorarlberg, um die Situation zu erkunden; das Unternehmen wurde dann zurückgestellt, weil Dr. Porges erklärte, dass derzeit keine Gefahr für ihn bestehe. Er wurde dann noch im gleichen Jahr ins KZ Auschwitz gebracht, wo er zugrunde später ging. Krumpl, der Schwager Ortners, entwarf ein weiteres Flugblatt, das Pumpernig im Mai 1943 bei Ottilie Lexer deponierte. Durch Pumpernigs Verhaftung am 3.6.1943 kamen die Flugblätter jedoch nicht mehr zur Verteilung. Bis dahin tappte die Gestapo im Dunkeln; es war ihr nicht gelungen, die Urheber zu identifizieren.

Im November 1942 erhielt Krumpl die Einberufung zu einer Strafkompanie in Württemberg; dies bedeutete eine Zäsur in den Aktivitäten. Krumpl war nun weg von Klagenfurt, in Zukunft übernahm Pumpernig mehr und mehr die Initiative. Krumpl zog unterdessen durch Holland, Belgien, Frankreich und kam dann zum Afrikakorps. Am 18.3.1943 wurde er nach Tunis über-

[197] Liebmann: Die „Antifaschistische Freiheitsbewegung" (1999), 329.

stellt und einen Tag später bereits von der Feldgendarmerie nach Wien ins Wehrmachtsgefängnis und schließlich ins Landesgericht Wien gebracht. Dies war der Anfang vom Ende der Gruppe, die nun enttarnt wurde.
Inzwischen war die Wiener Stammtischrunde um Dr. Karl Wanner durch einen Gestapospitzel aufgeflogen. Im Juni 1943 konnte Krumpl seiner Frau einen Kassiber zustecken, auf dem stand: „*Edi hat vollkommen die Nerven verloren. Ernst und Wenzel sind auch da.*“[198] Generalvikar Kadras verbrannte den Kassiber sofort. Nach Ende des Krieges wurde Pumpernig von etlichen Personen als Verräter betrachtet, was seiner Nachkriegskarriere als Bundesrat der ÖVP offensichtlich keinen Abbruch tat.
Neben dieser Kerngruppe um Granig, Pumpernig, Krumpl und Primosch gab es noch eine zweite um den mit Granig befreundeten Lehrer Franz Bernthaler, der „mindestens seit Anfang 1943“ häufiger mit dem ehemaligen Gendarmeriemeister Georg Kofler zusammenkam, der bei der Kosmos-Versicherung arbeitete; seine Geschichte wird in der (zweiten) Anklageschrift vom 25.5.1944 dargestellt.[199] Der 1889 in Zwain geborene Franz Bernthaler, der als Volksschullehrer wirkte, wurde am 30.9.1938 als Oberlehrer in den dauernden Ruhestand versetzt, da er seit 1934 Mitglied der „Vaterländischen Front“ und als NS-Gegner bekannt war. Ein Bauer aus Oberhaidach bei Klagenfurt gab ihm eine 45 qm große Wohnung in einem ehemaligen Pferdestall. Er erhielt 1939 durch Kapitelvikar Dr. Rohracher eine Anstellung bei der bischöflichen Finanzkammer und lernte 1941 durch seine Tochter Gertrude auch Pumpernig kennen. Die Gestapo erfuhr von ihm später offensichtlich lediglich durch das Geständnis Pumpernigs. Franz Bernthaler war sich mit seinen Freunden einig, dass Deutschland den Krieg nie gewinnen und dass das NS-System zusammenbrechen werde; dann müsse die Monarchie wiedererrichtet werden. Es kam dann zu Überlegungen, Aufrufe zu verfassen. Bernthaler lehnte es jedoch ab, Flugblätter gegen das NS-System am Ordinariat zu vervielfältigen.
Bernthaler lernte im März 1943 am Neuen Platz die früheren Gendarme-

198 Roth (1985), 71.

199 7 (8) J 250/43: (Zweite) Anklageschrift gegen Bernthaler, Lossmann, Kofler Frodl und Sophie Jörgl vom 25.5.1944, fol. 6.

riebeamten Georg Kofler[200] und Josef Kreuzberger sowie den Vertreter Karl Lossmann kennen, die er dem Kreis zuführte, der Aktionen für Otto von Habsburg vorschlug. Der 1897 in Fresach geborene Gendarm Kofler war 1935 beim Naziputsch verwundet und in den Ruhestand versetzt worden; er arbeitete seit 1941 bei der Kosmos-Versicherung, wo er Bernthaler kennenlernte. Kofler war ein Arbeitskollege von Sophie Jörgl bei der Versiche-

Franz Bernthaler

rung; er ließ sie antinazistische Texte lesen, die er auch Bernthaler zeigte. Auffallend ist, dass Lossmann schon früh zur Nazibewegung in Österreich gestoßen war, bei der er 1928 Generalsekretär und Propagandaleiter wurde und im Schriftverkehr mit dem „Führer-Stellvertreter" Rudolf Hess stand! Offensichtlich hatte er sich mittlerweile von der NS-Bewegung gelöst und verfasste nun Flugblätter für ein freies Österreich. Bernthaler meinte dazu, dass Deutschland den Krieg verlieren werde, und dass es für ihn gut wäre, *„wenn er sich für monarchistische Belange einsetze, um sich als alter Nationalsozialist für den zu erwartenden Zusammenbruch ein Alibi*

[200] Wilhelm Baum: Georg Kofler, in: Das Buch der Namen, Klagenfurt 2010, 564f.

zu verschaffen."[201] Lossmann gab später beim Verhör zu, Kofler habe ihn aufgefordert, Aufsätze aus seinem politischen Leben für eine kulturpolitische Zeitschrift zu verfassen. Pumpernig habe bei einer Zusammenkunft mit führenden Vertretern der Slowenen versucht, „*mit diesen ein gutes Verhältnis herzustellen, damit sie bei dem zu erwartenden Zusammenbruch des Reiches nicht als Feinde in Kärnten eindrängen.*"[202]

Kofler erhielt schließlich im März 1943 von Bernthaler eine Flugschrift

Karl Lossmann

Lossmanns, die Bernthaler an Ferdinand Frodl SJ gab, der sie jedoch vernichtete. Die meisten Angeklagten versuchten nach der Verhaftung, „den Vorkommnissen eine andere Deutung zu geben", um die Sache abzuschwächen. Da Pumpernig seine früheren Anschuldigungen in der Verhandlung wiederholte, gaben die meisten Angeklagten den geschilderten Sachverhalt zu; nur Granig stritt alles konsequent ab. Das Gericht stellte fest, dass er die „Kriegsanstrengungen" des Reiches gefährde, weswegen er nach § 80 und 83 StGB zu verurteilen sei.

In der Anklageschrift vom 25.5.1944 heißt es über Bernthaler: „*Mindestens seit*

[201] 7 (8) J 258/42, fol. 9.

[202] Ebenda, fol. 14.

Anfang 1943 traf der Angeschuldigte Bernthaler häufiger mit dem Angeschuldigten Kofler, dem ehemaligen Gendarmeriebeamten Kreuzberger ... und einem weiteren Gesinnungsfreund zusammen. Alle vier hielten auch jetzt noch an dem Gedanken fest, dass die österreichische Monarchie wiederkommen müsse. Bei ihren Zusammenkünften besprachen sie die politische und militärische Lage des Reiches und gaben ihrer Überzeugung Ausdruck, dass Deutschland wenig Aussicht habe, den Krieg zu gewinnen. ... Mitte März 1943 lernte Bernthaler ...

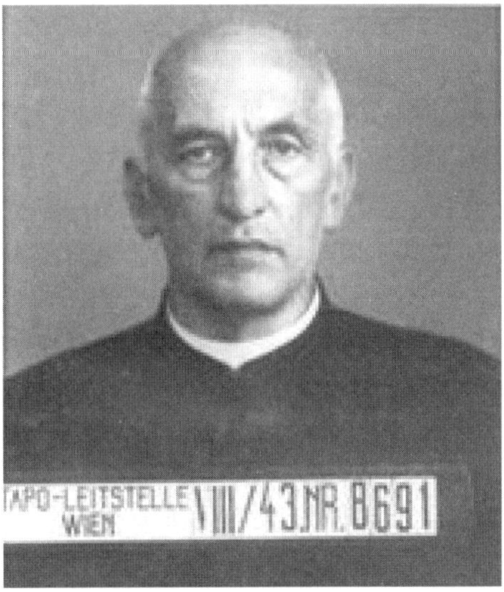

Dr. Ferdinand Frodl SJ

den Angeschuldigten Loßmann kennen. ... Darauf erklärte Loßmann, es müsse jetzt etwas geschehen und sie alle müssten endlich aktiv werden. Er für seine Person halte sich für befähigt und wolle sogleich dazu übergehen, Flugschriften zu verfassen. Bernthaler und Kofler sollten dann Wege suchen, wie die Flugblätter ins Ausland gelangen könnten, von wo sie durch Rundfunk verbreitet werden sollten. Dazu erklärten sich Bernthaler und Kofler bereit."[203]

Erst im Frühjahr 1943 gelang es der Gestapo schließlich, die „Antifaschistische Freiheitsbewegung" zu enttarnen. Als erste kamen die „Wirtshaus-

[203] Ebenda, fol. 6f.

Widerstandskämpfer“ um Dr. Wanner in Wien an die Reihe, die im Februar 1943 verhaftet wurden; man ließ sie jedoch zum größten Teil bald frei, weil sie lediglich große Reden gehalten hatten. Einige Tage später brachte Lossmann Sophie Jörgl ein Flugblatt, das sie Granig übergeben sollte. Als Dr. Frodl in der bischöflichen Finanzkammer bei Bernthaler erschien, erzählte er, er müsse zur päpstlichen Nuntiatur nach Berlin. Daraufhin fragte Bernthaler Dr. Frodl, ob er eventuell Flugblätter mitnehmen könnte, die man über die Nuntiatur ins Ausland bringen könnte. Im Urteil heißt es

Georg Kofler

dazu: *„Der Versuch, eine derartige Schrift während des jetzigen Krieges ins Ausland zu schmuggeln und dort durch Rundfunk verbreiten zu lassen, ist geeignet, den Kriegsfeinden des Reiches das Bestehen einer Opposition gegen die Führung des Reichs glauben zu machen und damit die Feinde in ihrem Widerstandswillen gegen die militärischen Aktionen des Reiches zu stärken.“*[204] Dr. Frodl, der 1936 eine „Gesellschaftslehre“ publiziert hatte, wurde daher am 11.8.1944 wegen *„Unterlassung der Anzeige eines hoch-*

[204] DÖW, 5H 58/44, 5H60/44 – 7(8) J208/43, 7J258/43, 7J80/44.

und landesverräterischen Verbrechens" vor dem VGH angeklagt und im Prozess zu drei Jahren Gefängnis verurteilt.[205]
Bernthaler wusste von Dr. Frodl, dass er öfters zur päpstlichen Nuntiatur nach Berlin fuhr; auf diese Weise glaubten die Freunde, Nachrichten ins Ausland bringen zu können. Im Mai 1943 dachte man noch daran, über die Apostolische Nuntiatur in Berlin Verbindung mit dem „Österreichischen Freiheitssender" in London aufzunehmen. Dr. Granig gab die diesbezüglichen Schriftstücke an Dr. Frodl weiter, der sie später als „ganz minderwertiges Geschreibsel" bezeichnete und verbrannte. Bernthaler riet davon ab, die Texte nach Berlin zu schicken; „sie wären bestimmt in die Hände der Gestapo gekommen". [206] Das Projekt mit dem Freiheitssender wurde fallengelassen, da der Meißener Bischof Heinrich Wienken, der mit Kadras in Kontakt stand und als Leiter des Kommissariats der Fuldaer Bischofskonferenz in Berlin die Fäden zog, als Vertrauensmann der NS-Führung als wenig vertrauenswürdig galt.
Im Schlussbericht der Gestapo Klagenfurt an den Reichsanwalt beim Volksgerichtshof in Berlin wurden die Vorgänge systematisch zusammengefasst. Dabei hieß es, die AFOe habe gefordert, die „Schwarzen" sollten in Österreich die Führung haben und die „Roten" die Massen stellen.[207] Pumpernig wollte auch die Slowenen einschließen; im Gestapobericht ist davon die Rede, dass er *„selbst mit den Banditen in Verhandlungen"* treten wollte. Pumpernig, der gelegentlich dienstlich nach Wien reiste, erzählte offen im Gasthaus von den Schmieraktionen der jugendlichen Anhänger Granigs in Klagenfurt, was zur Folge hatte, dass die Wiener Anhänger der AFOe den Kärntnern die Führung überließen. Granig sprach sich für die Wiedererrichtung der Habsburgermonarchie mit Einschluss Bayerns, Ungarns und Südtirols aus und betonte, man müsse auch mit führenden Persönlichkeiten der Slowenen Kontakt aufnehmen, um auch diese für den gemeinsamen Kampf gegen das Großdeutsche Reich zu gewinnen. Nach dem Zusammenbruch des NS-Regimes sollten die Parteifunktionäre als

[205] DÖW, E 19.793.
[206] Roth (1985), 42ff.
[207] 7 (8) J 258/42, fol. 18f u. Liebmann: Planungen (1999), 325.

Zwangsarbeiter in den Osten verschickt werden. Die militärische Führung in Kärnten wollten Granig und Krumpl General a. D. Eduard Barger und die Polizei Dr. Anton Jaklitsch unterstellen.
In der Zeit von Ende 1942 bis April 1943 stiftete Granig demnach die Unteroffiziere Pumpernig und Primosch wiederholt zu Sprengstoffanschlägen an, ebenso dazu, den Klagenfurter Getreidespeicher in Brand zu setzen. Er riet auch zu einem Mordanschlag auf Gauleiter Rainer, dessen Villa am Wörthersee angezündet werden sollte; herausflüchtende Inwohner sollten mit Handgranaten oder einer Maschinenpistole *„erledigt"* werden. Eine solche patriotische Tat könne keine Sünde sein, er könne sie in der Beichte absolvieren. Noch im Jahre 1942 informierte Pumpernig den CVer Dr. Felix Hurdes – den späteren Minister – über die Intentionen der AFOe.[208]
Anfang Mai 1943 kam der Apotheker Dr. Romuald Gager öfters mit Dr. Arthur Trattler zusammen, die beide mit Pumpernig und seinem Kreis bekannt wurden. Pumpernig versuchte mit seinem Kreis am Fliegerhorst Klagenfurt zu verhindern, dass Gleichgesinnte zur Wehrmacht eingezogen und an die Front abkommandiert wurden. Als Sachbearbeiter für Personalversetzungen hatte er hier einigen Einfluss.

Nun folgten die Verhaftungen. Bereits am 4.1.1943 hatte der Ermittlungsrichter des VGH beim Landgericht Wien den ersten Haftbefehl gegen Krumpl ausgestellt, der aber erst am 19.3. verhaftet wurde, am 19.4. gegen Primosch, Ortner, Stoppacher, am 21.4. gegen Pieller und Steinwender, am 25.4. den gegen Pumpernig, am Tag darauf den gegen Granig. Die Verhaftungswelle begann, als die Gruppe noch ahnungslos war. Im Frühjahr 1943 begann somit die Verhaftungswelle der Gestapo gegen die Gruppen in Wien, Lienz und Klagenfurt. So wurden zunächst Mitglieder der Wiener „Lamberti-Runde" um Dr. Karl Wanner in Wien nach dem Einschleusen von Gestapo-Spitzeln festgenommen. Es dauerte nicht mehr lange, bis auch die Verbindungen nach Kärnten offenbar wurden. Noch im Mai brachte Pumpernig einen vollgepackten Koffer mit Flugblättern,

[208] Roth (1985), 49.

die jedoch nicht mehr zum Einsatz kamen. Am 3.5.1943 kamen Granig und Pumpernig bei der Familie Jörgl mit Wenzel Primosch zu einem folgenschweren Treffen zusammen. Als Paula Krumpl bemerkte, es graue ihr davor, am Haus des Gauleiters Rainer vorbeizugehen, wies Granig auf die Möglichkeit hin, den Gauleiter durch einen Anschlag auszuschalten. Bei der Familie von Johann Jörgl erklärte Dr. Granig, das Haus von Gauleiter Rainer in Sekirn sei kaum bewacht, sodass man mit Handgranaten einen Anschlag auf ihn unternehmen könne. „An einer Straßenbiegung wäre der geeignete Punkt, wo man dem Gauleiter Handgranaten in das Auto werfen und mit MP beschießen könnte. Auf diese Weise könne man den Gauleiter sehr leicht umlegen. Außerdem müsse man seine Villa anzünden und alles, was herauskommt, mit MP umlegen."[209] Jörgls Töchter Grete und Sophie leugneten später, davon gehört zu haben. Der Plan zur Beseitigung des Gauleiters war gewissermaßen der Höhepunkt der Aktivität der AFOe, deren Tätigkeit dann in kürzester Zeit von der Gestapo beendet wurde. Sie hatte längst Spitzel in den Kreis eingeschleust, was die Verantwortlichen in ihrer Naivität nicht bemerkt hatten. Auf dem Weg nach Hause kam es am Abend zu einem Gespräch zwischen Granig und Pumpernig, bei dem Granig vorschlug, ihn mit dem Jesuiten P. Ferdinand Frodl bekannt zu machen, der Kontakte zum schwedischen Konsulat hatte und meinte, man könne die Flugblätter auf diese Weise weiterleiten.

Anfang Mai 1943 besuchte ein „Dr. T.", der Schwager Ortners, die Runde; am Tage darauf legte er dem Kreis seine politischen Ideen dar und meinte, „dass Deutschland den Krieg verlieren und das nationalsozialistische Regime zusammenbrechen werde".[210] Der Vorschlag des am Flughafen wirkenden Gottfried Wunder, mit den Slowenen eine Verbindung herzustellen und dafür die Geistlichkeit heranzuziehen, wurde von der Gruppe jedoch abgelehnt.[211] Damit scheiterte auch der Versuch, österreichische Aufrufe über den „Österreichischen Freiheitssender" in London publik zu machen.

---

[209] Ebenda, fol. 36, ähnlich auch 33f.

[210] Ebenda, 38.

[211] Ebenda, 39.

Am 3.6.1943 wurde Pumpernig als erster aus der Gruppe verhaftet. Am 15.6. erkundigte sich die Gestapo im Ordinariat nach der Adresse von Dr. Granig, der zwei Tage später verhaftet wurde. Am 24.6. wurde Franz Stoppacher verhaftet, am 24.6. Wenzel Primosch. Sophie Jörgl, die unter dem Einfluss von Dr. Granig und Pumpernig das Flugblatt auf Matrize tippte, wurde ebenfalls am 24.6. verhaftet. Bernthaler und Lossmann wurden erst am 25.6.1943 verhaftet; Dr. Granig wurde von der Gestapo vorgeworfen, dass er mit seinen Freunden die Lage des Reiches erörtert und Ende März 1943 auf dem Neuen Platz durch Kofler Lossmann kennen gelernt und mit ihm verräterische Aktivitäten geplant habe. Der zum Kreis Granigs gehörende Apotheker Dr. Romuald Gager wurde am 8.7.1943 verhaftet. Bei diesem Urlaub Dr. Trattlers von der Ostfront kam auch der Unteroffizier Paul Steiner mit Pumpernig und Gager zusammen; am 2.7.1943 wurde auch er verhaftet und war bei der Abfassung des Gestapoberichtes am 2.9. noch in Haft. Nach Pumpernigs Verhaftung versuchte Frau Lexer, die Flugblätter in die Glan zu werfen, was jedoch misslang; sie wurde am 24.6.1943 verhaftet und vom Oberlandesgericht Wien am 22.8.1944 wegen „*Nichtanzeige eines hochverräterischen Unternehmens*“ zu einem Jahr Gefängnis verurteilt. Sie starb nach der Haftentlassung am 29.9.1944 im Sanatorium Maria Hilf.[212] Im gleichen Verfahren wurde der Widerstandskämpfer Franz Najemnik zu einem halben Jahr Gefängnis verurteilt.[213]
Karl Lossmann wurde am 25.6.1943 in Schutzhaft genommen und in die Untersuchungshaftanstalt Wien eingeliefert. Bernthaler wurde in der „Burg“ von der Gestapo gefoltert; er trug einen Anzug aus Papier und wurde so lange mit einem Stock geschlagen, bis er umfiel. Am 16.7.1943 wurde er von der Gestapo nach Wien gebracht. Vom 10.11.1943 bis 4.4.1944 war er in Wien arretiert, dann wieder in Klagenfurt und ab 18.7.1944 wieder in Wien.[214] Von den acht zum Tode verurteilten Widerstandskämpfern hatte er relativ wenig mit der AFOe zu tun.
Am 5.8.1943 schloss die Gestapoleitstelle in Wien ihre Untersuchungen

[212] Wilhelm Baum: Ottilie Lexer, in: Das Buch der Namen, Klagenfurt 2010, 311.
[213] 7 OJS 313/44
[214] Ebenda, 113.

mit einem vorläufigen Bericht ab, der an den Oberreichsanwalt übermittelt wurde. Im September 1943 berief sich die Gestapo Klagenfurt bereits auf das Geständnis Pumpernigs bei weiteren Verhaftungen, wobei auch Franz Najemnik erwähnt wird.[215] Im Gestapobericht heißt es, Pumpernig habe *„durch seine intensive staatsfeindliche Tätigkeit eine Gefahr für den Fortbestand des Großdeutschen Reiches herbeigeführt. Er war bestrebt, mit allen Mitteln die Grundlagen dieses Staates zu zerstören und den Zusammenbruch herbeizuführen. Dabei handelte er zumeist nicht aus eigenem Antriebe, sondern über Anregung des Führers der ‚AFOe', des katholischen Priesters Dr. Anton Granig, der erst am 17.6. verhaftet und nach Wien gebracht wurde"*.[216] Das Verfahren kam zuerst vors RKG, wurde aber am 17.2.1944 an den VGH überwiesen.

Die Gerüchte, Pumpernig habe seine Kameraden verraten, sind nicht aus der Luft gegriffen. Ab dem 7.7.1943 unterschrieb Pumpernig in Wien eine Reihe von Geständnissen, die seine Mitstreiter schwer belasteten. Er gab zu, dass am 3.5.1943 über den Anschlag auf den Gauleiter gesprochen wurde. Dr. Frodl habe ihm gesagt, er sei mit dem schwedischen Konsul befreundet. Bernthaler habe ihm gesagt: *„Sie wissen ja, Edi, dass wir jetzt die Verbindung mit dem Ausland haben."* Bernthaler habe später gesagt, es sei *„der größte Blödsinn"*, die Briefe an den Nuntius in Berlin zu übergeben, da hier ein Bischof[217] aus und eingehe, der *„nat.soz. eingestellt sei. Hätten wir diesen Weg gewählt, wären die Briefe bestimmt in die Hände der Gestapo gekommen."* [218] Josef Kreuzberger vernichtete die Briefe später.[219] Bernthaler berichtete später, dass Krumpl von Bischof Rohracher in Privataudienz empfangen worden sei, was wohl Dr. Granig angeregt habe. *„Krumpl erzählte nun, dass er Dr. Rohracher eingehend über die im Gange befindliche Erfassung der Österreicher und Zweck und Ziel dieses Unternehmens*

[215] Wien, DÖW, Nr. 9226 v. September 1943.

[216] Liebmann: Planungen (1999), 327.

[217] Dr. Heinrich Wienken.

[218] Roth (1985), 41

[219] Roth (1985), 41

unterrichtet habe und der Erzbischof hierüber sehr erfreut gewesen sei." Damit hatte die Gestapo sogar gegen Rohracher etwas in der Hand! Offensichtlich war das von Rohracher zugesagte Geld aber nicht gekommen. Pumpernig erwähnt auch Gespräche mit Granig über Stalin, den Bolschewismus und den Fall von Stalingrad. Gefangene Wehrmachtsangehörige aus Österreich seien von den Deutschen getrennt worden. P. Dr. Steinwender habe ihm erzählt, dass Baldur von Schirach in die Schweiz geflüchtet sei. Er sei gefragt worden, wie der Krieg der religiösen Patrioten aussehe.

Im „*Bekenntnis eines jungen Deutschen*", das Pumpernigs am 10.7.1943 verfasste, heißt es: „*Es ist mein ausdrücklicher Wunsch und ich bitte, dass in aller Öffentlichkeit warnend von den Parteidienststellen die Stimme erhoben wird, um junge idealistische Menschen, denen schon in früher Abneigung der Hass gegen die jetzige Richtung ins Herz geimpft wurde, die vielleicht jetzt noch bereit sind, das gleiche zu tun, was ich teils tat, teils vorhatte, aufzuklären und das furchtbare Verbrechen ihnen an Hand dieser Zeilen vor Augen zu führen. Den Priestern aber und allen anderen,...die mich zu solchen Taten verleiteten, die mir den Hass und die Abneigung gegen die jetzige Regierung schon in frühester Jugend in mich hineintrugen (im Seminar in Graz 1932-1936) vom damaligen Rektor bei Abendvorträgen, die sich ausschließlich gegen den Nationalsozialismus richteten,... im Noviziat in Maria Lanzendorf durch die dortigen Patres... steigerten nur meinen Hass gegen den Nationalsozialismus.*" Dann bemerkt er über einen P. Heribert, früheren Domprediger in Paderborn, er habe nur die Bestrebung gehabt, „*durch seine Predigten den Katholiken Österreichs den Hass gegen den Nationalsozialismus wachzurufen.*" ... „*Wie sehr die Mönche des St. Pöltener Klosters damals von der Politik eingenommen waren, beweist, dass als ‚geistliche Tischlesung' das Buch ‚Dreimal Österreich' von Kurt Schuschnigg verwendet wurde. Dieses Buch wurde übrigens noch lange Zeit nach dem März 38 öffentlich im Refektorium vorgelesen. ...Und wie ich solches von katholischen Geistlichen hörte, als wahr, ja sozusagen als Evangelium hinnahm (man muss eine Klostererziehung genossen haben, um es zu verstehen)..., so haben diese Menschen auch unzähligen deutschen Soldaten, Männern und Frauen dieses Gift des Misstrauens gegen die jetzige Regierung*

hineingetragen".[219] Derartige Aussagen sind wohl nur aus der Todesangst zu erklären; so schrieb ein Ex-Franziskaner aus dem Gefängnis in der Nachbarschaft des Schafotts, der sich nicht scheute, seinen früheren Mentor Dr. Granig vor der Gestapo bloßzustellen. Das „Bekenntnis" wurde in der bisherigen Literatur nicht erwähnt, zeigt aber, wie weit Menschen in Todesangst zu gehen bereit waren.
Der seit 1941 mit Pumpernig bekannte Theodor Binder, ein Anhänger des Dollfuß-Regimes, wurde am 4.6.1943 verhaftet und dem Gericht der Division 418 übergeben. Verhaftet wurden am 3.7.1943 auch der Angestellte Gottfried Wunder vom Fliegerhorst und der Unteroffizier Dr. Arthur Trattler, der Teile der Flugblätter abgefasst hatte, die von Pumpernig im Franziskanerkloster in Wien gedruckt und bei Frau Ottilie Lexer versteckt worden waren. Trattler wurde wegen § 139 RStGB (Nichtmeldung von Hochverrat) angezeigt. Dr. Reinhold Möbius, der in der Dollfuß-Ära Bürgermeister von Villach gewesen war und die Aktionen Pumpernigs guthieß, „da es noch solche Leute gebe, die für die österreichische Sache eintreten,"[220] wurde am 5.7.1943 verhaftet, ebenso Theodor Binder, Georg und Wunibald Lexer und andere Sympathisanten. Der noch lebende Sozialdemokrat Franz Najemnik, mit dem Ortner seit seiner Volksschulzeit in Lienz befreundet war und den er 1941/42 in Spittal wieder getroffen hatte, war von ihm umworben worden, um die „Roten" ins Boot zu holen. Nach dem Gestapobericht sah er in der AFOe eine Möglichkeit, im „roten Sinne" zu arbeiten. Er wurde am 6.7.1943 verhaftet, obwohl er wegen der ideologischen Differenzen auf Distanz zur AFOe blieb. Am 22.8.1944 wurde er vom 7. Senat des OLG Klagenfurt zu sechs Monaten Gefängnis verurteilt, nachdem er fast ein ganzes Jahr im Gefängnis war.[221] Er schloss sich dann der Peskoller-Gruppe und der „*Treffner Bande*" an, die er jedoch nach zwei Monaten wieder verließ, weil er erfuhr, dass die österreichische Südgrenze im Gespräch mit den jugoslawischen Partisanen in Frage gestellt wurde. Er dürfte

[219] DÖW Nr. 9226, Das Bekenntnis eines jungen Deutschen, fol.1-12, hier fol. 5-8.
[220] DÖW Nr. 9226.
[221] 7 OJS 313/44 und Franz Najemnik: Balkongeschichten, Bd. 2: Am Abgrund entlang, Villach 2002, 120.

der einzige der Verhafteten sein, der heute noch lebt.[222] Auch der frühere sozialistische Moosburger Gemeinderat Christian Bochinz stand mit Pumpernig und Primosch in Verbindung und wurde deswegen am 29.7.1943 verhaftet und ins Gestapogefängnis Klagenfurt gebracht.
Einige Personen, mit deren Hilfe Pumpernig und Ortner die AFOe nach Osttirol ausweiten wollte, wurden zunächst verhört oder auch verhaftet, aber bald wieder freigelassen: Ruth Mühlthaler, Ferdinand Niederwieser aus Lienz, Alois Lugger aus Lienz und Franz Aichner sowie Franz Mandl, die Ende Juni/Juli 1943 verhaftet, aber nach einer guten Woche wieder freigelassen wurden. Franz Rom, der Schwager von Primosch, gehörte zum Mitläuferkreis um Dr. Granig und Pumpernig; über ihn wurden noch weitere Erkundigungen von der NSDAP eingeholt. Am 29.7. wurde auch der aus dem Gailtal stammende Josef Kreuzberger verhaftet, der auch aktiver Katholik war und mit Bernthaler und Pumpernig darüber sprach, *„dass mit dem ungünstigen Ausgang des Krieges auch der Nationalsozialismus zusammenbrechen werde"* und aufforderte, Kontakt zu den Slowenen aufzunehmen.[223]
Der ebenfalls verhaftete Mitwisser Franz Pregernig gab zu, mit Dr. Granig über die Partisanentätigkeit in Oberkrain gesprochen zu haben. Dr. Trattlers Schwester wurde am 1.7.1943 festgenommen und noch am gleichen Tag entlassen, da die Polizei ihr nichts nachweisen konnte. Auch Krumpls Frau Paula bestritt, etwas von dem geplanten Attentat gegen Dr. Rainer gewusst zu haben. Auch dem mit Otto von Habsburg bekannten Grafen Dr. Karl Czernin, dem früheren Landesleiter des monarchistischen „Reichsbundes der Österreicher", zu dem auch Granig gehört hatte, konnte man keine direkte Verbindung zur AFOe nachweisen.
Die Staatspolizei Klagenfurt legte dem Oberreichsanwalt in Berlin und dem Oberstaatsanwalt Seehofer durch den Kriminalobersekretär Eugen Hitzler am Oberlandesgericht Graz am 2.9.1943 ihren Schlussbericht vor.[224] Damit lagen alle wesentlichen Fakten auf dem Tisch. Am 30.10.1943 übersandte

---

[222] Gespräch mit Franz Najemnik am 6.3.2012.
[223] DÖW Nr. 9226, fol. 20f.
[224] Ebenda, fol. 10.

die Gestapoleitstelle Wien dem Oberreichsanwalt beim VGH den Schlussbericht.[225] Oberreichsanwalt Lautz gab am 19.10.1944 einen Überblick über wichtige Hochverratsverfahren im „*Altreich*“ und in der „*Ostmark*“, in dem es heißt, „*vor allem in Klagenfurt und in Wien sei eine legitimistische Bewegung registriert worden, die sich ‚Antifaschistische Freiheitsbewegung Österreichs‘ nenne. Die verhafteten Mitglieder seien hauptsächlich Intellektuelle, Wehrmachtsangehörige und Geistliche. Auch ein Anwalt namens Dr. Wanner gehöre dieser Gruppe an. Nach dem Anschluss sei er wegen seiner vorhergehenden politischen Betätigung kurzfristig in Schutzhaft gewesen.*“[226] Auch in Berlin war man auf den Fall aufmerksam geworden.

Nach seiner Verhaftung am 17.6.1943 leugnete Dr. Granig zunächst alles, bis er mit den Aussagen der anderen Verhafteten konfrontiert wurde und daraufhin zu einem Teilgeständnis bereit war. Am 26.4.1944 wurde er ins Landesgericht Wien gebracht. Am 6.7.1943 wurde auch P. Angelus Steinwender verhaftet, der Pumpernig von seiner Zeit im Franziskanerkloster St. Pölten kannte; er hatte ihm ja auch den Vervielfältigungsapparat im Wiener Franziskanerkloster zur Herstellung der Flugblätter zur Verfügung gestellt. Am 23.8.1943 wurde P. Kapistran Pieller, der Guardian des Franziskanerklosters in Eisenstadt, verhaftet, der Pumpernig 1937 als Kaplan in St. Pölten kennen gelernt und ihm 150 Mark und einen Trommelrevolver mit 50 Schuss Munition übergeben hatte. Am 28.4.1944 konnte Krumpl erstmals mit seinem Verteidiger sprechen.

Die im Hauptprozess ebenfalls zum Tode verurteilten Angeklagten Bernthaler, Lossmann und Kofler kommen in der ersten Anklageschrift wegen Hochverrat und Wehrkraftzersetzung vom 25.5.1944 vor.[227] Hier wird hervorgehoben, dass Bernthaler, Kofler, Sophie Jörgl und Kreuzberger an dem Gedanken festhielten, „*daß die österreichische Monarchie wiederkommen müsse. Bei ihren Zusammenkünften besprachen sie die politische und militärische Lage des Reiches und gaben ihrer Überzeugung Ausdruck, daß*

---

[225] Österr. Staatsarchiv – Allg. Verwaltungsarchiv (AVA), St.A.b.OLG-Wien HI 464/43 (Gestapo-Schlussbericht).

[226] Hansjoachim W. Koch: Der Volksgerichtshof (1988), 282.

[227] 7 (8) J 258/44; die fortan zitiert wird).

Deutschland wenig Aussicht habe, den Krieg zu gewinnen. Eine über diese Unterhaltungen hinausgehende politische Betätigung in dieser Zeit hat sich den Angeschuldigten Bernthaler und Kofler nicht nachweisen lassen". Die Gruppe wird also als eigenständig angesehen; von Granig und Pumpernig ist hier keine Rede. Dabei sei auch an die *„dem Gau Kärnten durch die Slowenen drohenden Gefahren"* gedacht worden. Im März 1943 habe Bernthaler Lossmann kennengelernt. Sie meinten *„daß die Lage für die Nationalsozialisten nicht besonders günstig sei, es müsse jetzt etwas geschehen, und sie alle müssten aktiv werden."* Lossman habe dann vorgeschlagen, Flugblätter zu verfassen und zu verteilen, die man ins Ausland bringen und über den Rundfunk publik machen könne. Sophie Jörgl habe darauf gesagt, dass sie Dr. Granig kenne, der *„separatistisch eingestellt sei"* und zu dem man Kontakt aufnehmen solle. Die Idee der Flugblätter ging von Lossmann aus. *„Sie waren stark demagogisch aufgezogen und enthielten die Aufforderung, sich der österreichischen Tradition und Aufgabe bewusst zu sein und gegen den Nationalsozialismus zu kämpfen*". Erst nach diesen Überlegungen kam es zu Kontakten mit Granig und Pumpernig. Bernthaler habe zu Lossmann gesagt, es sei zu erwarten, dass es zum Zusammenbruch des Nationalsozialismus kommen werde; deswegen müsse man auf die Monarchie zurückgreifen. Die Ausführungen zeigen, dass die „heiße Phase" der katholischen Widerstandsbewegung erst im März 1943 begann. Als Bernthaler im Ordinariat erfuhr, dass der Jesuit Frodl im Frühjahr nach Berlin reise, ersuchte er ihn, Flugschriften mitzunehmen. Der Jesuit meinte jedoch, dass der Nuntius nur kirchliche Post weiterbefördern könne. Er schlug vor, solche Flugschriften über einen ausländischen Konsul in Wien zu befördern. Sophie Jörgl tippte derartige Aufrufe ab und gab sie an Dr. Granig weiter; dadurch kam es zur Vernetzung der beiden Zirkel.

Sophie Jörgl war es auch, die den Kontakt zwischen Bernthaler und Kofler zu Pumpernig herstellte, der seit 1940 in ihrem Elternhaus verkehrte. Pumpernig führte im Frühjahr 1942 auch Dr. Granig im Hause Jörgl ein. Bei einem Besuch Granigs in ihrem Elternhaus hörte Sophie dessen Äußerung, dass Deutschland den Krieg verlieren und das *„Nationalsozialistische Regime"* zusammenbrechen werde. Im März oder April 1943 brachte

Granig bei einem Besuch die abgezogenen Flugblätter mit. Im Mai beauftragte Pumpernig sie, einen Aufruf auf eine Matritze zu schreiben. Im Mai 1943 kam es dann in Klagenfurt zu einem Treffen Bernthalers mit Pumpernig; damit war der Kreis geschlossen. Bei einer weiteren Besprechung habe Pumpernig dann ins Spiel gebracht, man müsse auch die Slowenen einbinden, um zu verhindern, *„daß sich die Slowenen im Falle eines Zusammenbruchs des Reiches wieder wie schon einmal große Teile österreichischen Gebiets aneigneten"*. Man sieht daran deutlich, dass es der Gruppe um Granig, Bernthaler, Kofler und Pumpernig darum ging, nach dem Sturz des Nationalsozialismus Österreich wieder zu errichten, eventuell auch als Monarchie der Habsburger.

Die zweite Anklageschrift vom 14.6.1944[228] richtet sich gegen Pumpernig, Granig, Primosch, Stoppacher, Krumpl, P. Angelus Steinwender und P. Kapistran Pieller. Die am 14.6.1943 vom Oberreichsanwalt in Berlin ausgestellte Anklageschrift[229] beschuldigte Steinwender, dem Kleriker Frater Benno (Pumpernig) für die Herstellung von Flugblättern Schreibmaschine und Vervielfältigungsapparat zur Verfügung gestellt zu haben. Pieller legte der Gestapo-Bericht zur Last, der AFOe 150 RM und zwei Revolver überlassen zu haben. Außerdem solle er den Text für ein Flugblatt verfasst haben.

In der Anklageschrift wird noch eine weitere Anklageschrift gegen den Juristen Dr. Wanner in Wien erwähnt. Offensichtlich gab es hier noch einige Verschiebungen. Außer dem zum Tode Verurteilten kommen in der Anklageschrift noch der Unteroffizier Eduard Pumpernig und Franz Stoppacher vor, also insgesamt acht Personen. Nur Granig, Primosch, Ortner, Krumpl, Steinwender und Pieller hatten einen Verteidiger. Das RKG hatte den Fall am 17.2.1944 an den VGH abgetreten. Die Beschuldigten wurden angeklagt, *„von 1941 bis 1943 in Klagenfurt, Wien und an anderen Orten ... durch den Aufbau der Organisation ‚Antifaschistische Freiheits-*

[228] 7 (8) J 208/43

[229] Wien, DÖW, 1929 (7 (8) J208/43; das bisher unveröffentlichte wichtige Dokument umfasst 25 Seiten. Liebmann berichtet 1999, 333, Anm.80, Pumpernig habe ihm zweimal die S. 13-14 und S. 21-25 der Anklageschrift gezeigt; offensichtlich war bis dahin kein Exemplar dieses wichtigen Dokumentes erhalten!

bewegung Österreichs' … den Sturz der nationalsozialistischen Regierung und die Errichtung einer habsburgischen Monarchie" erstrebt, sich Waffen und Sprengstoff beschafft und staatsfeindliche Schriften verbreitet zu haben. Granig habe gegenüber Pumpernig „*die Notwendigkeit einer gegen den Staat gerichteten Tätigkeit*" begründet. Granig habe betont, durch den Einfluss von Dr. Franz Zach zum „Staatsgegner" geworden zu sein; wie Zach sei er überzeugt gewesen, „*dass Deutschland den Krieg verlieren, der Nationalsozialismus zusammenbrechen und die Habsburger Monarchie zurückkehren werde.*" Zach habe ihn zum Widerstand aufgefordert und ihn ersucht, sich für den Zusammenschluss aller „gutgesinnten Österreicher" einzusetzen. Nach Pumpernigs Auskunft habe Granig im Oktober 1941 erklärt, man müsse die „*gut gesinnten Österreicher" für die „Wiedererrichtung der Habsburger Monarchie … gewinnen*" und er habe auch eine „*staatsfeindliche Flugschrift*" konzipiert, ebenso einen Aufruf an die Tiroler. Im März 1942 habe Granig den Namen AFOe vorgeschlagen; die Sozialdemokraten bei der Reichsbahn sollten für die Aufrechterhaltung des Verkehrs sorgen. Pumpernig sollte als Verbindungsmann zwischen den Gruppen agieren. Granig habe auch eine Denkschrift verlesen, wie man die Nationalsozialisten nach der Niederlage behandeln sollte.
Es wurde auch auf die Anklageschrift gegen Bernthaler und Dr. Wanner verwiesen, die schon vorher verfasst worden war. Granig habe Sprengstoffanschläge auf Eisenbahnbrücken, über die Kohlentransporte nach Italien gingen, sowie auf das Hauptquartier der Gestapo in der Burg, als „*nationale Tat*" bezeichnet.[230] Auch habe Granig zu Pumpernig gesagt, „*dass es gut sei, wenn es einmal tusche*". Pumpernig habe aus Entwürfen Dr. Trattlers Flugschriften zusammengestellt, was in einer eigenen (vierten) Anklageschrift gegen Sophie Jörgl behandelt werde.[231] Dieser im Wortlaut bekannte Aufruf mit der Aussage „*Der Krieg ist verloren*" wandte sich auch an die Slowenen. In diesem Aufruf ist auch von den „*vereinten Nationen*" und dem „*heiligen Reich*" die Rede. Pumpernig habe sein „*umfassendes*

---

230 7 (8) J 208/43, DÖW 1929, fol. 15.

231 7 (8) J 258/43)

und reumütiges Geständnis" bekräftigt, aber zugegeben, „*eine Organisation geschaffen oder bei ihrer Einrichtung mitgeholfen zu haben, die den Zweck hatte, Österreich selbständig zu machen*" und „*die Loslösung vom Reich schon jetzt zu bewirken.*" Die Organisation sei nur darauf gerichtet gewesen, „*nach dem von ihnen erwarteten Zusammenbruch Deutschlands Österreich aus dem allgemeinen Untergang herauszuhalten*".[232] Es wird weiter darauf verwiesen, dass Dr. Granig seine Ideen aus den verbotenen Schriften seines Vorgängers Dr. Franz Zach erhalten habe, dem die schriftstellerische Tätigkeit untersagt worden sei. Vermutlich handelt es sich dabei um das 1923 in Klagenfurt erschienene Werk „Modernes oder christlich-germanisches Kulturideal? Ein Wegweiser zum Verständnis der Gegenwart", das 1925 in 2. Auflage bei Herder in Wien erschienen war. Granig bekannte sich jedoch der Vorbereitung des Hochverrates nicht schuldig, obwohl er viele Einzelaktionen zugegeben hatte. Auch Primosch leugnete, an der „*Vorbereitung zum Hochverrat*" mitgewirkt zu haben, gab aber Einzelheiten zu. Stoppacher verhielt sich ähnlich und leugnete, den Inhalt der Flugzettel gekannt zu haben. Ortner gab zu, Kontakte zum Sozialdemokraten Najemnik aufgenommen und die Verteilung der Flugblätter in Lienz vorbereitet zu haben. Er habe nur bei einer Niederlage der Wehrmacht seine Heimat retten wollen. „*Als die deutschen Truppen wieder siegreich in Russland vorgingen, habe er jede Verbindung zu Dr. Granig und Pumpernig abgebrochen*". Krumpl wurde beschuldigt, Kontakt mit der Gruppe Dr. Wanner aufgenommen zu haben und mehrfach nach Wien gefahren zu sein. Außerdem habe er Dr. Karisch aufgefordert, die Führung der Gruppe zu übernehmen. Dr. Steinwender wurde beschuldigt, Pumpernig zweimal Schreibmaschine und Abziehapparat zur Verfügung gestellt zu haben. Auch habe er das Gerücht von der Flucht des Reichsleiters Baldur von Schirach verbreitet. Er bekannte sich jedoch nicht der Vorbereitung zum Hochverrat schuldig, da er in den Flugzetteln nichts „*Bedenkliches gesehen habe*". Lediglich Dr. Pieller bekannte sich schuldig; er habe auch gehört, dass Sprengstoffanschläge geplant gewesen seien. Er habe Pumper-

---

[232] 7 (8) J 208/43, fol. 19.

nig 150 Mark gegeben, zwei Aufrufe an die Tiroler diktiert und ihm einen Revolver übergeben. Er habe „die ganze Sache nicht so ernst und ‚tragisch' aufgefasst". Die Flugblätter lagen als Anlage bei. Soweit zum Inhalt der Haupt-Anklageschrift.

Über das Schicksal der Gefangenen gibt es einige wenige Nachrichten. Die 92-jährige Gertrude Gabernig erzählte dem Verfasser 2012 weinend, wie sie ihren Vater Franz Bernthaler im Gestapogefängnis in der Burg besuchte und dieser sie um ein Stück Brot bat. Dr. Granig schickte seinem Bruder Georg einige Briefe. Krumpl wurde beim Prozess durch den Rechtsanwalt Dr. Heinrich Scheer verteidigt; am 28.4.1944 konnte er ihn erstmals im Gefängnis besuchen. Scheer berichtete später: „Im Prozess selbst fiel das mannhafte Auftreten des Herrn Karl Krumpl sicher auf; es konnte sich auch der Senat nicht ganz dem gewinnenden Eindruck des Herrn Karl Krumpl entziehen."[233] Franz Bernthaler war vom 10.11.1943 bis 4.4.1944 in Wien arretiert, dann wieder in Klagenfurt, ab 16.2.1945 wieder in Wien, dann in Linz, ab 7.3. wieder in Wien; am 9.4. wurde er nach Stein gebracht. Im Klagenfurter Gestapogefängnis wurde er von seinem Zellennachbarn Walter Tollinger porträtiert.
Die Verhandlung vor dem VGH sollte zunächst am 20. und 21.7.1944 stattfinden; wegen des Attentats auf Hitler wurde sie jedoch erst am 9. und 11.8.1944 im Wiener Justizpalast vor dem 5. Senat des VGH unter dem Vorsitz von Senatspräsident Dr. Kurt Albrecht abgehalten; am 11.8.1944 wurde das Urteil verkündet, das nicht vollständig erhalten ist.[234]
Die 13 Angeklagten wurden gefesselt vom „Grauen Haus" zum Gerichtsgebäude gebracht. Neben den vom Gericht zum Tode verurteilten Granig, Primosch, Ortner, Krumpl, Steinwender, Pieller, Bernthaler und Kofler kommen hier noch Pumpernig, Franz Stoppacher, Dr. Ferdinand Frodl und Sophie Jörgl vor. Offensichtlich wurde im letzten Moment noch umgeschichtet. Dr. Erich Führer war der Verteidiger Dr. Granigs. Dr. Albrecht sagte zu Beginn: *„Unter den Angeklagten macht Granig den denkbar übels-*

---

[233] Ebenda, 73.

[234] 1929 7 (8) J 208/43 (Urteil Granig usw. v. 11.8.1944)

ten Eindruck. Es dauerte lange, bis er sich dazu bequemte, die Wahrheit zu sagen." Granig antwortete: *„Bitte, Herr Vorsitzender, sagen zu dürfen, dass ich ununterbrochen 17 Stunden auf einem Block stehend…*" und wurde von Albrecht unterbrochen: *„Schweigen Sie, in Ihnen steckt nicht ein Priester, sondern der Teufel*!"[235] Er wurde als Anführer der AFOe wegen der Flugzettelpropaganda, der Verleitung zu *„Brandlegungen aus politischen Gründen*" zum Tode verurteilt. Wenn er etwas sagte, wurde er sogleich vom Vorsitzenden zusammengeschrieen. Als Pumpernig aussagte, Sophie Jörgl habe sich nur aus Liebe zu ihm der Widerstandsbewegung angeschlossen, sagte sie: „Nein, ich habe alles aus tiefster Überzeugung gemacht."[236] Das Gericht konstatierte, dass Dr. Granig die meisten Vorwürfe abstritt. Zu seinen Schutzbehauptungen gehörte die Aussage, die Zusammenkünfte der Gruppe „hätten rein geschäftlichen Zwecken gedient; dabei sei auch „davon gesprochen worden, wie man im Fall der Niederlage des Reichs den Einfall der Slowenen in Kärnten verhindern und einem allgemeinen Chaos steuern" könnte.[237] Granig habe dann erklärt, er habe den Namen „Antifaschistische Befreiungsbewegung Österreichs" nur *„mehr zum Spaß*" genannt. Er habe niemals einen Angeklagten zu einer hochverräterischen Tätigkeit aufgefordert, sie hätten alles aus eigenem Antriebe getan und ohne sein Wissen. *„Zum Spaß*" habe er auch gesagt, *„dass dieses oder jenes Objekt ein schönes Feuer geben würde*". Die Durchführbarkeit eines Anschlags auf den Gauleiter habe er nur im Zusammenhang mit den Partisanenüberfällen in Oberkrain erwähnt. Auch den Anschlag auf das Gestapogebäude habe er nur „zum Spaß" ins Spiel gebracht. Es sei daher schwer, formulierte das Gericht, Granigs *„moralische Verkommenheit so darzustellen, wie sie sich in der Hauptverhandlung in drastischer und plastischer Weise … dargestellt hat. Er, der der Drahtzieher in der ganzen Angelegenheit war, er, der die Mehrzahl der hier Angeklagten direkt oder indirekt durch schmählichen Missbrauch seines Einflusses und seiner Stellung als Priester und Seelsorger*

[235] Benedicta Maria Kempner: Priester vor Hitlers Tribunalen, München, 2. Aufl. 1966, 120f u. Roth (1985), 102.

[236] Ebenda, 129.

[237] Wien, DÖW, 1929 (7 (8) J 208/43, hier fol. 21.

erst zu ihrer Tat auf die raffinierteste Art und Weise aufgehetzt, sich dabei feige und hinterlistig im Hintergrunde gehalten und die Aufgehetzten bedenkenlos ins Verderben gestürzt hat, schämte sich nicht, alle Schuld weit von sich zu weisen, ja, sie meistenteils auf die Verführten abzuwälzen. Keinen Augenblick konnte die Verteidigung diesen Angeklagten in der Überzeugung der Schuld dieses Menschen wankend machen. Im Gegenteil: seine ganze Verteidigung war nichts als eine allerdings unfreiwillige Anklage gegen sich selbst. … Die ‚Späße' dieses Angeklagten sprechen für sich."[238] Es fällt nicht leicht, ein abschließendes Urteil über Dr. Anton Granig zu fällen, dessen politische Gesinnung klar und eindeutig gegen das NS-System gerichtet war. Die Art der Durchführung seiner Aktionen kann teilweise nur als bedenklich, naiv und realitätsfern gesehen werden. Sie war letztlich die Ursache, dass acht Menschen hingerichtet wurden.

Im Schlussurteil des Volksgerichtshofes vom 11.8.1944 wurden neben Dr. Granig auch Primosch, Ortner, Krumpl, Bernthaler, Kofler, Dr. Steinwender und Dr. Pieller zum Tode verurteilt, Pumpernig jedoch nur zu 10 Jahren Zuchthaus; seine bereitwilligen Zeugenaussagen hatten der Gestapo die Ermittlungen erleichtert. Der Pflichtverteidiger Dr. Führer sagte in seinem Plädoyer: „Ich kann ein Wort mitsprechen über Methoden, mit welchen man eine illegale Bewegung ins Leben ruft und führt. Wenn wir (vor dem ‚Anschluss') seinerzeit nichts anderes gemacht hätten als das, was heute dem Angeklagten Granig vorgeworfen wird, wäre der Anschluss ans Reich nie zustande gekommen."[239] Eine derartige Aussage lässt tiefe Einblicke in das ethische Niveau der Justiz in der NS-Zeit in Österreich zu!

Im Urteil wird noch einmal Granigs Rolle vor dem Gericht sichtbar: „*Selten zeigte ein Angeklagter ein so düsteres Bild menschlicher Verworfenheit wie der Angeklagte Granig. Wohl hat er im Verhältnis zu den anderen Angeklagten weniges selbst ausgeführt; dagegen war er es, der fast überall den Anstoß zu den Straftaten … gegeben hat. Er, als der Drahtzieher, der sich stets im Hintergrunde zu halten wusste, um nach der Aufdeckung seiner Verbrechen seine eigenen Kumpane im Stich zu lassen, sich selbst herauszureden und*

---

[238] Ebenda, fol. 22f.

[239] Kempner (1966), 121.

alle Schuld auf seine Mittäter abzuwälzen suchte, kann keinesfalls damit rechnen, wegen seines geringen faktischen Tatbeitrages, milder beurteilt zu werden. Für seinen verbrecherischen Verrat … gibt es nur eines – den Tod.“
Wenzel Primosch gab zu, dass ihm die monarchistische Zielsetzung der Gruppe bekannt gewesen sei. Den Terror- und Attentatsplänen Granigs sei er ablehnend entgegengestanden; die in der Nacht gestreuten Flugblätter habe er nicht gelesen. Zudem habe er Pumpernig auf seinen Reisen öfters begleitet. Da er den Sprengstoff bei sich untergebracht habe, nahm man seine Schuld als gegeben an.
Auch Krumpl bekannte sich als nicht schuldig. Es sei ihm nur um den Schutz der Heimat bei einem Zusammenbruch des Reiches gegangen. Dr. Wanner habe er zuletzt im Mai 1942 beim Wiener Stammtisch besucht. Mit Dr. Karisch sei er nur befreundet gewesen, mit dem Slowenen Dr. Lovrenc habe er nur allgemein politisiert. Dass er bei der Namensgebung der AFOe anwesend war, sah das Gericht als Beweis dafür, dass er *„in die hochverräterischen Ziele der Organisation voll und ganz eingeweiht*“ gewesen sei. Aus der z. T. beschlagnahmten Korrespondenz mit Dr. Wanner sei seine Tätigkeit erwiesen, befand der VGH. Auch die Franziskaner Pieller und Steinwender beteuerten vergeblich ihre Unschuld; sie versuchten, sich als „weltfremde“ Klosterleute hinzustellen. Auch bezüglich der Aktivitäten Stoppachers war das Gericht von der Schuld überzeugt, das den meisten Angeklagten nach § 80 u. 83 *„Vorbereitung zum Hochverrat*“ vorwarf.
Bei Franz Bernthaler und Georg Kofler wurde der Plan, Flugblätter ins Ausland zu bringen und durch den Rundfunk verbreiten zu lassen, so gesehen, dass er geeignet gewesen sei, *„den Kriegsfeinden des Reiches das Bestehen einer Opposition gegen die Führung des Reiches glaubhaft zu machen und damit die Feinde in ihrem Widerstandswillen gegen die militärischen Aktionen des Reiches zu bestärken. Denn die Feinde des Reiches rechnen ja seit Kriegsbeginn damit, dass es nur gelte, so lange auszuharren, bis das Reich von selbst innenpolitisch zusammenbricht*“.[240] Dies bedeutete „Feindbegünstigung“ und führte nach § 81 StGB zum Todesurteil. Entgegen der

[240] 1929 7 (8) J 208/43 (Urteil Granig usw. v. 11.8.1944), fol. 29.

Anklagevertretung wurde Sophie Jörgl wegen Beihilfe zum Hochverrat „nur" zu 6 Jahren Zuchthaus verurteilt. Der Jesuit Staudacher wurde freigesprochen, da man erklärte, ihm keine hochverräterischen Taten nachweisen zu können. Pumpernig habe ihm die Absicht mitgeteilt, Predigten „eines deutschen Bischofs" zu vervielfältigen; hiermit sind wohl die von Bischof Galen gemeint. Aber offensichtlich bekam der Jesuit die Predigten nicht zu sehen. Leider fehlt der Teil des Urteils, der Bernthaler und Kofler betrifft, die zum Tode verurteilt wurden; die letztendliche Begründung lässt sich nur erahnen.

Schließlich erklärte das Gericht, man könne es Granig nicht zugutehalten, dass er fast nirgends selbst in Erscheinung trat; daher sei er auch als „*Hauptdrahtzieher*" zu verurteilen. Primosch und Ortner hätten ihren Fahneneid gebrochen. Es seien auch Zweifel an der Zurechnungsfähigkeit Pumpernigs aufgetaucht, den der Gerichtsarzt als „*erblich belasteten Neurotiker*" bezeichnet habe. Allerdings wurde ihm „*verminderte Zurechnungsfähigkeit … zur Tatzeit*" zugebilligt. Er habe durch sein „*reumütiges Geständnis weitgehend die Aufklärung der Sache und die Überführung Mitschuldiger ermöglicht.*"[241] Ohne den „*verderblichen Einfluss Granigs*" wäre er wohl der „*brave, einsatzbereite Kriegsfreiwillige geblieben*". Es bestehe daher Hoffnung, dass er noch einmal in die Volksgemeinschaft einzugliedern wäre; daher habe der Senat das „*außerordentlich schwere und nur mit dem Tod sühnbare Verschulden*" mit einer Zuchthausstrafe von zehn Jahren bedacht. Hiermit bricht das Dokument ab, das offensichtlich nirgends vollständig überliefert ist. Das Urteil lässt klar erkennen, dass Pumpernigs Verrat an seinen Kollegen für den VGH ein Grund zur Strafmilderung war. Aus der Perspektive der NS-Justiz lässt sich das Todesurteil über Dr. Granig nachvollziehen, die Begründung im Fall Bernthaler und Kofler bleiben offen.

Das Urteil wurde am 11.8.1944 in Wien ausgestellt.[242] Msgre. Dr. Franz Draxler war als Prozessbeobachter der bischöflichen Klerusstellen beim Prozess anwesend. Über seine Beobachtungen schreibt er: „Dr. Granig ist das Opfer eines mitangeklagten jungen Fliegerhorstsoldaten namens Pum-

[241] Ebenda, fol. 34.

[242] Ebenda, fol. 32f; das bisher unveröffentlichte wichtige Dokument umfasst 34 Seiten.

pernig geworden, der als Franziskanerkleriker zu ihm Zutritt fand und zuletzt fast täglich bei ihm ein und aus ging. Bei seinem heiteren, geselligen Wesen machte Dr. Granig vor ihm allerlei scherzhafte Äußerungen über Möglichkeiten politischen Widerstandes, gab ihm auf dessen Verlangen einen längst verfallenen Bezugsschein für Benzin, zeigte ihm allerhand politische Aufzeichnungen aus dem Nachlass des verstorbenen Prof. Dr. Zach und lachte herzlich, wenn Pumpernig von gestreuten Flugzetteln oder von Zusammenkünften mit anderen Gegnern des Nationalsozialismus berichtete. Soweit tatsächlich etwa nicht nur geredet, sondern gehandelt wurde, geschah es ausschließlich durch Pumpernig. Er agitierte gelegentlich mit seinen militärischen Kurierfahrten nach Wien, Linz, Salzburg, München, Graz usw. für seine Freiheitsbewegung. Er stellte im Franziskanerkloster in Wien, teilweise in Gegenwart des Provinzials Dr. P. Angelus Steinwender, auf einem Vervielfältigungsapparat Flugzettel her, er nahm vom Schreibtisch des Guardians Dr. P. Capistran Pieller in Eisenstadt einen Revolver an sich, er brachte die Flugzettel nach Klagenfurt und streute sie. Als er gefangengenommen wurde, wurde er zum Verräter an Dr. Granig. Dabei stellte er die Dinge so dar, als sei er nur das verführte Opfer Dr. Granigs, dieser die Seele der kärntnerischen Freiheitsbewegung gewesen. Bei der Verhandlung bot sich daher das sonderbare Bild: Pumpernig wurde vom Vorsitzenden weniger als Angeklagter, vielmehr als Kronzeuge gegen die drei angeklagten Priester in zuvorkommender Weise behandelt. Am Schluss der Verhandlung, die zwei Tage in Anspruch nahm, wurden acht Todesurteile gefällt. Damit wurde die vollendete Willkür des Volksgerichtshofes aufs deutlichste dokumentiert".[243] Bezüglich Dr. Granig führt das Urteil aus, dass dieser schon im März 1942 gesagt habe, man dürfe *„sich nicht auf die monarchistischen Kreise beschränken, sondern auch Marxisten zu gewinnen suchen."* Er habe gesagt, *„dass die Sozialdemokraten schon sehr gut arbeiteten und im Falle des Zusammenbruchs des Reiches für die Aufrechterhaltung des Eisenbahnbetriebes sorgen würden. Um die Weiterführung der Post und der Druckerei Carinthia würde er selbst besorgt sein.*

[243] Benedicta Maria Kempner (1966), 121.

Auch die Errichtung einer Frauenorganisation habe er im Auge behalten. Dagegen sollten Pumpernig und Ortner sich um die Wehrmacht kümmern und dort Anhänger werben. … Weiter verlas Granig eine Denkschrift über die Behandlung der Nationalsozialisten nach der Niederlage des Reiches; sie sollten als Zwangsarbeiter in den Osten verschickt werden. Er meinte, es könne nicht schaden, wenn bei einem Angriff auf die Gestapozentrale in Klagenfurt ein paar Zotteln … mit in die Luft gingen". Stoppacher als Munitionsverwalter am Militärflugplatz habe Sprengkapseln geliefert. Granig habe auch geraten, einen Getreidespeicher anzuzünden. Von Sommer 1942 bis April 1943 sei eine Pause eingetreten. Pumpernig habe im Wiener Franziskanerkloster Predigten von Bischof Galen vervielfältigen wollen. Der Franziskaner Karl Staudacher habe den Provinzial Steinwender gebeten, dafür den Abziehapparat zur Verfügung zu stellen, ohne ihm Näheres über die Art der Schriften mitzuteilen. Es sei jedoch nicht dazu gekommen. Bei einem Besuch des Jesuiten Dr. Frodl im Ordinariat bei Bernthaler habe dieser erwähnt, er müsse nach Berlin zur päpstlichen Nuntiatur.

Pumpernig berichtete später als ÖVP-Bundesrat über seine Haft im „Hotel Metropol" am Morzing-Platz im Wiener Gestapohauptquartier, wo er vor Hunger Papier gegessen habe. Es ist für den heutigen Beobachter schwer verständlich, dass ein derartiger Mann nach 1945 noch eine mittlere politische Karriere in der ÖVP machen konnte. Zu einer wirklichen Aufarbeitung der Problematik kam es auch von kirchlicher Seite nicht, da auch der höhere Klerus im totalitären Staat mit gewissen Mindestarrangements sein Überleben zu sichern suchte.

Eine Zeugin berichtet über das Ende des Prozesses und die Haltung der Verurteilten: „Sie gingen hoch erhobenen Hauptes durch die Stadt. Nach der Verkündigung des Todesurteils hatte ich noch Gelegenheit, mit allen Verurteilten zu sprechen. Ihre Haltung war groß. Begeisterung strahlte aus ihren Augen. Ihr Händedruck war fest und zuversichtlich."[244] Die Nonne Maria Benedicta Kempner bezeichnete Pumpernig in ihrem Buch

[244] Roth (1985), 73.

„Priester vor Hitlers Tribunal“ als „gemeinen Verräter“. Das Urteil erwähnt „sein umfassendes und reumütiges Geständnis“. Man weiß, dass die Gefangenen oft von der Gestapo gefoltert wurden und in ihrer Not andere beschuldigten. Außerdem ist es evident, dass die Gestapo bereits bei den ersten Verhören im Februar 1943 die Namen der Beteiligten kannte. Ein Gerichtsverfahren, das nach Ende des Krieges gegen den ÖVP-Politiker angestrengt wurde, wurde am 11.12.1948 gemäß § 90 der Strafprozessordnung eingestellt.

Am 20.9.1944 wurde vor dem Oberlandesgericht Graz Ottilie Lexer, die Pumpernig wie einen Familienangehörigen behandelt hatte, zu einem Jahr Gefängnis verurteilt, da sie seit Sommer 1941 durch Pumpernig über seine politischen Ziele informiert war und Flugzettel in einem Koffer aufbewahrte.[245] Najemnik, der einzige noch lebende Widerstandskämpfer in Kärnten, erhielt sechs Monate Gefängnis, weil er mit Ernst Ortner seit dem Winter 1941/42 in Kontakt stand, der ihm die „Idee über ein selbständiges Österreich“ entwickelte. Sie wurden wegen Missachtung der Meldepflicht verurteilt. Gegen Karl Lossmann, der mit Rudolf Hess korrespondiert hatte, wurde am 24.2.1945 vor dem 5. Senat des VGH unter der Leitung von Dr. Kurt Albrecht ein eigenes Verfahren wegen seiner Herstellung der Aufrufe durchgeführt, bei dem er fünf Jahre Zuchthaus erhielt, weil er *„zur Tatzeit in hohem Grade vermindert zurechnungsfähig“* gewesen sei; den Alt-Nazi wollte man wohl schonen. Er habe im März 1943 bei einem Treffen mit Bernthaler am „Adolf Hitler-Platz gefragt: „Was macht Otto?“ (gemeint war Otto von Habsburg). Lossmann habe Kofler staatsgefährdende Schriften übergeben. Es sei klar geworden, dass er sich mit anderen Personen für die Wiedererrichtung eines selbständigen, von Habsburg regierten Österreich einzusetzen gedachte; die Weitergabe von staatsfeindlichen Schriften müsse auch als *„Vorbereitung zum Hochverrat in erschwerter Form“* und *„Feindbegünstigung“* gewertet werden. Durch die Anwendung des § 51 kam der einstige Generalsekretär der NSDAP von Kärnten mit fünf Jahren Zuchthaus davon.[246]

---

[245] 7 OJs 313/44.

[246] 5 H 14/15 7 J 133/44

Anton Granig schrieb zwei Tage nach seiner Verurteilung an seinen Bruder Georg: „Ich fürchte im Geiste des Glaubens nicht die Menschen, die wohl den Leib töten, aber der Seele nicht schaden können. Ich habe mein Schicksal in Gottes gütige und allmächtige Vaterhände gelegt, und wenn es sein Wille ist, bin ich zu allem bereit.“[247] Am 10.9.1943 schrieb er dem Bruder aus dem Gefängnis: „Alles gereicht zum Besten, was Gott tut. ... Darum stehen meine dunklen Tage längst in Gottes Vorsehung gezeichnet. Dieses gläubige Bewusstsein ist Kraft und Licht in der Zelle, die sogar manchmal zum Heiligtum wird.“[248] Gertrude, die Tochter Franz Bernthalers, konnte ihren Vater noch einmal im Gefängnis in Wien besuchen. Er bat sie, alles zu unternehmen und in Berlin für eine Begnadigung zu intervenieren. Sie war damit völlig überfordert; es gelang ihr jedoch, nach Berlin zu kommen, wo sie vergeblich Hitler in der Reichskanzlei zu sprechen versuchte.

Die Kirche ließ ihre Anhänger jedoch nicht ganz in Stich; am rührigsten intervenierten „Generalvikar“ Josef Kadras und der nach Salzburg übersiedelte Bischof Rohracher. Auch der pensionierte Bischof Dr. Adam Hefter setzte sich für die Verurteilten ein. Ein Konzept seines Briefes an den „Führer“ ist erhalten, das von Kadras verfasst wurde. Er erinnerte Hitler auch daran, dass es ihm gelungen sei, nach dem Putsch von 1934 zu erreichen, „dass kein Todesurteil in ganz Kärnten erfolgte“. Er verwies darauf, dass tatsächlich gegen niemandes Leben und gegen keine Gegenstände Tathandlungen begangen wurden. „Auch sind die Personen, die in die Angelegenheit verwickelt wurden, nicht Leute, von denen man eine wirkliche Gefahr für den Staat befürchten müsste. Es war vielfach eitles Geschwätz, das allerdings hätte unterbleiben müssen, und Vervielfältigungen von Flugzetteln, die ebenfalls nicht hätten stattfinden dürfen. Auch liegen die Sachen Jahre zurück, da die Angeklagten, soviel ich weiß, mehr als ein Jahr in Haft sind. Wenn schon jemand in der ganzen Personengruppe etwas Größeres getan hat, so war es wohl Eduard Pumpernig, der aber wegen seines Geständnisses und seiner psychischen Erkrankung vom Gericht selbst milde

[247] Michaela Kronthaler: Dr. Anton Granig, Mitglied der Antifaschistischen Freiheitsbewegung Österreichs, in: Bedrängte Kirche. Bedrängt – verfolgt – befreit, Graz 1999, 32-37, hier 36.

[248] Ebenda.

beurteilt wurde." Er bitte nur um das Leben der zum Tod Verurteilten.[249]
Am 18.8.1944 verfasste Erzbischof Andreas Rohracher ein Gnadengesuch, am 26.8. ein zweites an den Justizminister, das durch Landesgerichtsdirektor Jäger übermittelt wurde und ein weiteres über Kammergerichtsrat Dr. Bischof an den Oberreichsanwalt am VGH. Am 22.8. besuchte der pensionierte Bischof Hefter Gauleiter Rainer und ersuchte ihn, ein Gnadengesuch an Hitler weiterzuleiten.[250] Am 15.8. konzipierte Generalvikar Kadras für Granig ein Gnadengesuch an den Oberreichsanwalt. Ein Professor Bruno Hampel versuchte, in Berlin selbst für eine Amnestie zu wirken.[251]
Wie reagierten die kirchlichen Oberhirten? Erzbischof Rohracher sprach am 23.1.1945 mit Gauleiter Rainer über den Fall und notierte dazu: „Nochmals ersuchte ich den Gauleiter, für die am 11. 8.1944 zum Tode verurteilten Kärntner Dr. Granig und Konsorten zu intervenieren". Der Gauleiter teilte mit, dass er für Dr. Granig tatsächlich interveniert habe. Vor kurzem habe er von Berlin Mitteilung erhalten, dass der anstehende Fall besonders schwer sei und darum eine Begnadigung kaum in Frage kommen werde. Er habe sich nochmals besonders für Karl Krumpl verwendet, dessen Mutter in diesem Kriege schon zwei Söhne verloren habe. Er glaube, dass nun die „Justizifierung der Todeskandidaten infolge dieser letzten Intervention noch nicht erfolgt sei."[252]
Am 26.8. wandte sich Erzbischof Rohracher nach der Rückkehr von Georg Granig aus Berlin, wo er für seinen Bruder interveniert hatte, an den Oberreichsanwalt, um die Vorwürfe gegen Dr. Granig abzuschwächen. *„Dr. Granig hat im öffentlichen Leben niemals eine Rolle gespielt, war niemals politisch tätig, geschweige denn politisch führend und bedeutet daher für den Bestand des Staates keine Gefahr. Was insbesondere den Vorwurf betrifft, er habe die Beseitigung von Parteigenossen als gutes Werk erklärt, so steht dies mit seiner Erklärung, einem Mörder sofort die Lossprechung erteilen zu wollen, in offensichtlichem Widerspruch. Es kann etwas nicht ein gutes*

[249] Klagenfurt, Archiv Diözese Gurk, Akt Granig.
[250] Ebenda, Nachlass Kadras, Entwurf eines Schreibens an das Reichsjustizministerium (nicht expediert).
[251] Alle Briefe und Konzepte befinden sich im Nachlass Kadras, Gestapo, im Archiv der Diözese Gurk.
[252] Kirche im Gau (1995), 226.

Werk sein und zugleich aber auch eine Sünde, von der man losgesprochen werden muss. Schon daraus ergibt sich, dass die Worte Granigs durchaus nicht ernst zu nehmen sind, dass er vielmehr als redseliger Mensch manches gesagt hat, was den Charakter einer witzigen Bemerkung, nicht aber den einer Aufreizung zu einem Verbrechen trägt. Dr. Granig ist unter seinen Berufskollegen als redseliger Priester bekannt und man weiß allgemein, dass seine Worte nicht immer ernst zu nehmen sind."[253] Rohracher verweist dann auch auf die „milde" Strafe gegen Pumpernig. Die ganze Angelegenheit zeigt, wie die Kirchenvertreter in einem „elfenbeinernen Turm" lebten und die Realität völlig falsch einschätzten. Auf das totalitäre NS-System machten derartige Briefe wenig Eindruck.

Am 29.8. reichten der pensionierte Fürstbischof Hefter und Kapitelvikar Rohracher Gnadengesuche an den VGH ein, die abgelehnt wurden. Am 9.10.1944 berichtete ein Dr. Bernsteiner aus Wien, ein Freund Granigs, über ein Gespräch in Wien mit dem Prälaten Wagner, der ihm berichtete, dass der Franziskaner Erzbischof Habotian in Berlin mit dem Oberreichsanwalt gesprochen habe. „Dieser habe betont, dass gerade in dieser Prozesssache viel interveniert worden sei u.a. ein Gauleiter, ein Erzbischof, Minister und andere. Und trotz allem konnte E. Habotian gerade über Dr. Granig keine positive, einen Erfolg der bisherigen Interventionen Gnadengesuche versprechende Auskunft von ihm erhalten. Einige Aussicht auf Begnadigung scheine für Dr. Piller und Bernthaler (Klagenfurt) zu bestehen."[254] Es sei jedoch vielleicht aussichtsreich, wenn Bischof Hefter noch einmal interveniere und Granigs Bruder Georg mit dem Schreiben nach Berlin komme, in dem man darauf hinweisen müsse, dass Hefter sich 1934 für zum Tode verurteilte Nazis eingesetzt habe. Granigs Anwalt Dr. Führer halte die Wiederaufnahme des Verfahrens für aussichtslos.

Auch Granig schrieb ein Gnadengesuch. Pumpernig erklärte später, er sei zwar nicht von der Gestapo gefoltert worden, habe aber lange nichts zu essen bekommen, sodass er vor Hunger Papier gegessen habe. Kardinal Innitzer wandte sich am 30.8.1944 für die beiden Franziskaner an den

---

[253] Klagenfurt, Archiv Diözese Gurk, Nachlass Kadras.

[254] Ebenda..

Oberreichsanwalt und ließ durchblicken, dass Pumpernig in dem Bestreben, sich vor dem Todesurteil zu retten, die Franziskaner zu sehr belastet hätte. *„Wenn der Mitangeklagte Pumpernig bemüht war, Dr. Pieller möglichst zu belasten, so geschah dies sicherlich in dem Bestreben, sich selbst vor dem drohenden Todesurteil zu retten. ... Es ist daher psychologisch kaum glaubhaft, dass Dr. Steinwender, der immer auf strenge Disziplin seiner Untergebenen sah, selbst in gröbster Weise gegen die Bestimmungen des kanonischen Rechts verstoßen haben soll. Zumindest müsste man annehmen, dass er subjektiv die Tragweite seines Handelns nicht voll erfasst hat. Diese Annahme scheint vor allem durch das eigenartige Verhalten seines Hauptangeklagten Eduard Pumpernig bei der Verhandlung ihre Bestätigung zu erfahren. Wohl um sich selbst zu entlasten, hat er seinen ehemaligen Vorgesetzten als schwer schuldig hingestellt und ihm die Hauptlast der Verantwortung zugeschoben.“*[255] Granigs Bruder Josef bezeichnete in seinem Gnadengesuch vom 12.9.1944 Pumpernig als „verhängnisvoll treibenden Faktor“. Auch dieses Gnadengesuch nützte nichts. Im September 1944 reiste Paula Krumpl mit Dorothea Ortner zum letzten Male nach Wien zu ihrem Mann. Pumpernig behauptete später, dass sich in die Wiener Lamberti-Runde ein Gestapospitzel eingeschlichen hätte. Er saß bis April 1945 im „Hotel Metropol“ am Morzing-Platz in Haft und konnte nach Ende des Krieges bei der ÖVP seine neue Karriere starten.
Kapitelvikar Dr. Kadras engagierte sich besonders für die Begnadigung von Dr. Granig, Krumpl und Primosch. Im September 1944 ersuchte Krumpls Frau Paula in Berlin den Oberreichsanwalt, das Oberkommando der Wehrmacht und das Justizministerium um Begnadigung. Am 16.8. verfasste Kapitelvikar Kadras auch für Wenzel Primosch ein Gnadengesuch an den Oberreichsanwalt, den er selbst am 19.9. um Begnadigung ersuchte. Bereits am 26.8. hatte er ein Gnadengesuch an Gauleiter Rainer für Primoschs Mutter und Frau verfasst.[256] Am 25.10. sah Paula Krumpl ihren Mann letztmals im Gefängnis in Wien. Der Verteidiger Heinrich Scheer durfte ihn auch weiterhin besuchen. Krumpl war mit seinen Kameraden

---

[255] Liebmann: „Die antifaschistische Freiheitsbewegung (1999), 318-357, hier 357

[256] Klagenfurt, Archiv Diözese Gurk, Nachlass Kadras.

Georg Kofler und Ernst Ortner in einer Zelle. Von den zum Tode Verurteilten wurden am 22.3.1945 in Wien Karl Krumpl und Ernst Ortner im „Grauen Haus" hingerichtet.[257] Krumpl verließ die Zelle am 22.3.1945 mit dem Ausruf „Für Österreich!" und wurde von zwei Henkern unter das Fallbeil geschoben. Sie wurden im „Grauen Haus" hingerichtet; an diesem Tag wurden 17 Personen exekutiert, darunter drei Frauen. Abschiedsbriefe, die die drei Hingerichteten vor dem Tode schrieben, wurden jedoch von der Gestapo nicht weitergeleitet. Ernst Ortner wünschte, dass am Heldenfriedhof in Lienz bei der Karlkapelle eine Gedenktafel errichtet werde. Er empfing die Sterbesakramente von Gefängnispfarrer Köck und ließ Erzbischof Rohracher grüßen.[258]

Der zuständige Oberpfarrer Köck berichtet über das Ende der anderen Verurteilten, die am 5.4. von Wien weg in Richtung Stein getrieben wurden: *„46 zum Tode verurteilte Männer wurden zugleich mit Dr. Granig, Bernthaler und Georg Kofler, die ebenfalls am 11.8.1944 zum Tode verurteilt wurden, und zwar vom Gerichtshof in Berlin … am… 5. April 1945 um 19 Uhr 30 Minuten abends in Richtung Strafanstalt Stein zu Fuß in Marsch gesetzt. Sie waren zu zwei und zwei zusammengeschlossen. Sie marschierten vom Grauen Haus weg über Stockern, Meisa, Schönberg am Kamp an die Donau, bis nach Stein, wo sie am Montag, den 9. April 1945 abends ankamen. … Offenbar wurde die Fluchtgelegenheit nicht genützt, weil der Staatsanwalt Wiesegge immer wieder erklärte, dass die Todesurteile aufgehoben und die Revision dieser Todesurteile sicher sei. … 44 Verurteilte sind nach Stein an der Donau gekommen, wo sie zu 2 und 2 in die Zellen gebracht wurden. … Es wurden nur die zum Tode Verurteilten eingesperrt, die anderen wurden freigelassen. … Am Sonntag, den 15. April 1945 … kam Gestapo oder SS und ließ … die Verurteilten zu zwei und zwei aus den Zellen herausholen. Sie wurden in den Gefängnishof geführt. Später wurde Schießen hörbar, bis alle Zellen leer waren. Alle 44 Personen wurden erschossen. … Die Erschossenen wurden im Hof in einer großen Grube mit Kalk übergossen, die dann zugeschüttet wurde. Bei dieser Exekution wurde auch der Oberlehrer Bernthaler*

[257] Weinert (2011), 171 u. 204.

[258] Klagenfurt, Archiv Diözese Gurk, Akt Granig, Erinnerungsschrift Pfarrer Köcks vom 9.11.1945

aus Klagenfurt mitermordet."[259] Dr. Karl Grebens, ein Gefängnisgefährte Granigs, schrieb an dessen Bruder, er sei am 15.4.1945 in das Gefängnis zu Stein gekommen und habe die Breviere seines Freundes Steinwender und eine Ladung vor den VGH an Granig aufgefunden. Er schickte die Habseligkeiten des Priesters an seinen Bruder zurück.[260]
1946 war es durch die Bemühungen des Unterrichtsministers Felix Hurdes, der 1945 ebenfalls am LG Wien inhaftiert gewesen war, möglich, die

Franz Bernthaler mit seiner Frau (unten Mitte), hinter ihm Dr. Anton Granig; links neben Granig Bernthalers Tochter Getrude

Überreste von Krumpl, Primosch und Ortner zu exhumieren und am 3.4. in einem Doppelgrab auf dem Friedhof in Annabichl in Klagenfurt zu bestatten.
1948 wurde der Verräter der Wiener Stammtischrunde vor Gericht gestellt, weil er acht Freiheitskämpfer verraten habe und zu zehn Jahren schweren Kerkers verurteilt. Karl Karasek, ein Mitglied der Wiener Stammtischrun-

[259] Klagenfurt, Archiv der Diözese Gurk, Protokoll Eduard Köcks vom 9.11.1945; ich danke Dr. Peter Tropper für die Vermittlung des Quellen-Materials.
[260] Kempner (1966), 122f.

de, erfuhr 1948 bei der Einvernahme, dass durch einen Spitzel bereits am 7.2.1943 die Namen aller Kärntner Mitglieder der AFOe der Gestapo bekannt waren.[262] 1964 teilte die Oberstaatsanwaltschaft Wien mit, dass es keine Akten mehr gebe; auch aus Berlin kam die Mitteilung, dass die Akten vernichtet seien.

Betrachtet man die Entwicklung des Kreises um Dr. Granig und Pumpernig, kann man sich des Eindrucks nicht erwehren, dass hier von den Hauptakteuren mit einer gewissen Naivität gegen das NS-Regime vorgegangen wurde; die Schlagkräftigkeit eines totalitären Systems, das alle Lebensbereiche beherrschte, vermochten sie nicht zu erkennen.

Immerhin hebt sich die Haltung dieser Akteure, die auch im kirchlichen Bereich nicht zum Kreis der einflussreichen Persönlichkeiten gehörten, von der oft unterwürfigen und ängstlichen Haltung führender kirchlicher Würdenträger ab, die kaum etwas zu verlieren hatten und entscheidende Worte schuldig blieben. Persönlichkeiten wie der Münsteraner Bischof Clemens August von Galen, der in der Öffentlichkeit klar gegen die Euthanasie protestierte, waren in der „höheren Etage“ der Kirche eher selten. Auffallend ist auch, dass sich außer einigen apologetischen Aufsätzen des Historikers Liebmann von der katholischen Kirche selbst bis heute niemand dafür engagiert hat, den katholischen Naziopfern ein entsprechendes Denkmal zu setzen; den Prälaten scheint der Fall zu brisant gewesen zu sein. Die etablierte Amtskirche und ihre meist mittelmäßigen und autoritätsgläubigen Prälaten waren vom Bekennermut der Märtyrer der Urkirche meist weit entfernt; das Charisma der Urkirche war in der Regel einer unengagierten Beamtenmentalität gewichen. Nicht jeder Amtsträger war ein Stauffenberg!

[262] Roth (1985), 94.

Franz Bernthaler, 1944 im Gestapogefängnis Klagenfurt gezeichnet von Walter Tollinger

9. Walter Tollinger – der bürgerliche Intellektuelle

Walter Tollinger[262], der stadtbekannte Künstler und Fotograf, wurde am 1.4.1901 in Klagenfurt geboren. Er besuchte die Staatsgewerbeschule in Klagenfurt, studierte zwei Semester an der Akademie der bildenden Künste in Wien, lebte eine Zeit als Maler, Bildhauer und Fotograf in Italien, versuchte sich zeitweise auch als Künstler, unternahm Reisen nach Italien und lebte einige Zeit als Maler in Genua. Seit 1928 betrieb er in Klagenfurt mit seiner Frau Berta geb. Ressmann ein großes Fotoatelier mit zuletzt 20 Angestellten, das sich noch heute im Haus „Zur goldenen Gans" am Alten Platz 31 befindet. Nach dem Abwehrkampf nahm er 1921 an den Kämpfen im Burgenland teil. Während seiner Bundesheerzeit (1921-1925) war er marxistisch organisiert. 1933 schloss er sich der NSDAP an und stellte 1934 nach den Juliunruhen Nazis, die flüchten mussten, unentgeldlich Lichtbilder aus. Nach 1934 hatte er keinen Kontakt mehr zur NSDAP, stellte aber 1938 einen Antrag auf Wiedererfassung, der jedoch nicht positiv erledigt wurde. Nach dem „Anschluss" trat er der DAF und dem NSV bei, aber er suchte keinen wirklichen Kontakt mehr mit der Partei. Bereits seit März 1938 zeigte er jedermann seine ablehnende Haltung gegenüber dem Nationalsozialismus – vor allem auch in Cafés und Wirtshäusern, wo er auch gelegentlich dem Alkohol zusprach. Auch seine Angestellten konnten der Polizei nichts über nationalsozialistische Aktivitäten berichten.

Am 4.12.1939 kam es in der „Adler-Bar" zu einem Eklat, als Tollinger vor Wehrmachtsoffizieren und anderem Publikum lautstark erklärte, *„dass der Krieg in Polen von Seiten der Deutschen eine Schweinerei sei und dass Hitler*

[262] Vinzenz Jobst: Walter Tollinger, in: Das Buch der Namen, Klagenfurt 2010,778f.

ein Lump und Verbrecher sei".[263] Der Oberkellner ließ die Gestapo holen, die Tollinger schließlich verhaftete. Nach einem milden Urteil wiederholten sich die Eklats bei nächtlichen Streifzügen durch die Klagenfurter Cafés und Wirtshäuser. Der Fotograf war ein in Klagenfurt stadtbekanntes Original und fand bei zahlreichen kritisch gesinnten Geistern auch ein gewisses Verständnis. Die Situation eskalierte, als Tollinger am Abend des 4. April 1944 im Café Berger (Obelisk) mit drei Soldaten vom Ersatzbataillon des 139. Gebirgsjägerregi-

Walter Tollinger

mentes aus der Jägerkaserne diskutierte. Nachdem er einiges an Alkohol konsumiert hatte, begann er mit dem ihm bekannten Oberfeldwebel Bodner und dem Feldwebel Fellner eine Diskussion. Er kritisierte den Afrikafeldzug und meinte, *„er könne den Blödsinn der Führung nicht verstehen; wie könne man so dumm sein, durch ganz Afrika zu marschieren, anstatt Gibraltar zu besetzen."*[264] Auch übte er heftige Kritik an der Zivilverwaltung im annektierten Oberkrain und äußerte, dass die schlechte dortige Verwaltung dort dazu geführt habe, dass es nun dort große Probleme gebe. Der Feldwebel antwortete ihm, er habe

[263] Walzl: Gegen den Nationalsozialismus (1994), 227f.

[264] Berlin, Bundesarchiv, OLG Graz OJs 66/44 AK 36/44.

nicht das Recht, „die höhere Führung zu kritisieren." Später begleitete er seine Gesprächspartner noch ein Stück nach Hause, obwohl er nicht den gleichen Weg nach Hause hatte. Nach dem Protokoll der Gerichtsverhandlung zog er gegen die Zivilverwaltung im besetzten Jugoslawien und gegen den Nationalsozialismus los und meinte, seit in Jugoslawien die Zivilverwaltung bestehe, *„sei der Teufel los; die glaubten, sie könnten die Leute zu Nazis machen, seit die mit ihren braunen Kappen da seien, sei der Friede gestört."* Hitler hätte nur den Befehl zu geben brauchen, Stalingrad zu räumen, *„dann wären die hohen Verluste unterblieben, aber der Führer wollte bloß Krieg führen. Um uns (damit ist nach dem Inhalte seiner späteren Äußerungen das ehemalige Oesterreich gemeint) immer kleiner zu machen; er (Tollinger) sei unter der roten Fahne aufgewachsen und sei deshalb nur Sozialist unter der roten Fahne und nicht bei den Nazis; was hätten wir, seit Hitler da sei; Oesterreich werde immer kleiner."* Schließlich habe Tollinger versucht, den Soldaten klarzumachen, *„dass der Kampf gegen die Sowjetunion aussichtslos sei. Er hielt ihnen vor, die Soldaten könnten sich, wenn sie gegen den Ural marschieren, die Zähne ausbeißen, gegen einen Koloss wie Russland brauchten sie sich nicht mehr anzustrengen, da seien wir sowieso verloren. Brauchitsch habe seinerzeit erklärt, dass gegen Russland nichts zu machen sei, darum habe der Führer ihn abgesetzt."* Dann sei Tollinger noch auf die *„Judenwirtschaft"* gekommen und habe den Soldaten geraten, doch ins Ausland zu gehen „und sich anzusehen, wie man dort unter der Judenherrschaft lebe. Dort gehe es den Leuten weit besser als uns." Einer der beiden Soldaten habe geantwortet, *„so sehe es in der Heimat aus, wenn man als Verwundeter zurückkomme, finde man solche Schweine und für diese könne man sich nicht opfern."* Der Soldat habe ihn aufgefordert, mit zur Wache bei den Ursulinen zu gehen. Er ließ ihn dort am 4.4.1944 von der Gestapo verhaften.

Beim Verhör bestritt Tollinger, die Führung des Afrikakrieges kritisiert zu haben. In Oberkrain habe er der Zivilverwaltung die Schuld am Überhandnehmen des *„Bandenwesens"* gegeben. *„Über Stalingrad habe er nur gesagt, es wäre vielleicht nicht verloren gegangen, wenn wir vorher Gibraltar genommen hätten, da wir dann im Mittelmeer nicht so viel Truppen benötigt und die Truppen für die Ostfront frei gehabt hätten."* Tollinger gab zu, Sozialist zu sein und habe einiges nur im Scherz gesagt. Bei einer Gegenüberstellung mit den beiden Soldaten bestätigten diese ihre Anschuldigungen. Die Einlassungen Tollingers könnten daran nichts ändern. Die Äußerungen zielten nach Auffassung des unter Vorsitz von Dr. Wladimir Fikeis tagenden Senates für „Hoch- und Landesverratssachen" des OLGs Graz darauf ab, das Vertrauen in die politische und militärische Führung des Reiches zu untergraben und den *„Wehrwillen des deutschen Volkes zu zersetzen"*. Trotz Widerspruchs des Soldaten Fellner sei er nicht von seinen Auffassungen abgegangen. Er machte auch keinerlei Bemerkungen, dass die Soldaten seine Äußerungen nicht weitererzählen sollten. Tollinger habe sich damit der öffentlichen *„Wehrkraftzersetzung"* schuldig gemacht. Seine Trunkenheit könne nicht als Ausrede gebraucht werden Infolge eines häuslichen Zwistes habe er am Abend zunächst eine 0,7 Liter-Flasche Wermuth getrunken. Später habe er in einem Gasthaus wegen seines Zustandes keinen Alkohol mehr bekommen, aber von den Gästen Schnaps getrunken. Im Cafe habe er dann noch zwei Flaschen Bier getrunken. Keiner der Zeugen habe ihn als derart betrunken angesehen, dass er sich seiner Handlungen nicht mehr bewusst gewesen sei. Über seine Zurechnungsfähigkeit meinte das Gericht, dass er im Besitz seiner geistigen Kräfte gewesen sei. Als „Säufer" sei er schon mehrmals aufgefallen. Das Todesurteil wurde am 11.11.1944 in Graz gefällt und dann den Interessenten mitgeteilt. Im Gestapogefängnis in der Klagenfurter Burg war Tollinger gemeinsam mit dem katholischen Widerstandskämpfer Franz Bernthaler in einer Zelle; davon kündet ein Porträt Bernthalers, das Tollinger am 16.7.1944 „in leidvoller Zeit" zeichnete. Tollinger wurde am 8.12.1944 mit acht Kameraden in Graz hingerichtet: Die Familie pflegt bis heute sein Grab auf dem Grazer Zentralfriedhof. Es dürfte kaum einen Kärntner geben, von dem derart offene Kritik am NS-System in Kärnten aktenkundig geworden ist.

10. Der Prozess des Volksgerichtshofes gegen die Widerstandsgruppe Peskoller in Villach

Ein Zentrum des Widerstandes bildeten in Kärnten die Kommunisten im Industriezentrum Villach um die Familie Maria und Josef Peskoller und die aus ihrem Kreis hervorgegangene sogenannte „Treffner Bande“; die Geschichte dieser Bewegung wurde in erster Linie von Hans Haider erforscht. Beim Widerstand der Villacher Linken spielte Josef Peskoller eine zentrale Rolle. Er wurde 1896 in Lienz geboren, trat mit 23 Jahren der sozialdemokratischen Arbeiterpartei bei und war seit Mitte der 30er Jahre in der illegalen KPÖ aktiv. 1932 war er mit seiner ebenfalls aus konservativen Kreisen in Osttirol stammenden Frau Maria, die er 1928 geheiratet hatte, von Lienz nach Villach übersiedelt. Er wurde mehrfach verurteilt und 1934 in den zeitlich begrenzten Ruhestand versetzt.[265] Von 1934 bis 1938 war er über zwei Jahre im Gefängnis in Villach, Lienz und Klagenfurt und verbrachte 1935/36 eine achtmonatige Haftzeit im Anhaltelager Wöllersdorf. Nach dem „Anschluss“ wurde er als Eisenbahner entlassen und arbeitete als Nachtportier im Hotel Mosser in Villach. Peskoller wurde auch unter der NS-Herrschaft mehrfach verhaftet und, wie aus den Akten ersichtlich, am 21.2.1941 ins Klagenfurter Landgerichtsgefängnis überstellt.[266] Ihm wurde vorgeworfen, mit anderen „hochverräterische“ Unternehmungen vorbereitet und mit Druckschriften versucht zu haben, die Reichsverfassung zu ändern. So konnte Opposition leicht zum „Hochverrat“ „umgedreht werden“. Am 20.2.1942 wurde er schließlich zu 20 Monaten Haft verurteilt. Nach einer

---

[265] Lisa Rettl: „Und dann denk’ ich an die Frau Peskoller. Weiblicher Widerstand und Desertionsdelikte, in: „Da machen wir nicht mehr mit…“ Österreichische Soldaten und Zivilisten vor Gerichten der Wehrmacht, hrsg. v. Thomas Geldmacher, Magnus Koch, Hannes Metzler, Peter Pirker, Lisa Rettl, Wien 2010, 117-125, hier 118.

[266] Vergl. die Anklageschrift in Saur-Datenbank v. 20.10.1941 u. Urteil 2H 153/41-6J 101/41g.

weiteren Verurteilung wegen § 139 (Nichtanzeige von Straftaten) war er vom 11.6.1940 bis 26.6.1943 drei Jahre in Villach, Wien und Graz-Karlau in Haft, dann ein letztes Mal vom 24.5.1944 bis Kriegsende wegen § 83 (Kommunistische Betätigung) in Klagenfurt.[267] Obwohl er KPÖ-Funktionär war, arbeitete er auch mit christlichen Widerständlern wie der „Gruppe Zernatto" zusammen.

Maria Peskoller geb. Greil[268] wurde am 5.12.1902 in Görtschach in der Gemeinde Dölsach in Osttirol geboren; sie war wiederholt als Kurierin im Widerstand tätig.[269] Bereits 1934 begann für die Familie im „Ständestaat" eine Zeit der Repression und Illegalität; Maria musste die Familie durch Haushalts- und Schneiderarbeiten allein ernähren. Während der Haftzeit ihres Mannes wurde sie in ein Netzwerk der Untergrundgruppen eingebunden, von Partisanen in Leoben und Donawitz, von Partisanen der Kärntner Slowenen und von führenden Mitgliedern der illegalen KPÖ Kärntens. Max Muchitsch berichtet, dass er bereits im Herbst 1942 mit der „Genossin Anna" (Maria Peskoller) in Verbindung stand, die für die Partisanengruppe Leoben-Donawitz über Villach die Verbindung zu den Partisanen im Rosental aufrechterhielt.[270] Sie arbeitete auch mit Widerständlern bei der Eisenbahn und entflohenen Zwangsarbeitern zusammen. Unter dem Decknamen „Anna" übermittelte sie politische Nachrichten und organisierte die Verteilung von Flugblättern. In Villach arbeitete sie mit Rosa Eberhard, Margarethe Jessernig, Erich Ranacher[271], Josef Ribitsch[272] und Valentin Klementin zusammen. Die drei Frauen und die drei Männer bildeten den Kern der „Treffner Bande", die 1944 eine besondere Rolle im Widerstand in Kärnten spielen sollte. Im Winter 1941/42 zog der 1914 in Lienz geborene Franz Najemnik in der Sonnenstraße im

[267] Fragebogen für politische Häftlinge Villach vom 21.7.1945 (Kopie von Hans Haider) u. Kartei der NS-Opfer des Vereins der politisch Verfolgten (Regina Taupe).

[268] Hans Haider: Maria Peskoller, in: Das Buch der Namen (2010), 666-670.

[269] Ihr Leben wurde nach Berichten der Tochter Helga Emperger von Jenny Gand und Lisa Rettl im Film „Wilde Minze" (2009, 85 Min.) dokumentiert.

[270] Max Muchitsch: Die Rote Stafette. (1985), 164.

[271] Hans Haider: Erich Ranacher, in: Das Buch der Namen (2010), 709-712.

[272] Hans Haider: Josef Ribitsch, in: Das Buch der Namen (2010), 717f.

Nordosten Villachs ein, wie ihm Josef Ranacher empfohlen hatte, den er von Lienz her kannte.[273] Er wurde in der Folge ein Mitglied der „Gruppe Peskoller", trennte sich jedoch im Herbst 1944 aus ideologischen Gründen von der Gruppe, weil er mit der Kooperation mit der OF in Slowenien nicht einverstanden war.

Zum Kern der Partisanen im Rosental gehörten die Deserteure Erich Ranacher aus Lienz, der bereits wie sein Kollege Josef Ribitsch aus Ferlach bei den slowenischen Partisanen ausgebildet worden war, sowie der aus Seebach bei Villach stammende Heinrich Brunner[274]. Dieser wurde 1915 in Oberwollanig bei Villach geboren, desertierte von der Wehrmacht und bildete mit dem Buchdrucker Ranacher und dem Tischler Ribitsch den Kern der Partisanengruppe im Gegendtal. Für das Überleben der Gruppe waren die vielfältigen Kontakte von Maria Peskoller entscheidend. Erich Ranacher stammte aus einer sozialistischen Lienzer Eisenbahnerfamilie; mit 14 Jahren begann er eine Buchdruckerlehre bei den „Lienzer Nachrichten". Nach seiner Lehrzeit kam der begeisterte Skifahrer zum Arbeitsdienst. Dann ging er zu den jugoslawischen Partisanen. Vom Wocheinersee aus führte er Kampfaufträge in Eisenkappel und Ferlach aus und schloss sich 1944 den Treffener Partisanen an, mit denen er in Waldbunkern um Villach lebte. Seine Aktionen führten ihn auch ins Drautal und bis Arriach. Nach seiner Verwundung fand er kurzfristig auch Unterkunft in der Wohnung von Maria Peskoller; er hatte in einem Gefecht mit einem Landwehrmann einen Armdurchschuss erhalten.

Schon bald kam es auch zu den bereits erwähnten Kontakten von Villacher Eisenbahnern mit Gregor Gabriel aus Lessach bei Rosenbach. Er wiederum stand in Verbindung mit Kilian Schauss, der seit Herbst 1938 die illegale KPÖ in Kärnten leitete. Gabriel hatte auch mit den Eisenbahnern in Jesenice/Assling Kontakt, ebenso mit dem aus seinem Dorf stammenden Karl Lepuschitz und dem Wehrmachtsdeserteur Alois Knes aus Maria Gail und der dortigen Widerstandsgruppe um den früheren Bürgermeister Anton Tuder, der bereits 1936 im Ständestaat inhaftiert war und als

[273] Franz Najemnik: Balkongeschichten, Bd. 2: Am Abgrund entlang (1939-1945), Villach 2002, 60f.

[274] Hans Haider: Heinrich Brunner, in: Das Buch der Namen (2010), 462-464.

Maria Peskoller

Rosa Eberhard

Erich Ranacher

Heinrich Brunner

„geistiger Führer" der KPÖ in Villach bezeichnet wurde. Der Klagenfurter Gestapospitzel Alexander Herbst begann mit Ermittlungen über die Maria Gailer Gruppe und die linken Kreise in Villach. Bei der Klagenfurter Gestapo war die Abteilung II unter der Leitung von Dr. Bauer für „Kommunismus, Kirche, Juden und Minderheiten" zuständig, während der vom Ständestaat übernommene Hans Sellak in der Abteilung III für „Spionage und Grenzlandangelegenheiten" tätig war.

Der 1908 in Ferlach geborene Tischler Josef Ribitsch aus Klagenfurt betätigte sich bereits im Frühjahr 1944 vor seiner zweiten Einberufung zur Wehrmacht als Briefkurier und kam auf diese Weise mit anderen Partisanen in Kontakt. Nach seiner neuerlichen Einberufung zur Wehrmacht Ende April 1944 wurde er Anfang Juni verhaftet. Während der Überführung von Wien nach Klagenfurt sprang er aus dem fahrenden Zug und flüchtete in die Karawanken, wo er auf Erich Ranacher traf, der sich ebenfalls als Deserteur im Wald aufhielt und von einem Partisanenführer Aufträge erhielt. Er tauschte die Uniform gegen Zivilkleidung und nahm mit Ranacher und mit dem von diesem angeworbenen Heinrich Brunner Kontakt auf. Im Spätsommer 1944 gelang es der Gruppe, eine im Wald lebende Partisanengruppe aufzubauen, zu der neben den Wehrmachtsdeserteuren Brunner, Ranacher und Ribitsch auch einige entflohene russische Zwangsarbeiter gehörten. Heinrich Brunner kehrte nach einem am 18.9.1944 abgelaufenen Urlaub nicht zu seiner Truppe zurück. Er nahm seine Ausrüstung mit und hielt sich zunächst mit Ranacher in einem Waldbunker auf. Auch der 1911 in Seebach bei Villach geborene Maurerpolier Valentin Klementin – an den eine Inschrift am Volkshaus von Landskron erinnert – unterstützte die Gruppe durch Beschaffung von Waffen und Munition.

Am 18.10.1944 verließ Franz Najemnik nach seiner Entlassung aus dem Klagenfurter Gestapogefängnis seinen Arbeitsplatz bei der Reichsbahn und schloss sich den Partisanen um Josef Ranachers Sohn Erich, Heinrich Brunner und die Familie Peskoller an, die unter der Führung des „Kommandanten" Josef Ribitsch standen, der autoritär ihren Kurs bestimmte; er erklärte, er sei in Slawonien bei den Partisanen gewesen.[275] Nach einem Überfall

[275] Franz Najemnik II (2002), 130ff.

auf einen Bauernhof wurde Najemnik skeptisch und versuchte, mit Heinrich Brunner und Erich Ranacher darüber zu reden. Als Ribitsch bei Frau Jessernig Neuigkeiten erfahren wollte, diskutierten die Freunde sein autoritäres Vorgehen. Bei der Gruppe waren auch zwei aus dem Arbeitslager entflohene Tschechen, Wenzel und Lioba, die politisch nicht sonderlich interessiert waren. Najemnik drängte auf eine politische Aktion, die die Gruppe von gewöhnlichen „Banditen“ unterscheiden sollte. Es wurde der Überfall auf den Kollmann-Bauern bei Treffen diskutiert, der ein „verbissener Nazi“ sei. Najemnik war nicht begeistert, weil es dem Regime nicht schade und es fraglich schien, ob es die Bevölkerung beeindrucken würde. Es gab Widerstand, aber die Sache ging noch glimpflich aus. Da man die Rettung nur der Dunkelheit und dem Glück verdankte, kam keine „Siegesstimmung“ auf. Von Frau Jessernig erfuhren die Männer der Gruppe später, dass die Bauern einen Drahtzug mit Kuhglocke am Nachbarhof errichtet hatten; offensichtlich erwarteten sie einen Partisanenüberfall. Acht oder zehn Männer waren in kürzester Zeit gekommen. Najemnik bemerkte zu Ribitsch: „Entweder war er nicht normal, oder er war kein Partisan, sondern ein ganz gewöhnlicher Räuber, ein wirklicher Bandit, aber als solcher zu primitiv, um als räuberischer Einzelgänger bestehen zu können. Andererseits aber gescheit genug, sich als Partisan auszugeben und so einen gewissen Rückhalt zu haben. Wir mussten ihn unbedingt loswerden, wenn nicht die ganze Gruppe seinetwegen als wertloser Haufen zugrunde gehen soll.“[276] Erich Ranacher war der Meinung Najemniks, Brunner aber fürs Abwarten. Die Flucht der Tschechen Wenzel und Lioba brachte eine zusätzliche Gefährdung, da mit einem Verrat gerechnet werden musste.

Die Gruppe knüpfte Kontakte zu der 1910 in Kellerberg geborenen Rosa Eberhard geb. Steiner aus Villach-Lind, die Informationen weiterleitete, Fluchthilfe gab und Verpflegung beschaffte, während ihr Mann Andreas Eberhard bei der Luftwaffe meist abwesend war.[277] Sie war auch privat mit Maria Peskoller befreundet und gewährte Wehrmachtsdeserteuren und entflohenen Zwangsarbeitern Unterschlupf. Zu dieser Gruppe gehörte auch

[276] Ebenda, 136.

[277] Hans Haider: Rosa Eberhard, in: Das Buch der Namen (2010), 480-482.

die 1907 in Hirschwang bei Neunkirchen geborene Margarethe Jessernig, deren Mann ebenfalls bei der Bahn gewesen war; auch sie war privat mit Frau Peskoller befreundet.[278] Peskollers noch lebende Tochter Helga wuchs in diese Widerstandsbewegung hinein. „Nicht umsonst hat man damit gelebt, dass man meinen Vater immer wieder verhaftet hat, und wir haben ganz genau gewusst, dass er da nichts Schlechtes getan hat. Das war einfach der Kampf gegen all diese schrecklichen Dinge. Gegen den Krieg und gegen die Nazis."[279] Frau Peskoller lachte über Najemniks Wintersachen, weil sie sicher war, dass der Krieg noch vor dem Winter zu Ende sein werde.[280] Zur Familie kam auch die Witwe eines 1941 in Brandenburg hingerichteten Mitgliedes der Maria Gailer Widerstandsgruppe. Die Gegner des NS-Regimes, deren Anführer Josef Ribitsch geworden war, begannen sich untereinander zu vernetzen. Peskollers Tochter Helga nahm auch Kurieraufgaben an und sollte z. B. 1944 eine Pistole von Villach nach Klagenfurt bringen, was durch die Bombardierung Klagenfurts scheiterte. Über diese Episode berichtet auch Max Muchitsch von Leoben-Donawitz, der zur „Treffner Gruppe" Kontakt aufgenommen hatte, in seinen Memoiren. Margarethe Jessernigs gleichnamige Tochter spielte als Kurierin eine wichtige Rolle.

Die Tätigkeit der Gruppe fand ihren Höhepunkt vom Frühherbst bis November 1944. Den Kern bildeten Eisenbahner aus Villach um die Familie Peskoller; dazu gehörten auch Erich Ranacher und Franz Najemnik, der als einziges Mitglied der Gruppe der Verhaftung entkam. Josef Ranacher, der Vater Erichs, war ein Bekannter aus Lienz, der zeitweise im Hause der Peskollers wohnte. Ernst Ranacher, ein Bruder Erichs, erzählte Lisa Rettl beim Interview, dass sein Ski fahrender Bruder bis in den Kaukasus gelangt war. Auf dem Weg von Lienz nach Spittal desertierte er nach Jugoslawien.[281] Vermutlich lernte er Ribitsch bei den Partisanen kennen. Najemnik blieb skeptisch gegenüber Ribitsch; er schlug vor, mit Benzin kleinere Anschläge zu versuchen, da man an Sprengstoff nicht herankommen konnte. Er

[278] Hans Haider: Margarete Jessernig, in: Das Buch der Namen (2010), 544-547.

[279] Rettl (2010), 119.

[280] Najemnik II (2002), 127.

[281] Rettl (2010), 121.

fand jedoch nur bei Erich Ranacher Unterstützung. „Und so war es kein Wunder, dass ich anfing zu überlegen, ob nicht eine Trennung das Bessere wäre. Erich würde wahrscheinlich mit mir gehen."[282]

Die Lage der Gruppe änderte sich, als fünf aus dem Arbeitslager entwichene Russen unter der Führung eines gewissen Pjotr zu ihnen kamen. Wie Wenzel und Ljuba wollten sie ursprünglich zu den jugoslawischen Partisanen. Da dies aber nicht so einfach war, schlossen sie sich der „Treffner Gruppe" an. Da diese nach der Flucht Wenzels und Ljubas fürchten mussten, der Gestapo verraten zu werden, verließen sie fluchtartig das Lager am Oswaldiberg und zogen in Richtung Ossiacher See weiter zum Wollanig-Nock. Von weitem sahen sie, was Najemnik befürchtet hatte: von Wenzel informiert, stürmte die Gestapo das alte Lager am Oswaldiberg. Pjotr und die Russen wollten auch weiterhin zu den jugoslawischen Partisanen. „Dem Ribitsch aber war das gar nicht recht. Er träumte ja von einer Kompanie mit einem Pferd für den Kommandanten, dieser Spinner."[283] Die Russen wollten zurück nach Villach, um auf die andere Seite der Drau zu kommen. Die Einheimischen versprachen den Russen, sie durchs Krastal zur Drau zu bringen, wo sie in Puch um 100 Mark ein Gewehr kaufen konnten. In Rennstein vor Villach wurden die Russen von der Gestapo gefasst.

Ribitsch, Brunner, Ranacher und Najemnik zogen weiter, bis Erich Ranacher am 7.11.1944 durch einen Schuss verletzt wurde. Ribitsch trug dabei eine Kappe mit dem roten Stern. Als Najemnik sein Villacher Quartier in der Nacht erreichte, erfuhren sie, dass Maria Peskoller und Margarethe Jessernig vier Tage vorher verhaftet worden seien, also am 11.4.1944.[284] Der Warmuthbauer sagte, Ranacher könnte vielleicht bei seiner Nichte Maria Jennes in Weißenstein versorgt werden. Sie setzten mit der Fähre über die Drau und kamen zu Maria Jennes, die Najemnik kannte. Beinahe wäre er hier verhaftet worden. Ribitsch, Brunner, Erich Ranacher und Maria Jennes wurden schließlich am 14.11.1944 verhaftet; Maria Jennes wurde zu drei Jahren Gefängnis verurteilt; sie kam erst bei Kriegsende frei.

[282] Najemnik II (2002), 137.

[283] Ebenda, 141.

[284] Ebenda, 154.

Beim Prozess gegen die „*Treffner Bande*" spielte später das Tagebuch des Erich Ranacher aus Lienz eine zentrale Rolle – ähnlich wie das des Thomas Olip in Zell Pfarre beim ersten Freisler-Prozess in Kärnten. Etliche Fakten waren hier aufgelistet: Am 2.10.1944 raubten Ranacher, Ribitsch und Brunner, die mit einer Maschinenpistole und zwei Pistolen bewaffnet waren, Lebensmittel aus der Meierei in Winklern, drei Tage später Rauchwaren aus der Trafik Schmölzer in Wernberg. Am 12.10. verübten die drei einen Überfall auf das Gehöft des Landwachtpostenführers Reichmann in Treffen, wo sie mehrere Gewehre, eine Pistole, Munition und Lebensmittel erbeuteten. Am 16.10. entwendeten sie gemeinsam mit dem Tschechen Wenzel und der Ostarbeiterin Lioba ein Gewehr, Kleidung und Lebensmittel, am 19.10. in Kras ein weiteres Gewehr und Lebensmittel von Bauern. Bei einem weiteren Überfall mit Ostarbeitern auf den Hof des Bauern Maier in Köttwein erbeuteten sie Lebensmittel, wurden aber von der Landwacht vertrieben und erwiderten das Feuer. Bei einer Unternehmung in Puch erbeuteten sie ein Gewehr, am 25.10.1944 kam es zu einem Feuergefecht mit der Landwacht. Bei den Bauern Ebner und Steiner in Unterwollanig und in Verditz machten sie weitere Beute. Am 30.10 scheinen sie bei einem Bauern im Kasgraben Lebensmittel erhalten zu haben. Es kam auch zu einer Schießerei mit der Landwacht; ein fliehender Landwachtmann wurde von Ribitsch und Brunner tödlich verletzt. Bei dem Gefecht im Krastal kam der Landwachtmann ums Leben, er hinterließ sieben Kinder. Am 7.11. erhielt Erich Ranacher, der von slowenischen Kommissaren für seine Tätigkeit geschult worden war, bei einer Schießerei einen Armdurchschuss; sie gaben sich als Leute der KPÖ aus; das Tagebuch Ranachers trug die Aufschrift „Auf zum Kampf für die Freiheit Österreichs. KPÖ".[285] Im November kam es in der Gruppe zum Streit. Am 8.11. trennte sich die Kerngruppe von den Ostarbeitern und beschloss, ins obere Drautal zu ziehen, damit lösten sich die „Treffner Partisanen" de facto auf.

Najemnik fuhr von Villach mit seiner Eisenbahneruniform mit dem Zug nach Spittal. Hier erfuhr er, dass Ribitsch, Brunner und der verwundete

[285] Saur-Datenbank, 11 J 418/44 (Anklageschrift).

Erich Ranacher auf dem Weg nach Lienz waren. Hier besuchte er seine Familie und verschwand dann, bevor die Gestapo auftauchte. Es gelang ihm hier, sich bis knapp vor Kriegende in einer Höhle am Zettersfeld bei Lienz zu verstecken, wo er von seiner Schwester mit Nahrungsmitteln versorgt wurde. Widerstandsaktionen im eigentlichen Sinne werden in den Berichten von Franz Najemnik nicht beschrieben. Im Gespräch erklärte er auch, dass er für die Beutezüge auf den Bauernhöfen keinerlei Sympathie empfinden konnte.[286] Seine Trennung von der Gruppe begründete er auch damit, dass er als Österreich-Patriot gegen jede Absicht einer Abtrennung Südkärntens und einer Vereinigung mit Jugoslawien gewesen sei. Er habe dies strikt abgelehnt. Auch hätten ihm die Plünderungen der Bauernhöfe missfallen. Seine späteren Ansuchen um Opferfürsorge nach 1946 wurden auch lediglich mit seiner Kooperation mit der „Antifaschistischen Befreiungsbewegung" begründet, von der er im Grunde nur Ernst Ortner kannte.

Die Gruppe wirkte nicht sonderlich stabil; die Fremdarbeiter gehörten nicht zum eigentlichen Kern. Was an Aktivitäten bekannt ist, hat mit der Beschaffung von Waffen und Lebensmitteln zu tun. Die Bevölkerung im Drautal und Gegendtal scheint sich nicht sonderlich für die Gruppe interessiert zu haben. Der NS-Propaganda fiel es daher leicht, sie als Gewalttäter hinzustellen.[287]

Die Villacher Widerstandkämpfer stammten alle aus einfachsten Verhältnissen, ihre ideologische Haltung war jedoch relativ inhomogen. Heinrich Brunner war auch Mitglied der „Ostmärkischen Sturmscharen" gewesen und 1938 der SA beigetreten. Erich Ranacher hatte im Arbeitsdienst an der Ostfront Dienst gemacht, war im März 1938 der HJ beigetreten, wurde später HJ-Führer und rückte im August 1943 in Klagenfurt ein. Er war offensichtlich an den Kämpfen in Italien beteiligt und wurde dann als HJ-Führer von der Wehrmacht freigestellt. Die „Genossinnen" Peskoller

[286] Gespräch mit Franz Najemnik am 6.3.2012 in Villach.

[287] Vergl. Peter Pirker: Widerstand und Volksgemeinschaft im deutschsprachigen Teil Kärntens, in: Widerstand gegen Faschismus und Nationalsozialismus im Alpen-Adria-Raum/Odpor proti fašizmu in nacismu v alpsko-jadranskem prostoru, Klagenfurt 2011,97-116, hier 111.

und Jessernig hatten als Hausgehilfinnen gearbeitet, die Tochter Jessernigs war beim BDM und wurde im Sommer 1944 in die NSDAP übernommen. Frau Eberhard war Schneiderin und gab an, in der Zeit des Ständestaats für die NSDAP eingetreten zu sein. Josef Ranacher war Sozialist und Mitglied der SDAPÖ und des Schutzbundes. Klementin war Maurer und hatte die italienische Staatsbürgerschaft, der Kroate Jelic arbeitete als Hilfsarbeiter und Koch, und Maria Jennes war Aufräumerin bei der Gendarmerie. Unter den Angeklagten gab es also einige, die zumindest zeitweise mit dem NS-System sympathisiert hatten. Ernst Ranacher, der jüngere Bruder von Erich, berichtete später: „Da sind sie in Steinfeld zu einem Bauern Brot betteln gegangen und die haben ihnen nix gegeben, sie sind dann weitergezogen, der Erich mit drei anderen, sie waren zu viert. Und der Bauer hat das angezeigt. Der Erich hat ja eine Waffe im Rucksack gehabt, sie sind dann auf einer öffentlichen Straße verhaftet worden, weil der Bauer sofort Anzeige gemacht hat“.[288]

Deserteure und Wehrdienstverweigerer wurden über die Peskoller-Wohnung in der Villacher Sonnenstraße in den Wald geschleust. Zu den Zwangsarbeitern gehörten auch der 1910 in Suschak in Kroatien geborene Milan Jelič und die Russen Wasil Golobin[289], Juan Sirokin und Michael Kassulin aus der Gruppe von etwa 4000 Zwangsarbeitern aus Russland und der Ukraine. Die Deserteure lebten in selbstgebauten Waldbunkern um Villach. Es kam auch zu Feuergefechten zwischen den „Treffener Partisanen“ und den Nazi-Verfolgern. Milan Jelič unterstützte die Gruppe durch Lieferung von Lebensmitteln, Übermittlung von Botschaften und die Beschaffung einer Pistole.

Die Verwundung Erich Ranachers war der Anfang vom Ende der Gruppe. Der Verletzte wurde in der Wohnung der Familie Peskoller in Villach verarztet und gepflegt. Anlässlich seines Besuches bei Josef Peskoller im Klagenfurter Gefängnis war dieser besorgt darüber, dass seine Frau Ranacher in ihrer Wohnung aufgenommen hatte, wo er auch von seinem Vater und seinem

[288] Zitiert nach Lisa Rettl, www.wildeminze.at (10.05.2011).

[289] Hans Haider: Wasil Gollobin, in: Das Buch der Namen (2010), 498-500; ebenda 552f (Michael Kassulin) u. 747f (Juan Sirokin).

Bruder Ernst besucht wurde. Mitte November 1944 wurde die Gruppe schließlich enttarnt und verhaftet. Am 11.11. nahm die Polizei die Frauen Peskoller und Jessernig sowie deren Tochter fest, am 14.11. Ribitsch, Brunner und Ranacher, am 16. Ranachers Vater Josef aus Lienz, am 18. den Kraftfahrer Josef Ermenz aus Klagenfurt, etwa um diese Zeit auch Milan Jelič und am 19.11. den Maurerpolier Valentin Klementin aus Seebach bei Villach. Auch Helga, die Tochter von Maria Peskoller, wurde verhaftet und blieb bis Ende des Krieges in Haft, ohne angeklagt zu werden. Milan Jelič wurde von der Gestapo verhört und ins Landgerichtsgefängnis von Klagenfurt überstellt. Leider sind keine Verhörprotokolle erhalten. Frau Mascher, eine Schwester von Josef Peskoller, berichtete später: „Maria hat für einen verwundeten Partisanen ein Medikament besorgt, das durch acht Hände gegangen ist, bis es zu ihm gelangte. Der Partisan wurde gefangen genommen und so lange gemartert, bis er logischerweise alles preisgegeben hat. Acht Menschen wurden wegen dem einen Medikament geköpft“.[290] Einzig der noch lebende Franz Najemnik konnte entkommen.
Ribitsch, Brunner und Erich Ranacher wurden wegen ihrer Fahnenflucht vom VGH als „Volksschädlinge“ angeklagt und mussten wegen Vorbereitung zum Hochverrat, Kriegsverrat, Feindbegünstigung und Tötung von Polizisten mit dem Tode rechnen. Maria Peskoller und Margarete Jessernig wurden der Vorbereitung zum Hochverrat und Feindbegünstigung beschuldigt und die übrigen Angeklagten der Beihilfe zur Vorbereitung von Hochverrat und Feindbegünstigung. Damit war für die NS-Justiz klar, dass Erich Ranacher, Josef Ribitsch und Heinrich Brunner zum Tode verurteilt würden.
Unmittelbar nach Zustellung der nicht vollständig erhaltenen Anklageschrift vom 16.12.1944 wurde bereits am nächsten Tag die zweitägige Gerichtsverhandlung des VGHs vom Präsidenten Dr. Roland Freisler in Klagenfurt am Landgericht eröffnet. Der Kärntner Abschnittsleiter Ingo Treffer gehörte zu den fünf Richtern, die am 18.12. über acht Angeklagte (Ribitsch, Brunner, Erich Ranacher, Marie Peskoller, Margarete Jessernig sr. und Rosa Eberhard, Valentin Klementin und Milan Jelič) die Todesstrafe

[290] Hans Haider: Nationalsozialismus in Villach, 3. Aufl. (2008), 75f (Interview von Hans Haider).

verhängten. Da Maria Jennes ihren Geliebten nicht angezeigt hatte, erhielt sie drei Jahre Gefängnis, Josef Ranacher erhielt drei Jahre Zuchthaus, da er die Partisanen nicht angezeigt hatte und ihnen eine Pistole liefern wollte. Josef Ermenz erhielt wegen Nichtanzeige ein Jahr Gefängnis und die jugendliche 17-jährige Margarethe Jessernig zwei Jahre Jugendgefängnis, weil sie unter dem Einfluss ihrer Mutter die Partisanen unterstützt hatte.[291] Im Urteil wird nicht erwähnt, dass von der Gruppe ein Bauer erschossen wurde, der sieben Kinder hinterließ. Der Nationalsozialist Ingo Treffer, der nach Walzl öfters als Beisitzer des VGHs das Urteil abgemildert haben und in einem „Lebensbericht" über seine Auseinandersetzungen mit Freisler berichtet haben soll, hatte im Fall der drei Frauen hier offensichtlich nichts erreicht.[292] Freisler titulierte die Angeklagten auch mit Ausdrücken wie *„Banditen"*, *„Gauner"*, *„Verbrecher"* und *„kommunistische Untermenschen, die vom Erdboden vertilgt werden müssen"*. Josef Peskoller wurde zwecks Durchführung eines Strafverfahrens gegen ihn ins Gerichtsgefängnis Klagenfurt überführt. Während des Aufnahmeverfahrens konnte er sich über eine Hausarbeiterin mit seiner Frau in Verbindung setzen und erhielt auch eine Nachricht von ihr. Da er somit im gleichen Gebäude in Klagenfurt inhaftiert war, in dem der Prozess stattfand, versuchte er, etwas über das Schicksal seiner Frau zu erfahren.[293]

Am 18.12. zeigte Freisler sich auch als Gast in Klagenfurt auf einer Tagung beim Führungscorps des Gaues. Die „Kärntner Zeitung" berichtet darüber: *„Eine wesentliche Bereicherung erfuhr die Tagung durch den Besuch des Präsidenten des deutschen Volksgerichtshofes, Staatssekretär Dr. Freisler, der nach herzlichen Begrüßungsworten durch den Gauleiter über die Sicherheitslage des Reiches sprach. Die hochinteressanten Ausführungen wurden durch zahlreiche Beispiele aus der Praxis in äußerst lebendiger Weise ergänzt, sodass sie einen Einblick in die Aufgaben des Volksgerichtshofes vermittelten."*[294]

---

[291] Ebenda, 74f, ebenso Saur-Datenbank 1 H 38044-11 J 418/44 (Institut f. Zeitgeschichte, Archiv).

[292] August Walzl: „Als erster Gau…". Entwicklungen und Strukturen des Nationalsozialismus in Kärnten (1992), 153 u. 346, Anm. 128a. Die Sache bleibt somit unbewiesen.

[293] (Josef Peskoller): Weihnacht 1944, in: Nationalsozialismus in Villach, hrsg. v. Hans Haider, 3. Aufl., Klagenfurt 2008, 76f.

[294] Kärntner Zeitung, Ausgabe für Oberkrain, 20.12.1944, 1.

Am 20.12.1944 wurde Josef Peskoller in den 1. Stock des Landgerichtes Klagenfurt überstellt und bekam am 21. beim Hofspaziergang Gelegenheit, mit den Verurteilten Ranacher, Ribitsch und Brunner zu sprechen. Josef Ranacher, der von Freisler zu drei Jahren Zuchthaus verurteilt worden war, sah seinen Sohn Erich im Gefängnis noch einmal beim Spaziergang. Da der 22-jährige Erich im Gefängnis nichts mehr zu essen erhielt, steckte der Vater ihm ein Stück Brot zu, das dieser sofort mit einem Zellenkollegen teilte. Der Sohn konnte dem Vater noch einen Abschiedsbrief zustecken, den dieser in seine Häftlingsuniform einnähte und immer bei sich trug, bis er nach Lienz zurückkehrte.

Die Verurteilten waren sehr gefasst, wussten aber, dass es keine Rettung mehr gab. Maria Peskollers Tochter Helga hatte noch die Möglichkeit, sich von ihrer Mutter zu verabschieden. Maria Peskoller beruhigte die Tochter und sagte zum Abschied: „Weine nicht Helga, Du brauchst Dich deiner Mutter nicht zu schämen, sie hat nur das getan, was Nächstenliebe und Menschenpflicht von ihr forderten. Der Nazistaat lässt Räuber und Mörder frei gehen. Deine Mutter aber hat keine Gnade gefunden – ich bereue die Tat nicht. Du wirst später frei jedem Menschen ins Auge sehen können. Wir wollen nichts anderes, als das Ende dieser Tyrannei und unsere Freiheit.“[295] Die Tochter erinnert sich daran: „Zwei Tage später bin ich am Abend aus der Zelle geholt worden, von der Leiterin dieses Gefängnisses, und sie hat mich in einen Raum gebracht, und dort war Mama. Das hat diese Frau auf sich genommen, das war offiziell nicht vorgesehen, dass ich mich von meiner Mama verabschieden konnte. Und ich habe es erst erfahren, als meine Mama gesagt hat: ‚Kind, sei tapfer, sei stark, wir kommen jetzt nach Graz.’ Und ich war so aufgeregt, ich wollte es einfach nicht glauben, dass ich Mama zum letzten Mal sehen sollte. Weil sie immer gesagt hat: ‚Wir werden uns nicht wieder sehen’. Unbegreiflich, unbegreiflich war das. Das Schlimmste, was man sich denken kann. Wir saßen dort und haben uns an den Händen gehalten, ich konnte mich fast nicht losreißen, und dann war doch einmal ein Ende. Ich habe mich noch einmal umgedreht und Mama zum letzten Mal gesehen.“[296]

---

[295] Nationalsozialismus in Villach, (2008), 77.

[296] Film „Wilde Minze“, vergl. Rettl (2010), 124.

In Ketten wurden die acht Opfer am 22.12. nach Graz gebracht. Den teilweise eingesperrten Kindern der drei Frauen war kein Besuch bei der Mutter bewilligt worden. Am 21.12.1944 wurde das Urteil in Berlin bestätigt, und am 23.12.1944 wurden in Graz die acht zum Tode verurteilten Widerstandskämpfer mit dem Fallbeil hingerichtet. Die Leichname wurden auf dem Grazer Zentralfriedhof verscharrt; die Grabstelle konnte nicht eruiert werden. Durch einen Boten erfuhr die Schwester Peskollers, dass seine Frau in den nächsten Tagen hingerichtet werden sollte und fuhr nach Graz, um sie noch einmal zu sehen. Dies jedoch war nicht möglich. Im Keller des Gefängnisses fand sie einen Mann, der dabei war, Blut aufzuwischen, das von den Hinrichtungen des Vorabends stammte. „Dieser Mann hat mir dann erzählt: ‚Alle waren total fertig, wie zwei Frauen – Peskoller und Jessernig – sie hatten beide zwei Kinder – hingerichtet wurden. Als man ihnen schon den Kopf abgehackt hatte, haben sie noch geschrien: Meine Kinder, meine Kinder!“[297]
Die Namen von Maria Peskoller, Heinrich Brunner, Rosa Eberhard, Valentin Klementin, Milan Jelič und Margarete Jessernig sr. stehen in Villach auf dem „Denkmal der Namen“, weil sie mit der Geschichte Villachs verbunden sind. Josef Ribitsch und Erich Ranacher werden hier nicht als Opfer geführt, da es bei ihnen keine Beziehung zu Villach gab. 1949 wurde ein Antrag der KPÖ Villach abgelehnt, Straßen nach den sechs Opfern aus Villach zu benennen.
Die Angelegenheit um die Gruppe hatte jedoch noch ein weiteres Nachspiel. In und um Villach war eine große Anzahl von Zwangsarbeitern tätig, zumeist verschleppte kriegsgefangene Polen und Russen. Von diesen hatten einige die Gruppe der Widerstandskämpfer unterstützt. Michael Kassulin, Wasil Gollobin und Juan Sirokin lebten als Deserteure im Wald. Maria Peskollers Tochter Helga, verehelichte Emperger, erinnert sich daran, wie sie beim Gestapoverhör mit Wasil Gollobin konfrontiert wurde, der „ganz blutig geschlagen und übel zugerichtet, kaum zu erkennen“ war. Beide leugneten, einander zu kennen. Am 9.1.1945 wurde Gollobin mit den beiden anderen

[297] Ebenda.

desertierten Zwangsarbeitern an den Fensterkreuzen des Gefängnishofes von zwei polnischen Zwangsarbeitern aufgehängt; namentlich bekannte Villacher Gestapobeamte schauten dabei zu. Der Gestapobeamte Conle verlas das „Urteil“ in deutscher Sprache, wobei er sagte: *„Der Führer hat diesen Menschen Arbeit und Brot gegeben, sie haben es aber vorgezogen,*

Hochzeitsbild Valentin Klementin

ihre Arbeitsstätte zu verlassen und sich den Banditen anzuschließen. Daher hat sie der SS-Führer und Chef der deutschen Polizei Heinrich Himmler zum Tode durch den Strang verurteilt“. Man ließ die Toten einige Tage im Gefängnishof hängen und führte immer wieder Zwangsarbeiter aus der Umgebung an ihnen vorbei, um ihnen die drei als abschreckendes Beispiel vorzuführen.

Einige Aktenstücke aus dem Prozess gegen den Villacher Gestapobeamten Franz Glatz von 1947 setzen sich mit der Hinrichtung der drei Zwangsarbeiter auseinander. Am 22.9.1947 sagte der in Töplitsch geborene Johann Petschar aus, dass er als Polizeireservist an der Hinrichtung im Polizeigefangenenhaus teilgenommen habe. Er schilderte in allen Einzelheiten, wie die Gestapoleute mit 60 bis 70 cm langen Gummiknüppeln auf die Häftlinge einschlugen, bis sie blutig waren und infolge der Misshandlungen der Austritt der Exkremente in die Hose erfolgte. Er erinnerte sich auch an die Namen der drei Zwangsarbeiter. Am nächsten Tag holte der Gestapo-Kommissar Conle die drei Häftlinge aus den Zellen. Dann erfolgte die Erhängung an den Fensterkreuzen. Glatz selbst erklärte 1947 vor Gericht, es habe ihn an diesem Tage vor der Hinrichtung gegraut, und er sei absichtlich eine Stunde zu spät gekommen. „Die Hinrichtung selbst haben zwei ausländische Arbeiter, Polen oder Ukrainer, zwei Konfidenten der Gestapo, die unter den Namen Michel 1 und Michel 2 bekannt waren, vorgenommen; zuvor hatte Conle eine kurze Erklärung abgegeben, dass die drei Ausländer über Verfügung des Reichsführers der SS zum abschreckenden Beispiel wegen ihrer Raubtaten nun öffentlich gehängt werden. Er hatte auch ein dienstliches Schriftstück mit dem gedruckten Kopf des Reichsführers der SS in der Hand. „Jedenfalls habe ich den Inhalt des Schreibens nicht gesehen, nur gehört, dass er den versammelten ausländischen Arbeitern dieses Schriftstück vorgelesen hat. Von einem Dolmetscher der russischen und polnischen Sprache ließ er dann den Inhalt seiner Ansprache (und) des Schreibens den versammelten Ausländern verkünden.“[298] Die „Gruppe Peskoller“ und die sogenannte „Treffner Bande“ sowie die mit ihnen kooperierenden ausländischen Zwangsarbeiter gehörten zu den wichtigsten Widerstandsgruppen gegen das NS-Regime in Kärnten.

[298] Klagenfurt, Kärntner Landesarchiv, Strafakten, Schachtel 257, Vr. 2831/46.

11. Der Widerstand der Gruppen Käfer/ Ročičjak/Mitsche

Der Volksgerichtshof verknüpfte mehrfach in einem Prozess mehrere Gruppen von Widerständlern, die oft nur in ganz loser Verbindung waren, wie etwa die Deserteure von Zell Pfarre und Eisenkappel; im Grunde handelt es sich hier um eigenständige Gruppen, bei denen nur einzelne Personen aus der einen Gruppe die aus der anderen näher gekannt haben. So war es auch bei der so genannten „Gruppe Käfer“, deren Kern in Ettendorf im Lavanttal beheimatet war. Der 1889 in Ettendorf geborene deutschsprachige Bauernsohn Markus Käfer diente von 1908 bis 1911 in der k.u.k. Armee. Er nahm 1918/19 am so genannten „Kärntner Abwehrkampf“ teil und erhielt das Abwehrkämpferkreuz I. und II. Klasse. Bis heute bezeichnen sich die vorwiegend zum „Österr. Kameradschaftsbund“ gehörenden Traditionspfleger in Ettendorf als „nationalkonservativ“; einer der überlebenden Zeitzeugen ist der frühere SPÖ-Landesrat Rudolf Gallob. Umso auffallender ist es, dass die „Gruppe Käfer“ neben der „Gruppe Peskoller“ in Villach ein seltenes Beispiel für eine Widerstandsgruppe bildete, die mit slowenischen Widerständlern kooperierte, ohne dass eine nähere persönliche oder freundschaftliche Beziehung oder auch ein politischer Grundkonsens über die Ablehnung des NS-Systems hinaus bestand. Ettendorf selbst erfuhr nach dem „Anschluss“ – der hier mit einem Fackelzug und Freudenkundgebungen gefeiert wurde – einen gewissen Aufschwung; am 10.4.1938 wurde das Dorf mit 100 % Stimmen für den „Anschluss“ zur „Führergemeinde“. Die große Arbeitslosigkeit ging drastisch zurück; allein 70 bis 80 Männer fanden Arbeit beim Bau eines Güterweges auf den Magdalensberg. Die Zahl der Austritte aus der Kirche nahm zu; gegen Ende des Krieges kehrten jedoch zahlreiche „Wendehälse“ zur Kirche zurück. Auch am Religionsunterricht nahm zunächst nur noch ein Viertel bis ein Fünftel der Kinder teil. Erst ab 1942 fand „ein großer Teil der Bevölkerung wieder mehr Halt im Glauben“; nach schweren Ernteschäden „kamen erstmals seit Jahren wieder mehr Menschen in die Kirche.“[299]

Die Geschichte der Gruppe Käfer wurde von dem aus Ettendorf stammenden Historiker Peter Ruggenthaler erforscht, der sich auch mit der Zwangsarbeit in der NS-Zeit in Kärnten auseinandergesetzt hat. Käfer[300] stammte zwar aus der bäuerlichen Welt seiner Heimat, übte zeitweise jedoch auch andere Beschäftigungen aus. So arbeitete als Maschinist und Monteur in Graz, als Elektriker und Kranführer in Tölz und übernahm 1925 den wohlhabenden elterlichen Bauernhof am Lamprechtsberg. In Tölz wurde er Mitglied der sozialistischen Metallarbeitergewerkschaft, sah sich selbst als „Roten“ und war von 1929 bis 1930 Mitglied der der SPÖ nahestehenden Kleinbauernpartei im Gemeinderat. 1928 heiratete er die 1904 in Dellach bei St. Veit geborene Irma Tomaschitz, mit der er drei Kinder hatte. Sie scheint die ausgeprägten politischen Interessen ihres Mannes nicht geteilt zu haben, durch die sie mit in den Tod gerissen wurde. Käfer galt in Ettendorf als Querulant. Er trat 1935 aus der Kirche aus und lebte im Streit mit dem Pfarrer Gruber, der jedoch ein Gegner des NS-Systems war. Er hatte ein ausgeprägtes Sendungsbewusstsein und wollte in der Politik eine Rolle spielen; später erwartete er von Tito die Ernennung zum obersten Entscheidungsträger im Lavanttal. Ein reges politisches Interesse verband er mit einem konspirativen und strategischen Denken; so entwickelte er einen Blick für militärisch brisante Objekte, deren Zerstörung kriegswirtschaftlich wichtige Folgen haben könnte. Die slowenische Widerstandskämpferin Milena Gröblacher sagte im Interview über ihn: „Der Käfer war ein alter österreichischer Kommunist, und als solcher ver-

[299] Peter Ruggenthaler: Eine kleine Kärntner Landgemeinde zur Zeit des Nationalsozialismus: Gesellschaftspolitische Veränderungen in der Bevölkerungsstruktur 1938-1945, in: Kriege und Konflikte im 20. Jahrhundert. Aspekte ihrer Folgen, hrsg. v. Harald Knoll, Peter Ruggenthaler u. Barbara Stelzl-Marx, (= Kriegsfolgen-Forschung, Sonderband 3, Graz-Wien-Klagenfurt 2002, 237-262, hier 244.

[300] Ebenda, 253-256; Josef Vogl: Ein Österreicher, der nur seine Pflicht getan hat, in DÖW-Jahrbuch 2009, Wien 2009, 159-175 bringt kaum Neues.

mutlich auch schon den Widerstandskreisen bekannt."[301] Es ist unklar, ob sie Käfer persönlich kannte; für einen Kommunisten fehlte ihm sicher die bedingungslose Unterordnung unter militärische Strukturen. Er ließ sich von niemandem kommandieren und wollte selbst der „Chef" sein. In der Kirchenchronik wird berichtet, er habe Leute, die sein Grundstück betreten wollten, mit der Peitsche oder mit dem Gewehr bedroht. 1925 übernahm er den Betrieb seiner Eltern. Er hatte auch eine Zeitung „Edelanarchisten" und „Kriegsdienstgegner" abonniert und kam von 1926 bis 1938 sechsmal mit dem Gesetz in Konflikt. Er soll sich nach der Gemeindechronik selbst als „Bandenführer vom Lavanttal" bezeichnet haben. Auch glaubte er, mit Unterstützung der Alliierten eine wichtige Rolle im Lavanttal spielen zu können. So begann Käfer, kriegswirtschaftlich wichtige Objekte zu studieren und unternahm dazu auch Reisen bis nach Deutschland. Zu seinen etwas wirren politischen Vorstellungen gehört es auch, dass er vor dem VGH bekannte, er habe nur seine Pflicht getan, sei Soldat der Armee Titos und kämpfe für die Freiheit Österreichs.[302] In der „Kärntner Zeitung" wurde am 12.1.1945 berichtet, Frau Irma Käfer sei in ihrer 16jährigen Ehe *„von dem brutalen Menschen auf das ärgste terrorisiert worden"* und habe sich dazu hergegeben, zwei Spionagebriefe zu schreiben.[303] Da sie keine führende Rolle in der ganzen Angelegenheit spielte, hoffte die Familie auf ein mildes Urteil. Die 1922 geborene junge Lehrerin Romana Ruppitsch ging auf dem Weg von ihrem Elternhaus zu ihrem Schuleinsatz in St. Vinzenz auf der Koralpe regelmäßig am Hof Käfers vorbei. Dieser sprach sie einmal an und sagte zu ihr: „Bis jetzt habe ich von Ihnen nichts gehalten" und nahm sie dann mit ins Haus, um dort den englischen Sender mit der Berichterstattung über die Ostfront zu hören. Heute betont sie, dass Käfer sie bei der Gestapo leicht hätte verraten können, was er aber unterließ. Sie weiß auch von häufigen Besuchen der Partisanen von der Koralpe in ihrem Elternhaus zu berichten. Sie waren nicht beliebt, wurden aber in der

[301] Milena Gröblacher: Zum Schluss drängten alle zu den Partisanen, in: Spurensuche. Erzählte Geschichte der Kärntner Slowenen, Wien 1990, 372f.

[302] Schänder der Heimat. 10 Hochverräter gehängt, in: Die Heimat ruft, 1. Jg., Folge 5, Klagenfurt, Februar 1945, 13-17, hier 16.

[303] Kärntner Zeitung, 8. Jg., Nr. 11, 12.1.1943, S. 3

Familie auch nicht verraten. Bei Kriegsende wurde sie von den Partisanen in St. Vinzenz verhaftet und befand sich fünf Wochen in Gefangenschaft in Jugoslawien, bevor sie über den englischen Kontrollpunkt in Lavamünd wieder nach Kärnten zurückkehren konnte.[304]

Der Hauptmitarbeiter Käfers war der 1894 geborene Bauer und Gastwirt Markus Zellnig, der Sohn von Franz Zellnig vlg. Göschl, der im 1. Weltkrieg in der Infanterie gedient hatte, es bis zum Unteroffizier brachte, die bronzene und silberne Tapferkeitsmedaille erhielt und mit dem Kärntner Kreuz und dem Karl-Truppenkreuz ausgezeichnet wurde. Er hatte aus seiner 1919 geschlossenen Ehe mit Maria Loibnegger vlg. Sattler aus Unterholz drei Kinder, darunter die 1920 geborene Tochter Maria, die ebenfalls am VGH angeklagt wurde. Markus Zellnig konnte von der Landwirtschaft nicht leben; er war daher von 1921 bis 1943 Gemeindesekretär, im „Ständestaat" auch Kassier für die „Vaterländische Front" und ab 1938 als Abteilungsleiter für die NSKOV (Kriegsopferversorgung) tätig; er kaufte schließlich das Kirchenmesnerhaus, erweiterte es und errichtete das Gasthaus „Messner", wo die Partisanen wie Johann Klantschnig aus dem Mießtal – der später im Prozess eine entscheidende Rolle spielen sollte – dreimal auftauchten. Über den „Anschluss" Österreichs war er sehr unglücklich; er war hilfsbereit und freundlich zu allen Leuten. Im Gestapobericht heißt es über ihn: *„Er war immer klerikal eingestellt und konnte sich daher in die neue Zeit nur schlecht hineinfinden. Seine jetzige Zusammenarbeit mit den slowenisch-kommunistischen Banditen dürfte mehr oder weniger auf reine Gehässigkeit gegenüber dem Nationalsozialismus zurückzuführen sein, zumal kaum anzunehmen ist, dass er, nachdem er immer klerikal eingestellt war, nun plötzlich vom Bolschewismus überzeugt ist."* Er hegte die Tiere im Wald und ging nur selten auf die Jagd. Seine Gegner waren nach dem 13.3.1938 der NSDAP-Ortsgruppenleiter Loibnegger und der NS-Bürgermeister Riegler. Er war sehr musikalisch, ein begnadeter Sänger (Bass) und geschätztes Mitglied des Ettendorfer Kirchenchores.

---

[304] Freundliche Mitteilung von Romana Zellnig. geb. Ruppitsch, die 1952 den Sohn von Markus Zellnig heiratete.

Markus und Irma Käfer

Josefine Kampl

Maria Zellnig

Markus Zellnig

Die 1919 geborene Tochter „Mitzi“ arbeitete im Elternhaus mit, bediente im Gasthaus und war in der Zeit des Schuschnigg-Regimes illegales Mitglied des BDM (Bund deutscher Mädel) und der NSV (NS-Volkswohlfahrt), des NS-Fliegercorps und des Reichs-Luftschutz-Bundes. Sie stellte im Gasthaus Kontakte zu den Partisanen her, über die der Vater nicht erfreut war. Im Verhör sagte Klantschnig: *„Er zeigte große Angst und hätte gerne gesehen, wenn wir gleich immer weiter gegangen wären“.*[305] Auch die Mutter war gegen eine Kooperation mit den Partisanen. Maria war bei der Verhaftung schwanger und erwartete ein Kind; trotzdem wurde sie nicht begnadigt.[306] Der Verlobte war zu der Zeit an der Front.
Die fünfte Angeklagte aus Ettendorf war die 1905 geborene Kaufmannsfrau Josefine Kampl geb. Oleschko, eine Gemischtwarenhändlerin aus christlichsozialem Milieu, die von 1921 bis 1925 die Volksschule in Ettendorf besucht, danach ein halbes Jahr einen Kochkurs in St. Paul absolviert und 1934 geheiratet hatte; 1943/44 war sie schon zweimal bestraft worden. Ihr Mann und ihre vier Brüder waren bei der Wehrmacht. Sie lieferte Markus Käfer Informationen und besorgte ihm eine Pistole. Bei ihr waren zwei französische Zwangsarbeiter beschäftigt: Emile Lelivre und Georges Meney, mit dem sie angeblich ein Liebesverhältnis hatte. Auf ein solches Verhältnis stand die Strafe für *„Wehrkraftzersetzung“*, die Todesstrafe. Im Februar 1944 brachten die beiden einen aus der Gefangenschaft entflohenen Franzosen herbei und baten sie, ihn für eine Nacht zu verstecken. Josefine Kampl wusste um die Kontakte Käfers zu den Partisanen und schickte den Franzosen zu ihm. Käfer schickte ihn zu einer gewissen Partisanen-Kurierin „Gretl“, die er jedoch nicht fand; nach drei Tagen kehrte er zu Käfer zurück. Frau Kampl versteckte ihn daraufhin drei Wochen im Wald. Beim Verhör vor der Gestapo gab sie zunächst das Verhältnis zu dem Franzosen zu, dann widerrief sie es wieder. Im Todesurteil wird lediglich darauf Bezug genommen, dass sie einen flüchtigen Franzosen wochenlang bei sich versteckt gehalten habe.
Nach dem Zusammenbruch Jugoslawiens hatte sich der 1920 in Ravne im

[305] Berlin, Bundesarchiv, P 650 (1361-1-4488), Gestapo Klagenfurt IV 1 a, fol. 91.
[306] Freundl. Auskunft von Romana Zellnig.

Kreis Cilli/Celje geborene Johann Klantschnig („Stojan") etwa vier Monate beim Schmied Pichler in Ettendorf aufgehalten, der 1943 zu den Partisanen ging und im Januar 1944 zum ständigen Begleiter des VOS[307]-Nachrichtenmannes „Alex" wurde. Im Februar 1944 hielt Klantschnig sich im Gasthaus Zellnig in Ettendorf auf, wo er sich bald darauf mit „Alex" und schließlich auch mit Markus Käfer traf. Es ist nicht leicht, die Abfolge der Ereignisse zu datieren. Ein erstes eindeutiges Datum der Aktivitäten ist der Januar 1944, als Käfer – nach seinem Verhör vom 10.7.1944 vor der Gestapo – mit zwei Partisanen in Kontakt kam. *„Der Grund zu dieser Tätigkeit war für mich meine gegnerische Einstellung zum Nationalsozialismus. Ich möchte aber festgestellt wissen, dass ich kein Kommunist bin, sondern ich trat für eine freie Demokratie mit Unterstützung Englands ein. Meine Tätigkeit für die kommunistischen Banditen war mehr oder weniger Mittel zum Zweck. Allerdings muss ich zugeben, dass ich Anhänger des internationalen Völkerbündnisses bin, d.h. dass ich von jeher rot eingestellt war, nur stelle ich mir die Staatengebilde in Form von selbständigen roten Demokratien vor. Dass ich damit Machtgelüste meinerseits verfolgte, gebe ich unumwunden zu."* Im Februar 1944 besuchten Klantschnig und „Alex" eines Abends das bereits geschlossene Gasthaus Zellnig, in dem Käfer schon öfters über den Nationalsozialismus geschimpft hatte. Alle wesentlichen Ereignisse vom Beginn bis zur Zerschlagung der „Gruppe Käfer" fanden in der Zeit von Februar bis Juni 1944 statt.

Einen guten Einblick in die Situation im Jauntal zu dieser Zeit liefert die Beschreibung einer Partisanenaktion im März 1944 in St. Kanzian, als Partisanen unter der Führung des nördlich der Drau wirkenden Politkommissars Ivan Pečnik im Kino von St. Kanzian erschienen, wo am gleichen Abend der NS-Bürgermeister Krasnik erschossen wurde. Die Partisanen hatten auch ein Verzeichnis der NS-Anhänger und erklärten, warum sie den Bürgermeister ermordet hätten.[308] Sie hatten mittlerweile durch befreite französische Zwangsarbeiter Verstärkung erfahren. Milena Gröblacher

[307] Es handelt sich um den Nachrichtendienst der OF.

[308] Milena Gröblacher (1991), 372; vergl. dazu: Josef Rausch: Der Partisanenkampf in Kärnten im Zweiten Weltkrieg, Wien 1979, 33, wo von einer 173-köpfigen Ostkärntner Einheit die Rede ist.

bemerkte dazu: „Nach der ‚Mobilisierung' tauchten die slowenischen und französischen Partisanen in der Schule auf, wo gerade ein Film vorgeführt wurde. ...Wir wussten zwar, dass die Partisanen in der Nacht in der Nähe sein würden, aber dass sie auch zu dem Film kommen, das hatten wir nicht erwartet. Auf einmal hieß es: ‚Hände hoch', das Licht geht an, ein Partisan geht auf die Bühne und liest einen Bericht über den Sieg der fortschrittlichen Kräfte vor. Er greift Deutschland an und erzählt von den Unternehmungen der Partisanen, wer wir sind und was wir können, so ungefähr in dem Stil. Grotesk war es ja. Du standest im Publikum, kanntest den einen oder andern Partisanen und hieltest schon wegen der Hetz die Hände hoch. ... Einer von den Partisanen zwinkerte mir noch zu, aber er hätte ja jeder von uns zuzwinkern können. ...Vor mir standen zwei junge Parteigenossen, die hatten nicht mehr Zeit genug, die Parteiabzeichen abzunehmen. Sie rissen sie einfach herunter. ... Das waren so junge Burschen, die kurz vorher in die NSDAP aufgenommen worden sind. Diese Aktion war im März 1944, und sie hatte große Wirkung. Der Redner sagte: ‚Wir haben euren Ortsgruppenleiter erschossen, weil der ein Träger des Unrechts ist.'"[309] Als jemand die Gendarmerie holen ging, zerstörten die Partisanen den Projektor und den Film und verschwanden. Die Angelegenheit zeigt, wie sich die Verhältnisse in Südkärnten geändert hatten. Die Partisanen hatten in Südkärnten trotz des verstärkten Einsatzes von Polizei und Gestapo an Bedeutung gewonnen und setzten zum Teil die gleichen Mittel ein wie ihre Gegner. Dies zeigt deutlich, dass sich die Lage seit der Verhaftung der Leute aus Zell Pfarre Anfang 1943 bereits grundlegend geändert hatte: die Partisanen waren im Jauntal bereits eine Macht, mit der das NS-System trotz aller militärischen Überlegenheit nur noch schwer fertig wurde.
Zurück zu den Ereignissen, die zur Enttarnung der Gruppe um Markus Käfer und seine Sympathisanten führten. Johann Klantschnig trug bei seinem Eintreffen am Gasthaus Zellnig im Februar 1944 eine Wehrmachtsuniform und „Alex" eine NS-Uniform.[310] Maria Zellnig sagte beim Verhör

[309] Milena Gröblacher (1991), 376.

[310] Berlin, Bundesarchiv, VGH 3775 A 1, fol. 66v-67. Im Verhör sagte Maria Zellnig: „Ich glaube im März 1944"; in der Anklageschrift ist jedoch vom Februar die Rede.

aus, dass sie Klantschnig erkannt habe, weil er früher beim Schmied von Ettendorf gearbeitet habe. Die beiden hätten erzählt, dass sie Informationen sammeln müssten, denn es würden bald die englischen Fallschirmjäger kommen und dann müsste die Gegend gesichert werden." Sie fragten weiter nach Gefangenenlagern und der Stärke von deren Bewachung. Auch zeigten sie „schwarze Listen" von Leuten aus dem Lavanttal und dem Bezirk Völkermarkt. Sie habe ihnen Milch vors Haus gebracht und sie dann zu Käfer geführt. Die Partisanen hätten sie mit dem Erschießen bedroht, wenn sie sie verraten würde. „Ich kam deshalb auf den Käfer, weil ich von ihm wusste, dass er mit den heutigen Verhältnissen unzufrieden ist und als alter Meckerer bekannt ist".[311] Die Partisanen blieben dann noch zwei Nächte in Käfers Scheune und wurden von ihm verköstigt. Käfer ließ sich alle Unterstützungsmaßnahmen schriftlich bestätigen. Er schlug nun vor, *„dass anstelle der Durchführung von einzelnen Terrorakten das ganze Gebiet durch einen gut ausgebauten Nachrichtendienst erfasst werden müsste. Käfer beabsichtigte, zunächst Gesinnungsgenossen zu werben und die politische Einstellung der ganzen Bevölkerung festzustellen"*, um nach dem Sieg der Partisanen *„ein fertiges Programm für die Liquidierung und Besitzenteignung sowie sonstige Repressalien zur Hand zu haben."* Er war bereit, als „Terrainarbeiter" (*„politischer Kommissar zur Bolschewisierung der Bevölkerung"*) in das Mießtal zu gehen. Das war der erste Kontakt der Gruppe Käfer mit den Partisanen. Weitere sollten folgen. Käfer nahm den Decknamen „Knapp" an und fühlte sich immer mehr als der geistige Führer in seinem Bezirk, und die Partisanen stellten ihm die *„alsbaldige Ernennung zum Kommissar sowie die Verleihung des Ranges eines Hauptmanns und Majors der Tito-Armee in Aussicht."*

Als Maria Zellnig einige Tage später Käfer aufsuchte, fragte dieser sie nach der Bewachung der Drau- und Lavantbrücke in Ettendorf und Lavamünd aus. Als Maria Zellnig Käfer erklärte, dass der Kontakt mit den Partisanen ein *„gefährliches Spiel sei"*, drohte Käfer ihr, sie solle nichts verraten, da es ihr sonst schlecht ergehen werde. Nach etwa zehn Tagen kamen „Alex"

[311] Berlin, Bundesarchiv, VGH 3775 A 1, fol. 67.

und Klantschnig wiederum zum Gasthaus Zellnig; Maria führte sie in ein Zimmer, wo sie Kuriere erwarten könnten. Es kamen dann zwei Männer, angeblich Arbeiter aus dem Drau-Kraftwerk, die in Zukunft die Post holen sollten. Sie wollten Einzelheiten über die Arbeiter des Drau-Kraftwerkes und dessen Bewachung wissen. *„Dann zeigten sie mir ein Buch (schwarze Liste), wo verschiedene Leute aufgeschrieben waren, die sie umbringen wollten.“* Dann wurden einzelne Namen aufgezählt. *„Diese Leute waren alle namentlich angeführt, und außerdem hatten sie Namen vom ganzen Lavanttal bis St. Leonhard und vom Kreis Völkermarkt. Da ich ihnen keine Auskunft gab, sagten sie, dass sie keine brauchen, denn es würden laufend Leute von heroben zu ihnen durchgehen. ...Die Banditen bedrohten mich mit dem Erschießen, wenn ich sie verrate“*. Maria Zellnig teilte dann ihrem Vater die Anwesenheit der Partisanen mit. Dieser machte ihr heftige Vorwürfe und befahl ihr, die Partisanen sollten umgehend das Haus verlassen. Dann erschien Käfer und sprach mit den Partisanen. Sie wollten Listen der verhassten Personen erhalten, die liquidiert werden sollten. Sie erkundigten sich nach dem Bürgermeister, dem Ortsbauernführer und Ortsgruppenleiter von Ettendorf. Als Käfer den Ortsbauernführer von St. Georgen schonen wollte, verlangte Maria Zellnig, dass auch er umgebracht werde. Beim Bürgermeister war man sich einig, weil er ein „verbissener Hitlerianer“ sei. Die beiden Kuriere brachten Klantschnig und „Alex“ dann über die Drau zurück. Im Verhörprotokoll heißt es, es sei dabei auch von der Liquidierung von Leuten die Rede gewesen. Käfer habe auf ein Papier geschrieben, wo die Gefangenenlager lägen und Maria Zellnig habe dann das Blatt verbrannt. Sie habe keine Meldungen an die Partisanen weitergegeben.
Nach einigen Tagen sei einer der beiden Kuriere wieder zu Maria Zellnig gekommen. Käfer ließ den Partisanen dann ein Paar Stiefel über Maria Zellnig zukommen. Kurze Zeit darauf schickte Käfer den Partisanen einen Brief mit der Mitteilung, ein höheres NSDAP-Mitglied habe Kontakt mit ihm aufgenommen, um mit den Partisanen in Kontakt zu kommen und sie zu veranlassen, im Bezirk Wolfsberg keine Repressalien gegen die Bevölkerung vorzunehmen. Maria Zellnig soll den Partisanen einen Brief Käfers mit der Aufforderung übergeben haben, in Wolfsberg keine Anschläge mehr zu verüben.
Eines Tages kam mit den beiden Kurieren vom Drau-Kraftwerk die Parti-

sanin mit dem Decknamen „Gretl", die erklärte, sie habe die Aufgabe, bei Käfer Post von den Partisanen abzuholen. Maria Zellnig brachte „Gretl" schließlich zu Käfer. Dieser ersuchte sie, den Führer des Stabes der Partisanen zu bitten und ihm eine schriftliche Bestätigung auszustellen, dass er der alleinige und zuständige Führer der „Österreichischen Freiheitsbewegung" im Lavanttal sei. „Alex", der nach der späteren Anklageschrift der VOS, dem Sicherheits- und Nachrichtendienst der OF, angehörte, traf mit Klantschnig zunächst Käfer, dann Markus Zellnig und seine Tochter Maria in Ettendorf. Im Mai 1944 wurde Klantschnig durch den Deserteur Stefan Prikeršnik als Verbindungsmann zum Hauptquartier der Partisanen im Mießtal abgelöst, der sich als Partisan „Tiger" nannte.

Die Familien Ročičjak und Mitsche/Mičej

Anfang Mai 1944 tauchten Klantschnig und „Alex" in St. Veit im Jauntal/ Šendvid pri Podjuni bei der Familie Mitsche/Mičej auf und verlangten ein Quartier für einen Tag. Theresia Gregorič, geboren 1884 in St. Veit, hatte 1906 den Bauern Stefan Kummer geheiratet, mit dem sie die Söhne Stefan und Anton hatte. Nach dem Besuch der Volksschule in St. Primus arbeitete sie zuerst als Dienstmagd. Nach dem Tod ihres Gatten (1919) heiratete sie 1922 den Bürstenmacher Andreas Mitsche; aus dieser Ehe stammt die 1922 geborene Tochter Theresia. Sie erlernte von ihrem Vater das Bürstenmacherhandwerk, legte in Klagenfurt die Gesellenprüfung ab und arbeitete weiter in der väterlichen Werkstätte. Auch die Mitglieder der Familie Mitsche wurden als Sympathisanten der Partisanen in die Auseinandersetzungen um den „Bandenchef" Käfer verwickelt.
In den Verhörprotokollen heißt es, am 13.5.1944 wären Prikeršnik („Tiger") und sein Vorgesetzter „Alex", der angeblich Jurij Vodopivec hieß, beinahe in der Heintschekeusche bei Priebelsdorf verhaftet worden, wenn die Slowenin Stefanie Glinik sie nicht gewarnt hätte; sie wurde am 2.6. festgenommen, aber bald wieder entlassen und verwarnt. „Alex" und Prikeršnik wollten am 28.5.1943 bei dem Bauern Georg Ferk in Kleindiex übernach-

ten. Das Haus wurde von der Gendarmerie und Landwacht umstellt; dabei wurde Prikeršnik verhaftet und kam ins Klagenfurter Gestapo-Gefängnis, während „Alex“ entkam.[312] Als er auf einem mit Stroh getarnten Wagen die Drau überqueren wollten, kam er ums Leben – wobei ungeklärt ist, ob er erschossen wurde oder sich selbst das Leben nahm. „Tiger“ war jedoch gefangengenommen worden und dürfte unter Folter einige der Mitwisser preisgegeben haben, wodurch er möglicherweise sein eigenes Leben zu retten hoffte.[313] Milena Gröblacher, die slowenische Aktivistin, die die beiden Familien Mitsche und Kummer kannte, sagte zu der Verhaftung von „Tiger“: „Beim Überqueren der Drau fiel der Aleš, den Tiger nahmen sie gefangen. Er spielte dann eine Rolle, die sehr, naja, eigentlich kann man das schwer beurteilen, er hat halt verraten. Die Gruppe Käfer ist durch ihn aufgeflogen“.[314] Es erscheint jedoch auch möglich, dass die Gruppe von Leuten aus der Nachbarschaft in Ettendorf verraten wurde. Die Anklageschrift des Oberreichsanwaltes bringt dazu Einzelheiten.[315] Offensichtlich gab Prikeršnik im Verhör rasch seine Anlaufstellen zu, denn bereits zwei Tage später, am 30.5.1944, wurde der Bauer Josef Ročičjak aus Kleindorf/Mala vas bei St. Kanzian mit seinen Töchtern Elisabeth („Lizika“), Franziska, Maria Krassnig und Josefine Trobej sowie dem französischen Zwangsarbeiter Denis Cavaille verhaftet, deren Haus eine Anlaufstätte für die Partisanen war. Am 1.6. 1944 wurden dann auch Theresia Mitsche, ihre gleichnamige Tochter („Trezi“) und ihr Sohn Stefan Kummer im nahe gelegenen St. Veit im Jauntal verhaftet. Die NS-Justiz verknüpfte später die drei Komplexe Ettendorf, Familie Ročičjak und Mitsche zu einem Komplex, der im 3. großen Freisler-Prozess verhandelt wurde. Auffallend ist, dass zunächst die Gruppen im Jauntal enttarnt wurden, die eigentliche Gruppe Käfer jedoch erst am Schluss!

Der Hof des Josef Ročičjak in Kleindorf bei St. Kanzian umfasste 1944 24,75 ha, darunter 10 ha Wald, 8 ha Ackerland, 4 ha Wiesen und der Rest

[312] Berlin, Bundesarchiv, P 650 (1361-1-4488), Bericht der Gestapo Klagenfurt vom 17.8.1944.

[313] Eva Malle: Der Widerstand der Kärntner Slowenen gegen das NS-Regime, dargestellt am Beispiel der Familie Ročičjak, Diplomarbeit Wien 2006, 72

[314] Gröblacher (1991), 372.

[315] Berlin, Bundesarchiv, P 650 (1361-1-4488).

Josefine Trobej geb. Ročičjak

Elisabeth (Lizika) Ročičjak

Josef Ročičjak

Gebäude und Gärten.[316] Josef hatte die Volksschule St. Kanzian besucht, den ersten Weltkrieg mitgemacht und war mit der Tapferkeitsmedaille ausgezeichnet worden. Ein Sohn fiel an der Ostfront, ein anderer diente an der Westfront. Seine Frau Elisabeth Ražun stammte aus Brenndorf und starb 1939. Ihr Bruder war der 1865 geborene Priester Matevž Ražun, der von 1898 bis 1920 Pfarrer von St. Jakob im Rosental war und die noch heute bestehende private slowenische Schule in St. Peter im Rosental gründete. Elisabeth Ročičjak wurde am 10.7.1911 geboren. Ihr Vater Josef bezog die slowenischen Bücher der Hermagoras-Bruderschaft und abonnierte die slowenischen Tageszeitungen, die er einbinden ließ.[317] Sie besuchte die Volksschule St. Kanzian und die von ihrem Onkel gegründete Klosterschule in St. Jakob, wo sie auch einen einjährigen Nähkurs absolvierte, worauf ein weiterer Kurs in Ljubljana folgte. 1937/38 besuchte sie eine landwirtschaftliche Schule in Maribor und arbeitete danach als Kindermädchen in Görz. 1938 kehrte sie nach Kleindorf zurück und war im slowenischen Kulturverein und in einer Tamburizza-Gruppe aktiv. Ihre jüngere Schwester Franziska wurde 1928 geboren und fiel nach der Verhaftung noch unter die Jugendstrafrechtsverordnung. Sie besuchte die Schule in St. Kanzian und nahm danach eine Lehrstelle in einem Klagenfurter Schuhgeschäft an. Da sie erst 16 Jahre alt war, wurde sie am 27.6.1944 aus der Haft entlassen und später im Prozess freigesprochen.
Der Ort St. Kanzian kam nach der jugoslawischen Besatzung von Januar bis Mai 1919 auch nach der Volksabstimmung, in der die Mehrheit für Österreich votierte, nicht zur Ruhe. Als Pfarrer wirkte hier der slowenische Landtagsabgeordnete Vinko Poljanec[318]; ihm folgte 1939 Josef Koglek, der am 6.4.1941 verhaftet und in das Gefängnis von Eberndorf gebracht wurde; Schule und Kindergarten trugen auch hier zur Germanisierung bei. Nach der Kapitulation Frankreichs kamen französische Kriegsgefangene ins Dorf. Der Franzose Denis Cavaille wurde Zwangsarbeiter bei der Fa-

---

[316] Malle: Ročičjak (2006), 54f.

[317] Tatjana Malle-Koncilia: Widerstandsforschung als Teil der Familiengeschichte, in: Widerstand gegen Faschismus und Nationalsozialismus im Alpenraum. Odpor proti fašizmu in nacizmu v alpsko-jadanskem prostoru, Klagenfurt 2011, 128-138, hier 129.

[318] Wilhelm Baum: Vinko Poljanec, in: Das Buch der Namen, Klagenfurt 2010, 684-687.

milie Ročičjak und wurde auch am 30.5.1944 mit der Familie verhaftet. Später erzählte er Milena Gröblacher, die mit der Familie befreundet war, wie er mit Josef Ročičjak in einer Zelle gewesen war, der ihm einen Teil seiner Nahrung gab. Der Pfarrer erwähnte in seiner Chronik, dass die Partisanentätigkeit 1943 in der Gemeinde einsetzte. Die Situation war für die Bevölkerung problematisch und gefährlich; oft gaben sich Spitzel als Partisanen aus, um die Haltung der Bevölkerung zu erkunden.
Milena Gröblacher berichtet, dass Ende 1943 die „vosovci" nach Kärnten kamen, die Partisanenvorhut, zu der Prikeršnik und „Alex" gehörten. Sie wusste nicht, wie es zu den Kontakten zwischen der Gruppe Käfer und den Mitsches und Ročičjaks gekommen war. Auf jeden Fall wusste sie, dass es die Kontakte gab, deren Beginn sich kaum datieren lässt. „Lizika" Ročičjak habe zu ihr gesagt, es komme eine Botin aus dem Lavanttal, die sie selbst nicht kenne; Stefan Kummer werde sie holen. Als der Brief, den Käfer den Partisanen im Mießtal übermitteln wollte, ankam, wurde er von der Polizei abgefangen. „Und das war dann der belastende Beweis für die Verbindung unserer Gegend mit der Gruppe" mit der Angabe der Ziele für die englischen Bomber.[319] So kam es, dass die Gruppe aus dem Jauntal im Prozess vor dem VGH mit der Gruppe Käfer zu einem Prozess verbunden wurde.
Die Aktivitäten der Gruppe um Markus Käfer dauerten nur etwa drei Monate; es fällt schwer, alle Ereignisse in dieser kurzen Zeitspanne unterzubringen. Milena Gröblacher traf erstmals beim Bauern Kačnik in Kleindorf auf Mitglieder der Gruppe. Am 30.5.1944 wurde die Familie Ročičjak auf dem Feld von der Gestapo verhaftet: der Vater, die Töchter Franziska, Elisabeth, Josefine Trobej und Maria Krasnik; Josefa konnte ihren dreijährigen Sohn noch zum Nachbarn bringen, dann wurde die gesamte Familie mit dem Auto zunächst nach Völkermarkt und dann nach Klagenfurt gebracht. Erst nach der Übergabe des erwähnten Briefes Käfers für Elisabeth Ročičjak an Maria Zellnig vom 4.6.1944 flog auch die Kerngruppe auf! Bis zu diesem Zeitpunkt hatten die NS-Behörden noch keinerlei Kenntnis von den Umtrieben des Markus Käfer und der Familie Zellnig. Es war also

[319] Milena Gröblacher (1991), 373.

so, dass zunächst die „Außenposten“ fielen und erst dann die Kerngruppe enttarnt wurde!

Die zeitlichen Angaben über die Aktivitäten sind in den Verhörprotokollen nur vage. Es lassen sich für eine kurze Zeitspanne zehn Ereignisse in chronologischer Reihenfolge ordnen: Der 1. Besuch von Klantschnig und „Alex“ in Südkärnten erfolgte im Februar 1944 (1). Einige Tage später war Maria Zellnig bei Käfer (2). Etwa 10 Tage später kamen Klantschnig und Alex zu Maria Zellnig, die davon ihrem Vater berichtete, der ungehalten war (3). Einige Tage später kam ein Kurier von den Partisanen, der ein paar Stiefel erhielt (4). „Eines Tages“ kam die Partisanin zu Maria Zellnig und Käfer mit dem Auftrag, Post von den Partisanen zu holen (5). Beim nächsten Besuch wollte „Gretl“ von Käfer Informationen für den englischen Verbindungsoffizier; sie lud Käfer zu Treffen mit den „Bandenführern“ „Kolya“ und „Bajo“ nach Prävali ein (6). Im Mai wurde Klantschnig von Prikeršnik abgelöst (7), der am 28.5.1944 verhaftet wurde (8). Zwei Tage später wurden die Ročičjaks verhaftet (9). Am 30.5.1944 wurde das Polizeiprotokoll über Elisabeth Ročičjaks Verhör verfasst (10). Käfer, der vergeblich versuchte, in Prävali den englischen Verbindungsoffizier zu treffen (11), wurde erst am 13.6. verhaftet (12). Leider lassen sich die drei Monate nicht klarer unterteilen.

Was passierte sonst noch in dieser Zeit? Käfer erfuhr von einem Soldaten Gottfried Krampl von den „Wunderwaffen“ (V 1 und V 2), die in der Nähe von Stettin hergestellt wurden, mit denen das NS-Regime den Krieg doch noch zu gewinnen versuchte. Es heißt im Verhörprotokoll auch, Käfer sei in den letzten Monaten vor der Verhaftung auch im Reich herumgereist und habe Wien, Graz, Linz, München und Stuttgart aufgesucht, was angesichts der Kriegszerstörungen im Eisenbahnnetz gar nicht so einfach war. Der buchhalterisch veranlagte Querulant hatte zur Spesenabrechnung sogar Fahrkarten und Rechnungen gesammelt. Die Frau Käfers wusste vom Treiben ihres Mannes und schrieb nach seinem Diktat die Meldungen mit verstellter Schrift.

Wie kamen die Familien Ročičjak und Mitsche zu Fall? Am 13.5.1943 tauchte Stefan Prikeršnik als Nachfolger von Johann Klantschnig bei den

Partisanenkurieren auf, die Informationen aus Kärnten beschaffen sollten. Am 28.5. wurde er verhaftet und von der Gestapo verhört. In einem Gestapobericht heißt es, „Tiger“ und „Alex“ hätten sich bei den Ročičjaks zweimal für zwei Nächte aufgehalten, einmal am 14.5.1944. Nachdem ein 20jähriges Mädchen aus Pirk ihnen am 13.5. bei der Flucht geholfen habe, habe er an der Drau ein Boot gefunden, mit dem er mit „Alex“ den Fluss überquert habe.
Im Polizeiprotokoll vom 30.5.1944 heißt es, dass Elisabeth nach anfänglichem Leugnen zugegeben habe, dass „Alex“ und „Tiger“ dreimal in ihrem Zimmer übernachtet hätten. Dies bedeutet, dass ihre Tätigkeit für die Partisanen im Grunde nur etwa zwei Wochen dauerte; zumindest taucht der Name der Familie vorher nie auf. Aufgrund der Verhöre Prikeršniks ergab sich, dass die Partisanen im Mai nachts an das Fenster des Hauses der Familie Ročičjak geklopft hatten und Einlass verlangten. Der Vater gab beim Verhör an, er habe sich geweigert, aber ein Partisan habe gesagt: „Wenn Du nicht aufmachst, schieße ich“. Daraufhin habe er die Tür geöffnet und „Alex“ und „Tiger“ hineingelassen. Er habe daraufhin seine Töchter Elisabeth und Franziska geweckt, die Tee kochen sollten. Die Partisanen hätten daraufhin einen Vortrag über den Kommunismus und den Kampf gegen Deutschland gehalten. Elisabeth habe dann den Partisanen ihr Zimmer überlassen, wo diese übernachteten. Die Partisanen blieben dann noch zwei Tage und wurden von der Familie verköstigt. Nach zwei Wochen kamen sie noch einmal und schliefen im Zimmer Franziskas. Als „Alex“ versuchte, sich ihr zu nähern, verließ sie das Haus. Am nächsten Tag gab sie den Partisanen Brot und Fleisch mit auf den Weg. Beim Abschied fragte „Alex“ Elisabeth, ob sie für ihn eingehende Briefe aufheben werde, womit sie einverstanden war. Der Brief Käfers vom 4.6. aber kam erst an, als sie bereits in Haft war.
Die Folge des Verhörs von Prikeršnik war, dass das Haus in Kleindorf 4 am Abend des 30.5. von Angehörigen des Gendarmerieabschnittes Bleiburg umstellt wurde; dabei wurden sechs Personen verhaftet: Der Bauer Josef Ročičjak, seine Töchter Elisabeth, Franziska, Josefine Trobej und Maria Krassnig sowie der französische Zwangsarbeiter Denise Cavaille.

Es wird auch vermerkt, dass Elisabeth am 27.5. ihrer Schwester Maria vom Auftauchen der Partisanen Mitteilung gemacht hatte. Diese hatte jedoch offensichtlich davon der Polizei keine Meldung erstattet und hätte daher auch verurteilt werden können; die „guten Beziehungen" zur Partei dürften ihr hier jedoch zu Hilfe gekommen sein. Die Kinder der Maria Krassnig wurden bei der Schwiegermutter untergebracht, ein Kind Josefines, die behinderte Schwester Anna und die Tante Franziska wurden bei den Nachbarn untergebracht. Ein Sohn war bei der Wehrmacht; es wurde in Erwägung gezogen, ihm bei „Bewährung" den Hof zu übergeben. Auch der Zwangsarbeiter Denis Cavaille wurde verhaftet, weil der Verdacht bestand, dass auch er über die Partisanenaktivität informiert war und vorhatte, wie andere Zivilarbeiter und Kriegsgefangene zu den Partisanen zu gehen. Er bestritt auch, ein Liebesverhältnis zur Haustochter Josefine unterhalten zu haben.
Die Tochter Maria war die Schwiegertochter des ermordeten Ortsgruppenleiters von Kühnsdorf und hatte sich auf die andere Seite geschlagen; sie wurde auch bald wieder freigelassen. Im Verhörprotokoll heißt es über sie, es sei festgestellt worden, dass sie *„aus politischen Gründen in keinem guten Verhältnis zu ihrem Vater und ihren Geschwistern stand, zumal sie mit einem alten Nationalsozialisten verheiratet, sich vom Slowenentum vollkommen lossagte und aus der Kirche ausgetreten ist.*" Der Mann sei im Zivilberuf bei der Kreisleitung der NSDAP in Völkermarkt angestellt und als alter Nationalsozialist bekannt. Daher wurde Maria bereits am 27.6.1944 aus der Haft entlassen! Von der Familie Mitsche/Mičej, die bereits länger im Widerstand war und im nur einige Kilometer entfernten St. Veit im Jauntal lebte, ist in den Verhörprotokollen bis Ende Mai keine Rede. In einem weiteren Gestapoverhör vom 10.7.1944 erklärte Elisabeth Ročičjak (sie unterschrieb in der slowenischen Schreibweise!), sie habe keine Kurierdienste übernommen und kenne Markus Käfer gar nicht; sie sollte nur Briefe für Alex aufbewahren – es sei aber nie ein Brief eingegangen.[321]
Markus Käfer und Markus Zellnig wurden erst am 13.6.1944 festgenom-

[321] Berlin, Bundesarchiv, VGH 3775, A 1.

men; es scheint, dass zwischen den Gruppen keine gute Vernetzung existierte, weil Markus Käfer noch am 4.6. einen von seiner Frau mit verstellter Schrift geschriebenen Brief mit Mitteilungen über die Ziele für Bombardierungen in Lavamünd aufgab, der dann am 13.6. von der Gestapo abgefangen wurde. Käfer wusste offenbar mehr als eine Woche nach der Verhaftung der Ročičjaks noch nichts davon. Der Brief, der im Original erhalten ist, wurde Elisabeth Ročičjak ins Gestapogefängnis nach Klagenfurt nachgeschickt. Die Gestapo stellte fest, dass es den angegebenen Absender „Franz Doljan, Wolfsberg, Schleifen Nr.15" gar nicht gab; das Haus war eine Werkstätte der Deutschen Reichsbahn! Im Brief wurden die Decknamen „Tontschka", „Tiger" und „Alex" genannt; „Knapp" war der Deckname Markus Käfers. Der Inhalt des Briefes lautete:
„Meldung von Knapp an Kolya durch Toncka, Tiger und Aleks. Zu bombardieren wären sämtliche Fabriksorte Umgebung Wien, Sprengkapselfabrik Oberlaa bei Wien, Flugzeugwerke in Wien-Neudorf an der Aspangbahn, 30.000 Arbeiter in Fabriksbaracken, die kleinen Werke an der Bahn Graz-Wien, die Semmering-Viadukte, die Papierfabrik Gratkorn, 5 km nördlich Graz, sämtliche Obersteirischen Fabriken von Bruck an der Mur bis Unzmarkt, die Papierfabrik Pöls, 8 km nordwestlich Judenburg, die Aluminiumwerke, 2 km südlich Braunau am Inn, 5.000 Arbeiter, der Bahnhof St. Veit a. d. Glan, Kärnten, der Bahnhof u. die Fabriken in Villach, die Papierfabrik Frantschach, 3 km nördlich Wolfsberg. In Neustettin, wo die neue Waffe erzeugt werden soll, ist auch einer der größten Truppenübungsplätze aller Waffen. Alle Fabriken von Pressburg bis Passau an der Donau. Die Kupferwerke bei Bischofshofen. Die Bombardierung Klagenfurts wäre zu unterlassen, da nichts mehr Kriegswichtiges dort vorhanden ist. Am Ostrande Klagenfurts ist der zertrümmerte Flugplatz u. am Südostrande Klagenfurts der stark beschädigte Frachtenbahnhof, welche bestimmt kein kriegswichtiges Ziel sind. Das kleine Werk für Flugzeugteile in der ehemaligen Tabakfabrik wurde angeblich nach Grafenstein verlegt. Eventuelle Antwort darf nur durch Aleks oder Tiger persönlich erfolgen. Weitere Meldungen

folgen nach Bedarf, wie ich sie selbst erfahre."[321] Der Brief wurde von der Gestapo abgefangen und kam zu den Akten. Das Schicksal der Familie spielt auch in aufgezeichneten mündlichen Überlieferungen eine Rolle. Ingrid Kaiser-Kaplaner interviewte eine Freundin von Elisabeth/Lizika Ročičjak, die von der Gruppe Käfer in „Eppendorf"(!) erzählte. „Wenn nicht alle so dicht gehalten hätten, die man gefasst hat, dann wären dreimal soviel aufgeflogen. ... Die Gruppe Käfer, die sind im Mai alle verhaftet worden: Die Eppendorfer, hier in unserer Gegend meine Freundin und ihr Vater, ihre zwei Schwestern – denen konnte man nichts nachweisen, die hat man freigelassen." Die Zeitzeugin erwähnt auch „eine Mutter und ihre Tochter" in St. Veit im Jauntal.[322] Derartige Schicksale wurden weitererzählt; besonders Liebesgeschichten zwischen Einheimischen und Zwangsarbeitern erfreuten sich großer Beliebtheit; in tatsächlichen oder vermeintlichen Liebes- und Sexgeschichten sah man einen Lichtblick in trostloser Zeit.

Ähnlich wie die Familie Ročičjak wurde auch die Familie Mitsche/Mičej in die Sache der Partisanen hineingezogen. Aus Theresia Mitsches[323] zweiter Ehe mit dem von Werner Berg porträtierten Andrej Mitsche (Mičej, 1896-1989) stammte die 1922 geborene Tochter Theresia („Trezi"), die nach dem Besuch der Volksschule bei ihrem Vater das Handwerk des Bürstenmachers erlernte, 1940 in Klagenfurt die Gesellenprüfung ablegte und danach in der väterlichen Werkstätte arbeitete. Von 1940 bis 1942 war sie „Blockwarthelferin" im „Reichsluftschutzbund" und wurde in dieser Zeit auch zu NS-Feiern am Wörthersee eingeladen. Theresia Mitsche zeigte in der Schulzeit bereits musikalisches und schauspielerisches Talent und war ausgesprochen hübsch; es sind einige Fotos von der Familie erhalten. Schon als Mädchen war sie beim slowenischen Kulturverein „Danica" und spielte viele Hauptrollen in der Laientheatergruppe. Sie sang auch im Chor

[321] Saur-Datenbank, 11 J. 301/44 g.

[322] Ingrid Kaiser-Kaplaner: Schicksale Kärntner Sloweninnen im Zeitraum von 1930-1950. Eine soziologische Darstellung, (= Studia Carinthiaca VIII), Klagenfurt 1995, 153.

[323] Nadja Polzer: Mitsche Theresia sen., in: Das Buch der Namen, Klagenfurt 2010, 625f.

Theresia sr. und Andrej Mitsche vor ihrem Haus; Theresia sr. hält ihre Tochter Theresia jr. (Trezi)

Theresia Mitsche jr. (Trezi)

mit. Sie trat bei einem Theaterstück mit auf; doch schon 1942 kam es zu Auseinandersetzungen mit der Hitlerjugend anlässlich der Vertreibung der Familie des „Eckwirts“ Picej. Die Aussiedlungen scheinen bei ihr zu einer ideologischen Wende geführt zu haben.

Ab Herbst 1943 war „Trezi“ mit dem Decknamen „Jelka“ als Partisanenkurierin für „Tiger“, „Pijo“ und „Rado“ tätig und hielt angeblich die Verbindung zwischen dem Jauntal und Klagenfurt. Ihr Vater Andrej sagte später über diese Zeit: „Meine Frau war als bewusste Slowenin von Anfang an für die Partisanen eingestellt, aber angeschlossen hat sie sich der OF erst 1943. ... Meine Tochter war in Klagenfurt, dort am Bahnhof hatte sie eine Vertraute, mit der sie das Nötigste organisierte und zu den Partisanen trug und umgekehrt. Sie hat später, nachdem sie von den Nazis verhaftet worden war, gesagt, wenn sie schwach gewesen wäre – die haben sie in der Gefangenschaft geschlagen, dass sie ganz blau war – , wenn sie nicht so stark gewesen wäre, hätte sie an die 200 Leute verraten können.“ Theresia Mitsche brachte den Partisanen öfters Essen in den Wald; die Partisanen übernachteten auch öfters in ihrem Haus. Mutter und Tochter Mitsche werden im Verhörprotokoll vom 30.5. nicht erwähnt, aber bereits am 1.6.1944 verhaftet, nachdem der verhaftete Prikeršnik auch ihren Namen preisgegeben hatte. Es heißt im Verhörprotokoll, die Mutter wurde *„festgenommen, weil durch die Angaben des Banditen Prikerschnik und die weiteren Ermittlungen festgestellt wurde, dass sich mehrere Banditen öfters in der Behausung der Mitsche aufhielten und von ihr verpflegt und beherbergt wurden“*.

Das Umfeld der Familie Mitsche wurde 2006 von Adele Polluk erkundet; dabei waren ihr vor allem die Informationen der Pfarrersköchin Theresia Zulechner behilflich, die die ganze Situation 1944 miterlebt hatte.[324] Es gab Slowenen bei der Partei, der Landwacht oder beim Volkssturm. „Trezi“ wurde sogar von der Gestapo nach Klagenfurt auf ein Fest am Wörthersee eingeladen. Die Zeitzeugen brachten auch das Thema der Liebe ins Spiel; im Pfarrhof lebte ein junger Franzose, René Oliva aus Cannes, dessen Foto sich in Theresias Album findet. Es wird auch berichtet, dass eine Lehrerin

[324] Adele Polluk: Die Bewältigungs- und Abwehrmechanismen bei der Erinnerung bezüglich des Holocausts und des Nationalsozialismus in St. Veit im Jauntal/Št. Vid v Podjuna, Diplomarbeit Klagenfurt 2006.

in René verliebt war. „Sie hat gesagt, die Trezi gehe mit ihm. Dann sind sie ihn holen gekommen. ... Sie schlugen und folterten ihn danach. Er hatte nur noch 40 kg. Sie hatte ihn verraten."[325] René soll beabsichtigt haben, die Hilfe der Partisanen zu erbitten. Die Burschen aus dem Dorf schlugen und folterten ihn; er wurde im Gemeindeamt arretiert, weil er angeblich mit den Partisanen Kontakt gehabt hatte. Liebe zwischen einem „Reichsbürger" und einem Zwangsarbeiter war verboten und galt als "*Rassenschande*".
Der mit dem NS-System sympathisierende Valentin Pleschounig berichtete, Theresia hätte sich in einen Partisanen verliebt, der sich ebenso in sie verliebt habe. Es scheint, dass damit Prikeršnik gemeint war. „War wahrscheinlich Eifersucht. Weil, so fesch war sie ja. ... Sagen wir, als Fremder braucht er ja nicht alles auszuplaudern, wo er war."[326] Die ganze Sache zeigt, wie politische und private Motive sich überkreuzten und was alles noch eine Rolle spielen kann im Kampf der Minderheit gegen ein übermächtiges System. In St. Veit wird vermutet, dass Valentin Pleschounig auf die Familie Mitsche einzuwirken versuchte, sich nicht mit den Partisanen einzulassen. Im Dorf sagte man: „Die Trezi hatte ein bisschen eine Verbindung".
Die Gestapo kam dann am 1.6.1944 nach St. Veit und verhaftete Mutter und Tochter sowie den Sohn Stefan Kummer; das Haus wurde durchsucht; die Gestapo nahm das Radio mit, auf dem Dachboden räumten sie das geselchte Schweinefleisch aus und nahmen einen Sack Zucker, das Brot und die Schreibmaschine mit. Ein Gendarm sagte zu Andrej: „Wenn Sie nicht blind wären, würden Sie mitgehen". Er dürfe keine Bürsten mehr verkaufen, weil alles beschlagnahmt sei. Der blinde Organist wurde im Dorf aufgenommen. Er berichtete über das Schicksal seiner Familie: „Nachdem sie die Frau und die Tochter eingeliefert hatten, da musste ich alles zusperren. Sie verboten mir mein Handwerk und den Verkauf und schickten mich hinunter zu meinem Bruder. Den Schlüssel gaben sie dem Bürgermeister. Nach drei Tagen bekam ich ihn dann beim Bürgermeister wieder. Dann hieß es, ich dürfte keine Bürsten mehr verkaufen, weil ja eigentlich

[325] Ebenda, 128.
[326] Ebenda, 132.

alles beschlagnahmt sei. Nach einiger Zeit kamen die Gendarmen wieder und sagten, dass ich wieder verkaufen dürfe. Jeden Donnerstag ging ich sie besuchen, nach Klagenfurt zum Gericht. Dort war ein Besuchszimmer. Der Wächter war noch nett. Der hat so ein bisschen zu uns gehalten. Am Anfang war das so, dass er dabei war, später waren wir alleine, zuerst mit der Tochter, dann mit der Frau. Wir waren nie zu dritt. Ein einziges Mal waren wir alle drei zusammen, weil dieser Wächter so fein war. Ein feiner Mensch. Der Frau haben sie dort ja nichts Besonderes angetan, aber die Tochter haben sie gemartert. Sie haben sie so geschlagen, dass sie gesagt hat: ‚Ich kann nicht liegen, aber auch nicht stehen.'"[327]

Stefan Kummer gab beim Verhör zu, von seiner Halbschwester erfahren zu haben, dass verschiedentlich Partisanen in der Wohnung waren und verpflegt wurden. Er selbst aber sei mit ihnen nie in Kontakt gekommen. Eine Anzeige habe er aus Angst vor den Partisanen unterlassen. Aus dem Verhör von Therese Mitsche sr. geht hervor, dass auch sie durch Prikeršnik verraten wurde. Sie gab zu, dass viermal 4 bis 6 Partisanen sich in ihrem Haus aufgehalten hätten und von ihr verpflegt und beherbergt worden seien. Auch der Tochter wurde nachgewiesen, dass sie mindestens viermal Partisanen beherbergt hatte. Man beschuldigte sie, auch Kurierdienste ausgeführt zu haben; sie gebe nur das zu, was man ihr ohnedies nachweisen könne.

In der Anklageschrift wird resümiert, im Mai 1944 hätten „Alex" und Prikeršnik an das Schlafzimmerfenster der Mutter geklopft. Die Mutter sei mit der Tochter in die Küche gegangen und habe gefragt, wer da sei. Die beiden hätten geantwortet, sie sollten aufmachen, sonst würde die Tür mit einer Handgranate aufgesprengt. Sie hätten eine Unterkunft für den nächsten Tag verlangt und auch dort übernachtet. „Alex" sei im Mai noch dreimal gekommen und habe sich den ganzen Tag dort aufgehalten. Einmal war nur Prikeršnik bei ihm, die beiden anderen Male seien drei bzw. fünf Partisanen dabei gewesen. Die Tochter hätte ihnen meistens Suppe oder Tee zubereitet. Im Schlussbericht der Gestapo vom 17.8.1944 heißt es, dass sie das Recht verloren habe, *„als gleichwertiger Mensch unter deutschen Volks-*

[327] Andrej Mitsche: Warten, in: Erzählte Geschichte der Kärntner Slowenen (1991), 381-384, hier 383.

genossen zu leben." Die Kellnerin Stefanie Glinik aus Priebelsdorf wurde am 2.5. festgenommen, weil sie die Partisanen „Alex" und Prikeršnik am 13.5. bei der Heintsche-Keusche in Priebelsdorf vor der Polizei gewarnt hatte. Auffallend ist, dass sie bereits am 16.6.1944 aus der Haft entlassen wurde.
Theresia Mitsche jr. hatte als Kurierin angeblich Kontakte bis zum Rosental, wo sie mit Janez Weiss in Verbindung war, der wiederum seit Mai 1943 in Kontakt mit Matija Verdnik stand, der aus dem Rosental stammte. Ein weiterer Verbindungsmann war Miha Rigl in Klagenfurt, der den Decknamen „Peter" trug. Während ihrer Haft wurden die beiden Frauen immer wieder der Gestapo vorgeführt und verhört. Sie blieben bei den Verhören jedoch hart und gaben niemanden preis. Die beiden Frauen gaben zu, gewusst zu haben, dass es sich bei den Partisanen um Kommunisten handelte; sie hätten aber nicht zu ihnen gehalten, weil sie im katholischen Sinn erzogen worden seien und die Partisanen im Falle eines Sieges die Kirchen zerstören wollten. Die Slowenin Lojzka Boštjančič aus Ludmannsdorf erzählte, wie die Mitsches im Juni 1944 im Gestapogefängnis zu ihr in die Zelle kamen. Nach ihrer Verurteilung habe die Mutter in der Zelle eine Art Testament gemacht; das habe man auch in der Nachbarzelle gehört. Sie sei zum Fenster hinauf gestiegen und habe ihrem Sohn Stefan zugerufen, der nicht zum Tode verurteilt war: „Stefan, wir gehen, wir sind verurteilt, du aber wirst überleben. Du wirst ja noch nach Hause kommen, das Bett, das mein war, soll dir gehören, alles andere aber lass dem Vater und sorg für ihn!"[328] Alle anderen in der Zelle hätten geweint; am nächsten Tag aber seien sie weg gewesen. Der Halbbruder Stefan Kummer kam daraufhin nach Straubing und Dachau, wo Alois Vauti, der Pfarrer von Zell Pfarre, ihm eine Stütze war und ihm seelischen Beistand gab.

Die Familien Käfer und Zellnig wurden erst nach dem Abfangen des Briefes vom 4.6. am 13. und 14.6.1944 verhaftet. Die Gestapo fing in St. Kanzian den Brief an Elisabeth Ročičjak ab, der zur Enttarnung der Gruppe von

[328] Lojzka Boštjančič: Sie wissen wohl gar nichts, in: Spurensuche (1991), 398-403, hier 402.

Ettendorf führte. Prikeršnik wurde nach Ettendorf gebracht, wo er der Gestapo zunächst das Gasthaus Zellnig zeigte; die Bewohner wurden sofort verhaftet. Dann führte er die Gestapo zum Lamprechtsberg, wo die Polizei feststellte, dass es sich bei „Knapp" um den Landwirt Käfer handelte. Neben Käfer wurden auch seine Frau Irma und die bei ihnen wohnende Olga Kanatschnig verhaftet, letztere wurde jedoch nicht vor Gericht gestellt. Bei der Hausdurchsuchung fand man bei Käfer ein sechs Seiten langes Briefkonzept mit kriegswirtschaftlichen Nachrichten. Käfer machte nach seiner Verhaftung keinerlei Versuche einer Vertuschung, er fühlte sich als Anführer des Widerstandes im Lavanttal. Er erklärte freimütig, es sei sein Wunsch gewesen, Einfluss auf die Tätigkeit der Partisanen im Lavanttal zu gewinnen, *„um hier auch generelle Anordnung für die Bandentätigkeit in diesem Gebiet erlassen zu können"*. Er habe mit „Alex" und Klantschnig darüber gesprochen, welche Aktionen im Lavanttal durchzuführen seien. Das ganze Gebiet sollte durch einen gut ausgebauten Nachrichtendienst erfasst und beurteilt werden. *„Er habe dies für erforderlich gehalten, um nach dem Sieg der Banden ein fertiges Programm für die Liquidierung bzw. Besitzenteignung und sonstigen Repressalien gegen seine politischen Gegner zu haben."* Als geistiger Führer der Bandenorganisation in seinem Bezirk habe er für seine geleistete Arbeit verschiedene Anerkennungen von der Bandenführung erhalten, und es sei ihm zugesagt worden, dass er zum Politkommissar ernannt und außerdem den Titel eines Hauptmanns oder Majors der Tito-Bandenarmee erhalten würde.[329]

Am 16.6.1944 wurde Maria Zellnig noch einmal von der Gestapo in Klagenfurt verhört. Sie berichtete, dass Käfer immer in der Gegend herumgefahren sei, nach Wolfsberg, Lavamünd und St. Paul. Sie habe dann erfahren, dass Josefine Kampl einen Franzosen versteckt habe. Eine Kurierin habe Käfer eine Kette gebracht, die er am linken Arm tragen sollte, als Erkennungszeichen bei Kontaktgängen. Josefines Bruder Max bei der Wehrmacht habe ihr bei einem Heimaturlaub gesagt, sie bringe die gesamte Familie in Gefahr. *„Der Käfer hat sich mir gegenüber als der Führer der*

[329] Saur-Datenbank, 11J. 301/44g.

österr. Freiheitsbewegung aufgespielt und sagte, dass er als Führer für das ganze Lavanttal fungieren würde. Ich sagte, dass ich mit den Kommunisten nichts zu tun haben will, denn die würden uns alles enteignen und bekam von K. zur Antwort, dass ich eben von Politik nichts verstünde. Er hat sich auch den Banditen gegenüber als Führer für das Lavanttal ausgegeben und sagte ihnen, dass er mit ihnen nicht verhandeln würde und sie sollten einen Führer von ihnen schicken, denn mit Kindereien gebe er sich nicht ab." Es kam jedoch kein höherer Vertreter der OF ins Lavanttal; Käfer wurde ersucht, nach Gutenstein/Ravne na Koroškem zu fahren, aber dazu war er nach Maria Zellnig „zu feig". „Als die beiden Banditen das letzte Mal bei uns waren, sagten sie, dass wir die Nachrichten nur zur Elisabeth Ročičjak senden müssten."

Am 22. und 23.6. wurde Johann Klantschnig noch einmal in Klagenfurt von der Gestapo verhört. Er erklärte abermals, dass Maria Zellnig vom Gasthaus „Messner" „Alex" und ihn zu Käfer gebracht habe. Die Partisanen hätten dann beim Ortsbauernführer in Steinberg ein Gewehr geraubt und zu Käfer gebracht. In Steinberg seien sie auch von einigen Bauern verpflegt worden, die wussten, wer sie waren. Sie kamen mit zwei Arbeitern, Karl und Ivan (Johann), in Kontakt, die beim Draukraftwerk arbeiteten. Sie hätten dann ein drittes Mal im Gasthaus Messner und in Käfers Scheune übernachtet. Am 12. oder 13.5. kam ein hübsches Mädchen aus Kapfenberg, das ihnen Munition brachte. Ivan hatte ein Verhältnis mit Frau Bergmann aus Wrisnitz, wo die Partisanen ebenfalls einkehrten. In der Umgebung von Mieß hatten sie ebenfalls Stützpunkte, ähnlich beim vlg. Osojnik im Wistra-Graben bei Schwarzenbach/Črna na Koroškem, wo im Januar oder Februar 1944 der Brigadestab mit 60 Mann war. Er gab noch eine Reihe von Anlaufstellen im Mießtal an. *„In diesem Zusammenhang kann ich nur sagen, dass wir von fast allen Slowenen zum Teil aus Angst und andererseits aus Sympathie unterstützt wurden."* Die restlichen Verhöre behandelten lediglich die Verhältnisse im Mießtal. Die Familie Mitsche war Klantschnig offenbar nicht bekannt.

Inzwischen setzten auch die Maßnahmen der NS-Verwaltung gegen die Familien der Widerstandskämpfer ein. Am 2.9.1944 wurde laut Bescheid der Gestapo vom 21.8.1944 die Beschlagnahmung des Besitzes von Josef

Ročičjak verordnet. Er wurde von Cäcilia, der 1912 geborenen Tochter Josefs, bewirtschaftet, die mit der Familie zerstritten war, weil sie mit einem SS-Mann liiert war. Bei einer Verhandlung vor dem Kreisleiter wurde am 8.9. vereinbart, dass Cäcilia den Hof bewirtschaften sollte, bis der bei der Wehrmacht dienende Sohn Valentin ihn übernehmen könne.[330] Die Familienangehörigen getrauten sich offensichtlich nicht, die Verwandten im Gefängnis zu besuchen. Der Brief Josef Ročičjaks vom 18.11.1944 ist das letzte erhaltene Lebenszeichen von ihm. Am 27.9.1944 wurde Cäcilia von der Geschäftsstelle der „Deutschen Ansiedlungsgesellschaft" mit der Bewirtschaftung des Hofes betraut, den sie auch behalten konnte, als der ins Zuchthaus Straubing gebrachte Stefan Kummer und die ins Zuchthaus Aichach in Oberbayern überstellte Josefa Trobej Ende April 1945 entlassen wurden. Josefine kehrte nach einem Aufenthalt im Krankenhaus München-Schwabing am 22.6.1945 auf den Hof nach Kleindorf zurück. Sie musste sich jedoch wie ihr heimgekehrter Mann mit Gelegenheitsarbeiten den Lebensunterhalt verdienen, während die Schwester Cäcilia den Hof behielt.
Therese Mitsche jr. sagte ihrem Vater einmal: „Wenn sie aus Graz kommen, um zu richten, dann habe ich keine Angst. Wenn sie aber aus Berlin kommen, wird Schluss sein". Das Mädchen wusste, wie es Freisler einzuschätzen hatte. Die Anklageschrift gegen die 13 Widerständler wurde am 18.12.1944 in Berlin von Albert Weyersberg fertig gestellt. Stefan Prikeršnik wurde am 23.12.1944 in Wien vom 4. Senat des Reichskriegsgerichts zum Tode verurteilt.[331] Roland Freisler scheint einige Tage in Kärnten geblieben zu sein.
Der Prozess gegen die Angeklagten vor dem VGH fand am 6.1.1945 in Klagenfurt am Landgericht unter dem Vorsitz von Freisler statt. Abschnittsleiter Ingo Treffer aus Kärnten gehörte wieder zu den Richtern. Die Familie Mitsche hatte Dr. Max Streit als Verteidiger, der schon beim Zellaner Prozess, bei Franz Najemnik und bei Pfarrer Vauti tätig geworden war. Über einige charakteristische Äußerungen Freislers sind wir durch zwei Zeitungsartikel

[330] Klagenfurt, Kärntner Landesarchiv, Hofakten der Familie Ročičjak; vergl. dazu: Malle (2006), 135f.
[331] Manfred Messerschmidt: Die Wehrmachtsjustiz 1933-1945, Paderborn-München-Wien-Zürich 2005, 127

informiert. Am 12.1.1945 berichtete die „Kärntner Zeitung“ in dem Artikel „Bombardierung der eigenen Heimat vorgeschlagen“, dass 10 Angeklagte zum „Tod durch den Strang“ verurteilt worden seien (Klantschnig, Markus u. Irma Käfer, Markus u. Maria Zellnig, Josefine Kampl, Theresia Mitsche sr. u. jr., Josef und Elisabeth Ročičjak). *„Den Einwand, aus Angst so gehandelt zu haben, wies Präsident Dr. Freißler mit aller Schärfe zurück und betonte, dass Angst vor Banditen der Anfang des Verrates und schon aus diesem Grunde nicht berechtigt ist, da das Großdeutsche Reich hier der weitaus stärkere Teil ist.“*[332] Noch konkreter wird die Zeitung „Die Heimat ruft“ vom Februar 1945. Hier wird Freisler zitiert: *„Angst ist keine Begründung dafür, dass man im sechsten Kriegsjahr so verbrecherisch handeln und den Feinden Großdeutschlands Vorschub leisten kann. Auch derjenige, der einsam wohnt, kann nicht das Recht der Angst als Ausrede für seine verbrecherischen Handlungen für sich in Anspruch nehmen. Der Soldat, der einsam auf seinem Posten steht, darf auch keine Angst haben. Angst ist in diesem Falle der Anfang von Verrat. Selbst wenn man Angst gelten lassen wollte, müssten die Leute schon aus Angst vor dem Großdeutschen Reich anders handeln, denn dieses Großdeutsche Reich ist auf alle Fälle stärker als das Räubergesindel.“*[333] Als Zellnig sich in der Verteidigung auf seine Auszeichnungen im 1. Weltkrieg berief, erklärte Freisler, *„dass ein Mensch, der Verrat an seinem Volk übt, seine Ehre und damit alles verliert, was vorher gewesen ist. Er hat daher nichts mehr, auf was er sich berufen könnte.“*[334] Die Zeitung resümiert dann: *„Das sind nicht Menschen, die solche Verbrechen begehen, das sind Bestien.“*[335]

Andrej Mitsche erfuhr, dass seine Frau und Tochter nach Graz gebracht wurden. Die Slowenin Lojzka Boštanječič erfuhr von einer Aufseherin, dass die beiden Mitsches aneinandergekettet waren, als man sie wegbrachte.[336] Am 11.1.1945 ging er nach Klagenfurt, um Ordinariatskanzler Dr.

---

[332] Kärntner Zeitung, 12.1.1945.

[333] Schänder der Heimat. 10 Hochverräter gehängt, in: Die Heimat ruft, Folge 5, Februar 1945, 14 (Ich danke Peter Ruggenthaler für die Kopien der Zeitung).

[334] Ebenda, 15.

[335] Ebenda, 16.

[336] Boštanječič (1991), 402.

Kadras um Hilfe zu bitten. Er wollte Hilfe von Hitler für seine Frau, die er nicht mehr sah. „Denn dieser Kanzler war ein bisschen ein Nazi. Auch zum Gericht bin ich hin, dort hat man mich getröstet, dass ich noch drei Monate Zeit hätte, bis das Urteil rechtskräftig sei."[337] Mitsche wusste nichts davon, wie sehr Kadras für die Slowenen interveniert hatte. Theresia jr. schrieb ihrem Vater oft Briefe. In einem Abschiedsbrief versuchte Theresia sr. noch die Erbfolge in ihrem Hause zu regeln. Im Februar oder März bekam Andrej Mitsche aus Graz einen Brief von einer Frau mit der Mitteilung, dass die Frauen noch lebten.[338] Ein weiterer Brief erweckte den Eindruck, dass sie noch lebten. Am 8.3. bekam er dann aus Graz ein Schreiben, dass sie geköpft worden seien. Nach den Zeitungsberichten wurden die Angeklagten jedoch erhängt. Die Hinrichtung fand offensichtlich am 12.1.1945 statt; die Leichen wurden in einem Massengrab am Zentralfriedhof beigesetzt. Ein Grab existiert nicht; auf dem Friedhof von St. Veit im Jauntal gibt es bis heute keinen Gedenkstein.

Über die Bemühungen Andrej Mitsches um die Opferfürsorge nach 1945 gibt es ein Aktenkonvolut im Landesarchiv. Es beginnt mit einer Bestandsaufnahme der 1944 beschlagnahmten Besitztümer. Mit Bescheid der Gestapo vom 21.7.1944 wurde die Liegenschaft in St. Veit im Jauntal aufgrund des *„volks- und staatsfeindlichen Verhaltens"* beschlagnahmt.[339] In einem Protokoll wurden die beschlagnahmten Gegenstände wie Radio usw. nach polizeilichen Erhebungen mit 1650,- ö.S. bewertet. Infolge der Kriegsereignisse wurde dieser Akt jedoch gegenstandslos; es kam nicht zu einer Übergabe an Fremde. Nach Kriegsende wurde der Besitz zurückgegeben und Mitsche, der bis dahin bei anderen Leuten gelebt hatte, konnte in sein Haus zurückkehren und seine Tätigkeit als Bürstenbinder wieder aufnehmen. Er heiratete noch im Jahre 1945 ein zweites Mal, weil er allein nicht zurechtkam. Im Bescheid des Landesgerichtes vom 14.1.1948 heißt es, die Antragsteller seien „als Slowenen politischen Verfolgungen ausge-

[337] Mitsche (1991), 383.

[338] Offensichtlich kannte er „Die Heimat ruft" nicht!

[339] Klagenfurt, Kärntner Landesarchiv, Opferfürsorge 290 (Andreas Mitsche), fol. 15.

setzt" gewesen.[340] Zunächst erhielt Mitsche eine kleine Rente, die jedoch am 30.7.1951 überprüft wurde. Dabei wurde festgehalten, dass die Familie mit den Partisanen in Verbindung gewesen sei. Mitsche betonte am 9.8.1951, dass er für ein „freies Österreich" gekämpft habe und nur wegen seiner Blindheit nicht verurteilt worden sei. Franz Tratter von der SPÖ bestätigte das Eintreten für ein freies Österreich. Dennoch wurde der Familie am 8.10.1951 durch Landeshauptmannstellvertreter Krassnig der Opferstatus gemäß Opferfürsorgegesetz entzogen.[341] Mitsche bemühte sich immer wieder um eine Opferrente, die ihm verwehrt wurde, weil er wieder einen Betrieb führe und weitere Kinder gezeugt habe. Am 7.8.1952 schrieb er im Gesuch um die Wiederzuerkennung des Opferstatus: „Und so hielt mein großes Seelenleiden die Parallele mit dem der Meinen im Gestapogefängnis und ganz furchtbar wurde am Tage der Todesverkündung. Stärken konnte mich nur die Überzeugung, dass Österreich wieder frei wird." Auch die späteren Gesuche des erst 1989 verstorbenen Andrej Mitsche setzten die Argumentationslinie fort. Am Grab findet sich weder der Name der ersten Frau noch der Name der hingerichteten Tochter. Die wiedererrichtete Republik Österreich tat sich schwer mit der Behandlung der Opfer. Dies hing vielleicht nicht nur mit der Finanzlage der Republik in den ersten Jahren nach dem Krieg zusammen, sondern auch damit, dass man Zweifel hatte, ob die Widerständler wirklich für ein freies Österreich gekämpft hatten.
Die Kirchenchronik von Ettendorf kommentiert das Ende der Gruppe Käfer in Graz: „Alle wurden enthauptet. Dr. Weber, ein alter Priester bei den Kreuzschwestern, hat sie noch kurz vorbereiten können, und alle, so erzählte er, waren bei der Sache, alle bekamen die Lossprechung. So ist große Hoffnung, dass auch Herr u. Frau Käfer gut gestorben sind, die beide schon 1935 aus der Kirche ausgetreten waren. Viel Mühe hat es gekostet, die Hinterbliebenen aufzurichten und zu trösten. Zellnig mit Tochter u. Frau Kampl gingen ja gut vorbereitet hinüber, wie aus den Abschiedsbriefen zu ersehen war."[342]

[340] Ebenda, fol. 16.
[341] Ebenda, fol. 34.
[342] Kirchenchronik, hier zitiert nach Ruggenthaler (2002), 254f.

Günther Käfer, der Sohn von Markus und Irma, war damals erst 13 Jahre alt. Er kam zunächst mit seinen Schwestern in die Obsorge des Kaufmanns Würnsberger; nach einigen Wochen kam er zu Verwandten nach St. Veit, die Schwestern an eine andere Adresse. Der Hof wurde beschlagnahmt; zunächst war dort eine Polizeistation, dann plünderten Partisanen ihn aus, 1945 wurde er jedoch restituiert und bis zur Volljährigkeit des Sohnes einem Pächter übergeben. Der Sohn erhielt zunächst einen Opferausweis, der ihm steuerliche Vorteile brachte, ihm jedoch am 24. Geburtstag entzogen wurde.[343] Der Gasthof Zellnig neben der Kirche existiert nicht mehr; die Namen der getöteten Zellnigs und Josefine Kampls finden sich auf den Familiengräbern in Ettendorf, nicht aber der von Markus und Irma Käfer. Keine Gedenktafel erinnert in Ettendorf an die Widerständler. Die „Erinnerungskultur" ist hier fest in der Hand des deutschnationalen Abwehrkämpferbundes.

[343] Freundliche Mitteilung von Günther Käfer.

12. Fahnenflucht und Standgerichte der Wehrmacht in der letzten Kriegsphase

Bis 1942 konnte man in Kärnten von einem Sieg Hitler-Deutschlands über seine Gegner ausgehen. Nach einem Scheitern der Offensive gegen Moskau mussten 1941 erste Zweifel an einem „*Endsieg*" bei der Kärntner Bevölkerung aufkommen. Die schweren Bombenangriffe 1943 führten die Luftüberlegenheit der Alliierten vor Augen. Sogar im Bunker in Zell Pfarre erfuhr der Deserteur Thomas Olip am 13.9.1942, er habe gehört, „dass die Engländer Düsseldorf bombardiert haben. 100.000 Brandbomben wurden abgeworfen".[344] Düsseldorf wurde bereits seit Mai 1940 bombardiert. Am 1.8.1942 erfolgte der erste Großangriff; 1,14 Millionen Brandbomben vernichteten allmählich den größten Teil der Stadt; über 6000 Menschen kamen dabei um. Durch die Landung der Alliierten in Sizilien und Unteritalien bekamen sie Flugplätze in die Hand. Auch Kärnten rückte jetzt in die Reichweite der Bomber. Am 16.1. 1944 kamen 234 Menschen bei einem Angriff auf Klagenfurt um. Die Kapitulation von Stalingrad im Januar 1943 brachte die endgültige Wende. Bereits seit Februar 1943 tauchten Gerüchte über einen möglichen Sturz Mussolinis auf. Im Juli 1943 scheiterte das „*Unternehmen Zitadelle*", die letzte deutsche Großoffensive in Russland. Am 18.7.1943 flog Hitler von der „Wolfsschanze" nach Salzburg und von dort einen Tag später zu seinem letzten Treffen mit Mussolini nach Feltre. Inzwischen wurde der Kärntner Gauleiter Rainer, der über Hitlers Flug nach Feltre nicht informiert wurde, vom deutschen Archäologen Dr. Siegfried Fuchs über Umsturzpläne in Rom informiert. Ein Telegramm Rainers an Heinrich Himmler vom 19.7.1943 ersuchte den Reichsführer

[344] Wie ein im Käfig eingesperrter Vogel. Das Tagebuch des Thomas Olip, hrsg. v. Wilhelm Baum, Klagenfurt 2010, 48.

der SS um die rasche Information Hitlers.[345] Nach der Kapitulation Italiens am 8.9.1943 bemerkte Goebbels zwei Tage später in seinem Tagebuch, dass Rainer sich bei Hitler gemeldet habe, um Gebietsansprüche anzumelden.[346] In dieser letzten Phase des 2. Weltkrieges versuchte das Regime mit allen Mitteln, den Besitzstand zu wahren; Ende 1944 gelang es den Deutschen sogar, die Partisanen der OF bis in das Savinjatal, dass bereits als „befreites Gebiet" galt, zurückzuwerfen.[347] Die letzten Kämpfe wurden zum „*Endkampf*" stilisiert und mit Verbissenheit durchgeführt. Die Verfahren gegen die Gegner nahmen immer weniger Rücksicht auf das Völkerrecht und die öffentliche Meinung in der Welt. Dies wirkte sich auch auf die politischen Prozesse gegen die Gegner des NS-Regimes aus. Martin Bormann und Himmler erließen noch im Februar 1945 Befehle zur Einrichtung von Standgerichten, entsprechend Hitlers Weisung: „*Wer nicht für sein Volk zu kämpfen bereit ist, sondern ihm in ernstester Stunde in den Rücken fällt, ist es nicht wert, weiter zu leben und muss dem Henker verfallen.*"[348] Oft ist es unsicher, „ob Todesurteile den Standgerichten oder den Kriegsgerichten zuzurechnen oder ganz willkürliche Erschießungen anzunehmen sind."[349] Die Schätzungen der Opfer der „*Standgerichte*" von Januar bis Anfang Mai 1945 gehen von 5000 bis 8000 Exekutionen aus.[350]

Die Akten der letzten Todesurteile über Kärntner Wehrmachtsangehörige ab Ende 1944 werden daher immer kürzer und knapper. Es lässt sich nicht einmal jeder Fall hinreichend dokumentieren. Die Gesamtsumme der von den NS-Tribunalen in Kärnten zum Tode Verurteilten lässt sich daher nicht exakt angeben; sie liegt bei über hundert Hingerichteten. Vom 4.6.1943 ist lediglich ein Vollstreckungsbericht über die Hinrichtung des Johann Sattler erhalten.

---

[345] Martin Moll: Die ungehörte Warnung: Eine deutsche Quelle zur Absetzung des italienischen Diktators Benito Mussolini im Juli1942, in: Journal for intelligence, propaganda and security Studies 4, Nr. 1, 2011, 124-138.

[346] Ebenda, 135.

[347] Wilhelm Baum: Die slowenischen Naziopfer im Partisanenkrieg in Zell-Pfarre, Eisenkappel, Bleiburg, im Rosental und auf der Saualm, in: Das Buch der Namen. Die Opfer des Nationalsozialismus in Kärnten, Klagenfurt 2010, 130-163, hier 157.

[348] Messerschmidt: Wehrmachtsjustiz (2005), 412.

[349] Ebenda, 414.

[350] Ebenda, 420.

Von einigen Fällen sind jedoch noch Akten erhalten. Der Fall des Josef Lassnig, der am 23.12.1944 vom RKG zum Tode verurteilt wurde, ist publiziert.[351] Lassnig wurde am 8.2.1917 in Seeboden am Millstätter See geboren, besuchte dort Volks- und Hauptschule und absolvierte dann eine Mechanikerlehre. Da er „als ausgesprochener Taugenichts" galt, wurde in Erwägung gezogen, ihn befürsorgen zu lassen. Mit 14 Jahren verließ er mit seiner späteren Frau das Elternhaus; beide hielten sich versteckt in den Bergen auf, bis die Polizei sie fand und nach Hause zurückbrachte. Die Jugendfreundin heiratete er später nach ihrer Scheidung. Seit 1936 arbeitete er als Skilehrer und betrieb mit der Mutter eine kleine Gastwirtschaft. Am 1.1.1938 meldete er sich als Freiwilliger beim Bundesheer, wurde dann in die Wehrmacht übernommen und 1940 Unteroffizier. Der frühere Sozialdemokrat wirkte bis zum Frühjahr 1944 in einer Bergungskompanie der Luftwaffe. Im März 1944 kam er über Krakau zurück nach Wien. Den Urlaub verbrachte er bei seiner Familie in Seeboden. Am 10.5.1944 meldete er sich bei seiner Einheit in Wien, kehrte dann jedoch nach Hause zurück, fälschte einen Urlaubsschein und fuhr mit seiner Frau auf Urlaub, der er erzählte, „wie furchtbar der Rückzug in Russland gewesen sei". Am 10.6. wurde er von einer Wehrmachtsstreife verhaftet und ins Gefängnis Klagenfurt eingeliefert. Zu einem anderen Gefangenen namens Fischer sagte er: „Der Krieg ist doch bald aus, und mir steht das schon bis hier oben." Er wolle mit anderen Gefangenen gemeinsam eine Bande bilden und ausbrechen. Bei einem Treffen mit seiner Frau ersuchte er diese, von ihm beiseite geschaffte Waffen in einer Seehütte seines Schwiegervaters zu verstecken. Seiner Frau erzählte er dann bei einem Besuch, er werde „in die Berge ziehen, dort einen Bunker bauen, von den Plünderungen der umliegenden Bauernhöfe leben und auf diese Weise das Ende des Krieges abwarten", also etwa ähnlich, wie auch die Gruppe Ribitisch (die sogen. „*Treffnerbande*") sich das vorstellte. Am 3.7. gelang ihm die Flucht; in der Nacht darauf durchsuchte die Gestapo die Hütte, wo sie Lassnigs Frau und Fischer verhafteten. Die Frau erhielt dafür von einem Sondergericht acht Jahre Zuchthaus.

---

[351] Wolfram Wette/Detlef Vogel (Hrsg.): Das letzte Tabu. NS-Militärjustiz und Kriegsverrat, Berlin 2007, 421-428, Dokument 38. (alle Zitate hieraus).

Lassnig hatte sich mit gefälschten Urlaubspapieren in Steindorf aufgehalten. Er behauptete bei der Verhandlung, er habe alles nur aus Liebe zu seiner Frau getan. Ein Oberstabsarzt bezeichnete die Bindung Lassnigs zu seiner Frau „in ihrem ewigen Unbefriedigtsein, in ihrer Unsicherheit und Eifersucht“ als „Hörigkeit“. Trotzdem kam der § 51 nicht zur Anwendung, weil Lassnig die Tat allein geplant habe. Das Todesurteil wurde jedoch auch mit „Feindbegünstigung“ begründet, weil Lassnig zu einer „Bande“ gehen wollte. In diesem Urteil zeigt sich bereits die Situation der Wehrmacht im Sommer 1944, in dem sich die Niederlage bereits deutlich abzeichnete. „Banden“ wie die von Ribitsch im Treffner Tal gab es an mehreren Orten in der Einschicht, wo man das Kriegsende abwarten und sich so lange verstecken wollte. Lassnig wurde durch den Gestapospitzel Alexander Herbst verraten[352], am 23.12.1944 vom 4. Senat des RKGs zum Tode verurteilt und am 23.2.1945 in Wien hingerichtet.[353]

Ähnlich gelagert ist der Fall Robert Wohlbank. Er wurde am 13.9.1913 in Gattersdorf im Bezirk Völkermarkt geboren; der Vater war 1914 gefallen. Die Mutter war mit dem Bauern Macher verheiratet. Von 1920 bis 1927 besuchte er die Volksschule in Mittertrixen. Anschließend arbeitete er bei seinem Stiefvater, dann bei anderen Bauern und bei einer Tiefbaufirma; 1939 legte er die Führerscheinprüfung ab; wegen eines Raufhandels wurde er mit 24 Stunden Arrest bestraft. Seit 1938 war er Mitglied der NSDAP, Ortsgruppe Waisenberg. Im Mai 1941 wurde er eingezogen und kam als Kraftfahrer an der Ostfront zum Einsatz; ab 1942 arbeitete er in Prag im Kraftfahrdienst. 1942 wurde er zum Gefreiten und 1943 zum Obergefreiten befördert. Er war mit einer Tschechin aus Königgrätz verlobt, die ihm 1944 ein Kind gebar.

Anfang August 1943 verbrachte er vier Wochen Urlaub mit seiner Braut bei seiner Mutter, die wegen „Schmähung des Führers“ zu einem Jahr Gefängnis verurteilt worden war, wegen eines Herzleidens aber einem Strafaufschub erhalten hatte. Wolbank hatte diesen Aufschub vergeblich zu ver-

[352] Walzl (1994), 247.

[353] Muchitsch (1985), 486 u. Weinert (2011), 176.

längern versucht. Nach Ablauf des Urlaubs kehrte er am 6.5.1944 nach Prag zurück und sollte mit einem Sammeltransport nach Berlin fahren. Im letzten Moment entfernte er sich mit der Ausrede, er habe sein Gewehr vergessen. Später hieß es, er habe seinen Kameraden gesagt, „seine Mutter hätten sie jetzt ins Zuchthaus gebracht, und wenn man ihn jetzt an die Front versetzen wollte, täte er das nicht mit".[354] Er fuhr mit dem Zug nach Königgrätz und warf sein Gewehr in die Elbe. Von Königgrätz aus fuhr er mit Güterzügen in zehn Tagen bis Payerbach am Semmering. Von Payerbach ging er zu Fuß nach Leoben und über die Saualpe nach Launsdorf, dann fuhr er mit dem Zug nach St. Veit, von dort marschierte er zu Fuß nach Grafenstein und fuhr mit dem Zug nach Tainach. Dann ging er zu Fuß in Richtung Petzen. Er war in Zivil unterwegs; die Uniform hatte er im Rucksack. Oberhalb von Gösselsdorf zündete er abends ein Feuer an, um sich zu wärmen. Plötzlich kamen zwei Partisanen, die ihn zwangsrekrutierten und nach St. Jakob bei Schwarzenbach brachten, wo sich eine Partisanengruppe mit 12 Männern und zwei Frauen aufhielt. Sie nahmen ihm das Soldbuch ab und nötigten ihn, die Uniform anzulegen. Er zog dann mehrere Tage mit den Partisanen herum, die erklärten, dass sie einen Angriff auf die Deutschen vorbereiteten. Als ihm in Ljubno mitgeteilt wurde, dass man ihn suchte, entschloss er sich mit einem Gefährten zur Flucht in Zivilkleidung. Sie kamen wieder nach St. Jakob bei Schwarzenbach, wo sie von einer anderen Partisanengruppe festgehalten wurden. Sie kamen zum Wald Dobrowa bei Gösselsdorf, wo sie mit sieben Männern den Befehl erhielten, Mitglieder zu requirieren. Als sie die Nacht im Wald verbrachten, flüchtete Wolbank nach Tainach, wo er am 18.10.1944 eintraf. Von einer Tante erfuhr er, dass seine Mutter aus der Haft entlassen und in ein Krankenhaus gebracht worden war. Als er seine Mutter wiedersah und sie von seiner Desertion erfuhr, riet sie ihm, sich zu stellen. Er fuhr mit dem Zug nach Grafenstein und ging über Brückl nach Launsdorf, wo er am 24.10.1944 von der Gendarmerie verhaftet wurde.

Nach der Verhaftung versuchte er sich herauszureden, er hätte sich ent-

---

[354] Wette-Vogel (2007), 431-436, Dokument 39, hier 431.

schlossen, nach Prag zurückzukehren. Am 25.2.1945 wurde er vom 2. Senats des RKGs wegen Fahnenflucht (§ 69 MStGB) und Kriegsverrat (§ 57 MStGB) zum Tode verurteilt. Das Gericht unterstellte ihm, versucht zu haben, seiner Mutter durch die Kontakte mit den „Banditen" zu helfen und durch das Anzünden des Feuers bei Gösselsdorf die Partisanen anzulocken. Über eine Vollstreckung des Urteils ist nichts bekannt.

Hermann Pischelsberger (Foto: Dr. Werner Koroschitz)

Hermann Pischelsberger[355] wurde am 7.4.1913 in Kreuth bei Straßburg geboren; seine Mutter, die Magd Sophie Gucher, heiratete den Vater Michael Pischelsberger erst 1916.[356] Er besuchte die Volksschule in Zweinitz, bildete sich in St. Veit als Mechaniker weiter und war einige Jahre in Bergl bei Rosegg bei seinem Onkel als Landarbeiter. 1937 bestand er die Prüfung als Maschinenschlosser mit sehr gutem Erfolg. Im September 1940 wurde

[355] Hans Haider: Hermann Pischelsberger, in: Das Buch der Namen, Klagenfurt 2010, 674.

[356] Werner Koroschitz: Hermann Pischelsberger, in: Zeichen setzen/Obudimo spomin. NSD-Opfer der Marktgemeinde Rosegg. Na žrtve nacionalnega socializma tržne občine Rožek, Klagenfurt 2010, 50-57, hier 50.

er eingezogen, im August 1941 wurde er in Norwegen verwundet. 1942 heiratete er Barbara Molzbichler, die ihm eine Tochter schenkte. Im April 1944 kam der mit einem Transport russischer Beutewaffen nach Leoben, wo er in Kontakt mit Max Muchitsch von der „Österreichischen Freiheitsfront" kam, der aus Villach stammte.[357] Am 18.8.1944 wurde Pischelsberger wegen Unterstützung der „ÖFF-Banditen" – wie es in der Anklageschrift vom 4.12.1944 hieß – verhaftet. Er kam ins Gefängnis Leoben; auch seine schwangere Frau wurde wegen des Verdachts der Mitwisserschaft festgenommen und musste die Foltermethoden beim Verhör miterleben; Pischelsberger wurde ins Wehrmachtsuntersuchungsgefängnis in Wien-Döbling eingeliefert. Das Todesurteil des RKGs vom 21.12.1944 wurde am 9.1.1945 bestätigt. Ein Brief an seine Frau vom 3.2.1945 aus Wien ist erhalten. Mit drei Mitangeklagten der ÖFF wurde Pischelsberger am 23.2.1945 in Wiener Landesgericht hingerichtet.[358] Der Oberreichskriegsanwalt in Torgau teilte dies der Witwe am 13.3.1945 mit. Nicht mehr auffindbar ist ein Urteil der Division 418 von 1944 über Ambros Tragbauer aus Gösel, der wegen Fahnenflucht zum Tode verurteilt wurde.[359]

Von einigen Todesurteilen fehlen leider die Akten. Ein Gestapo-V-Mann Josef Sablenig machte sich im April 1944 an den wegen Wehrkraftzersetzung zum Bewährungsdienst in einer Strafeinheit verurteilten Feldwebel Wolfgang Wieser heran, der nach einer Verwundung im Lazarett lag. Dieser plante mit seinem Freund Alfred Wriesnegger, der in der Klagenfurter Blumengasse wohnte, aus der Waisenhauskaserne die Flucht zu den Partisanen, zu denen der Spitzel Sablenig den Weg wies. Als die Freunde zusammen mit dem Unteroffizier Leitner am 13.7.1944 zur verabredeten Stelle kamen, wartete die Gestapo auf sie. Am 14.10.1944 wurden sie vom RKG in Torgau zum Tode verurteilt und am 26.2.1945 in Torgau hingerichtet.[360]

Gegen Kriegsende werden die Urteile immer knapper. Der am 18.8.1924

[357] Max Muchitsch: Die Rote Stafette (1985), 253.

[358] Ebenda, 486.

[359] Freundliche Mitteilung von Maria Fritsche, Berlin.

[360] Walzl (1994), 247 nach dem Bericht 565/46 SDK v. 13.6.1946

in Gasteig bei St. Veit geborene Hubert Duller wurde am 4.3.1945 vor das Gericht der 3. Gebirgsdivision in Godischau in Oberschlesien gestellt und wegen „Feigheit" und „Desertion" zum Tode verurteilt.[361] Es heißt, dass Duller in der Schule dreimal „sitzen geblieben" sei und später als Hilfsarbeiter in einer Papierfabrik und in einem chemischen Werk gearbeitet habe, bis er am 20.10.1942 in Klagenfurt einberufen wurde. Nach der Grundausbildung sei er nach Russland gekommen, wo er 1943 verletzt worden sei. Nach dreimonatiger Lazarettbehandlung sei er im August 1944 zu seiner Kompanie nach Rumänien zurückgekehrt und habe dann den Rückzug in Ungarn mitgemacht. Er wurde mehrfach wegen unerlaubter Entfernung von der Truppe verurteilt. Am 13.3. hatten die Russen in der Slowakei bei Rosenberg einen Durchbruch erzielt; Duller wurde mit seiner Einheit zu einem Gegenstoß geschickt, habe sich aber von der Truppe entfernt, in einem Keller versteckt und sich zwei Tage später als „versprengt" gemeldet. Als er wiederum die Ausführung eines Befehls verweigerte, sei er am 16.2.1945 verhaftet worden. Er wurde daher als „Feigling und Drückeberger" sowie als „minderwertiger Mensch" zum Tode verurteilt. Auch dieser Fall zeigt die innere Auflösung der Wehrmacht in den letzten Kriegswochen.
Der am 21.12.1916 in Klein St. Paul geborene Obergefreite Johann Zöhrer wurde am 10.4.1945 in Salzburg vom Gericht der Division Nr. 418 zum Tode verurteilt. Er wurde am 10.4.1945 vom Landes-Schützen-Ersatz-Bataillon als verlustig gemeldet und wegen Fahnenflucht zum Verlust der Wehrwürdigkeit und somit zum Tode verurteilt. Er war am 2.12.1938 mit dem Gebirgsjäger-Regiment Nr. 139 am Polenfeldzug beteiligt, kam dann nach Frankreich und nach Norwegen, wo er vom Juli 1942 bis April 1943 an der Eismeerfront war, danach war er eineinhalb Monate in Italien; er wurde am 22.2.1945 in Salzburg wegen Fahnenflucht verhaftet. Während eines Wachdienstes entflohen Gefangene aus der Kaserne. Zöhrer traf im Pitterkeller den Gefreiten Hans Fischer, der ihn aufforderte, mit ihm zu desertieren. Sie stahlen in der Kaserne Urlaubsscheine, fälschten diese für sich und flohen in der Nacht vom 12. auf den 13.11.1944 nach Kärnten. Sie

[361] Wien, DÖW

trafen sich an der Lehener Brücke in Salzburg, fuhren mit einem Güterzug nach Bad Ischl und von dort nach Stainach-Irdning. Fischer ging nach Judenburg, Zöhrer nach Friesach. Mit dem gefälschten Urlaubsschein für 16 Tage besorgte er sich Lebensmittelmarken. Nach Ablauf des Urlaubs fälschte er einen neuen Urlaubsschein und fuhr nach Gnesau, wo er sechs Wochen blieb. Die Zeit vertrieb er sich mit Skifahren und Mädchen. Danach blieb er mit einem weiteren gefälschten Urlaubsschein vom 8. bis 28.1. in Millstatt, dann auch in Rennweg, wo er Ski fuhr und Gelegenheitsarbeiten verrichtete. Mit weiteren gefälschten Urlaubsscheinen blieb er unter falschem Namen in Gnesau und Arriach bei Villach, wo er seine Freundin Erna Unterköfler in Winkl besuchte. „Der wahre Beweggrund für seine Tat war offenbar der, dass er sich dachte, der Krieg dauere nicht mehr lange". Der Angeklagte ersuchte um Frontbewährung. Der Oberstabsrichter der Division 418 in Salzburg verhängte daraufhin am 10.4.1945 die Todesstrafe. Bei der Rückführung in die Strafanstalt löste er die Fesseln und schlug den Posten nieder, um fliehen zu können. Der Posten rief um Hilfe, die auch kam. Das Ende war das Todesurteil.[362] Der Fall verdeutlicht eindrucksvoll, wie sehr sich die Disziplin in den letzten Wochen des NS-Regimes in der Wehrmacht bereits gelockert hatte.
Der Fall Bruno Resch zeigt die Situation der Menschen im zweisprachigen Grenzgebiet im überwiegend slowenischsprachigen Mießtal, das bis zum 1. Weltkrieg zu Kärnten gehört hatte und 1919 von Jugoslawien annektiert wurde. Am 20.1.1945 wurde der slowenischsprachige Schütze Bruno Resch aus Schwarzenbach im Mießtal, der gut Deutsch sprach, wegen Fahnenflucht vom RKG zum Tode verurteilt. Sein Vater war Bezirksstellenleiter in Schwarzenbach, wo Bruno die Volksschule besuchte. Am Gymnasium in Murska Sobota bestand er 1941 die Reifeprüfung. Nach der Besetzung des Mießtales zog der Vater 1941 nach Marburg/Maribor in der Südsteiermark. Bruno Resch arbeitete zunächst in Unterdrauburg/Dravograd als kaufmännischer Angestellter und besuchte auch die Handelsschule. Offensichtlich wurde er als Gymnasiast im nationalslowenischen Sinn erzogen;

[362] Wien, DÖW 6312.

er war auch Mitglied der Organisation „Sokol". Am 31.3.1943 wurde Resch eingezogen und kam nach Berlin. Da bei seiner Gruppe etwa 70 „Kärntner" waren, die nur schlecht Deutsch sprachen, wurde zuerst deutscher Sprachunterricht erteilt. In der ersten Novemberhälfte 1943 wurde Resch beurlaubt, um seine Angehörigen in Marburg zu besuchen. Er besuchte seinen früheren Wohnungsgeber Rossmann in Unterdrauburg. Beim Gastwirt Bresownik sagte die 25jährige Tochter Josefine zu ihm, „dass Deutschland ja doch bald den Krieg verlieren würde und riet ihm, nicht zu seinem Truppenteil zurückzukehren, sondern in die Berge zu den Banden zu gehen, die unter Englands Schutz gegen die Deutschen kämpften".[363] Resch kehrte nach Marburg zurück und berichtete seinem Vater von der Begegnung. Der Vater warnte ihn jedoch davor, zu den Partisanen zu gehen. Resch packte seine Sachen und erhielt einen Brief von Josefine, er möge sie vor seiner Rückkehr zum Militär noch besuchen. Er fuhr bis Unterdrauburg, wo er von einem Unbekannten abgeholt wurde, der ihn in ein abgelegenes Haus führte, in dem Partisanen waren. Nach etwa sieben Tagen in einem Bunker wurde Resch zu einer „Bachernabteilung" „eingezogen", wo 120 Partisanen mit sieben MGs stationiert waren. Er musste Lebensmittel heranschaffen, die die Kommissare bei den Bauern requirierten. In fünf weiteren Fällen kam es zu Kampfhandlungen, bei denen geschossen wurde, bis etwa 30 Partisanen am 15.2.1944 von der Polizei in einem Bauernhof gestellt wurden.

Beim Verhör erklärte Resch, er habe nie die Absicht gehabt, zu desertieren sondern nur Josefine Bresownik treffen wollen, die ihm ein Lebensmittelpaket geben wollte. Man habe ihm mit Erschießen gedroht, falls er einen Fluchtversuch unternehmen würde. Das Gericht konstatierte, in der Dunkelheit wäre es wohl ein Leichtes gewesen, den Partisanen zu entkommen. Das Gericht gewann dein Eindruck, dass Resch nicht wirklich zur Wehrmacht zurück wollte. Er wurde daher wegen Feindbegünstigung (§ 91 RStGB), Kriegsverrat (§ 57 MStGB) und Fahnenflucht am 20.1.1945 zum Tode verurteilt. Am 31.1.1945 wurde das Urteil von Präsident Bastian

[363] Prag, Vojensky historicky archiv, RKG 11 (II), Urteile 1945

bestätigt und laut Vollstreckungsbuch am 6.2.1945 vollstreckt.[364]
Äußerst kurz ist das Urteil des RKG vom 23.3. über Johann Zechner vom Res. Gebirgs-Jägerregiment 139 aus Treibach wegen Kriegsverrat und Fahnenflucht und Willibald Zechner wegen Nichtanzeige von Kriegsverrat und Fahnenflucht ohne jede weitere Begründung und Erläuterung.[365] Die Exekution erfolgte im April 1945 im Militärlager Torgau. In der Phase der Auflösung der Wehrmacht wurden keinerlei persönliche Angaben, Darlegungen des „Vergehens" usw. mehr geboten. Die äußerste Knappheit sagt alles über den Zustand der NS-Herrschaft Ende März 1945 aus.
Das kurioseste Todesurteil gegen einen Kärntner wurde nach Kriegsende in Kresmenes in Norwegen verhängt. Bei der Kapitulation der Wehrmacht wurde vereinbart, dass diese in Norwegen alle Obrigkeitsrechte und Pflichten auszuüben habe, bis die Engländer in Norwegen einträfen. Daher wurden hier auch nach dem 8.5.1945 noch Todesurteile verhängt. Bekannt wurde das Problem durch die Aufdeckung der Richtertätigkeit des späteren Ministerpräsidenten Hans Filbinger von Baden-Württemberg. Eines dieser Urteile betrifft den Unteroffizier Helmut Feyertag, der vom Gericht der 6. Gebirgs-Division am 9.5.1945 zum Tode verurteilt wurde. Er wurde des militärischen Aufruhrs, der Fahnenflucht und der Verleitung zur Fahnenflucht schuldig gesprochen. Beim Waffenstillstand hieß es, dass der „deutsche Gruß" vorläufig in Kraft bleibe; „Bolschewiken" wären auch nach 24 Uhr zu bekämpfen. Feyertag war offensichtlich an einer Meuterei beteiligt, bei der die Meuterer sich über die Grenze nach Schweden absetzen wollten und Hauptmann Sornberger im Schlaf ermordeten. Dies erfüllte § 69 und 70 der Kriegssonderstrafverordnung über die Fahnenflucht. Neben Unteroffizier Feyertag hatten sich auch Hauptwachmeister Wenzl und Wachmeister Wickenhauser der Verleitung zur Fahnenflucht schuldig gemacht. Im Urteil wurde betont, dass die Kapitulation der Wehrmacht nichts an der Situation geändert habe. „Ein Verhalten wie das des Angeklagten und seiner Mittäter würde dazu führen, dass die deutschen Truppen zügellos im Lande herumliefen oder unter Führung von Verbre-

[364] Ebenda, RKG Vollstreckungsliste III.
[365] Wien, DÖW, RKA II 614/44.

chern strafbare Handlungen ausführen würden. ...Für Wenzl, Feyertag und Wickenhauser kam daher nur die Todesstrafe in Betracht." Es sei schlimm gewesen, dass „jählings die Nachricht vom Tode des Führers und bald darauf von der allgemeinen Kapitulation über sie hereinbrach." Das Urteil wurde am 10.5.1945 verkündet. Es heißt, Unteroffizier Feyertag und zwei Kollegen hätten nach § 106 MStGB den „Tatbestand des militärischen Aufruhrs" begangen, außerdem Gehorsamsverweigerung, Widersetzung und tätlichen Angriff auf Vorgesetzte." Die Annahme, nach der „Gesamtkapitulation der Wehrmacht" könne man keine Fahnenflucht mehr begehen, sei ganz irrig. Die Soldaten blieben an die Befehle der Vorgesetzten gebunden. Die vier Todeskandidaten wurden am 10.5.1945 um 10.15 Uhr erschossen.

Das letzte Todesurteil ist 25 Seiten lang, mit allen Einzelheiten. Es spiegelt die groteske Situation, dass die Wehrmacht ihren „Ehrenkodex" sogar noch nach der Kapitulation beibehielt. Die entsprechenden Formulare und Vordrucke waren noch vorhanden. Eine Liste mit zum Tode verurteilten Widerstandskämpfern aus Kärnten wird kaum vollständig sein können.

Walter Manoschek erwähnt sechs Todesurteile gegen slowenische Deserteure, eines dürfte sich auf Josef Lassnig beziehen, drei weitere auf Josef K., Stanislaus M. und Josef T. und zwei weitere Deserteure, die von der Wehrmacht in Slowenien bei den Partisanen verhaftet und zum Tode verurteilt wurden.[366] Josef Treboutz, geb. 10.3.1903 in Semriach, wurde wegen Desertion am 9.10.44 zum Tode verurteilt und im Gefangenenhaus Graz am 8.12.44 hingerichtet. Er kämpfte für die ÖFF, laut RKA war er Teil der sogenannten Krenn-Bande.[367] In der von Josef Nischelwitzer erstellten Todesliste befindet sich ein Josef Buxbaumer aus Wachsenberg 19 bei Feldkirchen, der am 7.5.1945 zum Tode verurteilt und erschossen wurde; Akten dazu fehlen.[368] Ein Urban Petris aus Hintergumisch, der

[366] Walter Manoschek: Kärntner Slowenen als Opfer der NS-Militärjustiz in: Ders. (Hg.): Opfer der NS-Militärjustiz (2003), 358-387, hier 377f u. 387.

[367] Liste B, LG Graz, DÖW 1936, weiters RKG, StPL 4. Sen. 6/45 RKA.II 657/44, MA Prag; freundliche Mitteilung von Peter Pirker, Wien.

[368] August Walzl: Gegen den Nationalsozialismus, Klagenfurt 1994, 316.

offensichtlich am 27.11.1944 in Brandenburg hingerichtet wurde, dürfte ebenfalls zum Tode verurteilt worden sein, ebenso der am 19.7.1941 in Berlin hingerichtete Peter Bergthaler aus Oberpichling im Lavanttal.[369]
Der Fall Josef Logar zeigt in anderer Weise die Situation am Ende des 2.

Josef Logar (Foto: Ernst Logar)

Weltkrieges in Kärnten. Der Steinmetz Logar wurde am 16.8.1915 in Vellach bei Eisenkappel geboren. Aus seiner Ehe mit Johanna Hobel stammten die Söhne Josef (geb. 1940) und Ernst (geb. 1942). Er war im 2. Weltkrieg Magazineur und Heeresstandsverwalter in der Radetzkystraße in Klagenfurt; 1936 erhielt er einen Heimatschein in St. Veit im Jauntal. Am 21.9.1944 wurde er angezeigt, in seiner Wohnung Villacher Straße verhaftet und kam ins Gefängnis. Anklageschrift und Urteil sind nicht erhalten. Angeklagt wurde er wegen Hochverrat und Wehrkraftzersetzung sowie wegen seines

[369] Ebenda, 322

Kontakts zu Partisanen und des Zuspielens von kriegswichtigen Anlageplänen. Offensichtlich hatte er eine Skizze der Waisenhauskaserne gezeichnet. Am 2.10. ging ein Bericht an den Oberreichsanwalt, dann wurde er zum Tode verurteilt und am 6.2.1945 nach Graz überstellt; am 7.4.1945 kam es in der Belgierkaserne am Feliferhof in der SS-Kaserne in Wetzelsdorf zur Erschießung und Beisetzung in einem Massengrab. Seine Witwe Johanna erhielt 1946 von der Staatsanwaltschaft Graz die entsprechenden Informationen. Sein Enkel, der Künstler Ernst Logar, sammelte die wenigen Bruchstücke in seinem Buch „Den Blick hinrichten“ und präsentierte 2009 eine Ausstellung in Verbindung mit dem Verein Clio in Graz.

Der „Ehrenkodex“ der Wehrmacht wurde auch weiterhin nicht in Frage gestellt – wie besonders die jährlichen Treffen der Angehörigen des RKGs unter der Leitung des Admirals Bastian zeigen, der noch 1957 fragte, ob die alte Gemeinschaft aufrechterhalten werden könne und „sich zu einer tragfähigen Kameradschaft auch für die Zukunft“ entwickeln könne.[370] Richter des VGH wurden mit einer einzigen Ausnahme nur in der DDR, nicht aber in der BRD angeklagt.[371] In der BRD wurde nur ein einziger Richter vom VGH – Hans Joachim Rehse 1967 in Berlin zu fünf Jahren Zuchthaus verurteilt. Das Urteil wurde jedoch am 6.12.1968 vom Bundesgerichtshof aufgehoben; Rehse wurde in einer neuen Verhandlung am 6.12.1968 vom Landgericht Berlin freigesprochen.[372] Auch zu einer Ahndung der „Feldgerichte“ kam es nie. Die Zahl der zum Tode verurteilten KärntnerInnen muss somit mit „über 100“ angegeben werden.

[370] Haase (1993), 255.

[371] Wieland (1989)124-154.

[372] Koch (1988), 510.

13. Anhang

DOKUMENTE

St. Veiter Eisenbahnerprozess (1942)

Im Namen des Deutschen Volkes![373]

Feldurteil

In der Strafsache gegen

- den Zugführer Maximilian Zitter aus St. Veit an der Glan (Kärnten),
- den Zugbegleiter Andreas Waste aus St. Veit an der Glan (Kärnten),
- den Zugbegleiter Leopold Krug aus St. Veit an der Glan,
- den Zugbegleiter Ludwig Höfernig aus St. Veit an der Glan,
- den Zugbegleiter Josef Kuchler aus St. Veit an der Glan,
- den Reichsbahnwagenschlosser Anton Truk aus St. Veit an der Glan,
- den Zugbegleiter Karl Zimmermann aus St. Veit an der Glan,
- den Zugschaffner Peter Schlömmer aus St. Donath,
- den Zugführeranwärter Josef Straubinger aus Bruck an der Mur (Steiermark)
- den Zugschaffner Ernst Martl aus Bruck an der Mur,
- den Zugschaffner Michael Essmann aus St. Veit an der Glan,
- den Rangierer Franz Tripolt aus St. Veit an der Glan,
- den Zugführer Josef Hermann aus St. Veit an der Glan,
- den Zugschaffner Johann König aus Leoben (Steiermark),
- den Oberbahnwart Richard Götzinger aus Donawitz (Steiermark)

[373] St.PL (RKA) III 657/41 (Urteil im St. Veiter Kommunistenprozess 1942)

wegen Begünstigung des Feindes u. a. hat das Reichskriegsgericht, 3. Senat, in der Sitzung vom 25. April 1942 in Klagenfurt auf Grund der Hauptverhandlung vom 14. - 25. April 1942, an der teilgenommen haben als Richter:
Senatspräsident Dr. Schmauser, Verhandlungsleiter,
Generalleutnant Bertram, Generalmajor Bertram, Oberst Graf von Pfeil und Klein-Ellguth,
Oberkriegsgerichtsrat Dr. Block, als Vertreter der Anklage:
Oberstkriegsgerichtsrat Dr. Fischer,
als Urkundsbeamter: Reichskriegsgerichtsoberinspektor Mohr,
für Recht erkannt:

1.) Es werden verurteilt:
der Angeklagte Zitter wegen Rundfunkverbrechens, erschwerter Vorbereitung zum Hochverrat und Begünstigung des Feinds zum Tod,
der Angeklagte Waste wegen erschwerter Vorbereitung zum Hochverrat und Begünstigung des Feinds zum Tod,
der Angeklagte Höfernig wegen erschwerter Vorbereitung zum Hochverrat und Begünstigung des Feinds zum Tod, wegen Rundfunkverbrechens zu 5 Jahren Zuchthaus,
der Angeklagte Kuchler wegen erschwerter Vorbereitung zum Hochverrat und Begünstigung des Feinds zum Tod, wegen Rundfunkverbrechens zu 3 Jahren Zuchthaus,
der Angeklagte Zimmermann wegen erschwerter Vorbereitung zum Hochverrat und Begünstigung des Feinds zum Tod, wegen Rundfunkverbrechens zu 3 Jahren Zuchthaus,
der Angeklagte Schlömmer wegen erschwerter Vorbereitung zum Hochverrat, Begünstigung des Feinds zum Tod, wegen Rundfunkverbrechens zu 5 Jahren Zuchthaus,
der Angeklagte Straubinger wegen erschwerter Vorbereitung zum Hochverrat, Begünstigung des Feinds und Rundfunkverbrechens zum Tod,
der Angeklagte Essmann wegen Nichtanzeige zum Tod, wegen Rundfunkverbrechens zu 3 Jahren Zuchthaus,
der Angeklagte König wegen erschwerter Vorbereitung zum Hochverrat, Begünstigung des Feinds und Rundfunkverbrechens zum Tod,
der Angeklagte Götzinger wegen erschwerter Vorbereitung zum Hochverrat, Begünstigung des Feinds, Rundfunkverbrechens und Verbrechens gegen die Wehrkraft des

Deutschen Volks zum Tod,
der Angeklagte Krug wegen erschwerter Vorbereitung zum Hochverrat und wegen Nichtanzeige zu 10 Jahren Zuchthaus,
der Angeklagte Herrmann wegen Nichtanzeige zu 8 Jahren Zuchthaus,
der Angeklagte Tripolt wegen Nichtanzeige zu 5 Jahren Zuchthaus,
der Angeklagte Truk wegen erschwerter Vorbereitung zum Hochverrat zu 3 Jahren Zuchthaus.

2.) a.) Der Angeklagte Martl wird freigesprochen.
b.) Von der weiteren Anklage eines Rundfunkverbrechens wird der Angeklagte Hermann freigesprochen.

3.) Die bürgerlichen Ehrenrechte werden aberkannt:
den Angeklagten Zitter, Waste, Höfernig, Kuchler, Zimmermann, Schlömmer, Straubinger, Essmann, König und Götzinger auf Lebensdauer,
dem Angeklagten Krug auf 10 Jahre,
dem Angeklagten Hermann auf 8 Jahre,
dem Angeklagten Tripolt auf 5 Jahre und
dem Angeklagten Truk auf 3 Jahre.

4.) Die von den Angeklagten Zitter, Höfernig und Schlömmer benutzten Empfangsanlagen werden eingezogen.
Von Rechts wegen.

Gründe.

A.

Der feindliche Rundfunk wendet sich in steigendem Umfang mit deutschsprachigen Sendungen an bestimmte Stände und Berufsgruppen innerhalb Deutschlands, um sie zur Mitarbeit an einer Störung der deutschen Kriegswirtschaft aufzurufen. In der Erwartung, unter politischen Gegnern des Nationalsozialismus ein offenes Ohr zu finden, sucht er dabei den Anschein zu erwecken, als handle es sich um Schwarzsender, die von gegnerischen Gruppen innerhalb Deutschlands selbst betrieben und bedient werden. In Wirklichkeit haben diese Sender aber ihren Standort an genau bekannten Stellen im

feindlichen Ausland. Diese Sender, unter denen der „Sender der Europäischen Revolution“ und der Sender „Gustav Siegfried I“ hervortreten, werden durch deutschsprachige Sendungen der amtlich geführten Sender des feindlichen Auslands unterstützt.
Mit verstärktem Nachdruck setzten diese Sendungen nach dem Kriegsausbruch mit Sowjetrussland ein. Insbesondere trat hier der Sender „Moskau“ hervor. Er rief in regelmässigen, zu bestimmten Stunden sich wiederholenden Sendungen politisch Gleichgesinnte in Deutschland auf, an der Bekämpfung des nationalsozialistischen Deutschland mitzuarbeiten und die „Kriegsmaschine“ Deutschlands nach Kräften zu stören, um auf diese Weise den Sieg des Bolschewismus mitzuerkämpfen.
Unter den Berufsgruppen, an die sich der Rundfunk des feindlichen Auslands bisher wandte, stehen in erster Reihe die Beamten, Angestellten und Arbeiter der Deutschen Reichsbahn. In zahlreichen Sendungen und Aufrufen „an den deutschen Eisenbahner“ wurde zunächst aufgefordert, „nur nach der Vorschrift zu arbeiten“ und erhöhte Arbeitsleistungen, wie sie der Krieg erfordert, abzulehnen. Damit werde der „Krieg auf ein totes Geleis geführt“ und „siege sich Hitler schneller zu Tod.“ Die kommunistisch-bolschewistisch eingestellten Eisenbahner wurden aufgefordert, „ihre Kollegen zu führen und zu beeinflussen.“ Im Lauf der Zeit, insbesondere nach Kriegseintritt der Sowjetunion, wurde offen zur Beschädigung von Verkehrsmitteln usw. aufgerufen. Es wurde verlangt, Verzögerungen im Eisenbahnverkehr herbeizuführen, die Bremsleitungen der Züge durch Anschneiden der Druck- oder Saugluftschläuche und durch Beseitigung der Dichtungsringe in ihnen zu beschädigen, Sand, Schmutz und Petroleum in die Schmierbüchsen der Achslager einzuschütten, Ventile und Zylindergehäuse der Lokomotiven zu zerstören, Entgleisungen herbeizuführen u. a. m. Eine Unterstützung durch Anschläge erwartete der Gegner besonders von Seiten der Angehörigen der früheren Österreichischen Bundesbahnen. Gerade an sie richtete er, unter Ausnützung etwa noch vorhandener kleindeutscher, altösterreichischer Gefühle, häufige Sendungen und Aufforderungen im obigen Sinn.
Alsbald nach Ausbruch des Krieges mit der Sowjetunion wurden im Bereich der Reichsbahndirektion Villach, also in Kärnten und z. T. in der Steiermark, tatsächlich zahlreiche Beschädigungen an Eisenbahnzügen festgestellt. Besonders wurden Wehrmachtszüge (sogen. „Wehrmachtgarnituren“) von Anschlägen betroffen, die auf einer Reihe von kleineren Bahnhöfen von Anfang Juli 1941 an durch mehrere Wochen ab- und bereitgestellt waren. Die Beschädigungen wurden zum Teil erst festgestellt, als diese Züge wie-

der in Betrieb genommen werden sollten oder als nach einer Häufung der festgestellten Beschädigungen nähere Untersuchung der übrigen Züge angeordnet wurde. Zunächst wurden auf folgenden Bahnhöfen Beschädigungen an Wehrmachtzügen festgestellt, die während der Abstellzeit vorgenommen worden waren:
In Scheifling waren in der Zeit vom 17.6. bis 20.7.1941 drei Bremsschläuche angeschnitten und 20 Dichtungsringe entfernt, in St. Lamprecht waren in der Zeit vom 3. bis 20.7.1941 3 Schläuche angeschnitten und 42 Ringe entfernt, in Treibach-Althofen waren vom 4. bis 21. 7. 1941 14 Schläuche angeschnitten und 22 Ringe und ein Schlauch entfernt,
in Maria Rain waren vom 5. bis 21. 7. 1941 4 Schläuche angeschnitten,
in Neumarkt waren in der Zeit von Anfang Juli bis 4. 8. 1941 22 Ringe entfernt,
in Thalheim wurden im Juli 3 Schläuche angeschnitten,
in Donawitz wurden vom 10. bis 17. 7. 1941 an 14 Kohlen- und Erzwagen die Bremsschläuche angeschnitten.
Zahlreiche weitere Beschädigungen wurden bei näheren Untersuchungen der abgestellten Züge auch auf anderen Bahnhöfen festgestellt. Neben der Beschädigung von Bremsleitungen waren z. T. auch Sand, Steine und Eisenfeilspäne in Achslager eingeschüttet worden. Insgesamt wurden in der für das vorliegende Strafverfahren in Betracht kommenden zweiten Hälfte des Jahres 1941 folgende Anschläge festgestellt:

1.) An- und Abschneiden und Entfernen von Bremsdruckluftschläuchen:
im Juli 1941 44 Fälle,
„ August „ 6 „ ,
„ September „ 9 „ ,
„ Oktober „ 18 „ ,
„ November „ 28 „ ,
„ Dezember „ 26 „ ,

2.) Entfernen der Dichtungsringe an Druckluftbremsen:
im Juli 1941 84 Fälle,
„ August „ 22 „ ,
3.) Streuen von Sand usw. in Achslager:
im Oktober 1941 23 Fälle,

„ November „ 137 „ und
„ Dezember „ 1 Fall.

Die Beschädigungen selbst können aber schon mehrere Wochen vor diesen Zeitpunkten geschehen sein, da die Züge, wie erwähnt, zumeist bereits seit Anfang Juli unbenutzt bereitstanden. Es stand auch nach der Art der Ausführung außer Zweifel, dass diese Beschädigungen durch die erwähnten Aufrufe von Feindsendern an die Angehörigen der früheren Österreichischen Bundesbahn, die von der Deutschen Reichsbahn übernommen worden waren, beeinflusst und auf sie zurückzuführen waren.

Die Untersuchungen führten zur Einleitung des Verfahrens gegen die Angeklagten.

B.

Die Angeklagten.

Alle Angeklagten standen zur Zeit der ihnen zur Last gelegten Straftaten im Dienst der Deutschen Reichsbahn. Ihre Heimatbahnhöfe lagen in Kärnten und Steiermark. Im Einzelnen ist zu der Person der Angeklagten folgendes zu sagen:

1.) Maximilian Zitter.

Der Angeklagte ist am 7. 8. 1901 in Tschirnig (Kärnten) außerehelich geboren. Die Mutter war Magd und ist 1921 gestorben. Der Vater war Pferdeknecht und sorgte für den Angeklagten. Dieser besuchte die Volksschule und war dann landwirtschaftlicher Hilfsarbeiter. Mit 14 Jahren kam er als Hilfsarbeiter zur Bundesbahn. Er war Verschieber, später Zugschaffner und schließlich Zugführer mit dem Wohnsitz St. Donath bei St. Veit a. d. Gl. Seit 1926 ist er verheiratet. Aus der Ehe sind vier Kinder hervorgegangen. Seit mehreren Jahren bewirtschaftet der Angeklagte neben seiner Berufstätigkeit ein Grundstück des Schwiegervaters. Er hatte große Freude daran und fand ein gutes Auskommen. Politisch hat er sich als Mitglied der früheren Sozialdemokratischen Partei und der Freien Gewerkschaft betätigt. Er war Vertrauensmann. Nach der Auflösung der Sozialdemokratischen Partei i. J. 1934 musste er, wie alle seine Berufsgenossen, der Vaterländischen Front beitreten. Im Jahr 1938 trat er der SA. bei. Er betätigte sich in einem Musikzug. Er ist nicht bestraft.

2.) Andreas Waste.

Der Angeklagte ist am 30. 11. 1903 in Tigring bei Klagenfurt als Sohn eines landwirtschaftlichen Besitzers geboren. Er besuchte vier Jahre die Volksschule und wurde dann Helfer bei einem Bauern. Mit 17 Jahren wurde er Arbeiter bei der Bundesbahn. Von 1925 an wurde er im Stationsdienst verwendet. 1928 kam er in den Fahrdienst. Er war dann ständig als Zugbegleiter beschäftigt. Seit 1927 ist er verheiratet. Er hat ein Kind. Seine Ehefrau ist die Schwester des Angeklagten Höfernig. Er wohnt in St. Veit a. d. Glan. Er gehörte von 1920 bis 1928 der „Deutschen Verkehrsgesellschaft", einer nationalen Gewerkschaft, an. Weil er damit aufgezogen wurde, trat er dann der Sozialdemokratischen Partei und der „Freien Gewerkschaft" bei. Nach deren Auflösung trat er der Vaterländischen Front bei. Gerichtlich ist der Angeklagte nicht bestraft.

3.) Leopold Krug.
Der Angeklagte ist am 25. 9. 1901 in St. Gandolf bei Klagenfurt außerehelich als Sohn einer Magd geboren. Nach dem Besuch der Volksschule wurde er Hilfsarbeiter in einem Gasthaus und später in einem Bergwerk. 1918 kam er als Arbeiter zur Bundesbahn. 1924 wurde er zum Fahrdienst versetzt. Seit 1931 war er ständig Zugbegleiter mit dem Heimatbahnhof St. Veit a. d. Glan. Seit 1923 ist der Angeklagte verheiratet. Er hat vier Kinder. Von 1920 bis 1931 gehörte er der Sozialdemokratischen Partei und der „Freien Gewerkschaft", später dem Republikanischen Schutzbund an. 1934 trat er der Vaterländischen Front bei.
Er ist nicht bestraft.

4. Ludwig Höfernig.
Er ist am 13. 8. 1902 in Eberstein (Kärnten) als Sohn einer Magd außerehelich geboren. Er besuchte die Volksschule und wurde dann Arbeiter. 1924 kam er als Oberbauarbeiter zur Bundesbahn. Zuerst wurde er nur zeitweise beschäftigt. 1937 wurde er dann auf Dauer übernommen. Er wurde im Fahrdienst beschäftigt und war Zugbegleiter mit dem Heimatbahnhof St. Veit. In das Beamtenverhältnis wurde er nicht übernommen. Seit 1935 ist er verheiratet. Er hat ein Kind. Politisch hat er sich angeblich nicht betätigt. Er gehörte 1934/35 der Vaterländischen Front, nach dem Anschluss der SA. an. Gerichtlich bestraft ist er nicht.

5. Josef Kuchler.
Er ist am 7. 8. 1908 als Sohn eines Lokomotivheizers in Nötsch am Dobratsch geboren.

Er besuchte 5 Klassen der Volksschule, dann lernte er bei einem Schuhmacher. Dies gefiel ihm aber nicht, er wurde Sägearbeiter. 1926 fand er Beschäftigung als Oberbauarbeiter bei der Bundesbahn. Bald darauf erkrankte er an Ischias. Nach längerer Krankheit begab er sich nach Algier, wo er als Krankenpfleger und in anderen Berufen tätig war. 1932 kam er wieder in die Heimat zurück, nachdem er an Malaria erkrankt war. Vorübergehend gehörte er dem freiwilligen Arbeitsdienst an. Eine Beschäftigung konnte er jedoch wegen seines Ischias-Leidens und der Nachwirkung der Malaria zunächst nicht finden. Nach dem Anschluss wurde er von der Reichsbahn angestellt. Er wurde im Verschubdienst und zuletzt als Zugbegleiter beschäftigt. Er wohnt in St. Veit a. d. Glan. Seit 1938 ist er verheiratet. Ein Kind hat er angenommen. Schon von Jugend an war der Angeklagte Anhänger der Sozialdemokratischen Arbeiterjugend. Er setzte sich auch später für die Sozialdemokratie ein, beteiligte sich auch an marxistischen Aufzügen und Kundgebungen. Von 1927 bis 1929 gehörte er dem Republikanischen Schutzbund an. Wegen Beteiligung an einer marxistischen Kundgebung im Anschluss an den Februar-Aufstand 1934 wurde er mit 14 Tagen Arrest bestraft. Im Jahre 1937 lief gegen den Angeklagten ein gerichtliches Verfahren wegen Verbreitung revolutionär-sozialistischer Schriften. Er war neun Monate in Untersuchungshaft. Das Verfahren wurde wegen Amnestie eingestellt, der Angeklagte aber im Verwaltungsstrafverfahren mit 6 Monaten Arrest bestraft. Sonst ist er gerichtlich nicht bestraft. Nach dem Anschluss ist er politisch nicht besonders in Erscheinung getreten. Er gilt aber als ausgesprochener Gegner des nationalsozialistischen Staates.

6.) Anton Truk.

Der Angeklagte ist am 15. 1. 1907 als Sohn eines Lokomotivheizers geboren. Er besuchte die Volksschule und erlernte dann das Schmiedehandwerk. Mit Unterbrechungen wegen Arbeitslosigkeit war er in diesem Beruf in Österreich, Deutschland und Holland tätig. 1940 wurde er Wagenschlosser bei der Reichsbahn in St. Veit a. d. Glan. Er ist seit 1937 kinderlos verheiratet. Der Angeklagte ist seit 1931 kommunistisch gesinnt. Er betätigte sich vor dem Anschluss durch Vertreiben der „Roten Hilfe“. Gerichtlich bestraft ist er nicht.

7.) Karl Zimmermann

Der Angeklagte wurde am 3. 11. 1910 in Pontafel (Italien) als Sohn eines jetzigen

Reichsbahnwerkmeisters geboren. Die Familie flüchtete mit Beginn des Krieges 1915 nach St. Veit. Der Angeklagte besuchte die Volksschule und zwei Klassen die Bürgerschule. Dann wurde er Hilfsarbeiter. Zeitweise war er arbeitslos. 1937 wurde er endgültig bei der Bahn eingestellt. Er wurde als Zugbegleiter verwendet. Seit 1937 ist er in St. Veit a. d. Glan verheiratet. Aus der Ehe sind zwei Kinder hervorgegangen. Der Angeklagte gehörte der Sozialdemokratischen Partei bis zu ihrer Auflösung an. Später trat er der Vaterländischen Front bei. Nach dem Anschluss ließ er sich in die SA. (Musikzug) aufnehmen. Innerlich blieb er jedoch seiner marxistischen Einstellung treu. Er lehnt den Nationalsozialismus ab. Gerichtlich bestraft ist er nicht.

8.) Peter Schlömmer
Der Angeklagte ist am 19. 6. 1900 in Gröbming (Steiermark) als Sohn eines Taglöhners geboren. Nach dem Besuch einer Privatvolksschule wurde er Arbeiter in einem Kreidebergwerk. 1917 fand er Arbeit bei der Bundesbahn. Seit 1925 wurde er im Fahrdienst verwendet. Er war Zugbegleiter mit dem Wohnsitz in St. Donath. Der Angeklagte ist seit 1938 zum zweiten Mal verheiratet, nachdem die erste Ehe geschieden war. Er hat drei Kinder. Er ist wegen Betrugs, Raufhandels und Beamtenbeleidigung geringfügig vorbestraft. Von 1917 an gehörte er der Sozialdemokratischen Partei bis zu deren Auflösung an. Später trat er der Vaterländischen Front bei. Trotzdem bekannte er sich weiterhin zur Sozialdemokratie. Innerlich neigte er aber mehr zum Kommunismus. Er hatte schon während seiner Zugehörigkeit zur Sozialdemokratischen Partei vorübergehend Beiträge an die Kommunistische Partei gezahlt. Auch nach dem Anschluss hat er sich innerlich nicht gewandelt.

9.) Josef Straubinger
Er ist am 19. 4. 1903 in Lanstein (Oberdonau) geboren. Da die Eltern früh verstarben, wurde er im Haus einer Schwester aufgezogen. Er besuchte die Volksschule, dann wurde er Arbeiter. 1921 kam er bei der Bundesbahn an. Er war Oberbauarbeiter, später Zugbegleiter und Zugführeranwärter in Bruck a. d. Mur. Seit 1929 ist der Angeklagte verheiratet. Er hat ein Kind. Der Angeklagte ist nicht bestraft. Er gehörte früher der Sozialdemokratischen Partei und ab 1934 der Vaterländischen Front an. Tatsächlich war er kommunistisch gesinnt. Von 1935 bis 1938 zahlte er unregelmäßige Unterstützungsbeiträge für die kommunistische „Rote Hilfe“. Vorübergehend schloss er sich

in dieser Zeit auch der illegalen NSDAP. an, trat ihr aber nach dem Anschluss nicht endgültig bei.

10.) Ernst Martl.
Der Angeklagte ist am 25. 10. 1903 in Bleiberg bei Villach außerehelich geboren. Die Mutter war Dienstmagd. Sie verheiratete sich später. Der Angeklagte wurde im Haus des Stiefvaters aufgezogen. Er besuchte die Volksschule, war dann Hilfsarbeiter in der Landwirtschaft und in einem Bleibergwerk. 1921 trat er in die Dienste der Bundesbahn. Er wurde schließlich Zugschaffner und hatte ein gutes Einkommen. Er ist verheiratet und hat eine Tochter. Der Angeklagte leidet an offener Lungentuberkulose. Er ist deswegen seit Anfang 1940 mit Ruhegehalt aus den Diensten der Reichsbahn entlassen. Sein Wohnsitz ist Bruck a. d. Mur. Vor dem Anschluss gehörte der Angeklagte der Sozialdemokratischen Partei an und dem Republikanischen Schutzbund an. Nach deren Auflösung im Februar 1934 schloss er sich der Vaterländischen Front an, wie dies Bedingung für die Beamten und Angestellten der Bundesbahn war. Er ist gerichtlich nicht bestraft.

11.) Michael Essmann
Der Angeklagte ist am 28. 1. 1896 in Klagenfurt außerehelich geboren. Er war das 13. uneheliche Kind seiner Mutter und wurde von dieser erzogen. Er besuchte die Volksschule und wurde dann Knecht. 1915 wurde er Soldat. Er nahm am Krieg als Infanterist an der italienischen und russischen Front bis zum Zusammenbruch teil. Er erhielt verschiedene Auszeichnungen. 1921 wurde er Oberbauarbeiter bei der Bundesbahn. Seit 1922 war er Zugbegleiter mit dem Wohnsitz in St. Veit. Er ist verheiratet. Aus der Ehe sind fünf Kinder hervorgegangen. Der älteste Sohn ist an der russischen Front gefallen. Der Angeklagte war früher Mitglied der „Sozialistischen Kinderfreunde“ und der Sozialdemokratischen Partei, später der Vaterländischen Front. Er ist nicht bestraft.

12.) Franz Tripolt
Der Angeklagte ist am 4. 12. 1913 in Weizelsdorf bei Klagenfurt als Sohn eines Arbeiters geboren. Er besuchte die Volksschule, dann wurde er Arbeiter. Nach längerer Arbeitslosigkeit trat er 1937 bei der Bundesbahn ein, wurde alsbald aber wieder entlassen. 1938 wurde er erneut eingestellt. Er wurde im Betriebswerk in St. Veit beschäftigt. Seit 1941 ist der Angeklagte verheiratet. Er hat zwei Kinder. Wegen Raufhandels ist er geringfügig

bestraft. In der Jugend war er Mitglied der „Roten Falken“, später der Vaterländischen Front. Er beteiligte sich auch an politischen Werbeunternehmungen. Er behauptet, sich seit dem Umbruch nicht mehr politisch betätigt zu haben.

13.) Josef Hermann
Er ist am 23. 11. 1900 in Simbach am Inn (Niederbayern) als Sohn eines Sensenschmiedes geboren. Er war ein guter Volksschüler und wurde dann Arbeiter und Knecht. Februar 1918 rückte er zum Inf. Rgt. 7 in Klagenfurt ein, kam aber nicht mehr an die Front. 1919 fand er Arbeit bei der Bundesbahn. Er wurde bald Zugbegleiter in St. Veit. Seit 1924 ist er verheiratet. Er hat ein Kind. Bestraft ist er nicht.
1919 trat der Angeklagte der Sozialdemokratischen Partei und der „Freien Gewerkschaft“ und nach deren Auflösung der Vaterländischen Front bei. Bis 1934 war er 10 Jahre lang Zugbegleitervertrauensmann und Mitglied des sozialdemokratischen Gemeinderates in St. Veit. Später ist er in politischer Hinsicht nicht mehr besonders hervorgetreten.

14.) Johann König.
Der Angeklagte ist am 17. 10. 1900 in Klagenfurt außerehelich geboren. Die Mutter war Magd. Sie gab ihr Kind zu fremden Leuten in Pflege. Der Angeklagte besuchte 8 Jahre die Volksschule, anschließend trug er Gebäck aus. Während des Ersten Weltkrieges war er zunächst Maschinenanwärter. 1918 wurde er eingezogen. Er kam an die italienische Front, nahm aber an Kämpfen nicht teil. Im Jahre 1919 beteiligte er sich an den Kärntner Abwehrkämpfen. 1922 fand er Arbeit bei der Bundesbahn. Er bestand später die Fahrdienstprüfung und wurde als Zugbegleiter verwendet. 1934 wurde er wegen seiner politischen Betätigung entlassen. Er war Mitglied der Sozialdemokratischen Partei. Seit 1920 war er sozialdemokratischer Funktionär und hat sich auch an dem Aufstand im Februar 1934 mit der Waffe in der Hand beteiligt. Wegen seines politischen Einsatzes kam er auf ein halbes Jahr in das Anhaltelager Wöllersdorf. Nach seiner Entlassung war er arbeitslos. Er wurde zum Kommunisten. Nach dem Anschluss wurde er bei der Deutschen Reichsbahn wieder eingestellt und als Zugführer mit dem Wohnsitz in Leoben verwendet. Der Angeklagte sah die Vorteile des Nationalsozialismus. Er näherte sich der NSDAP. Da er eine Treue-Erklärung abgab, wurde er zur Unterrichtung in das Altreich entsandt. Nach der Rückkehr berichtete er über seine

Eindrücke in öffentlicher Versammlung. Alsbald kehrte er jedoch zu seiner früheren politischen Einstellung wieder zurück. Der Angeklagte ist verheiratet. Er hat ein Kind. Er ist gerichtlich nicht bestraft.

15.) Richard Götzinger
Er ist am 24. 3. 1902 in Krischwitz (Sudetenland) als Sohn eines Schuhmachers geboren. Er besuchte die Volksschule, dann half er seinem Vater in der Schuhmacherei. 1917 fand er, nachdem seine Eltern nach Duisburg verzogen waren, dort Arbeit in einer Fabrik. 1919 verzog die Familie nach Leoben. Er kam zur Bundesbahn als Arbeiter. Später wurde er Vorarbeiter und Hilfsrottenführer in Donawitz. 1925 verheiratete sich der Angeklagte. Aus der Ehe sind zwei Kinder hervorgegangen. Die Ehe ist zerrüttet. Von 1919 an gehörte der Angeklagte der Sozialdemokratischen Partei und dem Republikanischen Schutzbund an. Er schied 1927 aus und trat politisch nicht mehr in Erscheinung. Eine Erkrankung des Angeklagten an Syphilis ist ohne Nachwirkungen geblieben. Gerichtlich ist er einmal wegen Fahrlässigkeit geringfügig bestraft.

C.
Der Sachverhalt und seine rechtliche Würdigung

I. In der Hauptverhandlung ist folgendes festgestellt worden:
Zahlreiche Beamte und Angestellte der Reichsbahn in Kärnten und Steiermark besaßen größere Rundfunkempfänger, mit denen es mühelos gelang, ausländische Sender zu hören. Dies geschah auch offensichtlich in einer größeren Anzahl von Fällen. Vor allem wurden naturgemäß die deutschsprachigen Sendungen von Feindsendern mit abgehört. Auf diese Weise drangen die Aufforderungen des feindlichen Rundfunks zur Sabotage im Sommer 1941 in die Kreise der Eisenbahnerschaft in Kärnten und Steiermark. In Unterhaltungen wurden die Aufforderungen weitergeben. Sie wurden in die Tat umgesetzt.
Die Angeklagten waren, mit wenigen Ausnahmen, an solchen Anschlägen beteiligt: sie haben teilweise Anschläge selbst ausgeführt, teilweise sie durch ihr Verhalten ermöglicht und gefördert. Die Angeklagten sind ohne Ausnahme aus früherer Zeit bekannte Sozialdemokraten und Kommunisten, die bei dieser Einstellung auch nach dem Um-

bruch geblieben sind. Sie haben aus dem Streben, den Kommunismus, also den Feind von Staat und Partei, vorwärtszutreiben, die feindliche Aufforderung, den Betrieb der Reichsbahn nach Kräften zu stören, bereitwillig aufgegriffen und weitergegeben.
Unter den Angeklagten sind zwei getrennte Gruppen zu unterscheiden, eine steirische und eine in Kärnten. Während die erste das Ziel verfolgte, die auf der Strecke Villach-Bruck a. d. Mur zur Verfügung der deutschen Wehrmacht bereitgehaltenen Züge fahruntauglich zu machen, setzte es sich die Gruppe in Kärnten zur Aufgabe, die Durchfahrt der für die Ostfront bestimmten italienischen Truppenzüge zu hindern. Auf jede dieser Weisen glaubte man, Sowjetrussland helfen und zugleich den Kommunismus in Deutschland vorwärtstreiben zu können.

II. Die Rechtsgrundlage.
Für die Beurteilung der Frage, unter welchen Gesichtspunkten und nach welchen Vorschriften die Angeklagten für ihr Tun strafrechtlich zur Verantwortung zu ziehen sind, sind rechtliche Gesichtspunkte maßgebend, die gleichmäßig für alle Angeklagten gelten. Der Senat stellt daher eine Betrachtung der allgemeinen Rechtsgrundlagen voraus, bevor er auf das eingeht, was er bei den einzelnen Angeklagten in tatsächlicher Hinsicht als festgestellt ansieht. Fünf Strafvorschriften kommen für die Entscheidung in Betracht:

1.) Erschwerte Vorbereitung zum Hochverrat (§§ 80, 83 Abs. 2 und 3 Nr. 1 StGB.),
2.) Begünstigung des Feinds (§ 91 b StGB.),
3.) Die Verordnung zur Ergänzung der Strafvorschriften zum Schutz der Wehrkraft des Deutschen Volks vom 25. 1.1939 (RGBl. I S. 2319),
4.) Nichtanzeige (§ 139 StGB.) und
5.) Die Verordnung über außerordentliche Rundfunkmaßnahmen vom 1. 9. 1939 (RGBl. I S. 1683).

Alle diese Vorschriften gelten im Gebiet des früheren Landes Österreich. Die §§ 80, 83 und 91 b StGB. sind durch § 1 der Verordnung über die Einführung der Vorschriften über Hochverrat und Landesverrat im Land Österreich vom 20. 6. 1938 (RGBl. I S. 640) eingeführt, ebenso der § 139 StGB., soweit er sich auf Hochverrat, Landesverrat oder Wehrmittelbeschädigung bezieht. Die VO. zum Schutz der Wehrkraft des Deutschen Volks und die VO. über außerordentliche Rundfunkmaßnahmen sind nach dem Anschluss Österreichs erlassen und gelten daher auf Grund des § 1 Abs.2 des Erlasses über die Einführung deutscher Gesetze in Österreich vom 15. 3. 1938 (RGBl. I S. 247).

Zu 1.) Vorbereitung zum Hochverrat (§§ 80, 83 StGB.).
Als Hochverrat bezeichnet das Gesetz, soweit es hier in Frage kommt, alle Bestrebungen, die darauf hinaus laufen, mit Gewalt oder durch Drohung mit Gewalt die Verfassung des Reichs zu ändern. Ziel des Kommunismus war es von Anfang an, die nationalsozialistische Regierungsform in Deutschland zu stürzen. An die Stelle des Führers soll die Herrschaft der Arbeiter- und Soldatenräte nach russisch-bolschewistischem Muster, an die Stelle der deutschen Volksgemeinschaft soll die Diktatur des Proletariats über alle anderen Volksangehörigen treten. Es war schon im Frieden selbstverständlich, dass ein derartiges Ziel nicht auf verfassungsmäßigem Weg erreicht, sondern dass es nur mit Gewalt durchgesetzt werden kann. Jeder, der zum Gelingen eines solchen Umsturzes, sei es auch nur in vorerst vorbereitender Weise, beizutragen versucht, macht sich des Hochverrats nach § 83 Abs. 2 StGB. schuldig. Handelt er dabei in Unterordnung unter einen höheren Willen und bewusst in Verbindung und Verbundenheit mit Gleichgesinnten, sucht er gemeinschaftlich mit ihnen das gemeinsame Ziel zu erreichen, so ist seine Tat darauf gerichtet, einen „organisatorischen Zusammenhalt" im Sinn des § 83 Abs. 3 Nr. 1 StGB. herzustellen. Ein solcher organisatorischer Zusammenhalt ist vor allem dann und da gegeben, wo nach kommunistischer Anordnung Zellen oder Gruppen gebildet werden sollen und wo sich mehrere auch nur zur Aussprache und Fühlungnahme zusammenfinden, um sich in ihrer gemeinsamen kommunistischen Gesinnung zu stärken.
Auch die Zahlung von Geldern an die sogenannte „Rote Hilfe" ist nichts anderes als eine bewusst gemeinschaftliche und gemeinsame Förderung der politisch-umstürzlerischen Ziele des Kommunismus. Denn durch die regelmäßige Beitragszahlung soll unter den Gebenden das Gefühl des Zusammenschlusses betont und wachgehalten werden. Die aus der „Roten Hilfe" gezahlten Unterstützungen sollen ferner denen, die wegen ihrer bolschewistischen Betätigung in Haft genommen wurden, die Gewissheit geben, dass ihre kommunistischen Klassengenossen für die Familienangehörigen sorgen. Damit soll zugleich der kommunistische Widerstandswillen gestärkt und aufgeputscht werden. Sie

sollen auch in dem Gebenden selbst das Gefühl erwecken, dass notwendigenfalls auch für seine Angehörigen gesorgt werde. Dass sich keiner der Angeklagten über diese Hintergründe der Unterstützungsgelder im Unklaren war, steht außer Frage.
Vorbereitung zum Hochverrat ist es aber auch, wenn Angehörige kommunistischer Zellen oder kommunistische Parteigänger Sabotageaufrufe weitergeben, um damit ihr Teil zur Erschütterung des Staatsgefüges beizutragen. Es ist ein alter bolschewistischer Grundsatz, dass Gewalt das beste Mittel ist, um politische Gegner einzuschüchtern, die geheime kommunistische Front zu stärken und ihre Wachsamkeit zu beweisen. Die Angeklagten, die in Sabotagehandlungen verwickelt waren, oder sogar solche selbst vorgenommen haben, sind sämtlich Kommunisten. Sie besprachen die geplanten Anschläge im Rahmen ihrer politischen Gespräche und sahen ihre Beteiligung daran als einen notwendigen Teil ihres Eintretens für den Kommunismus an. Diese gegenseitige Aneiferung durch Weitergabe von Sabotageaufforderungen, durch gegenseitige Beratung und Stärkung des Willens zur Auflehnung ist also wie die Vornahme von Anschlägen selbst eine Vorbereitung zum Hochverrat, und zwar hier in der erschwerten Form des § 83 Abs. 3 Nr. 1 StGB.

Zu 2.) Begünstigung des Feinds (§ 91 b StGB.).
Mit dem 22. Juni 1941, d. i. dem Tag, an dem der Führer in letzter Stunde den seit langem gemeinsam mit England verabredeten und vorbereiteten Einfall der bolschewistischen Armeen in Deutschland zuvorkam, ist aus dem blossen politischen Gegenpol und Gegenspieler, den der Kommunismus bis dahin darstellte, der offene militärische Feind des Reichs geworden. Wer in Deutschland jetzt noch die Ziele des Kommunismus tätig unterstützt, wer sogar zu Gunsten des Bolschewismus in militärische Dinge einzugreifen versucht, unterstützt den Feind und schädigt die Kriegsmacht des Reichs und seiner Bundesgenossen. Er macht sich der Begünstigung des Feinds i. S. des § 91 b StGB. schuldig. Eine solche ist immer dann und da gegeben, wo jemand es bewusst auch nur unternimmt, die feindliche Macht in irgendeiner Weise und auf irgendeinem Gebiet, sei es auch nur mittelbar, günstiger zu stellen, oder der Kriegsmacht des Reichs in irgendeiner Weise einen Nachteil zuzufügen. Das „Unternehmen" der Feindbegünstigung umfasst nach § 87 StGB. die vollendete Tat und den Versuch. Ein Versuch nach dieser Richtung ist, über etwaige bloss vorbereitende Handlungen und über blosse allgemeine und unbestimmte Abreden und Aufforderungen hinaus, schon dann gegeben,

wenn das Verhalten des Täters die Stellung des Reichs gegenüber dem Feind bereits unmittelbar und ernstlich gefährdet.

Zu 3.) VO. zur Ergänzung der Strafvorschriften zum Schutz der Wehrkraft des Deutschen Volks vom 25. 11. 1939, (RGBl. I S. 2319).
Die Verordnung hat die Vorschriften des Friedensstrafrechts zum Schutz der Wehrkraft des Deutschen Volks in einer Reihe von Punkten ergänzt und verschärft.
Nach § 1 dieser Verordnung wird u. a. bestraft, wer vorsätzlich ein Wehrmittel oder eine Einrichtung, die der Landesverteidigung dient, beschädigt und dadurch vorsätzlich oder fahrlässig die Schlagfertigkeit der Wehrmacht gefährdet. Nach § 2 der Verordnung wird ferner bestraft, wer das ordnungsgemäße Arbeiten eines für die Reichsverteidigung oder für die Versorgung der Bevölkerung wichtigen Betriebs dadurch stört oder auch nur gefährdet, dass er eine dem Betrieb dienende Sache ganz oder teilweise unbrauchbar macht oder außer Tätigkeit setzt. Beide Strafvorschriften können durch einunddieselbe Tat verletzt sein.
Landesverteidigung und Versorgung der Bevölkerung hängen im Krieg von dem reibungslosen, pünktlichen Betrieb der Eisenbahn ab. Sie ist ein kriegswichtiger Betrieb nach § 2 der Verordnung. Zugleich ist sie aber auch eine der Landesverteidigung dienende Einrichtung im Sinn des § 1 der Verordnung. Dessen waren sich die Angeklagten als Eisenbahner besonders bewusst. Eine Gefährdung der Schlagfertigkeit der Wehrmacht im Sinn des § 1 der Verordnung liegt vor, wenn eine, nicht etwa nur ganz entfernte, Wahrscheinlichkeit dafür besteht, dass auch nur ein Truppenteil in seiner sofortigen und vollen Einsatzbereitschaft beeinträchtigt werden kann. Sinngemäßes gilt für den Angriff der Gefährdung eines kriegswichtigen Betriebs.

Zu 4.) Nichtanzeige (§ 139 StGB).
Das Strafgesetzbuch verpflichtet für bestimmte schwere Verbrechen jeden im Inland dazu, sofort anzuzeigen, wenn er von dem Plan eines solchen Verbrechens glaubhaft Kenntnis erhält. Zu den Verbrechen, die auf diese Weise verhütet werden sollen, gehören die, die in diesem Verfahren in Frage kommen: Hochverrat, Landesverrat und Beschädigung von Wehrmitteln. Die Pflicht zur Anzeige besteht nur für den nicht, der durch die Anzeige sich selbst einer strafbaren Handlung bezichtigen müsste. Ist Jemand, wie z.B. der Polizeibeamte oder, wie hier, der Bahnbeamte für besondere Vorkommnisse

des Bahnbetriebs, durch seinen Beruf durch Dienstvorschriften oder in ähnlicher Weise zur Anzeige noch besonders verpflichtet, kommt er dieser Pflicht schuldhaft nicht nach und wird die betr. Straftat dann tatsächlich begangen, so kann unter Umständen sogar in Frage kommen, dass er sich nicht nur des blossen Unterlassens einer Anzeige, sondern sogar der Beihilfe zu dem von anderen begangenen Verbrechen schuldig macht.

Zu 5.) Verordnung über außerordentliche Rundfunkmaßnahmen vom 1. 9. 1939 (RGBl. I S. 1683).
Die Verordnung stellt in ihrem § 1 das absichtliche Abhören ausländischer Sender unter Strafe. § 2 der Verordnung droht schwere Strafen, darunter auch hier in besonders schweren Fällen den Tod, gegen denjenigen an, der vorsätzlich solche Nachrichten von Auslandssendern verbreitet, die geeignet sind, die Widerstandskraft des Deutschen Volks zu gefährden. Zwischen beiden Strafbestimmungen ist Tateinheit möglich. Einer Verbreitung im Sinn dieser Verordnung macht sich auch schuldig, wer einem anderen gestattet, solche Nachrichten mit abzuhören. Denn auch er trägt auf diese Weise dazu bei, dass die Nachricht in weitere Kreise dringt.

III. Die Taten der einzelnen Angeklagten
Im Einzelnen ist über die Angeklagten in der Hauptverhandlung auf Grund ihrer eigenen Angaben, der Aussagen der Zeugen Buchacher, Macher, Frau Schlömmer und des nach § 60 Abs. 2 KStVO. verwerteten Ergebnisses des Vorverfahrens folgendes festgestellt worden:

1.) Der Angeklagte Schlömmer.
a.) Der Angeklagte war schon vor dem Anschluss Österreichs an das Reich radikal kommunistisch eingestellt. Er blieb es auch nach ihm. Häufig führte er politische Gespräche bei Zusammenkünften mit Gleichgesinnten. Von 1940 bis August 1941 zahlte er Beiträge für die „Rote Hilfe“ an den Zugschaffner Grojer, der das Geld seinerseits an den Hilfsmonteur Macher abführte. Obwohl auf Grund früherer Verschuldungen in schlechten wirtschaftlichen Verhältnissen, kaufte sich Schlömmer Mitte 1940 einen wertvollen Fünf-Röhren-Empfänger. Mit ihm hörte er laufend ausländische Sender, die Sender Moskau, England, auch den „Sender der Europäischen Revolution“. Er ließ in seiner Wohnung einmal auch den Angeklagten Essmann am Empfang teilnehmen.

Hierbei wurden Kriegsberichte gehört. Bei dem Abhören ausländischer Sender vernahm er auch die Aufrufe des „Sender der Europäischen Revolution“ an die deutschen Eisenbahner möglichst langsam zu arbeiten und die Transporte zu stören.
Anfang Juli 1941 erfuhr er auf einer Dienstfahrt, dass bei einem Güterzug in Donawitz die Bremsschläuche durchgeschnitten worden seien. Er vermutete sofort Sabotage und beschloss, entsprechend dem Rundfunkaufruf ebenfalls Güterzüge zu beschädigen. Durch ein Gespräch mit dem Angeklagten Martl kam er auf den Gedanken, dies durch Entfernen von Dichtungsringen zu bewerkstelligen. Auf einer Dienstfahrt vom 16. zum 18. 7. 1941 bemerkte er auf dem Bahnhof Scheifling in der Dunkelheit einen schon länger abgestellten Wehrmachtzug. In kurzer Zeit entfernte er an diesem 20 Dichtungsringe aus Bremsschläuchen. Anschließend entfernte er auf dem Bahnhof Mariahof-St. Lamprecht an einem ebenfalls abgestellten Wehrmachtzug 38 Dichtungsringe. Auf der Weiterfahrt nahm er in Neumarkt aus zwei Güterwagen 2 Dichtungsringe fort. Sämtliche Ringe vergrub er am folgenden Bahnhof Friesach. Auf der Weiterfahrt schnitt er in Treibach-Althofen bei zwei Güterwagen 2 Bremsschläuche mit dem Taschenmesser an.
b.) Schlömmer gibt zu, dass er durch seine Tat Sowjetrussland helfen und zur militärischen Niederlage Deutschlands beitragen wollte.
Der Angeklagte hat hochverräterische Ziele verfolgt. Sowohl die Zahlung der Beiträge zur „Roten Hilfe“ als auch die Verübung der Anschläge dienten nach Ansicht des Angeklagten dazu, dem Kommunismus zum Sieg auch in Deutschland zu verhelfen. Er hat damit ein hochverräterisches Unternehmen vorbereitet (§ 83 Abs. 2 StGB.). Es kam, insbesondere durch die Zahlung der Beiträge, dem Angeklagten darauf an, unter Gleichgesinnten einen organisatorischen Zusammenhalt aufrechtzuerhalten. Er ist daher nach § 83 Abs. 2, 83 Abs. 3 Nr. 1 StGB. zu bestrafen. Die gesamte hochverräterische Tätigkeit ist eine fortgesetzte Handlung. Zugleich (§ 73 StGB.) hat der Angeklagte im Inland es unternommen, während des Kriegs Sowjetrussland, also einer feindlichen Macht Vorschub zu leisten (§ 91 b StGB.). Er hat in Tateinheit hiermit durch die Beschädigungen an den Eisenbahnwagen sich ferner eines Verbrechens nach §§ 1 und 2 der Wehrkraftschutzverordnung vom 25. 11. 1939 schuldig gemacht. Dadurch, dass Schlömmer ausländische Sender abgehört hat, hat er gegen § 1 Rundfunk-Verordnung verstoßen. Er ist zugleich auch nach § 2 dieser VO. zu bestrafen, weil er dem Angeklagten Essmann das Mithören gestattet und damit Nachrichten ausländischer Sender, die geeignet sind, die Widerstandskraft des Deutschen Volkes zu gefährden, vorsätzlich

verbreitet hat. Das Verbrechen nach der Rundfunk-VO. stellt eine selbständige Straftat dar, weil das Abhören, insbesondere das gemeinsame Abhören der ausländischen Kriegsberichte mit dem Angeklagten Essmann, also das „Verbreiten", nicht zur Durchführung der Sabotagehandlungen beitrug oder ihr diente. Das Abhören geschah unabhängig von der hoch- und landesverräterischenTätigkeit der Angeklagten.

2.) Der Angeklagte Straubinger

a.) In der Nacht zum 2. Juli 1941 traf der Angeklagte auf einer Dienstfahrt mit dem Angeklagten König zusammen. Beide unterhielten sich über inzwischen bekannt gewordene Sabotagefälle bei der Reichsbahn. Hierbei äußerte der Angeklagte, der „Sender der Europäischen Revolution" habe die Eisenbahner aufgerufen, sich zu rühren, den Eisenbahnbetrieb lahmzulegen, Bremsschläuche anzuschneiden und Anschläge ähnlicher Art auszuführen. Straubinger behauptet, mit König ein solches Gespräch überhaupt nicht geführt zu haben. Er wird aber durch die Angaben des König überführt. Es ist nicht einzusehen, warum König, der dem Angeklagten nicht verfeindet ist und durch eine wahrheitswidrige Angabe seine Lage niemals verbessern könnte, die Unwahrheit sagen sollte. Der Angeklagte besitzt ein zum Empfang auch ausländischer Sender geeignetes Rundfunkgerät. Er bestreitet aber, jemals damit ausländische Stationen gehört zu haben. Wenn der Angeklagte auch ausgesprochener Kommunist ist, so kann ihm dies nicht schlüssig widerlegt werden. Es ist nicht ausgeschlossen, dass er die Aufforderung des Senders der Europäischen Revolution durch einen anderen erfahren hat. Anfang August 1941 traf Straubinger mit dem Mitangeklagten Schlömmer auf dem Bahnhof Bruck a. d. M. zusammen. Er erzählte ihm, dass ein Zug von St. Lamprecht handgebremst habe fahren müssen, weil die Dichtungsringe entfernt worden seien. Schlömmer gestand, dass er das selbst getan habe. Der Angeklagte erwiderte, dass er sich das gleich gedacht habe. Er riet, bei solchen Anschlägen Handschuhe anzuziehen oder die Schläuche nur mit Lappen anzufassen, um Entdeckungen durch Fingerabdrücke zu vermeiden. Straubinger leugnet auch dieses Gespräch, Er wird jedoch durch die Aussage Schlömmers überführt. Dieser erklärt einen Irrtum für unmöglich. Er hat seine eigenen Verfehlungen ohne Beschönigungen eingestanden. Er wird nach seiner ganzen Einstellung und Gesinnung bestimmt keinen Gesinnungsgenossen zu Unrecht belasten.

b.) Straubinger ist Kommunist. Er hat den Aufruf des ausländischen Senders zur Sabotage weitergegeben, um ihn zu verbreiten. Er hat dem Angeklagten Schlömmer Ratschläge für die Verübung von Anschlägen gegeben. Dies alles geschah offensichtlich, weil er den Hetzaufruf begrüsst und weil er auch sein Teil zu einer Verwirklichung der Aufforderung beitragen wollte. Er hat künftige Beschädigungen, insbesondere diejenigen, die er von Schlömmer erwartete, als seine eigene Tat gewollt. Er hat daher der feindlichen Macht Vorschub geleistet (§ 91 b StGB.) und zugleich, da er auch den Sieg des Kommunismus in Deutschland erstrebte, ein hochverräterisches Unternehmen nach § 83 Abs. 2 und 3 Nr. 1 StGB. vorbereitet. Durch die Weitergabe des Hetzaufrufs ist er zugleich der Nachrichtenverbreitung nach § 2 Rundfunk-VO. schuldig.

3.) Der Angeklagte König

a.) Im Sommer 1940 trat der Angeklagte in Leoben mit einem Kommunisten, von dem er angeblich nur den Vornamen „Peter“ kennt, in Beziehung, um die Sammlung von Beiträgen für die „Rote Hilfe“ wieder aufzuziehen. Er zog 50.- RM, die der Mitangeklagte Götzinger gesammelt hatte, und weiterer 30.- RM, die er von dem Zugführeranwärter Kapaunik erhalten hatte, ein und lieferte sie an „Peter“ ab. Er schlug u. a. auch dem Fernschreiber Treffler vor, die Gruppe der „Roten Hilfe“ in Leoben zu übernehmen, damit Götzinger, der diese Gruppe und eine andere bis dahin verwaltete, entlastet würde. Auch sonst war er beratend in der „Roten Hilfe“ tätig. In der Nacht zum 3. 7. erfuhr der Angeklagte, wie schon erwähnt, von dem Mitangeklagten Straubinger, dass der „Sender der Europäischen Revolution“ die Eisenbahner aufgerufen habe, den Betrieb der Reichsbahn durch Beschädigungen lahmzulegen. Dies erzählte er einige Tage später dem ihm als fanatischen Kommunisten bekannten Götzinger. Er teilte ihm im Einzelnen mit, dass Bremsschläuche angeschnitten werden sollten. Götzinger war, wie König selbst angibt, von dem Plan „begeistert“. Als König später hörte, dass tatsächlich Bremsschläuche beschädigt worden seien, nahm er sofort an, dass dies Götzinger getan habe. Auch einer Reihe von anderen Berufskameraden hat König von der Aufforderung des ausländischen Rundfunks zur Ausübung von Anschlägen Kenntnis gegeben. Er hat ihnen nahegelegt, nach diesem Aufruf zu handeln. Bei einer Begegnung mit dem Mitangeklagten Schlömmer erklärte er diesem, die Sache in der Steiermark „funktioniere gut“. König gibt dies zu. Er behauptet, selbst keine Beschädigungen vorgenommen zu haben. Dies kann ihm nicht widerlegt werden.

b.) Der Angeklagte hat eine Nachricht eines ausländischen Senders, die geeignet ist, die Widerstandskraft des Deutschen Volkes zu gefährden, vorsätzlich verbreitet (§ 2 Rundfunk-VO.). Aus seiner kommunistischen Einstellung heraus wünschte und erstrebte er die Befolgung des Aufrufs. Er wollte mit der Weitergabe dem Feind helfen und den Sieg des Kommunismus in Deutschland näher bringen. Er ist daher zugleich der erschwerten Vorbereitung zum Hochverrat (§ 83 Abs. 2 und 3 Nr. 1 StGB.) und der Begünstigung des Feinds (§ 91 b StGB.) schuldig.

4.) Der Angeklagte Götzinger

a.) Der Angeklagte galt unter seinen Berufskameraden als echter Kommunist. Auch nach dem Anschluss war er eifrig für den Kommunismus tätig. Er warb zum Beitritt für die illegale Kommunistische Partei und zur „Roten Hilfe", indem er Dienststelle um Dienststelle bei der Reichsbahn aufsuchte. Auch zog er bis zum Herbst 1941 bei einer ganzen Reihe von Eisenbahnern laufend Beiträge für die „Rote Hilfe" ein. Auf seine Veranlassung wurden diese Beiträge vom Krieg mit Russland an von 50 Pfg. auf 1 RM im Monat erhöht. Wie bereits erwähnt, erfuhr Götzinger Anfang Juli 1941 durch König von den Aufrufen des Senders der Revolution zur Sabotage innerhalb der Reichsbahn. Er griff den Gedanken sofort „begeistert" auf und beschloss, in dieser Richtung tätig zu werden. Einige Tage später schnitt er in Donawitz etwa 10 - 12 Bremsschläuche durch. Im August warf er Dichtungsringe, die er sich dienstlich hatte geben lassen, in die Mur, um sie zu beseitigen. Er wusste natürlich, dass gerade Gummi gespart werden muss. Die Aufforderung zur Sabotage verbreitete er auch in weitere Kameradenkreise. Auch erzählte er anderen, dass er bereits Schläuche angeschnitten habe.
Götzinger hatte diese Taten zunächst im Ermittlungsverfahren zugegeben. Er hat dieses Geständnis alsbald widerrufen und hat diesen Widerruf damit begründet, dass er, nachdem ihm seine Werbetätigkeit für die „Rote Hilfe" bereits nachgewiesen gewesen sei, fremde Tat auf sich genommen habe, um nicht auch noch andere Kameraden in die Sache hineinzuziehen. Auch bei seiner Vernehmung in der Hauptverhandlung ist er zunächst bei dieser Darstellung verblieben. Unter dem Druck des Verfahrens und der Vorbehalte hat er jedoch am nächsten Tag zugegeben, dass er sich, wie er es selbst nannte, in der angegebenen Weise „vergangen" habe.

b.) Der Angeklagte hat bewusst dem Feind durch seine Tat Vorschub geleistet. Er wollte zugleich den Sieg des Kommunismus in Deutschland. Sein gesamtes Verhalten ist rechtlich eine Tat. Er ist wegen erschwerter Vorbereitung zum Hochverrat (§ 83 Abs. 2 und 3 Nr. 1 StGB.), Begünstigung des Feinds (§ 91 b StGB.) und Verbrechens nach §§ 1 und 2 Wehrkr.Sch.VO. zu bestrafen. In Tateinheit hiermit ist er wegen Verbrechens nach § 2 Rundfunk-VO. zu bestrafen, weil er den Aufruf zur Sabotage, von dem er wusste, dass er vom ausländischen Rundfunk gegeben war, verbreitete.

5.) Der Angeklagte Martl

a.) In der Zeit zwischen 4. und 8. Juli 1941 unterhielt sich der Angeklagte einmal in der Fahrmeisterei Bruck a. d. M. mit dem Angeklagten Schlömmer. Beide sind schon seit Jahren miteinander bekannt. Sie sprachen u. a. darüber, dass in Donawitz Bremsschläuche durchschnitten worden seien. Dazu bemerkte Martl, so etwas sei ein Blödsinn. Es genüge, wenn man aus den Schläuchen die Dichtungsringe entferne. Durch diesen Hinweis kam Schlömmer, wie er angibt, erst auf den Gedanken, dass man auf diese, nicht sofort und nicht so leicht wie das Durchschneiden zu entdeckende Weise die Bremsleitungen undicht machen könne, wie er es dann etwa 14 Tage später auch tatsächlich ausgeführt hat. Allerdings hat Schlömmer von so einem Vorhaben dem Martl nichts erzählt.
Die Anklage legt dem Angeklagten Martl zur Last, dass er durch seine Bemerkung dem Schlömmer bewusst einen Hinweis und einen Rat habe geben wollen. Dies kann jedoch Martl nicht schlüssig nachgewiesen werden. Zwar fällt es auf, dass Martl bestreitet, sich mit Schlömmer überhaupt über die Beschädigungen von Bremsleitungen unterhalten zu haben, während dies Schlömmer auch hier durchaus glaubwürdig bestätigt. Es kann aber nicht ausgeschlossen werden, dass Martl, der an offener Tuberkulose leidet und schon damals ein schwerkranker Mann war, dem Gespräch keine besondere Bedeutung beigemessen hat und dass er sich deswegen nicht erinnert. Daneben ist es zugleich möglich, dass Martl die ihm zur Last gelegte Bemerkung nur in allgemeinem, gesprächsweisem Sinn gemeint und getan hat und dass er nicht damit gerechnet hat, Schlömmer könnte solche Anschläge ausführen und durch seine Bemerkung angeregt werden. Der Senat spricht daher Martl trotz erheblichen Verdachts aus Mangel an ausreichenden Beweisen frei.

6.) Der Angeklagte Zitter.

a.) Der Angeklagte besitzt seit 1934 ein Vier-Röhren-Funkgerät. Mit ihm hörte er bis 1939 regelmässig ausländische Sender. Dies wurde unterbrochen, weil der Empfänger versagte. Zitter liess ihn im Sommer 1941 in Ordnung bringen und nahm sofort den Auslandsempfang wieder auf. Vor allem hörte er den „Sender der Europäischen Revolution". Er wusste, dass es sich um einen Feindsender handelte. Bei diesem Abhören vernahm er am 2. 7. 1941 auch einen Aufruf an die österreichischen Eisenbahner, den Eisenbahnverkehr zu stören. Gegen Mitte Juli 1941 erfuhr der Angeklagte, dass vom 18. 7. an italienische Truppen auf der von ihm dienstlich befahrenen Strecke Klagenfurt-St. Veit an die Ostfront geführt werden sollten. Er beschloss entsprechend der Aufforderung des Senders solche Züge aufzuhalten. Kurz darauf traf er in Treibach-Althofen den ihm seit länger bekannten Mitangeklagten Waste. Er schlug ihm vor, die erwarteten italienischen Züge nach Kräften zu stören. Zu diesem Zweck sollten an zahlreichen Stellen Bremskeile auf das Herz der Weichen gelegt werden, um die Züge entgleisen zu lassen. Auch sollten Verzögerungen durch Entfernen von Sicherungsringen aus Bremsdruckluftschläuchen hervorgerufen werden. Dies müsse auf der ganzen Strecke in die Wege geleitet werden. Er werde deswegen auch mit „Poldl", d. i. mit dem Mitangeklagten Krug, sprechen. Er nannte jedoch dessen Namen nicht. Bald darauf traf er mit Krug in St. Veit zusammen. Er glaubte, diesen für sein Vorhaben gewinnen zu können und teilte ihm seine Absichten mit. Krug verhielt sich ablehnend. Zitter wurde durch die ablehnende Haltung des Krug, wie er sagt, ernüchtert. Er unternahm angeblich nichts mehr, um seine Pläne zu verwirklichen. Er tat aber auch nichts, um Auswirkungen seiner Gespräche mit Waste und Krug zu verhindern. Er wurde auch nicht tätig, als er später mehrfach hörte, dass auf der Strecke Bruck a. d. M. - Villach und Klagenfurt tatsächlich Bremsleitungen durch Entfernen der Dichtungsringe und durch Durchschneiden der Schläuche unbrauchbar gemacht wurden, so, wie er es besprochen und vorgeschlagen hatte. Zitter ist geständig.

b.) Der Angeklagte hat die Aufforderung des ausländischen Senders zur Sabotage an andere weitergegeben, also vorsätzlich verbreitet. Er hat dies getan, um den Aufruf in die Tat umzusetzen. Er hat für den Gedanken unter Berufskameraden geworben. Damit hat er den Feind begünstigt. Zugleich hat er damit hochverräterische Ziele verfolgt. Sein Streben war es, durch die Tat zum Sieg des Kommunismus in Deutschland beizutragen. Sein Verhalten stellt sich strafrechtlich als eine Tat dar. Zitter ist wegen

Verbrechens nach § 1 und 2 Rundfunk-Verordnung, Begünstigung des Feinds (§ 91 b StGB.) und erschwerter Vorbereitung zum Hochverrat (§ 83 Abs. 2 und 3 Nr. 1 StGB) zu bestrafen.

7.) Der Angeklagte Krug

a.) Im Herbst 1939 trat Krug, der in seiner Heimat als alter Kommunist gilt, an den Schaffner Buchacher in St. Veit a. d. Gl. heran, um von ihm Beiträge für die „Rote Hilfe" zu erhalten. Buchacher tat dies. Er zahlte bis zum März 1941 an Krug regelmäßig 50 Pfg. im Monat. Krug hat dies nach langem Bestreiten schließlich zugestanden. Er behauptet aber, dass ihm Buchacher das Geld von sich aus gegeben habe und dass es sich auch nicht um Beiträge für die „Rote Hilfe" oder für kommunistische Zwecke, sondern um bloße Unterstützungen für notleidende Angehörige politischer Gefangener gehandelt habe. Beides ist durch die Aussage des als Zeuge vernommenen Buchacher widerlegt. Dieser ist in dieser Sache bereits wegen Vorbereitung zum Hochverrat von dem Sondergericht rechtskräftig verurteilt. Er hat keinen Anlass, den Angeklagten zu Unrecht zu belasten. Seine Darstellung erscheint auch sonst als glaubwürdig. Krug behauptet ferner, dass er die Beiträge nicht weitergeleitet, sondern nachträglich für sich behalten habe. Dies ist offensichtlich unwahr. Es wäre aber auch rechtlich bedeutungslos, weil schon das Einziehen der Beiträge zur Strafbarkeit wegen Vorbereitung zum Hochverrat genügt.
Im Juli 1941 begegnete Krug, wie bereits dargelegt, dem Mitangeklagten Zitter. Dieser erzählte ihm von der in den nächsten Tagen bevorstehenden Durchfahrt italienischer Truppen durch Kärnten und von seiner Absicht, dies durch die bereits geschilderten Mittel zu verhindern oder zu erschweren. Zitter forderte Krug auf, dazu von Villach aus beizutragen. Krug lehnte dies und die Pläne Zitters überhaupt zwar ab, wie er behauptet und wie ihm wenigstens nicht widerlegt werden kann. Er unternahm aber auch nichts, um die Verwirklichung dieser Absichten durch Krug oder andere zu verhindern, obwohl er aus dem Gespräch erfahren hatte, dass ein übereinstimmendes Vorgehen eines größeren Kreises geplant war, und er daher mit der Verübung weiterer Anschläge rechnen musste. Nach Auffassung des Senats hat Krug auch damit gerechnet. Wenn er behauptet, dass er den Eindruck gehabt habe, Zitter werde wegen der vorgebrachten Bedenken seine Pläne fallen lassen, so glaubt ihm das der Senat nicht. Zum mindesten hat Krug

damit gerechnet, dass sich, wenn nicht gerade Zitter, so doch irgend jemand finden werde, der zur Tat schreiten könne. Krug hat auch dann nichts unternommen, als er später hörte, dass tatsächlich in einer Reihe von Fällen und an verschiedenen Stellen Anschläge der Art vorgenommen wurden, wie sie ihm Zitter vorgeschlagen hatte. Das beweist, dass er innerlich Beschädigungen dieser Art billigte und auch weiter wollte.

b.) Durch das Einziehen der Beiträge zur „Roten Front" hat sich Krug einer erschwerten Vorbereitung zum Hochverrat (§ 83 Abs. 2 und 3 Nr. 1 StGB.) schuldig gemacht. Er hat weiterhin von dem Vorhaben eines Hochverrats, Landesverrats und einer Wehrmittelbeschädigung glaubhafte Kenntnis erhalten und eine Anzeige unterlassen (§ 139 StGB.). Zwischen beiden Taten besteht kein innerer Zusammenhang. Es handelt sich um zwei selbständige Taten.

8.) Der Angeklagte Waste.

a.) Der Angeklagte kennt den Mitangeklagten Zitter seit einigen Jahren. Er traf ihn etwa Mitte Juli 1941 in Treibach-Althofen auf dem Bahnhof. Zitter teilte ihm mit, dass ab 18. 7. italienische Truppen durch Kärnten geführt würden. Er schlug vor, dies nach Möglichkeit zu hindern. Zu diesem Zweck sollten die Züge durch Anbringen von Bremskeilen an Weichen zum Entgleisen gebracht und Störungen durch Entfernen von Sicherungsringen aus Bremsschläuchen hervorgerufen werden. Die Sache müsste auf der ganzen Strecke „organisiert" werden. Er, Zitter, habe deswegen mit Krug gesprochen. Dieser werde Weisungen von „oben" bringen. Ob dieser Hinweis auf „oben" landschaftlich - örtlich gemeint war, oder ob damit eine übergeordnete kommunistische Befehlsstelle gemeint war, konnte nicht geklärt werden. Erwiesen ist ferner nicht, ob bei diesem Gespräch davon die Rede war, dass die Aufforderung zu den Anschlägen von dem ausländischen Rundfunk ausgegeben war. Der Angeklagte Waste antwortete angeblich nichts. Er unternahm aber auch nichts, um Anschläge zu verhindern. Vielmehr berichtete er sogar über die Unterredung mit Zitter am nächsten Tag seinem Schwager, dem Mitangeklagten Höfernig. Er unterbreitete ihm den Plan Zitters mit allen Einzelheiten. Höfernig holte sofort den Mitangeklagten Kuchler hinzu. Waste wiederholte seine Unterredungen mit Zitter. Man war sich einig, dass Sabotageunternehmen zur Verhinderung der italienischen Militärzüge aufgezogen werden müssen. Am 22.8.1941 traf

Waste erneut den Kuchler. Sie unterhielten sich über ein Zugunglück. Kuchler erzählte, dass er in Treibach-Althofen und in in Neumarkt Schläuche durchgeschnitten habe. Waste erzählte daraufhin seinerseits, dass er in Scheifling das Gleiche getan habe. Er bestreitet, dass dies wirklich der Fall war. Er habe es nur aus Wichtigtuerei dem Kuchler der Wahrheit zuwider erzählt. Dies kann ihm nicht mit Sicherheit widerlegt werden, wenn auch um die fragliche Zeit tatsächlich in Scheifling außer den von Schlömmer verübten Anschlägen andere Beschädigungen vorgekommen sind, an denen vermutlich mehrere Täter beteiligt waren. Der Angeklagte hatte, wie er es darstellt, die Absicht, in Launsdorf an zwei Wagen die Schläuche zu durchschneiden, hat dies aber, als er sich dazu anschickte, aufgegeben, angeblich, weil er im letzten Augenblick Hemmungen bekam.

b.) Da dem Angeklagten nicht nachzuweisen ist, dass er über die wahre Herkunft der Aufforderung zu den Anschlägen unterrichtet war, kann er wegen Rundfunkverbrechens nicht verurteilt werden. Als Kommunist hat der Angeklagte die Aufforderung zur Sabotage begrüßt. Er wusste, dass mit diesen Vorhaben der Feind unterstützt werden sollte. Durch sein Verhalten hat er den Kuchler in seinem Vorhaben Anschläge zu verüben, gestärkt. Damit hat er sich einer erschwerten Vorbereitung zum Hochverrat (§ 83 Abs. 2 und 3 Nr. 1 StGB.) in rechtlichem Zusammentreffen mit Begünstigung des Feinds (§ 91 b StGB.) schuldig gemacht.

9.) Der Angeklagte Kuchler

a.) Der Angeklagte hat im Laufe des Ermittlungsverfahrens sehr ausführliche Angaben über die ihm zur Last gelegten Straftaten und über andere Angeklagte gemacht. Er hat später versucht, diese Angaben teilweise zu widerrufen. In der Hauptverhandlung selbst hat er zunächst behauptet, sich an Vorgänge nicht mehr genau erinnern zu können. Er könne sich auch nicht erklären, wie er in seinen früheren Vernehmungen überhaupt zu Aussagen gekommen sei, durch die er sich und Mitangeklagte zu Unrecht belaste. Er hat sich bemüht, den Eindruck eines schwer an Gicht und den Nachwirkungen einer Malariaerkrankung leidenden und zerfahrenen Menschen zu machen. Der Senat ist aber überzeugt, dass es dem Angeklagten nur darauf ankommt, seine ursprünglichen Angaben wieder einzuschränken oder abzuschwächen, und dass sein Leiden zum mindesten sehr stark zweckübertrieben ist. An der vollen strafrechtlichen Zurechnungsfähigkeit

Kuchlers bestehen jedenfalls keine Zweifel. Aufgrund von Vorhaltungen hat der Angeklagte dann nun auch die Richtigkeit der Mehrzahl seiner im Laufe des Ermittlungsverfahrens gemachten Angaben bestätigt. Soweit er Gespräche mit anderen bestreitet oder Äußerungen als einen Scherz zu bezeichnen versucht, ist er durch glaubhafte Angaben der Mitangeklagten überführt.

Es ist gegen ihn folgendes festgestellt:

Der Angeklagte hat, wie er zugibt, im Jahre 1941 gemeinsam mit dem Mitangeklagten Zimmermann und Höfernig bei letzterem Kriegsberichte englischer Sender gehört und anschließend besprochen. Mitte Juli 1941 war er bei dem Gespräch zugegen, in dem Waste ihm und Höfernig mitteilte, was er von Zitter über die Möglichkeit einer Sabotage gegen die vom 18. 7. an erwarteten italienischen Truppenzüge erfahren hatte. Man erwog, Weichen zu verkeilen oder Bremsschläuche zu beschädigen, und war sich einig, dass zu diesem Zweck ein Unternehmen aufgezogen werden müsse. Der Angeklagte war sofort für den Plan begeistert. Er erklärte den beiden anderen, sie seien viel zu feige, er sei der richtige Mann für solche Sachen. Der Hergang dieser Unterredung ist erwiesen durch die Angaben des Angeklagten Waste und die eigene Darstellung des Angeklagten im Ermittlungsverfahren. Ebenfalls Mitte Juli traf der Angeklagte mit dem Mitangeklagten Höfernig und Zimmermann auf dem Pulverberg bei St. Veit zusammen. Auf dem Rückweg wurde von Anschlägen gegen italienische Truppenzüge gesprochen. Dabei unterhielt man sich auch darüber, dass die italienischen Truppenzüge nicht nur durch Beschädigungen von Bremsleitungen, sondern auch durch Entgleisenlassen oder durch Einstreuen von Sand oder Eisenfellspänen in die Achslager gestört werden könnten. Etwa am 20. 7. 1941 berichtete der Angeklagte dem Mitangeklagten Zimmermann, er habe in Treibach-Althofen und Neumarkt Bremsschläuche durchgeschnitten. Dasselbe erzählte er am 21. 8. 1941 dem Mitangeklagten Waste. Anfang August verlangte er von dem Angeklagten Tripolt Eisenfellspäne. In Gegenwart Essmanns und Tripolts äußerte er: „Wenn nicht heute noch zwei Maschinen liegen bleiben, fress ich einen stinkigen Besen! Dann heisst mich der Knittelfelder Lokomotivführer einen Schuft." Als ein Tankzug vorbeifuhr, sagte er zu Essmann: „Wenn ich dabei wäre, müssten ein paar Wagen heißlaufen! Ich habe schon mehreren Eisenbahnwagen in die Lager Sand gestreut." Anschließend erwähnte er, dass er in Scheifling und anderen Orten Schläuche durchschnitten habe. Beim Weggehen sagte er: „Sie sollen nur fahren, die Hunde." Dieser Vorgang ist erwiesen durch die Angaben des Angeklagten Essmann. Der Angeklagte

hat nach langen Vorhaltungen zugegeben, mindestens fünf Mitangeklagten erzählt zu haben, dass er an verschiedenen Orten Bremsleitungen und Achslager beschädigt habe. Er behauptet aber, seine Äußerungen seien nur Witz und Scherz gewesen oder nur aus seinem Bestreben entstanden, bei seinen Kameraden als besonders eifriger und verlässlicher Marxist oder Kommunist dazustehen. In Wirklichkeit sei er national eingestellt. Er habe sich im Dienst schwergetan und habe deswegen als Marxist gelten wollen, um von den Arbeitskameraden nicht angefeindet zu werden. Tatsächlich hat der Angeklagte der SA. angehört. Er hat sich auch bei Sammlungen hervorgetan. Aus früherer Zeit ist aber bekannt, dass er sich sehr eifrig für kommunistische Gedanken eingesetzt hat. Auch sein gesamtes jetziges Verhalten zeigt, dass es ihm ernstlich um eine Stärkung des Kommunismus und eine Förderung des Sabotagegedankens zu tun war. Es ist ihm aber nicht mit voller Sicherheit nachzuweisen, dass er tatsächlich, wie er sich gerühmt hat, Bremsleitungen und Achslager beschädigt hat. Zwar ergibt sich dies nicht daraus, dass Beschädigungen dieser Art erst im Oktober 1941 festgestellt wurden. Denn es handelte sich um Züge, die schon längere Zeit unbenutzt standen, sodass die Beschädigungen, vor allem an den Achslagern, erst bei Inbetriebnahme entdeckt werden konnten. Der Angeklagte ist aber nach Ansicht des Senats ein Mensch, der noch so großen Worten möglicherweise doch nicht die Tat folgen lässt. Es kann immerhin sein, dass er sich der Taten aus irgendwelchen äußeren oder inneren Gründen nur gerühmt hat.
b.) Der Angeklagte wollte aber mit den wiederholten Hinweisen auf sein, sei es auch nur angebliches, Beispiel andere „feige" Eisenbahner besonders nachdrücklich aufmuntern, ihm nachzueifern. Er war sich bewusst, dass er damit für die Befolgung des Sabotageaufrufes eintrat, dem Feind zur Niederwerfung Deutschlands Vorschub leistete und zugleich der Vorbereitung eines kommunistischen Umsturzes diente. Er ist nach § 91 b in rechtlichem Zusammentreffen mit § 83 Abs. 2 und 3 Nr. 1 StGB. zu bestrafen. Das Abhören des Auslandssenders in der Wohnung des Höfernig ist ein selbständiges Verbrechen nach § 1 Rundfunk-Verordnung, da nicht feststeht, ob das Abhören mit der Verwirklichung der hoch- und landesverräterischen Betätigung des Angeklagten zusammenhing.

10.) Der Angeklagte Höfernig

a.) Der Angeklagte besitzt ein größeres Rundfunkgerät, das geeignet zum Empfang ausländischer Sender ist. Er bestreitet aber, jemals eine Sendung eines ausländischen Senders gehört zu haben. Er wird jedoch durch die Aussagen des Mitangeklagten Kuchler überführt. Dieser hat in drei gleichbleibenden Vernehmungen im Ermittlungsverfahren ausgesagt, dass er gemeinsam mit dem Mitangeklagten Zimmermann und Höfernig bei letzterem während des Jahres 1941 nach einem gemeinschaftlichen Gang auf den Pulverberg bei St. Veit englische Kriegsberichte gehört und anschliessend an Hand einer ausgebreiteten Landkarte besprochen habe. Es besteht kein Grund, anzunehmen, dass Kuchler sich selbst zu Unrecht belastet. Der Senat sieht es daher für erwiesen an, dass die drei Angeklagten tatsächlich gemeinschaftlich ausländische Sendungen gehört haben. Die Anklage geht davon aus, dass der Angeklagte in den Jahren 1939/41 Beiträge an die kommunistische „Rote Hilfe“ gezahlt habe. Höfernig bestreitet alles. Er behauptet, solche Beiträge nur vor dem Anschluss gezahlt zu haben. Dies kann ihm nicht widerlegt werden. Der als Zeuge gehörte Hilfsmonteur Macher, der die Beiträge eingezogen hat, bekundet, dass die letzten Beitragszahlungen des Höfernig tatsächlich vor dem Anschluss Österreichs lagen. (Macher ist inzwischen wegen Vorbereitung zum Hochverrat rechtskräftig verurteilt worden). Der Angeklagte bestreitet ferner, dass er Mitte Juli in St. Veit a. d. Gl. mit Kuchler und Waste über die Sabotagepläne Zitters gesprochen habe. Er wird aber sicher nicht nur durch die Aussage Kuchlers, sondern daneben auch noch durch das Geständnis Wastes überführt. Er hat sich an den Erwägungen, wie die italienischen Truppenzüge am besten gestört werden könnten, beteiligt. Etwa Mitte Juli 1941 traf der Angeklagte Höfernig mit dem Mitangeklagten Kuchler und Zimmermann auf dem Pulverberg bei St. Veit zusammen. Auch hierbei kam man, wie bereits erwähnt, auf politische Dinge und auf die Anschläge gegen die italienischen Züge zu sprechen. Der Angeklagte bestreitet, dass auch bei dieser Unterredung über Sabotage gesprochen wurde. Er ist aber überführt durch sein eigenes Geständnis im Vorverfahren, dass vollkommen übereinstimmt mit den in der Hauptverhandlung aufrechterhaltenen Angaben Kuchlers. Die Angaben der Beteiligten im Ermittlungsverfahren sind unabhängig voneinander geschehen, stimmen überein und müssen daher als zutreffend angesehen werden.

b.) Der Angeklagte Höfernig hat durch seine Teilnahme an wiederholten Besprechungen über die vom ausländischen Rundfunk geforderte Sabotage andere in ihrem Willen zur Verübung von Anschlägen bestärkt. Er hat sich für die Auswirkung des Aufrufs eingesetzt und es damit unternommen, den Feind zu begünstigen (§ 91 b StGB.). Zugleich hat er damit kommunistische Ziele verfolgt, also ein hochverräterisches Unternehmen nach § 83 Abs. 2 und 3 Nr. 1 StGB. vorbereitet. Der Angeklagte ist weiterhin eines Verbrechens nach § 1 Rundfunk-Verordnung, und, da er das Abhören anderen gestattet hat, auch eines Verbrechens nach § 2 Rundfunk-Verordnung schuldig. Dieses Verbrechen steht mit der hoch- und landesverräterischen Tätigkeit des Angeklagten nicht in rechtlichem Zusammenhang, da nur erwiesen ist, dass der Angeklagte Kriegsberichte des ausländischen Rundfunks abgehört hat.

11.) Der Angeklagte Zimmermann

a.) Der Angeklagte hat vom Juni 1940 bis Juni 1941 monatlich 1 RM für die „Rote Hilfe“ an den kommunistischen Hilfsarbeiter Macher gezahlt. Er wusste, dass das verboten war. Beides gibt er zu. Zimmermann ist ferner überführt, im Juli 1941 in der Wohnung des Höfernig zusammen mit diesem und Kuchler einen Auslandssender abgehört zu haben, der englische Kriegsberichte brachte, und sich mit Höfernig und Kuchler über das Gehörte unterhalten zu haben. Die Gründe, aus denen der Senat dies trotz Leugnens Zimmermanns für nachgewiesen erachtet, sind bereits bei der Würdigung der Tat des Angeklagten Kuchler und des Angeklagten Höfernig dargelegt. Zimmermann war an dem Gespräch beteiligt, das zwischen ihm und Höfernig auf dem Rückweg vom Pulverberg über die Anschläge auf italienische Truppenzüge geführt wurde. Er stellt dies, ebenso wie Höfernig, nunmehr in Abrede. Der Senat glaubt auch ihm nicht. Denn von den wiederholten und gleichbleibenden Aussagen Kuchlers im Vorverfahren abgesehen, hat auch Zimmermann in zwei eigenen früheren Vernehmungen, darunter in einer solchen vor dem Ermittlungsrichter, gestanden. Auch sein nunmehriges Leugnen vor Gericht ist nur alte und bekannte kommunistische Taktik.
Am 20. 7. 1941 begegnete Zimmermann in St. Veit dem Angeklagten Kuchler. Sie sprachen wieder von Anschlägen auf italienische Züge. Zimmermann erklärte, man müsse auf einem in St. Lamprecht zur Abfahrt bereit stehenden italienischen Kohlenzug die Druckluſthähne zwischen dem Dienstwagen und dem ersten Zugwagen absperren, damit der Zug auf der Gefällstrecke nach Süden in´s Rollen komme und entgleise. Er forderte Kuchler auf, das zu tun. Als Kuchler einwendete, warum er denn alles machen solle, entgegnete ihm Zimmermann, dass auch er selbst schon Schläuche durchgeschnitten habe. Zimmermann bestreitet auch dieses Gespräch. Der Senat er-

achtet ihn aber auch hier nicht nur durch die Aussage Kuchlers, sondern auch durch sein eigenes Geständnis, auch vor dem Ermittlungsrichter, für überführt. Dass Zimmermann tatsächlich Schläuche durchgeschnitten hat, kann ihm nicht nachgewiesen werden.

b.) Zimmermann hat sich durch das Abhören der Kriegsberichte eines Feindsenders in der Wohnung Höfernigs, eines Rundfunkverbrechens nach § 1 Rundfunk-Verordnung schuldig gemacht. Ohne rechtlichen Zusammenhang hiermit hat er sich einer erschwerten Vorbereitung zum Hochverrat (§ 83 Abs. 2 und 3 Nr. 1 StGB.) schuldig gemacht. Er hat Beiträge zur „Roten Hilfe“ gezahlt und außerdem den Kuchler zu kämpferischem politischen Einsatz für den Kommunismus aufgereizt. Hierin liegt zugleich eine Begünstigung des Feindes (§ 91 b StGB.).

12.) Der Angeklagte Essmann

a.) Der Angeklagte besitzt ein zum Auslandsempfang geeignetes Rundfunkgerät. Er bestreitet, mit ihm Feindsender abgehört zu haben. Das Gegenteil ist ihm nicht nachzuweisen. Dagegen steht für den Senat fest, dass Essmann mindestens einmal in der Wohnung des Angeklagten Schlömmer einen Auslandssender empfangen hat. Essmann stellt auch dies in Abrede und Schlömmer selbst kann sich nicht mit Bestimmtheit erinnern. Die Tatsache wird aber durch die Angaben der als Zeugin vernommenen Ehefrau Schlömmer bestätigt. Die Aussage der Zeugin Schlömmer ist, auch in ihren Einzelheiten, so klar und bestimmt, dass der Senat an der Richtigkeit ihrer Angaben keinen Zweifel hat.

Der Angeklagte hat von zwei der Mitangeklagten erfahren, dass und wie sie Beschädigungen an Bremsleitungen durchgeführt hatten: Zunächst hat ihm der Mitangeklagte Schlömmer erzählt, er habe in der Nacht vom 16. zum 17. 7. 1941 in Scheifling, St. Lamprecht und Neumarkt Dichtungsringe aus Bremsschläuchene entfernt und sie im Bahnhof Friesach vergraben und auf der Weiterfahrt in Treibach-Althofen zwei Schläuche durchgeschnitten. Essmann nahm diese Mitteilung entgegen, ohne etwas zu erwidern. Der Angeklagte unterhielt sich ein andermal, wie bereits geschildert, im Hof des Eisenbahner-Wohngebäudes in St. Veit a. d. Gl. mit Kuchler darüber, dass in Scheifling Bremsschläuche durchgeschnitten worden seien. Er selbst erzählte, dass man in Scheifling bereits 15 Personen festgenommen habe. Als dann der Angeklagte Tripolt hinzu-

kam, fragte Kuchler diesen, ob er ihm nicht Eisenspäne verschaffen könne. Er fresse einen stinkigen Besen, wenn nicht heute noch zwei Lokomotiven auf der Strecke liegen blieben. Der Knittelfelder Lokomotivführer könnte ihn sonst einen Schuft heißen. Als ein Zug mit Ölwagen vorüberfuhr, sagte Kuchler, es sei schade, dass er nicht dabei sei, sonst müssten ein paar Wagen heißlaufen. Er habe schon mehreren Wagen Sand in die Achsen gestreut. Beim Weggehen erzählte schliesslich Kuchler dem Angeklagten, er habe schon in Scheifling Bremsschläuche durchschnitten. Auch hier unternahm Essmann, wie er selbst zugibt, nichts.
b.) bei der ihm bekannten radikalen Einstellung Schlömmers musste es Essmann als wahrscheinlich ansehen, dass Schlömmer weitere Anschläge durchführen werde. Er hat nach der Überzeugung des Senats auch mit dieser Möglichkeit gerechnet. Auch mit einer Betätigung Kuchlers in dieser Richtung hat er gerechnet. Dieser hatte ihm nicht nur davon erzählt, dass er in Scheifling bereits Bremsschläuche durchschnitten habe, sondern er hatte in seiner Gegenwart auch von Tripolt Eisenspäne verlangt. Dass er diese zur Ausübung von Anschlägen benutzen wollte, konnte bei den von Kuchler getanen Äußerungen dem Angeklagten Essmann nicht zweifelhaft sein. Essmann war verpflichtet, die Vorfälle sofort anzuzeigen oder zu melden. Dadurch, dass er das in beiden Fällen nicht tat, hat er sich der Nichtanzeige des Vorhabens vor allem einer Wehrmittelbeschädigung und einer Feindbegünstigung nach § 139 StGB. schuldig gemacht. Die Unterlassung der Anzeige stellt sich als eine fortgesetzte Handlung dar. Das Abhören der Kriegsberichte des Feindsenders in der Wohnung Schlömmers ist ein selbständiges Verbrechen nach § 1 Rundfunk-Verordnung.

13.) Der Angeklagte Hermann

a.) Die Anklage legt dem Angeklagten zur Last, in der Wohnung des Mitangeklagten Schlömmer zusammen mit diesem einen Auslandssender abgehört zu haben. Diese Anschuldigung beruhte auf Aussagen, die die Ehefrau Schlömmer bei zwei Vernehmungen im Ermittlungsverfahren gemacht hatte. In der Hauptverhandlung hat die Ehefrau Schlömmer jedoch, so weit es sich um Hermann handelt, ihre Angaben nicht mehr mit Bestimmtheit aufrechterhalten können. Der Senat spricht daher für diesen Tatbestand Hermann aus Mangel an Beweisen frei.

b.) Etwa am 10. 8. 1941 fuhr der Angeklagte mit dem Rad zusammen mit Schlömmer von dessen Wohnort St. Donath nach St. Veit a. d. Gl. Sie unterhielten sich u. a. über die bei der Reichsbahn vorgekommenen Beschädigungen. Im Verlauf des Gesprächs erzählte Schlömmer dem Hermann davon, dass er, wie bereits geschildert, auf der Fahrt vom 16./17. 7. 1941 aus Bremsschläuchen Dichtungsringe entfernt habe. Hermann riet zwar dem Schlömmer, dies nicht mehr zu tun. Er unternahm aber nichts weiter, obwohl er nach den Erzählungen Schlömmers und bei dessen ihm bekannten radikal-kommunistischen Einstellung zum mindesten mit der Möglichkeit rechnen musste und nach der Überzeugung des Senats auch tatsächlich rechnete, dass Schlömmer weitere Anschläge verüben könne. Damit hat sich der Angeklagte einer Nichtanzeige nach § 139 StGB. schuldig gemacht.

14.) Der Angeklagte Tripolt

Bei dem bereits geschilderten Gespräch, das im August 1941 im Hof des Eisenbahner-Wohngebäudes in St. Veit a. d. gl. zwischen den Angeklagten Essmann, Kuchler und Tripolt stattfand, fragte Kuchler den Tripolt, ob er ihm nicht Eisenfeilspäne verschaffen könne. Kuchler äußerte dazu, dass er einen stinkigen Besen fresse, wenn nicht noch heute zwei Lokomotiven auf der Strecke liegen bleiben. Der Knittelfelder Lokomotivführer heiße ihn sonst einen Schuft. Dass Tripolt auch bei dem vorhergehenden Gespräch zwischen Essmann und Kuchler über die Beschädigung von Bremsschläuchen und die Verhaftungen in Scheifling oder bei den nachfolgenden Bemerkungen und Drohungen Kuchlers zugegen war, ist nicht festzustellen.

Der Angeklagte verteidigt sich dahingehend, dass er die Bemerkung Kuchlers nicht verstanden habe. Er habe nicht geahnt, dass es sich dabei um Anschläge gegen die Reichsbahn handeln könne. Das erachtet der Senat aus einer Reihe von Gründen für durchaus unglaubwürdig. Tripolt ist 1937 bei der früheren Bundesbahn eingestellt worden. Er ist im Betriebswerk verwendet. In St. Veit wohnt er in einem Gebäude, in dem nicht weniger als 24 Eisenbahnerfamilien wohnen. Es ist selbstverständlich, dass er im August von den bereits im Juli entdeckten Anschlägen erfahren hat. Aber selbst dann, wenn Tripolt wirklich nichts von früheren Beschädigungen u. dgl. gehört hätte, gab es für ihn schon aus der von ihm mit angehörten Bemerkung Kuchlers keinen Zweifel, warum und wozu Kuchler die Feilspäne haben wollte. Der Senat ist überzeugt, dass Tripolt, gleichgültig aus welchen Gründen, bewusst eine Meldung oder Anzeige unterließ, obwohl er mindestens mit der Möglichkeit rechnen musste und rechnete, dass Kuchler irgendwelche Beschädigungen durchführen wolle und werde. Tripolt war zu einer Anzeige verpflichtet. Seine Unterlassung ist i. S. von § 139 StGB. zu bestrafen.

15.) Der Angeklagte Truk

Truk bezahlte von 1938 bis Juni 1941 an den bereits genannten kommunistischen Vertrauensmann Macher 30 RM an Beiträgen für die „Rote Hilfe". Er wusste, dass das verboten war. Er gibt beides zu. Damit hat er sich der erschwerten Vorbereitung zum Hochverrat (§ 83 Abs. 2 und 3 Nr. 1 StGB.) schuldig gemacht.

Im Juli 1941 wurde Truk beauftragt, bereitgestellte Wehrmachtszüge auf Beschädigungen zu prüfen und Bremsproben vorzunehmen. In einem Fall entdeckte er eine solche Beschädigung. Er meldete sie. Am 22. oder 23. 7. 1941 traf er auf dem Bahnhof Neumarkt, in dem er beschädigte Schläuche auszuwechseln hatte, mit Kuchler zusammen. Beide unterhielten sich über die vorgekommenen Beschädigungen. Dabei erzählte Truk dem Kuchler, dass die in Scheifling abgestellten Wehrmachtzüge jetzt durch Bahnpolizei überwacht würden. Die Anklage nimmt an, dass Truk den Kuchler damit bewusst habe warnen wollen. nach dem Ergebnis der Hauptverhandlung kann dies jedoch nicht schlüssig nachgewiesen werden. Kuchler hat zwar früher angegeben, dass er, - wenn auch sachlich unwahr, - zu Truk von Beschädigungen gesprochen habe, die er, Kuchler, in Scheifling durchgeführt habe. Er hat dies aber in der Hauptverhandlung nicht aufrecht erhalten. Das Bestreiten Truks kann daher nicht widerlegt werden. Eines besonderen Freispruchs von diesem Teil der Anklage in der Urteilsformel bedarf es nicht, da sich die Tat zusammen mit der Beitragsleistung zur „Roten Hilfe" im Falle ihres Nachweises als ein erschwertes Verbrechen der Vorbereitung zum Hochverrat darstellen würde.

D. Die Gründe für die Bemessung der Strafen.

1.) Die Angeklagten Zitter, Waste, Höfernig, Kuchler, Zimmermann, Schlömmer, Straubinger, König und Götzinger, die die Anschläge entweder selbst durchgeführt oder doch andere zur Verübung von solchen Anschlägen verleitet und aufgereizt haben, werden für ihre Verbrechen mit dem Tode bestraft. In dem jetzigen Krieg, dem Schicksalskampf um Sein oder Nichtsein des deutschen Volkers, der vollen und unbedingten Einsatz Aller zur Erringung des Sieges fordert, haben sich die Angeklagten gegen ihr Vaterland gestellt. Sie haben bewusst die Geschäfte des Feindes betrieben und sich in bewusster Auflehnung und Feindschaft gegen das deutsche Reich und gegen den Nationalsozialismus für Kommunismus und Bolschewismus eingesetzt und betätigt. Sie sind der Front der im schwersten Kampf stehenden deutschen Soldaten heimtückisch in den Rücken gefallen und sind damit zum Verräter am Vaterland geworden. Es kam ihnen in ihren sicheren Stellen in der Heimat nicht darauf an, dass ihre Anschläge deutschen Frontsoldaten Freiheit, Gesundheit oder Leben kosten konnten. Besonders schwer aber sind ihre Verfehlungen deshalb, weil die Angeklagten als Beamte und Arbeiter der Reichsbahn sich in verbrecherischer Weise gegen die Sicherheit der Bahn vergangen haben. Das ist umso unbegreiflicher, als es sich ohne Ausnahme um Männer in reifen Jahren und in geordneten Verhältnissen handelt. Nach ihren eigenen Angaben ist nicht ein einziger unter ihnen, dessen wirtschaftliche Lage sich nicht seit dem Anschluss und durch ihn zum Teil ganz wesentlich gebessert hatte. Mehrere von ihnen sind nach mehrjähriger Arbeitslosigkeit seit dem Frühjahr 1938 überhaupt erst wieder in Arbeit und zu Brot für sich und ihre Familien gekommen und teilweise sogar zu ausgesprochen guten wirtschaftlichen Verhältnissen gelangt. Sie haben trotzdem aus politischer Feindschaft sich gegen das Reich gestellt.

Es ist bekannt, dass gerade die österreichischen Eisenbahner in den 20 Jahren nach dem Ersten Weltkrieg marxistisch und kommunistisch besonders verhetzt und verseucht wurden. Es konnte nicht erwartet werden, dass sich alle diese planmäßig Verhetzten mit dem Anschluss von einem Tag auf den anderen innerlich auf den neuen Staat und Geist umstellen und zu begeisterten Kämpfern für die neuen Gedanken werden. Ohne Zugeständnisse und sofort musste und muss aber von allen Eisenbahnern erwartet werden, dass sie die einmal übernommene Treue- und Dienstpflicht gegenüber dem Staat auf das Peinlichste erfüllen. In ihrer Eigenschaft als Beamte und Arbeiter der Reichsbahn war es die höchste Aufgabe der Angeklagten, für die Sicherheit der Bahn einzustehen. Die „Allgemeine Dienstanweisung für die Reichsbahnbeamten" sagte im § 8: „Die Sorge für die Sicherheit des Betriebs geht jeder anderen Aufgabe vor." In § 2 sagt die Anweisung: „Führer und Reich verlangen echte Vaterlandsliebe, Opferbereitschaft, volle Hingabe der Arbeitskraft, unbedingten Gehorsam und Kameradschaftlichkeit. Sie sollen allen Volksgenossen ein Vorbild treuer Pflichterfüllung sein." Über all dies haben sich die Angeklagten hinweggesetzt. Sie haben nicht nur Deutschland verraten, sondern selbst jede Rücksicht auf ihre eigenen Berufs- und Arbeitskameraden bei Seite

gestellt, die durch die Anschläge, wie etwa durch das Entgleisenlassen von Zügen, ums Leben kommen konnten. Die Angeklagten waren sich bewusst, dass durch jede Verzögerung des Nachschubs an Menschen, Waffen und Gerät den im Kampf an der Ostfront stehenden deutschen Truppen schwerster Schade zugefügt werden konnte. Sie haben daher ganz bewusst auch Gesundheit und Leben unzähliger deutscher Soldaten gefährdet. Jeder Soldat vor dem Feind kann erwarten, dass gegen Verbrecher, die ihnen in dieser Weise in den Rücken fallen, mit unerbittlicher Strenge eingeschritten wird. Bei den Angeklagten muss daher all das in den Hintergrund treten, was in sonstigen Fällen persönlich mildernd für einen Angeklagten sprechen und berücksichtigt werden kann, wie Vorleben, Geständnis, Reue, Notlage oder Rücksicht auf die Familie. Entscheidend ist hier die Tat, der Schade, den die Tat angerichtet hat, und auch nur die Gefahr, die für die Kriegsführung entstanden ist.
Deshalb muss das Verhalten der Angeklagten bei denjenigen Strafbestimmungen, die erschwerte Fälle kennen, als „schwer“ und „besonders schwer“ bewertet werden (§ 2 Rundfunk-VO.), §§ 1 und 2 Wehrkr. Schutz-VO. Nicht zuletzt muss auch bedacht werden, dass sich Beschädigungen an Eisenbahnwagen in dem hier in Frage stehenden Gebiet der Reichsbahndirektion Villach bis in die Tage dieser Hauptverhandlung ereignet haben. Den Urhebern dieser Verbrechen muss deutlich vor Augen geführt werden, dass gerade in diesem Gebiet eine Nachsicht auf keinen Fall geübt wird, damit dem verbrecherischen Treiben endlich Einhalt geboten wird. Gegen die Angeklagten kommt nur die Todesstrafe in Betracht, die bei jedem der Angeklagten dem § 91 b StGB. als dem schwersten Gesetz zu entnehmen ist. Jedem der Angeklagten weder daneben nach § 32 StGB. die bürgerlichen Ehrenrechte auf Lebenszeit abgesprochen.

2.) Die Angeklagten Schlömmer, Höfernig, Kuchler und Zimmermann sind daneben noch je eines besonderen Verbrechens nach § 1 Rundfunk-VO. Schlömmer und Höfernig zugleich auch eines Verbrechens nach § 2 Rundfunk-VO. für schuldig befunden worden. Die Angeklagten haben feindliche Sender gehört, Schlömmer und Höfernig haben darüber hinaus das Abhören dieser gestattet. Eine Strafe von je 5 Jahren Zuchthaus gegen Schlömmer und Höfernig und von 3 Jahren Zuchthaus gegen Kuchler und Zimmermann ist angemessen. Neben diesen Strafen werden die bürgerlichen Ehrenrechte dem Angeklagten Schlömmer und Höfernig auf je 5 Jahre, den beiden anderen Angeklagten auf je 3 Jahre aberkannt.

3.) Bei der Strafzumessung für die Nichtanzeige des Angeklagten Essmann ist folgendes berücksichtigt worden: Essmann hat sich zwar nicht unmittelbar an den Anschlägen beteiligt. Es ist ihm auch wenigstens nicht nachzuweisen, dass er zu ihnen aufgehetzt hat. Er hat aber in zwei Fällen unabhängig und nacheinander erfahren, wer solche Anschläge ausgeführt hatte oder wer sich solcher Pläne wenigstens rühmte und sie weiter ankündigte. Er musste mit weiterem Unheil rechnen. Gleichwohl hat er geschwiegen. Er hat nichts getan, weiteres Unglück zu verhüten, und zwar deshalb, weil er als Kommunist die Tat der anderen innerlich gebilligt hat und weiter gewollt hat.
Die schon erwähnte Dienstanweisung schreibt neben den bereits wiedergegebenen Bestimmungen vor, „dass besondere dienstliche Vorgänge unverzüglich dem nächsten Vorgesetzten zu melden sind." Sie bestimmt weiter, „dass der Reichsbahnbeamte dienstliche und außerdienstliche Vorgänge, die den Bestand des Reichs oder der NSDAP gefährden könnten, zur Kenntnis seines Dienstvorgesetzten zu bringen hat, ohne Rücksicht darauf, ob sie ihm dienstlich oder außerdienstlich bekannt geworden sind" (§ 11).
Gegen diese Pflicht hat Essmann in schwerster Weise verstoßen. Das macht sein Verschulden auch im strafrechtlichen Sinn besonders schwer. Der Senat hat daher die Unterlassung der Anzeige als besonders schweren Fall der Nichtanzeige i. S. des § 139 StGB. angesehen und gegen Essmann auf Tod erkannt. Er hat das deswegen getan, um jedem Eisenbahner vor Augen zu führen, dass er sich zum Mitschuldigen der Tat selbst macht, wenn er von solchen Plänen weiß, aber zu ihnen schweigt. Auch nach den für das Verhalten der Angeklagten in Betracht kommenden Sommermonaten des Jahres 1941 wurden im Gebiet der Reichsbahndirektion Villach laufend Eisenbahnanlagen beschädigt. Unter anderem wurden noch am letzten Tag der Hauptverhandlung im Bahnhof Glandorf bei St. Veit a. d. Gl. wieder Bremsschläuche durchgeschnitten aufgefunden. (Außer dem Bereich der Reichsbahndirektion Villach wurden nach Angabe des Sachverständigen solche Beschädigungen innerhalb Großdeutschlands nur im Bereich der Reichsbahndirektion Wien und Oppeln durchgeführt.) Auch das beweist, dass in Kärnten und in der Steiermark auch jetzt noch aktiv kommunistisch eingestellte Eisenbahner vorhanden sind. Um sie ausfindig zu machen und um weitere verbrecherische Anschläge gleicher Art zu verhindern, bedarf es gerade der Hilfe und der Mitarbeit der Beamten und Angestellten der Reichsbahn. Dies muss allen mit einem von niemanden zu übersehenden Ernst vor Augen geführt werden, gerade in dem hier in Frage kommenden betroffenen und am meisten gefährdeten Bezirk der Reichsbahn. Auch das

macht die Verhängung der Todesstrafe gegen Essmann zum Schutz der Allgemeinheit notwendig. Neben der Todesstrafe werden dem Angeklagten Essmann die bürgerlichen Ehrenrechte auf Lebenszeit aberkannt (§ 32 StGB). Für das Rundfunkverbrechen nac h § 1 der VO. wird eine Zuchthausstrafe von 3 Jahren mit einem Ehrverlust von ebenfalls 3 Jahren ausgesprochen.

4.) Demgegenüber sieht der Senat die Tat des Angeklagten Hermann (§ 139 StGB.) nicht ganz so schwer an. Hermann hat nur in einem Fall von bereits durchgeführten Anschlägen erfahren. Er hat den Betreffenden - Schlömmer, - auch gewarnt, wie er behauptet und wie ihm nicht widerlegt werden kann. Auch kann bei ihm nicht davon gesprochen werden, dass er derartige Vorhaben innerlich voll gebilligt hat. Er hat Schlömmer gewarnt. Immerhin hat er die besondere Treuepflicht des Eisenbahners außer Acht gelassen. Deshalb wird auch seine Tat als „besonders schwerer" Fall der Nichtanzeige abgesehen. Eine Strafe von 8 Jahren Zuchthaus ist angemessen. Daneben werden ihm die bürgerlichen Ehrenrechte auf 8 Jahre aberkannt.

5.) Auch der Angeklagte Krug wird wegen eines besonders schweren Falls der Nichtanzeige (§ 139 StGB.) mit 8 Jahren Zuchthaus bestraft. Für Krug lag die Annahme, dass Zitter wirklich Anschläge ausführen würde, besonders nahe, da er die Einzelheiten von dessen Vorhaben kannte. Er hat offenbar wegen seiner Übereinstimmung mit der politischen Einstellung des Zitter geschwiegen. Für die Beitragsleistung zur „Roten Hilfe" (§ 83 Abs. 2 und 3 Nr. 1 StGB.) wird eine Strafe von 3 Jahren Zuchthaus ausgesprochen. Aus beiden Strafen wird eine Gesamtstrafe von 10 Jahren Zuchthaus gebildet. Daneben werden dem Angeklagten die bürgerlichen Ehrenrechte auf 10 Jahre aberkannt.

6.) Dem Angeklagten Tripolt konnte nicht nachgewiesen werden, dass er innerlich die Sabotagepläne des Kuchler gebilligt hat. Er hat aber die ihm als Eisenbahner besonders obliegende Pflicht zur Anzeige versäumt und im Ermittlungsverfahren und überdies in der Hauptverhandlung ein besonders unaufrichtiges Verhalten an den Tag gelegt. Seine Nichtanzeige ist ebenfalls besonders schwer, zumal, da er bei der fanatischen Einstellung des Kuchler an einer Durchführung der Sabotagepläne nicht zweifeln konnte.
5 Jahre Zuchthaus und Ehrverlust auf 5 Jahre sind angemessen.

7.) Der Angeklagte Truk steht nicht mit den Anschlägen, die zur Einleitung dieses Verfahrens führten, in Beziehung. Er ist verurteilt allein wegen der Beitragsleistung zur „Roten Hilfe“. Eine Strafe von 3 Jahren Zuchthaus und ein Ehrverlust auf 3 Jahre ist angemessen.

8.) Bei keinem der zu einer Freiheitsstrafe verurteilten Angeklagten besteht ein Anlass, die Untersuchungshaft auf die Strafe anzurechnen.

9.) Die zum Abhören der Auslandssender benutzten Empfangsanlagen werden nach dem § 1 Rundfunk-VO. eingezogen.

gez. Schmauser Bertram Bertram Graf Pfeil Block

Der Präsident des Reichskriegsgerichtes als Gerichtsherr StPL (RKA) III 657/41.
Berlin, den 18. 5. 1942
Bestätigungsverfügung
Ich bestätige das Urteil.
Das Urteil gegen Krug, Truk, Tripolt und Hermann ist zu vollstrecken.
Die in die Zeit des Kriegszustandes fallende Vollzugszeit ist in die Strafzeit nicht einzurechnen. Die vom Erlass des Urteils bis zur Bestätigung erlittene Untersuchungshaft ist auf die Strafzeit nicht anzurechnen. Die Vollstreckung der Todesurteile wird bis zur Entscheidung auf das Gnadengesuch des Essmann ausgesetzt, da die Vollstreckung gegen alle zum Tode Verurteilten gleichzeitig erfolgen soll.
gez. Bastian
Admiral.

2. Gedächtnisniederschrift über den Prozess gegen die "Antifaschistische Freiheitsbewegung Österreichs" beim Volksgerichtshof Berlin, V. Senat, Hauptverhandlung in Wien vom 9.-11.August 1944

7 (8) J n208/439 5 H 58/44

Angeklagt waren:

Pumpernig Eduard, Klagenfurt

Granig Dr. Anton, Klagenfurt

Primosch Wenzel, Klagenfurt

Ortner Ernst, Klagenfurt

Krumpl Karl, Klagenfurt

Steinwender Dr. Eduard, Wien

Pieller, Dr. Wilhelm, Wien

Kofler Georg, Klagenfurt

Berntaler Franz, Klagenfurt

Stoppacher Franz, Klagenfurt

Frodl Dr. Johannes, St. Georgen am Längsee

Jörgl, Sophie, Klagenfurt

Staudacher Karl, Maria Enzersdorf

Der Gegenstand der Verhandlung war: Vorbereitung legitimistischen Hochverrates.
Den Angeklagten werden folgende Vergehen angelastet:

1. Pumpernig veranstaltete eine Schmieraktion. Auf Mauerwänden schrieb er staats- und parteifeindliche Worte.

2. Bei Dr. Granig fanden wiederholt in Gegenwart von Pumpernig, Krumpl, Ortner, Primosch u.a. Besprechungen über Maßnahmen statt, die im Falle eines bösen Ausgangs des Krieges in Kärnten zu ergreifen wären, um ein Chaos zu verhüten. Nach der Anklageschrift fanden die Besprechungen auch statt, um einen organisatorischen Zusammenschluss von Kärntnern durchzuführen. Dr. Granig soll die Bezeichnung „Antifaschistische Freiheitsbewegung Österreichs (oder Kärntens)“ vorgeschlagen haben.

3. Pumpernig benützte seine Dienstreisen nach Salzburg, München, Wien, Graz usw.,

um an diesen Orten die Kärntner Bewegung bekannt zu machen.

4. Zur Durchführung einer Streuaktion beabsichtigte Pumpernig, Flugschriften zu vervielfältigen. Er fuhr hierzu nach Wien, besuchte Karl Staudacher und erbat sich von ihm einen Apparat zum Abziehen. Dieser verwies ihn an Dr. Eduard Steinwender, der ihm einen Apparat zur Verfügung stellte. Er zeigte ihm die Handhabung und las zuletzt die hergestellten Zettel.

5. Den Text dieser Flugschriften stellte Dr. Granig dem Pumpernig angeblich aus der Nachlassenschaft des verstorbenen des verstorbenen Professor Dr. Zach in Klagenfurt, dessen Sekretär er war, zur Verfügung.

6. Pumpernig besuchte in Eisenstadt Dr. Wilhelm Pieller, um Geld von ihm zu erbitten. Er erhielt ca. 150 RM. Als er auf dem Tisch Dr. Piellers einen Revolver liegen sah, ein Inventarstück des früheren Bewohners, erbat er sich auch ihn, angeblich zu dem Zwecke, um sich damit bei der Streuaktion verteidigen zu können. Dr. Pieller soll sich scherzweise angeboten haben, ihn von dieser Sünde zu absolvieren.

7. Pumpernig übergab solche Flugschriften seinem Freunde Ortner, damit der sie in Lienz streue. Doch es geschah nicht.

8. Eine andere Streuzettelaktion mit in Wien hergestellten Zetteln wurde in der Nacht vor dem „Tag der Wehrmacht“ von Pumpernig, Primosch, Stoppacher und Ortner gemacht. Stoppacher streute, ohne den Inhalt der Zettel zu kennen.

10. Nach einem Einbruch slowenischer Partisanen im Rosental sprach Dr. Granig von der leichten Möglichkeit eines Attentates durch die Partisanen auf die Villa des Gauleiters am Wörthersee oder auf den Wald des Bürgermeisters von Klagenfurt. Im Scherze erklärte er, sollte Pumpernig dies tun, so würde diese Sünde von ihm absolviert werden können. Von Brandlegungen könne allerdings nur der Bischof lossprechen.

11. Da Pumpernig in der Tasche des Dr. Granig einen Benzinschein bemerkte, der allerdings ungültig war, übergab Granig ihn Pumpernig.

12. Primosch und Stoppacher entwendeten aus einem Militärmagazin einen Sprengkörper, um ihn auf seine Wirkung zu prüfen. Dazu ist es jedoch nicht gekommen.

13. Ein alter Mann, namens Lossmann, verfasste mehrere Flugschriften, in denen er seiner Unzufriedenheit mit den bestehenden Zuständen Ausdruck gab. Er liess sie durch Frl. Jörgl abschreiben; diese Abschriften überbrachte Kofler dem Oberlehrer Bernthaler. Dieser fasste den Plan, sie ins Ausland zu verbringen, damit sie durch den Rundfunk verbreitet werden sollten. Dazu gedachte er sich des Dr. Frodl bedienen zu

können, von dem er wusste, dass er demnächst nach Berlin fahren werde. Dr. Frodl war über diese Zumutung wenig erbaut, nahm die Schrift aber dennoch zu sich. Nachdem er sie in seinem Zimmer durchlas, fand er sie ganz minderwertig und warf sie in den Ofen.

14. Krumpl hat bald nach Verbüßung einer mehrjährigen Gefängnisstrafe Reisen zu seinen ehemaligen politischen Freunden Dr. Wanner, Dr. Rohracher und Dr. Karisch unternommen und mit ihnen Besprechungen gehabt. Er verkehrte auch mit Dr. Granig und Pumpernig.

Über die Angeklagten wurden folgende Strafen verhängt: Dr. Granig, Primosch, Ortner, Krumpl, Dr. Steinwender, Dr. Wilhelm Pieller, Berntaler, Kofler wurden zum Tode verurteilt. Pumpernig erhielt zehn Jahre Zuchthaus, Stoppacher, Jörgl sechs Jahre Zuchthaus, Dr. Frodl drei Jahre Gefängnis, Staudacher wurde freigesprochen.

3. Urteil des VGH über die Antifaschistische Freiheitsbewegung Österreichs (1944)

5 H 53/44 7 (8) J 208/43[374]

Im Namen des deutschen Volkes

In der Strafsache gegen

1.) den Unteroffizier der Luftwaffe Eduard Pumpernig aus Klagenfurt, geboren am 9. März 1920 in Scheifling (Obersteiermark),

2.) den katholischen Pfarrer Dr. theol. Anton Granig aus Klagenfurt, geboren am 17. September 1901 in Sagritz,

3.) den Unteroffizier der Luftwaffe Wenzel Primosch, geboren am 28. September 1897 in Klagenfurt,

4.) den Unteroffizier der Luftwaffe Franz Stoppacher aus Treibach (Kärnten), geboren am 24. März 1899 in Anger (Graz),

5.) den Oberfeldwebel der Luftwaffe Ernst Ortner aus Klagenfurt, geboren am 1. September 1914 in Innsbruck,

6.) den Soldaten Karl Krumpl aus Bruck a/Mur, geboren am 27. September 1909 in St. Veit,

7.) den Ordenspriester Dr. Eduard Steinwender aus Wien, geboren am 14. März 1895 in Lankowitz (Steiermark),

8.) den Franziskanerpater Wilhelm Pieller aus Eisenstadt, geboren am 30. September 1891 in Wien,

9.) den Oberlehrer i. R. Franz Bernthaler aus Klagenfurt-Ost, geboren am 26. Oktober 1889 in Zwain (Kärnten),

10.) den Gendarmeriemeister a. d. Georg Kofler aus Reifnitz am See, geboren am 22. August 1897 in Fresach (Villach),

11.) den Regens und Professor Dr. Ferdinand Frodl aus St. Georgen am Längsee (St. Veit/Glan), geboren am 12. August 1886 in Wien,

12.) die Angestellte Sophie Jörgl aus Klagenfurt, geboren am 7. Mai 1918 in Klagenfurt,

---

[374] DÖW E 19.793 u. Klagenfurt, Archiv Diözese Gurk (Teilkopie).

13.) den Franziskanerpater Karl Staudacher aus Maria Enzersdorf, geboren am 6. Januar 1901 in Ranten (Krs. Murau),
zu 1-8, 12 und 13 in dieser Sache in Untersuchungshaft,
zu 9-11 in dieser Sache in Schutzhaft,
wegen Vorbereitung zum Hochverrat, Wehrkraftzersetzung und Feindbegünstigung
hat der Volksgerichtshof, 5. Senat, auf Grund der Hauptverhandlung vom 9. - 11. August 1944, an welcher teilgenommen haben als Richter
Senatspräsident Dr. Albrecht, Vorsitzer,
Landgerichtsrat Dr. Zmeck,
SA-Gruppenführer Haas,
Generalmajor a. D. Meißner
Generalleutnant Cabenis,
als Vertreter des Oberreichsanwalts: Kammergerichtsrat Bischhoff,
für Recht erkannt:

I. die Angeklagten Pumpernig, Dr. Granig, Primosch, Ortner, Krumpl, Dr. Steinwender und Dr. Pieller haben in den Jahren 1941-1943 vor allem in Kärnten eine Organisation mit habsburgisch-separatistischen Zielen ins Leben gerufen oder sich an diesen staatsfeindlichen Umtrieben als Mittäter beteiligt. Dabei haben Pumpernig, Dr. Granig, Primosch, Ortner, Dr. Steinwender und Dr. Pieller auch staatsfeindliche Aufrufe hergestellt oder verbreitet oder sonst sich für diese Arbeiten zur Verfügung gestellt. Auch der Angeklagte Stoppacher hat sich in einem Falle an einer Streuaktion beteiligt, ohne aber im übrigen an den staatsfeindlichen Umtrieben der Mitangeklagten teilzunehmen.
Die Angeklagten Bernthaler und Kofler haben, ohne dass sonst eine politische organisatorische Bindung zwischen ihnen bestand, im Jahre 1943 in Klagenfurt eine staatsfeindliche Flugschrift zum Zwecke ihrer Verbringung ins Ausland weitergegeben. Die Angeklagte Jörgl hat dabei Hilfsdienste geleistet und im übrigen aus Gefälligkeit gegenüber dem mit ihr befreundeten Angeklagten Pumpernig für ihn einen – übrigens nie zur Verbreitung gelangten – staatsfeindlichen Aufruf mit der Schreibmaschine auf eine Matritze übertragen.
Der Angeklagte Dr. Frodl hat von den staatsfeindlichen Absichten des Angeklagten Bernthaler, den bezeichneten Aufruf ins Ausland zu verbringen, Kenntnis erhalten und die pflichtgemäße Anzeige bei der Behörde unterlassen.

Dass auch der Angeklagte Staudacher von dem staatsfeindlichen Treiben seiner Mitangeklagten Kenntnis gehabt hat, ist nicht festgestellt. Vielmehr hat die Hauptverhandlung seine Unschuld ergeben.

II. Es werden verurteilt:

Wegen Vorbereitung zum Hochverrat und Feindbegünstigung: die Angeklagten Dr. Granig, Primosch, Ortner, Krumpl, Dr. Steinwender und Dr. Pieller

zum Tode und zum Ehrenrechtsverlust auf Lebenszeit, der Angeklagte Pumpernig nur zu zehn Jahren Zuchthaus und Ehrenrechtsverlust auf die gleiche Zeitdauer, und zwar weniger deswegen, weil er zur Tatzeit als vermindert zurechnungsfähig anzusehen war, sondern vor allem deshalb, weil er durch sein umfassendes Geständnis wesentlich zur Sachaufklärung der ganzen Vorgänge beigetragen hat, wegen Feindbegünstigung: die Angeklagten Bernthaler und Kofler zum Tode und zum Ehrenrechtsverlust auf Lebenszeit,

wegen Beihilfe zum Hochverrat: der Angeklagte Stoppacher zu sechs Jahren Zuchthaus und sechs Jahren Ehrenrechtsverlust, wegen Unterlassung der Verbrechensanzeige: der Angeklagte Dr. Frodl zu drei Jahren Gefängnis.

III. Der Angeklagte Staudacher wird freigesprochen.

IV. Den Angeklagten Pumpernig, Stoppacher, Dr. Frodl, und Jörgl wird die von ihnen erlittene Schutz- und Untersuchungshaft in Höhe von je einem Jahr auf ihre Strafen angerechnet.

V. Die zur Ausführung der Tat benutzte Schreibmaschine des Angeklagten Dr. Steinwender und der Abziehapparat sowie die beschlagnahmten Matritzen werden eingezogen.

VI. Bis auf den freigesprochenen Angeklagten Staudacher haben sämtliche Angeklagten die Kosten des Verfahrens zu tragen. Die durch das Verfahren gegen Staudacher allein entstandenen Kosten hat die Reichskasse zu tragen.

Gründe.

I.

1.) Der Angeklagte Pumpernig, Sohn eines Gastwirts und Metzgers, trat nach Besuch der Volksschule und des Gymnasiums in den Franziskanerorden ein. Als Ordensangehöriger hielt er sich in den Klöstern Maria Lanzendorf bei Wien und St. Pölten auf. In St. Pölten ließ er sich als außerordentlicher Hörer an der dortigen Diözesanlehranstalt einschreiben, wo er 2 Semester Philosophie studierte. Nach Ausbruch des Krieges meldete er sich freiwillig zur Wehrmacht, wurde als Flieger ausgebildet und im Januar 1940 an die Flugzeugführerschule in Klagenfurt versetzt, wo er bis zu seiner Festnahme als Schreiber beschäftigt war. Wie er behauptet hat, blieben seine freiwilligen Meldungen zu den Fallschirmjägern und an die Front aus gesundheitlichen oder dienstlichen Gründen unberücksichtigt. Pumpernig ist mit dem Kriegsverdienstkreuz II. Klasse mit Schwertern ausgezeichnet. Er ist ledig und bisher unbestraft. Sein militärisches Führungszeugnis ist gut. Politisch hat sich Pumpernig bis zu den hier erörterten Vorfällen nicht betätigt.

2.) Der Angeklagte Granig, Sohn eines Bauern, arbeitete bis zu seinem 20. Lebensjahre auf der väterlichen Wirtschaft, legte dann auf dem Gymnasium die Reifeprüfung ab und trat in das Priesterseminar in Klagenfurt ein, wo er Theologie studierte. 1932 wurde er zum Priester geweiht und in der Seelsorge eingesetzt, setzte aber sein Studium fort und promovierte zum Doktor theol. Seit 1936 war er Sekretär der St. Josephs-Bücherbrüderschaft in Klagenfurt. Politisch ist er nicht organisiert gewesen. Er ist ledig und bisher mit 4 Tagen Arrest wegen Verbreitung beunruhigender Gerüchte 1938 bedingt vorbestraft.

3.) Der Angeklagte Primosch, Sohn eines Arbeiters, war bis zu seiner Einberufung im Jahre 1915 Hilfsarbeiter. Er machte den Ersten Weltkrieg an der russischen, türkischen und italienischen Front mit und wurde mit der kleinen silbernen und der bronzenen Tapferkeitsmedaille sowie mit dem Karl-Truppenkreuz ausgezeichnet. Anschließend nahm er an den Kärntner Freiheitskämpfen teil. Nach dem Weltkriege war er meistens als Hilfsarbeiter beschäftigt, war jedoch von 1930 bis 1938 erwerbslos. Primosch ist zehnmal vorbestraft, in der Hauptsache wegen Betruges. Seine Ehe blieb kinderlos, dagegen hat er 2 uneheliche Kinder. Nach dem Weltkriege war Primosch zunächst großdeutsch eingestellt, trat aber später der Vaterländischen Front, dem Soldatenbund und den Ostmärkischen Sturmscharen bei. Im August 1939 wurde er zur Luftwaffe einberufen und brachte es bis zum Unteroffizier. Seine militärische Beurteilung ist nicht schlecht.

4.) Der Angeklagte Stoppacher, Sohn eines Schuhmachermeisters, arbeitete nach dem Schulbesuch zunächst in der Landwirtschaft, erlernte dann das Schuhmacherhandwerk, um schließlich als Hilfsarbeiter und Schreiber seinen Lebensunterhalt zu verdienen. Den Ersten Weltkrieg machte er von 1917 an mit und geriet am 3. November 1918 in Gefangenschaft. Im August 1939 wurde er neuerlich zur Wehrmacht einberufen, und war zuletzt als Unteroffizier auf dem Flugplatz in Klagenfurt als Munitionsverwalter beschäftigt. Seine dienstliche Beurteilung ist nicht schlecht. Er ist verheiratet und hat 2 Kinder. Wegen Körperverletzung ist er geringfügig vorbestraft. Stoppacher gehörte früher der Vaterländischen Front an.

5.) Der Angeklagte Ortner, ein uneheliches Kind, besuchte Volksschule und Gymnasium. Seit 1934 ist er Berufssoldat, zuletzt war er als Oberbefehlshaber bei der Luftwaffe, und fand als Rechnungsfeldwebel Verwendung. Seine militärische Beurteilung ist gut. Er besitzt das Kriegsverdienstkreuz II. Klasse mit Schwertern. Er ist kinderlos verheiratet und bisher nicht bestraft. Vor seiner Militärzeit war Ortner Mitglied der Heimwehr.

6.) Der Angeklagte Krumpl, Sohn eines Bahnbeamten, lernte nach dem Besuch des Gymnasiums Schriftsetzer. Er war jedoch von 1934 bis 1938 hauptamtlicher Geschäftsführer der „Ostmärkischen Sturmscharen" und dann Sekretär der Vaterländischen Front. Er ist kinderlos verheiratet. Wegen seiner politischen Betätigung ist er einige Male, zuletzt mit 4 Jahren schweren Kerkers, vorbestraft. Aus der Strafhaft wurde er am 12. Juli 1941 nach Erlaß eines Strafrestes entlassen. Krumpl war früher im Luegerbund, den Ostmärkischen Sturmscharen und in der Vaterländischen Front organisiert. Seit 1935 war er Mitglied des Kärntner Landtages. Zwei seiner Brüder sind an der Ostfront gefallen. Sie waren, ebenso wie seine anderen Geschwister, nationalsozialistisch eingestellt. Krumpl befand sich bei seiner als Soldat in Tunis erfolgten Verhaftung seit 1. November 1942 bei der Wehrmacht.

7.) Der Angeklagte Steinwender, Sohn eines Bergarbeiters, gehört seit 1913 dem Franziskanerorden an. Er studierte Theologie in Graz und wurde 1920 zum Priester geweiht. 1924 promovierte er in Graz zum Dr. theol. und war dann in der Seelsorge und in der Klosterverwaltung tätig. Seit 1939 war er Provinzial der österreichischen Franziskanerprovinz zum Hl. Bernhardin. Steinwender gehörte früher der Vaterländischen Front und den „Ostmärkischen Sturmscharen" an. Gegen ihn waren bei der Geheimen Staatspolizei bereits zweimal Verfahren anhängig. Bestraft ist er bisher nicht.

8.) Der Angeklagte Pieller, Sohn eines Portiers, wurde erst nach mehrjähriger Berufsbetätigung als kaufmännischer Angestellter Angehöriger des Franziskanerordens. Er holte die Reifeprüfung nach, studierte Theologie und später noch Staats- und Rechtswissenschaften. Er ist Doktor der Rechts- und Staatswissenschaften und der Theologie. Seit 1940 ist er Guardian im Franziskanerkloster in Eisenstadt. Politisch war er nicht organisiert. Vorbestraft war er nicht.

9.) Der Angeklagte Bernthaler, außerehelicher Sohn eines Zimmermanns, war bis 1938 als Volksschullehrer tätig und wurde dann auf Grund des Berufsbeamtengesetzes abgebaut. Von 1940 bis zur Festnahme war er Rechnungsrevisor der Finanzkammer der Diözese Gurk. Er ist verheiratet und hat 5 Kinder, davon drei Söhne bei der Wehrmacht. Bestraft ist er bisher nicht. Bernthaler gehörte von 1919 bis 1920 der Sozialdemokratischen Partei an. Von 1926 bis zur Auflösung war er Mitglied des Kärntner Heimatschutzes und anschließend der österreichischen Frontmiliz. In beiden Formationen hatte er die Funktion des Obmannes oder Obmannstellvertreters in St. Peter inne. Von 1934 bis 1938 gehörte er der Vaterländischen Front an. 1938 befand er sich 2 Monate lang in Schutzhaft.
10.) Der Angeklagte Kofler, Sohn eines Bindermeisters, besuchte die Volksschule und arbeitete bis zum Ersten Weltkrieg in der Landwirtschaft. Am Tage der Kriegserklärung Italiens rückte er freiwillig zur Wehrmacht ein und war ununterbrochen an der italienischen Front. Er wurde zum Zugführer befördert, erhielt die kleine silberne und die bronzene Tapferkeitsmedaille sowie das eiserne Verdienstkreuz ohne Krone, das Karl-Truppenkreuz und das Kärntner Kreuz. Nach dem Kriege wurde er Gendarm und rückte bis zum Revierinspektor (Meister) auf. Bei der Julierhebung 1934 wurde er verwundet und daraufhin in den Ruhestand versetzt. Zu Beginn des gegenwärtigen Krieges schaltete er sich in den Arbeitsprozeß ein und fand Beschäftigung, zuletzt als Buchhalter bei der Kosmos-Versicherungs-Gesellschaft in Klagenfurt. Er ist verheiratet und hat 3 Kinder. Der älteste Sohn steht als Hauptmann im Felde. Bestraft ist er bisher nicht. Politisch war Kofler nicht organisiert. Nach der Machtübernahme wurde er Mitglied der NSV, der DAF, des RLB und des DRK.
11.) Der Angeklagte Dr. Frodl, Sohn eines Schlossers, erlernte gleichfalls dieses Handwerk. Anschließend besuchte er einen vierjährigen Lehrgang beim Technologischen Gewerbemuseum in Wien. 1907 trat er dem Jesuitenorden bei, holte das Reifezeugnis nach und studierte in Innsbruck Theologie und Philosophie. 1916 zum Priester geweiht, promovierte er 1918 zum Dr. theol. und studierte anschließend noch 5 Jahre Staatswissenschaften. 1924 bis 1926 war er Professor am Priesterseminar in Klagenfurt, anschließend bis 1934 Seelsorger und von 1934 bis 1938 Bibliothekar an der Gregorianischen Universität in Rom. 1938 kehrte er an das Priesterseminar in Klagenfurt zurück und siedelte noch in demselben Jahr mit dem Priesterseminar nach St. Georgen am Längsee über. In politischer Hinsicht war Frodl nie organisiert. Bestraft ist er nicht.

12.) Die Angeklagte Jörgl, Tochter des städtischen Wassermeisters in Klagenfurt, war nach dem Schulbesuch zunächst im Haus und als Kinderpflegerin tätig. 1940 trat sie als Angestellte bei der Kosmos-Versicherungs-Gesellschaft in Klagenfurt ein. Ihr Verlobter, ein alter Kämpfer der NSDAP, ist derzeit Soldat. Bestraft ist sie nicht. Sie gehörte der DAF. und dem RLB. an.

13.) Der Angeklagte Staudacher, Sohn eines Oberlehrers, stammt aus einer bekannten Tiroler Bauernfamilie, die ihren Ursprung auf mehrere Jahrhunderte zurück nachweisen kann. Seine Vorfahren spielten bei den Tiroler Freiheitskämpfen im Jahre 1809 eine führende Rolle. Staudacher hat noch 4 Geschwister. Ein Bruder ist seit April 1933 Mitglied der NSDAP, SA-Sturmführer und Ortsgruppen-Schulungsleiter. Nachdem Staudacher die Reifeprüfung am Gymnasium bestanden hatte, trat er in den Franziskanerorden ein und wurde 1923 Priester. Er war in der Seelsorge, u.a. in Wien auch als Volksmissionär, tätig und wurde im Januar 1942 Verweser der Klosterpfarre in Maria Enzersdorf. Bestraft bist er bisher nicht. Staudacher hat sich während der österreichischen Systemzeit wiederholt und erfolgreich zugunsten von Nationalsozialisten und der nationalsozialistischen Idee eingesetzt, hat sich bei dem ehemaligen Kanzler Schuschnigg, den er persönlich kannte, für die Freilassung festgenommener Nationalsozialisten mit Erfolg verwendet und steht mit nationalsozialistischen Kreisen in Verbindung. Staudacher war durch einige Monate nach dem Anschluß Parteianwärter der N.S.D.A.P., bis er aus ihr als kath. Priester abgelehnt wurde. Anläßlich des totalen Kriegseinsatzes im Jahre 1943 stellte er seinen freien Tag in der Woche der Nationalbibliothek in Wien für verantwortungsvolle Bibliothekararbeiten zur Verfügung.

1.) Tätigkeit des Kreises um Granig

Im Frühjahr 1941 machte der Angeklagte Pumpernig die Bekanntschaft des Granig. Er besuchte ihn in der Folgezeit öfter, wobei sich Granig alsbald als Gegner des nationalsozialistischen Staates zu erkennen gab. Im Laufe der Gespräche deutete Granig wiederholt die Notwendigkeit einer gegen den Staat gerichteten separatistischen Tätigkeit an, was schließlich den bisher positiv zum nationalsozialistischen Staat eingestellten Pumpernig veranlaßte, eine Schmieraktion in Klagenfurt durchzuführen. Gemeinsam mit einem jungen Schüler brachte er im Juli 1941 mit roter und schwarzer Ölfarbe an Anschlagtafeln, Hausmauern und dem Straßenpflaster in Klagenfurt Inschriften wie „Österreich erwache“, „Heil Österreich“ an. Um den Verdacht auf die Kommunisten zu lenken, fügte er das Sowjetzeichen bei. Einige Tage danach unterrichtete Pumpernig den Granig von seiner Tat, worauf dieser meinte, es könne nichts schaden, wenn man so etwas öfter machte. Einige Zeit nach diesen Vorfällen kam der Angeklagte Krumpl, der im Juli 1941 aus der Strafhaft entlassen worden war, bei Granig mit diesem und Pumpernig zusammen. Es kam mehrmals zu politischen Aussprachen, in deren Verlauf schließlich Granig im Oktober 1941 Pumpernig und Krumpl direkt zur staatsfeindlichen Tätigkeit aufforderte. Er erklärte, dass Deutschland den Krieg nicht gewinnen und dass es dann wahrscheinlich wieder zur Errichtung einer österreichischen Monarchie kommen werde; es sei deshalb notwendig, jetzt schon die Verbindung zu „guten Österreichern" herzustellen. Granig forderte die beiden auf, sich dieser Aufgabe zu widmen und die gewonnenen Personen in Gruppen zusammenzuschließen, wobei er, Granig, wegen seiner exponierten Stellung als Priester nicht tätig mitwirken könne, sondern im Hintergrunde bleiben müsse. Er verbot Pumpernig und Krumpl direkt, seinen Namen in Zusammenhang mit deren staatsfeindlichen Tätigkeit zu nennen. Pumpernig und Krumpl waren zur Mitarbeit in diesem Sinne bereit. Noch im Oktober 1941 schrieb Granig einen entweder von ihm oder von einem gewissen Dr. Zach verfaßten staatsfeindliche Aufruf mit Schreibmaschine auf eine Matrize. Darin wurden die Tiroler unter Hinweis auf ihre angebliche Tradition zum Kampf gegen den Nationalsozialismus aufgefordert. Granig ließ den Pumpernig diese Flugschrift lesen. Deren Vervielfältigung mußte unterbleiben, weil die Matrize zerriß und eine weitere augenblicklich nicht verfügbar war. Seiner Zusicherung getreu trat Pumpernig im Oktober 1941 an den Angeklagten Primosch und einen gewissen Binder heran, weihte sie in die Ziele der zu bildenden separatistischen Gruppe ein und forderte sie zur Mitarbeit auf. Auf Anregung Binders fuhr Pumpernig in Begleitung dieses und des Primosch im November 1941 nach Salzburg, um den ehemaligen Bürgermeister von Villach, Dr. Reinhold Möbius, für die monarchistische Gruppe zu gewinnen. Dr. Möbius gab zwar seiner Freude über die separatistischen Bestrebungen Ausdruck, wollte aber von einer Mitarbeit nichts wissen. Etwa um die gleiche Zeit warb Pumpernig den Angeklagten Ortner, dem er gleichfalls die Ziele der Organisation auseinandersetzte.

Etwa im Februar 1942 kam es erstmalig zur Herstellung von Flugblättern. Es wurden von Granig ein oder zwei Aufrufe an die Kärntner verfaßt und das zur Herstellung notwendige Papier geliefert. Pumpernig fuhrmit den Entwürfen nach Wien, wo er den ihm schon von früher her bekannten Angeklagten Pieller aufsuchte. Er weihte ihn in das Bestehen und die Ziele der staatsfeindlichen Gruppen in Kärnten ein, die von Granig, der „ein sehr fescher Kerl“ sei, geführt werde. Pumpernig bat Pieller, ihm einen Aufruf an die Tiroler zu diktieren, in dem sie unter Berufung auf ihre „Tradition“ zum Kampf gegen den Nationalsozialismus aufgefordert werden. Pieller, der die Pläne der separatistischen Gruppe billigte, kam diesem Ersuchen sogleich nach und diktierte dem Pumpernig einen kurzen, dem Wortlaut nach nicht bekannt gewordenen Aufruf an die Tiroler mit der gewünschten Tendenz. Wie sehr Pieller mit den hochverräterischen Plänen übereinstimmte, ergibt sich auch daraus, dass er dem Pumpernig einen Geldbetrag von etwa 150 RM für illegale Arbeit zur Verfügung stellte, weil Pumpernig erklärt hatte, es seien einige Anhänger der Organisation unterstützungsbedürftig. Endlich übergab er ihm auf seine Bitte auch einen Revolver samt Munition, den Pumpernig zu seiner Verteidigung bei evtl. Störung von Streuaktionen zu brauchen vorgab. Pieller meinte dazu, der Revolver sei gut zum Nazierschießen, und wenn es dazu kommen sollte, könnte ja Pumpernig von dieser Sünde von ihm in der Beichte losgesprochen werden. Mit den Entwürfen der hochverräterischen Schriften begab sich Pumpernig zu dem Angeklagten Steinwender, den er sie lesen ließ und dann bat, ihm die Vervielfältigung mit einem dem Kloster gehörigen Abziehapparat zu ermöglichen. Steinwender war einverstanden, stellte Pumpernig seine Schreibmaschine zur Verfügung, gab ihm Anleitungen zur Benutzung des Vervielfältigungsapparats, stand auch eine Zeitlang bei der Anfertigung der Abzüge dabei und entfernte sich dann. Pumpernig stellte etwa 1000 bis 1500 Exemplare her. Vorher schon hatte Pumpernig die Angeklagten Primosch und Ortner von dem Vorhaben, Flugschriften zu verbreiten, unterrichtet. Primosch hatte er angewiesen, ihn auf dem Bahnhofe bei seiner Rückkehr aus Wien in der Nacht vom 27. zum 28. März 1942 abzuholen. Primosch traf am Nachmittag des fraglichen Tages den Angeklagten Stoppacher, weihte ihn im allgemeinen in das Vorhaben, staatsfeindliche Flugschriften in der Nacht zu streuen, ein und bat ihn bei einigen Gläsern Schnaps und Wein, die er ihm kredenzte, beim Streuen mitzuhelfen. Stoppacher war dazu bereit. Beide holten den Pumpernig vom Bahnhof ab. Pumpernig, Primosch und Stoppacher streuten noch in der gleichen Nacht, die dem Tag der Wehrmacht 1942 voranging, in den Straßen Klagenfurts etwa 1000 Stück der von Pumpernig hergestellten Flubblätter. Ihren Text haben Stoppacher und Primosch wegen der Dunkelheit nicht lesen können. Der Kreisleiter der NSDAP in Klagenfurt sprach über diese Aktion in öffentlicher Versammlung, worüber sich Granig sehr be-

friedigt äußerte.
Der Angeklagte Ortner hatte inzwischen unter Mithilfe des Primosch für die Verbreitung der Flugblätter in Lienz den Gesinnungsgenossen Niederwieser ausfindig gemacht und dem Pumpernig empfohlen. Mit Hilfe Ortners wurde eine größere Anzahl der Flugblätter nach Lienz gebracht, kam jedoch dort nicht zur Verteilung, weil die damit beauftragten die Sache zu gefährlich fanden. Das in Klagenfurt gestreute Flugblatt ist zum Teil erfaßt worden. Es hat folgenden Wortlaut:
„Kärntner,
Unsere Heimat ist in Not!
Braune Verbrecher haben unsere Heimat verraten!
Unsere Söhne bluten und fallen an den Fronten für ein
braunes Verbrechertum! Die braunen Volksverräter sind
daheim in warmen Ämtern und rauben das Volk aus!
Kärntner auf zur Tat! Hinaus mit den braunen Bonzen
an die Front. Kärnten und unser Österreich müssen wieder
frei werden vom preußischen Joch!
Alle einig gegen die braunen Verbrecher!
Es lebe Kärnten!
Kärntner auf zum Kampf gegen die Sendlinge des preußischen
Imperialismus: Ob Sozialist, Katholik, Kommunist,
es ist gleich,
Es geht um die Heimat,
um Österreich!“

Im Laufe des Jahres 1942 stellte Granig selbst handschriftlich einige Streuzettel mit der Aufschrift „Heil Österreich“ her und verstreute sie in Klagenfurt. Etwa im März 1942 erfolgte auf einer Besprechung bei Granig, zu der Krumpl, Pumpernig und auf Einladung des Pumpernig auch Ortner erschienen war, die Namensgebung der im Entstehen begriffenen Organisation. Granig führte dabei aus, dass an der Erfassung der Österreicher intensiv weitergearbeitet werden müsse. Dabei dürfe man sich nicht auf die monarchistischen Kreise beschränken, sondern auch Marxisten zu gewinnen suchen. Er schlug für die Organisation den Namen „Antifaschistische Freiheitsbewegung Österreichs“ vor, der auch widerspruchslos zur Kenntnis genommen wurde. Granig sprach noch davon, dass die Sozialdemokraten schon sehr gut arbeiteten und im Falle des Zusammenbruchs des Reiches für die Aufrechterhaltung des Eisenbahnbetriebes sorgen würden. Um die Weiterführung der Post und der Druckerei „Carinthia" würde er selbst besorgt sein. Auch die Errichtung einer Frauenorganisation habe er im Auge. Dagegen sollten Pumpernig und Ortner sich um die Wehrmacht kümmern und dort Anhänger werben. Pumpernig sollte außerdem als Kurier die Verbindung zu den Gruppen außerhalb Klagenfurts aufrecht erhalten. Schließlich brachte Granig einen angeblich von Dr. Zach verfaßten Artikel mit der Überschrift „Die Ketten sind gefallen" zur Verlesung, der am Tage des erhofften Zusammenbruchs des Reiches in den Kärntner Zeitungen erscheinen sollte. In ihm wurde der Freude über den Sturz des Nationalsozialismus Ausdruck gegeben. Weiter verlas Granig eine Denkschrift über die Behandlung der Nationalsozialisten nach der Niederlage des Reichs. Abschließend beauftragte er die Anwesenden, bei den monatlich geplanten Zusammenkünften über ihre Tätigkeit zu berichten. Der Angeklagte Ortner unterrichtete alsbald einen ehemaligen Sozialdemokraten namens Najemnik von den Plänen der Gruppe und verwies ihn im übrigen an Pumpernig. Pumpernig suchte in der Folgezeit auf verschiedenen Reisen nach Feldbach, Graz, Lienz, Spittal a.d. Drau, Villach, Moosburg, Innsbruck und Wien Verbindungen zu bereits bestehenden staatsfeindlichen Gruppen herzustellen oder solche Gruppen neu ins Leben zu rufen. Er wurde auf mehreren dieser Reisen von Primosch begleitet. Besonders zu erwähnen sind seine im Auftrage Krumpls und Granigs unternommenen Bemühungen, mit dem anderweitig (in 5 H 59/44 7(8) J 172/43g) verfolgten ehemaligen Rechtsanwalt Dr. Wanner und einem Dr. Karisch in Wien in Verbindung zu kommen. Er hatte mit diesen mehrere Zusammenkünfte, bei denen er, allerdings ohne Erfolg, Dr. Karisch zur Übernahme der Leitung der Organisation zu bestimmen suchte. Endlich war Pumpernig auf Aufforderung des Granig bemüht, Verbindungen zu slowenischen Kreisen aufzunehmen. Bei den politischen Aussprachen der Gruppe wurden wiederholt Pläne zur Verübung von Sprengstoffanschlägen erörtert. Granig bezeichnete solche dem Pumpernig gegenüber als nationale Tat, die keine Sünde sei, überdies könne er dann bei ihm in der Beichte Absolution erhalten. Als geeignete Objekte bezeichnete Granig zwei Eisenbahnbrücken, über die die Kohletransporte nach Italien gingen, und das Gebäude der Geheimen Staatspolizei in Klagenfurt. Bezüglich des letzteren Objektes gab Granig in Anwesenheit des Primosch Anregungen, wo die Sprengladung am vorteilhaftesten anzubringen sei, wobei er hinzufügte, es könne gar

nichts schaden, wenn dabei „so ein paar Zotteln“ (gemeint sind Staatspolizeibeamte) mit in die Luft gingen. Er sei als Verwalter eines der Kirche gehörigen landwirtschaftlichen Gutes in der Lage, Sprengstoff zu besorgen. Da er aber in der Folgezeit keinen solchen lieferte, obgleich Pumpernig darauf drängte, verwies er diesen schließlich an einen gewissen Pregernig und machte diesen mit Pumpernig bekannt. Dieser Pregernig sollte übrigens auch bei Anknüpfung der Verbindungen zu slowenischen Kreisen behilflich sein. Pumpernig verhandelte wegen Beschaffung von Sprengstoffen auch mit einem gewissen Mandl aus Spittal, der mit Hilfe der Slowenen solche beschaffen zu können glaubte. Mandl erbat sich als Tauschmittel für die Slowenen Chloroform und Äther. Pumpernig wandte sich an einen ihm bekannten Apotheker, von dem er je 1 Fläschchen dieser Chemikalie erhielt. Bevor es aber zur Abwicklung dieses Tauschgeschäftes kam, wurde Pumpernig festgenommen. Es gelang ihm jedoch, von Stoppacher, der Munitionsverwalter am Militärflugplatz war, aus Wehrmachtsbeständen mehrere Sprengkapseln zu erhalten, die Primosch im Auftrage Pumpernigs übernahm und zunächst bei sich aufbewahrte, später jedoch in seinem Garten vergrub. Soweit festgestellt war Stoppacher über die Bestimmung der Sprengmittel zu Anschlägen nicht unterrichtet. Granig entwarf überdies den Plan, wie der Gauleiter von Kärnten Rainer am besten zu beseitigen sei. Er gab Pumpernig und Primosch bei einer Zusammenkunft Hinweise auf die Möglichkeit, den Gauleiter auf dem Wege zu seiner einsam am See gelegenen Villa auf der kurvenreichen Straße durch Handgranaten oder aber durch Brandlegung an dem das Haus umgebenden Wald umzubringen, und wünschte beiden viel Glück, falls sie den Plan durchführen sollten. Primosch und Pumpernig unternahmen jedoch in dieser Richtung nichts.
Auch mit Planung von Brandanschlägen befaßte sich Granig. Der Wald des Oberbürgermeisters von Klagenfurt oder ein Getreidespeicher bei Klagenfurt erschienen ihm als geeignete Objekte. Den Getreidespeicher anzuzünden habe jedoch nur dann Zweck, wenn er voll belegt sei. Später riet Granig selbst von der Brandlegung wieder ab mit der Begründung, er habe im kanonischen Recht nachgesehen und festgestellt, dass Brandlegung eine zu große Sünde sei, von der nur der Bischof lossprechen könne. Nichtsdestoweniger gab er bald darauf dem Pumpernig einen Bezugsschein auf 5 Liter Benzin mit der Bemerkung, er müsse ja nicht wissen, was Pumpernig damit mache. Pumpernig hatte jedoch Bedenken, wirklich einen Brand zu legen; er bezog das Benzin nicht und gab den Schein dem Granig zurück. Dieser machte ihm Vorwürfe, dass er

die Bezugsberechtigung habe verfallen lassen. Auf Anregung Granigs bemühten sich Pumpernig und Ortner auch um die Beschaffung von Waffen für die Organisation. Es gelang Ortner, ein russisches Militärgewehr mit etwa 100 Patronen zu erwerben, das er Pumpernig übergab. Außerdem beschaffte sich Pumpernig einige Pistolen.
In der Tätigkeit der Organisation trat etwa im Sommer 1942 eine Pause ein, wenigstens konnte bis zum April 1943 eine besondere Tätigkeit nicht nachgewiesen werden. Im April 1943, als Pumpernig durch Vermittlung Ortners mit dessen Schwager Dr. Trattler bekannt gemacht worden war, ist Pumpernig wieder tätig geworden. Er erhielt von Dr. Trattler die Entwürfe zu 3 staatsfeindlichen Flugblättern, aus denen er selbst eine Flugschrift zusammenstellte. Auf seine Bitte schrieb die ihm befreundete Angeklagte Jörgl dieses Flugblatt auf eine Matrize, wobei sie dessen Staatsfeindlichkeit erkannte. Das nötige Papier stellte wiederum Granig zur Verfügung. Pumpernig fragte schriftlich bei Steinwender an, ob er den Abziehapparat wieder zur Verfügung stelle, fuhr auf den bejahenden Bescheid nach Wien und stellte eine große Anzahl Flugblätter her. Wahrscheinlich damals hat Steinwender dem Pumpernig in dem Briefe mitgeteilt, dass nach einem Gerücht Gauleiter Schirach geflohen sei. Pumpernig brachte die Flugblätter nach Klagenfurt, wo er sie bei einer Bekannten aufbewahrte. Zur Verbreitung sind sie nicht gekommen. Pumpernig war nämlich von dem bereits genannten Pregernig vor Granig gewarnt worden, der ihn, Pumpernig, für sich arbeiten lasse und selbst hübsch im Hintergrund bleibe. Das eben erwähnte Flugblatt hat folgenden Wortlaut:

Österreicher, Kärntner, Brüder und Schwestern
der unterjochten Nationen!
Wie eine dunkle Wolke droht unserer Heimat ein
furchtbares Schicksal! Die Lage unseres Landes im
Herzen Europas hat uns eine Sendung aufgegeben.
Erfüllen wir diese Sendung jetzt? Nein! Hitler
hat uns die Möglichkeit dazu genommen Mit der
Besetzung durch preußische Truppen sollte preußischer
Geist bei uns einkehren. Kannst Du armes Volk tatenlos zusehen?
Kannst Du Deine große Vergangenheit, kannst Du
Deine Geschichte vergessen? Landsleute, denkt dran,
es geht um die Heimat, um Euer Kind, Eure Frau,

Euer Gut und Glück! Ihr könnt die Heimat retten!
Die Front steht auf verlorenem Posten. Der Soldat
kämpft, um sein Leben zu erhalte. Gib' Du ihm
das Vaterland, die Heimat wieder. Der Krieg ist
verloren, er hat seine Aufgabe erfüllt. Zeig', dass
Du nicht nationalsozialistisch bist. Damit rettest
Du die Heimat. Der Soldat, Dein Bruder, Dein
Gatte, dein Sohn wird Dir dafür danken. Die Zeit
des Wartens ist vorbei. Besinne Dich Deiner Aufgabe
und kämpfe für Dein Leben. Die Verräter der Heimat
müssen fallen. Ihr Blut ist das Leben des Volkes, ihr
Blut ist die Sühne für ihre Untaten!
Österreicher, Kärntner! Dein Gewissen ruft Dich auf!
Die Welt blickt auf Dich! Gib' den Völkern unseres Raumes den Frieden!
Slowenen, Brüder und Schwestern! Euch gilt heute
unser besonderer Gruß! Wir tragen ein Leid! Unser
gemeinsamer Glaube und Kampf gilt unserem Sieg! Der
Nationalsozialismus bäumt sich zum letzten Male auf.
Die Krisis ist erreicht! Hitler und seine Genossen
müssen und werden sterben. Ihr Blut aber ist das
Band, das uns zu gemeinsamer Arbeit, zu gemeinsamem
Leben führt! Es gibt nur mehr einen Kampf, den gegen
Hitler und seine Genossen. Hinweg das Trennende,
hinweg mit kleinlichem Nationalismus!
Hinein in die Front des Antifaschismus!
Völker der geeinten Nationen steht auf wie ein Mann
zum Endkampf gegen das Blutregime preußischer Machthaber.
Österreicher, Kärntner, Slowenen, es geht um die
Heimat, um die Zukunft unserer Kinder.
Das Reich der Freiheit, das Reich des Friedens, das
Reich der vereinten Nationen, das heilige
Reich sei die Parole unseres Kampfes, sei die
Parole unseres Sterbens!

Vom Angeklagten Krumpl ist noch nachzutragen, dass auch er illegale Beziehungen zu dem bereits oben erwähnten Dr. Wanner unterhielt, der gleichfalls eine separatistische Gruppe führte. Krumpl fuhr mehrfach zu Dr. Wanner nach Wien, um den Anschluß der Gruppe Wanner an die Kärntner Organisation zu betreiben. Auch er verhandelte mit Dr. Karisch in Wien wegen der Übernahme der Leitung der Kärntner Organisation durch diesen, jedoch gleich Pumpernig ohne Erfolg. Endlich nahm Krumpl auch Beziehungen zu einem ehemaligen Schutzbündler in Bruck a. d. Mur namens Waldhauser und zu slowenischen Kreisen, hier zu einem gewissen Dr. Lovrenc, auf, mit denen er die Frage der Erfassung aller gegen den Nationalsozialismus eingestellten Kreise besprach. Im Sommer 1942 stellte Krumpl seine hochverräterische Tätigkeit unter dem Eindruck des Heldentodes seines zweiten Bruders ein.

2.) Der Fall Staudacher.

Schon im Herbst 1941 hatte Granig dem Pumpernig gegenüber den Wunsch geäußert, Predigten des Bischofs Galen in Münster für sich abzuschreiben und zu vervielfältigen. Diese Predigten stammten aus den Jahren vor dem Anschluß Österreichs. Als Pumpernig um diese Zeit anläßlich einer Dienstreise nach Wien kam, fragte er den Angeklagten Staudacher, ob er diese Predigten habe. Als Staudacher dies verneinte, gab Pumpernig zu erkennen, dass er einige der Predigten dieses Bischofs mit dem im Franziskanerkloster in Wien befindlichen Abziehapparat vervielfältigen wolle und bat Staudacher, beim Provinzial, dem Angeklagten Steinwender, seinen, des Pumpernig, Besuch anzukündigen. Das tat Staudacher. Pumpernig besuchte sodann den Angeklagten Steinwender und bat ihn, ihm den Abziehapparat zur Verfügung zu stellen, ohne ihm damals näheres über die Art der zur Vervielfältigung kommenden Schriften mitzuteilen. Steinwender gab ihm die Erlaubnis zur Verwendung des Apparats. Abgezogen wurde jedoch damals nichts.

Pumpernig erschien in den Jahren 1940 bis 1942 öfter bei Staudacher, den er auch um Geldspenden zur Unterstützung der Familie des Exkanzlers Schuschnigg bat, zu der Pumpernig tatsächlich eine Reise nach München unternommen hat. Staudacher, der ein guter Bekannter des Schuschnigg gewesen war und mit ihm noch während dessen Kanzlerzeit wiederholt zugunsten der damals illegalen Nationalsozialisten verhandelt hatte, übergab Pumpernig aus Gutherzigkeit von dem ihm durch Gläubige stets zu wohltätigen Zwecken reichlich zur Verfügung gestellten Geldern 150 RM. Er kaufte ein anderes Mal dem Pumpernig eine Pistole ab, die er für seinen Selbstschutz benützen wollte, wofür Pumpernig den unverschämten Preis von 300 RM forderte, den Staudacher auch bezahlte. Er fühlte sich jedoch dabei von Pumpernig stark übervorteilt und ließ sich daher und, weil er außerdem aus verschiedenen Äußerungen entnommen hatte, dass Pumpernig staatsfeindlich eingestellt sei, in Hinkunft verleugnen, sobald Pumpernig ihn in der Folgezeit besuchen wollte.

3.) Tätigkeit der Angeklagten Bernthaler, Kofler und Dr. Frodl

Im März 1943 lernte der Angeklagte Bernthaler durch den Angeklagten Kofler auf dem Adolf Hitler-Platz in Klagenfurt den Vertreter Karl Loßmann kennen. Loßmann war in dieser Sache ursprünglich Mitangeklagter; das Verfahren gegen ihn wurde jedoch zur Untersuchung seines Geisteszustandes und seiner Verhandlungsfähigkeit abgetrennt. Im Laufe des Gespräches fragte Loßmann plötzlich: „Was macht Otto? Wann werden wir aktiv werden?“ Auf die Frage des Bernthaler, wie er das meine, erklärte Loßmann, es müßten Flugblätter hergestellt und verbreitet werden. Loßmann wollte dazu den in der bischöflichen Finanzkammer befindlichen Abziehapparat benützen, doch erklärte Bernthaler, dass er das nicht verantworten könne. Darauf meinte Loßmann, dass man die Flugblätter dann ins Ausland schaffen und durch den ausländischen Rundfunk verbreiten lassen müsse. Kofler, der mit der Angeklagten Jörgl dem Betriebe der Kosmos-Versicherung in Klagenfurt angehörte, erzählte Jörgl von den Plänen des Loßmann. Die Jörgl, in deren Familie der Angeklagte Granig verkehrte, meinte dazu, das müsse sie dem Granig erzählen und seine Meinung darüber hören. Das tat sie dann auch sogleich, und Granig äußerte sich, dass die Schriften am besten durch die päpstliche Nuntiatur in Berlin ins Ausland geschafft werden könnten. Die Jörgl teilte dies dem Kofler mit, der darüber dem Bernthaler berichtete.

Einige Tage später brachte Loßmann der Angeklagten Jörgl ein mit Maschine geschriebenes Flugblatt mit dem Auftrage, es Granig zu übergeben, was die Jörgl auch tat. Wie Loßmann dazu kam, die Jörgl darum zu ersuchen, hat sich nicht aufklären lassen. Über das weitere Schicksal dieser Schrift ist in der Hauptverhandlung nichts Näheres ermittelt worden. Granig hat behauptet, sie vernichtet zu haben. Inzwischen erschien aus dienstlichem Anlaß der Angeklagte Dr. Frodl in der bischöflichen Finanzkammer bei Bernthaler. Als Dr. Frodl dabei erwähnte, er müsse dienstlich zur Nuntiatur nach Berlin fahren, erzählte ihm Bernthaler, ohne in Einzelheiten einzugehen, von den Plä-

nen des Loßmann sowie davon, dass Granig den Weg über die Nuntiatur geraten habe. Bernthaler bat Dr. Frodl, die Schrift nach Berlin mitzunehmen. Dr. Frodl erklärte, dass das nicht möglich sei, weil der Nuntius nur seine eigene Dienstpost ins Ausland befördere, überdies würde die Sache dort auch herauskommen. Auf Drängen des Bernthaler erklärte sich Dr. Frodl schließlich bereit, die Schrift auf jeden Fall mitzunehmen und unter Umständen einen Weg über einen ausländischen Konsul zu suchen. Bernthaler versprach, ihm diese Schrift nach Erhalt zu übergeben. Einige Tage darauf erhielt Kofler, der von Bernthaler über die Unterredung mit Dr. Frodl unterrichtet worden war, von Loßmann einige Exemplare einer Flugschrift, die nach den Angaben Dr. Frodls dem Sinne nach etwa mit der in der Sache Granig zuletzt zitierten Flugschrift übereinstimmte. Kofler gab diese Flugschrift an Bernthaler weiter, der sie dem Dr. Frodl aushändigte , als dieser wieder in der Finanzkammer dienstlich vorsprach. Dr. Frodl las die Schrift, erkannte deren staatsfeindliche Tendenz und vernichtete sie; wie Dr. Frodl in der Hauptverhandlung angegeben hat, war sie überdies zur Verbreitung ungeeignet, da sie voll stilistischer, orthographischer und sachlicher Fehler war.
Dieser Sachverhalt wurde in der Hauptverhandlung auf Grund der Angaben der Angeklagte und der auszugsweise verlesenen Flugschriften und Korrespondenzen festgestellt.

III.

Von den Angeklagten haben nur Pumpernig, Ortner, Kofler, Dr. Frodl, Jörgl und Staudacher den äußeren Sachverhalt in der Hauptverhandlung ohne Einschränkung zugegeben. Auch Primosch, Stoppacher, Krumpl, Steinwender und Bernthaler waren in der Hauptsache geständig; doch suchten sie vielfach den Vorkommnissen eine andere Deutung zu geben, worauf in der rechtlichen Würdigung näher eingegangen werden wird. Dagegen hat der Angeklagte Pieller bestritten, dem Pumpernig bei der Aushändigung des Revolvers gesagt zu haben, er sei gut zum Nazierschießen und Pumpernig könne diese Sünde dann bei ihm beichten. Er ist jedoch auch in diesem Tatpunkte durch die insoweit durchaus glaubwürdigen Angaben des Pumpernig in der Hauptverhandlung, die nur eine bestimmte Wiederholung seiner schon im Vorverfahren gemachten Angaben waren, hinreichend sicher überführt. Soweit auch Pieller den Vorgängen eine harmlose Deutung zu geben versucht hat, wird auch darauf in der rechtlichen Würdigung eingegangen werden.
Im Gegensatz zu allen anderen Angeklagten, die wenigstens zum Teil der Wahrheit die

Ehre gegeben haben, hat es der Angeklagte Granig für gut befunden, bis auf das Streuen der selbstgeschriebenen Handzettel einfach alles abzuleugnen, wobei er auch diesem bescheidenen Geständnis noch eine harmlose Deutung zu geben versucht hat. Er hat jegliche Aufforderung an Pumpernig oder die anderen Mitangeklagten zur Errichtung einer hochverräterischen Organisation oder zur Werbung dafür bestritten; er will niemals Sabotagepläne geschmiedet und auch keinen der Angeklagten dazu angeeifert haben. Wo er unter der Wucht der Beweise hin und wieder einen bestimmten Vorgang zugeben mußte, hat er, wovon noch die Rede sein wird, auch hier alles in ein harmloses Licht rücken und als bloßen „Spaß" seinerseits darstellen wollen.
Der Angeklagte Pumpernig hat schon im Vorverfahren ein umfassendes Geständnis im Sinne des festgestellten Sachverhalts abgelegt, in dem auch die Rolle des Granig klar zutage tritt. Gegen die Glaubwürdigkeit der Angaben des Pumpernig insoweit, die dieser in der Hauptverhandlung wiederholt hat, können Bedenken um so weniger bestehen, als sie in allen den Punkten, die den Angeklagten Granig betreffen und wo die Mitangeklagten Primosch, Ortner und Krumpl beteiligt sind, auch von diesen Angeklagten vollinhaltlich bestätigt worden sind. Ungeachtet der Verdrehungs- und Ableugnungsversuche des Granig hat daher der Senat den Sachverhalt, auch was die Tat dieses Angeklagten betrifft, nach den Angaben der anderen Mitangeklagten festgestellt.
Aus den festgestellten Vorgängen hat der Senat folgende rechtliche Schlüsse gezogen:

a) Die Gruppe Granig.
Bestrebungen zur organisatorischen Erfassung von Personen, um die ehemals österreichischen Länder vom Reiche loszureißen, den Nationalsozialismus in ihnen zu stürzen, damit die Wiederkehr einer habsburgischen Monarchie ermöglicht würde, das Hinarbeiten auf diese Ziele durch mündliche und schriftliche Propaganda sowie durch Terroranschläge sind rechtlich Vorbereitung zum Hochverrat in erschwerter Form. Sie sind im gegenwärtigen Kriege überdies geeignet, die Kriegsanstrengungen unseres Reiches zu gefährden und damit unserer Kriegsmacht einen Nachteil zuzufügen (§§ 80, 83 Abs. 2 u. 3 Nr. 1 u. 3; 91b StGB.). Die Angeklagten Pumpernig, Granig, Primosch, Ortner, Krumpl, Steinwender und Pieller haben sich bewußt der Verwirklichung dieser verbrecherischen Ziele zur Verfügung gestellt. Pumpernig und Ortner haben dies in der Hauptverhandlung zugegeben. Dagegen hat Granig jede Schuld in Abrede gestellt. Es seien hier nur seine wesentlichsten Schutzbehauptungen wiedergegeben: Die Zusam-

menkünfte mit den anderen Mitangeklagten und auch die beabsichtigte Zusammenfassung von Personengruppen hätten rein gesellschaftlichen Zwecken gedient; dabei sei wohl u.a. auch davon gesprochen worden, wie man im Falle der Niederlage des Reichs den Einfall der Slowenen in Kärnten verhindern und einem allgemeinen Chaos steuern könnte. Den Namen für die Vereinigung, die dieses befürchtete Chaos verhindern sollte, habe er keineswegs vorgeschlagen, er habe den Titel „Antifaschistische Freiheitsbewegung Österreichs" nur gesprächsweise erwähnt, „mehr zum Spaß" und auch nur, weil er ihm aus der Lektüre einer Zeitung geläufig gewesen sei. Der Aufruf, den er aus der Matrize geschrieben habe, sei nicht von ihm, sondern von seinem Bekannten Dr. Zach verfaßt gewesen. Er habe absichtlich eine schlechte Matritze genommen, um die Vervielfältigung der Schrift unmöglich zu machen. Er habe niemals einen der Mitangeklagten zu einer hochverräterischen Tätigkeit aufgefordert, sie hätten alles aus eigenem Antriebe getan und auch ohne sein Wissen. Es sei wohl richtig, dass er auch über Sprengung von Objekten und Legung von Bränden gesprochen habe, jedoch nur in dem Sinne, dass es schlimm wäre, wenn so etwas, vielleicht durch Partisanen, erfolge. „Zum Spaß" habe er wohl auch gesagt, dass dieses oder jenes Objekt ein schönes Feuer geben würde. Gleichfalls „zum Spaß" habe er dem Pumpernig den Benzinschein gegeben, um ihn aufsitzen zu lassen; denn der Benzinschein sei schon abgelaufen gewesen. Deshalb habe es ihn geärgert, dass Pumpernig das Benzin nicht zu holen versucht habe und ihm der Schabarnack mißlungen sei. Keinesfalls habe er Pumpernig erklärt, er würde ihn in der Beichte von der Sünde, die er durch Terroranschläge begehen würde, lossprechen. Mit den Gesprächen über die Möglichkeit eines Anschlages auf das Leben des Gauleiters habe er keineswegs Primosch und Pumpernig zur Begehung dieser Tat aufhetzen wollen; die leichte Durchführbarkeit eines Attentates auf den Gauleiter habe er lediglich im Zusammenhange mit einer Erzählung über Partisanenüberfälle in Oberkrain erwähnt und damit nur zum Ausdruck bringen wollen, dass es solchen Banditen ein Leichtes sein könnte, den Gauleiter umzubringen. Auch das Gespräch über den Sprengstoffanschlag auf das Gebäude der Geheimen Staatspolizei sei von ihm nur in diesem Sinne geführt worden, und „nur zum Spaß" habe er gesagt, es könne nichts schaden, wenn dabei „so ein paar Zotteln" in die Luft gingen. Wenn er mißverstanden worden sei, liege das nicht an ihm. Er habe jedenfalls niemandem zu so etwas anstiften wollen. Die selbst hergestellten Handzettel habe er nur gestreut, um die Wirkung einer solchen Tat auszuprobieren.

Es ist schwer, durch die bloße Wiedergabe der Behauptungen des Granig dessen moralische Verkommenheit so darzustellen, wie sie sich in der Hauptverhandlung in drastischer und plastischer Weise durch sein festgestelltes Verhalten einerseits und durch seine Art, sich zu verteidigen, dargestellt hat. Er, der der Drahtzieher in der ganzen Angelegenheit war, er, der die Mehrzahl der hier Angeklagten direkt oder indirekt durch schmählichen Mißbrauch seines Einflusses und seiner Stellung als Priester und Seelsorger erst zu ihrer Tat auf die raffinierteste Art und Weise aufgehetzt, sich dabei feige und hinterlistig im Hintergrunde gehalten und die Aufgehetzten bedenkenlos ins Verderben gestürzt hat, schämte sich nicht, alle Schuld weit von sich zu weisen, ja, sie meistenteils auf die von ihm Verführten abzuwälzen. Keinen Augenblick konnte die Verteidigung dieses Angeklagten den Senat in der Überzeugung der Schuld dieses Menschen wankend machen. Im Gegenteil, seine ganze Verteidigung war nichts als eine allerdings unfreiwillige Anklage gegen sich selbst. Das Schuldbewußtsein und das böse Gewissen standen diesem Angeklagten bei jedem Wort, das er vorbrachte, auf der Stirne geschrieben und strafte seine eigenen Worte Lügen, wie in jedem Falle sein äußeres Verhalten während des Ablaufs der Geschehnisse jeden Versuch, seine Schuld zu zerreden, zunichte machen mußte. Die „Späße" dieses Angeklagten sprechen für sich.
Der Angeklagte Primosch hat zugegeben, dass ihm die monarchistische Zielsetzung der Gruppe bekannt gewesen sei. Er habe alles nur getan, um seine Kärntner Heimat zu beschützen, für die er schon nach dem Weltkriege gekämpft habe. Zum Streuen der Flugzettel habe ihn Pumpernig durch die Behauptung bewogen, es handele sich dabei nur darum, den preußischen Vorgesetzten, die ihn schikaniert hatten, eines auszuwischen. Außerdem sollten die „Hinterlandstachinierer" (Drückeberger) darin angeprangert werden. Gelesen habe er die Flugblätter nicht, habe es auch nicht können, weil sie zur Nachtzeit gestreut worden seien. Den Terror- und Attentatsplänen des Granig sei er ablehnend gegenübergestanden.
Diese Verteidigung konnte dem Angeklagten Primosch keinen Erfolg bringen. Er ist, wie Pumpernig glaubhaft bekundet und er selbst halb und halb zugegeben hat, in die hochverräterischen Ziele der Organisation vollkommen eingeweiht worden. Äußerte er sich doch selbst in der Hauptverhandlung, dass er zu Pumpernig anläßlich der Werbung gesagt habe, ihm sei es gleich, ob es Führer heiße oder Monarchie; er habe die von Pumpernig entwickelten Pläne gutgeheißen. Wenn es auch richtig sein mag, dass er die von ihm gestreuten Flugblätter nicht gelesen hat, ist der Senat gleichwohl überzeugt, dass

der Angeklagte im allgemeinen darüber Klarheit gehabt hat, dass die Flugblätter den Zwecken der hochverräterischen Organisation zu dienen hatten. Und dass Primosch eigenes Interesse an den Umtrieben gehabt hat, geht mit Sicherheit aus der regen Unterstützung hervor, die er dem Pumpernig hat zuteil werden lassen. Er begleitete ihn auf wiederholten Reisen im Interesse der Organisation, kümmerte sich um die Verbreitung der Flugblätter in Lienz gemeinsam mit Ortner und gewann Stoppacher zum Streuen der Flugblätter in Klagenfurt. Er übernahm auch von Stoppacher den Sprengstoff und verbarg ihn bei sich, obgleich er wußte, dass er zur Durchführung von Anschlägen dienen sollte. An der Schuld dieses Angeklagten kann kein Zweifel bestehen.

Auch der Angeklagte Krumpl hat jede Schuld in Abrede gestellt. Er will sich um politische Dinge nicht gekümmert und im übrigen nur den Schutz seiner Kärntner Heimat im Falle des Zusammenbruchs des Reiches im Auge gehabt haben. Mit Dr. Wanner habe er keine politischen Gespräche geführt, ihn auch nicht zum Anschluß an die Kärntner Gruppe bewegen wollen. Dr. Wanner habe er nur als Freund des öfteren, letztmalig im Mai 1942, in Wien besucht und sei von ihm in dessen Stammtischrunde im Gasthaus Lambert eingeführt worden. Mit Dr. Karisch habe er gleichfalls nur private Gespräche geführt, und mit dem Slowenen Dr. Lovrenc habe er ganz allgemein politisiert.

Schon die von Krumpl zugegebene Tatsache, dass er bei der „Namensgebung“ der Organisation anwesend war, verbürgt, dass Krumpl in die hochverräterischen Ziele der zu schaffenden Organisation voll und ganz eingeweiht war. Vor der Polizei und auch vor dem Ermittlungsrichter hat Krumpl zugegeben, mit Dr. Wanner politische Zusammenkünfte gehabt, Dr. Karisch zur Übernahme der Leitung der Organisation aufgefordert und mit slowenischen Kreisen im Interesse der Organisation verhandelt zu haben. Auch aus seiner Korrespondenz mit Dr. Wanner, die zum Teil erfaßt werden konnte, ist die Tätigkeit Krumpls für die hochverräterische Organisation ersichtlich. Seinem Bestreiten in der Hauptverhandlung konnte der Senat daher kein Bedeutung beimessen.

Der Angeklagte Steinwender hat in der Hauptverhandlung seine Unschuld durch die Behauptung darzutun versucht, es sei ihm der Inhalt und damit auch der hochverräterische Charakter der von Pumpernig vervielfältigten Schriften nicht bekannt gewesen. Er könne sich auch nicht erinnern, dass er von Pumpernig insoweit unterrichtet worden sei, wenn er auch erkannt habe, dass die Flugblätter nicht der Polizei in die Hände fallen dürften. Als Pumpernig in der Hauptverhandlung sodann erklärte, er habe die Entwürfe vor der Vervielfältigung den Steinwender lesen lassen, gab Steinwender zu, einen

„flüchtigen Blick“ auf die Flugblätter geworfen zu haben. Es kann keine Rede davon sein, dass diese Verteidigung den Angeklagten Steinwender irgendwie entlasten könnte. Es ist bezeichnend für die Wahrheitsliebe dieses Angeklagten, dass er erst auf die präzisen Angaben des Pumpernig hin zugegeben hat, einen „flüchtigen Blick“ auf die Flugblätter geworfen zu haben, nachdem er vorher den Unwissenden gespielt hatte. Es würde jeder menschlichen Erfahrung widersprechen, dass der Angeklagte Steinwender sich überhaupt nicht dafür interessiert hätte, was für Schriften mit dem seiner Verfügung unterworfenen Abziehapparat hergestellt werden; besonders wenn man bedenkt, dass Pumpernig damals ein, noch dazu im Soldatenrock steckender, Laienbruder und Steinwender Provinzial gewesen ist, also gegenüber Pumpernig in einer sehr gehobenen Stellung. Der Senat hatte daher nicht die leisesten Zweifel, dass Steinwender schon vor Herstellung der Flugschriften genaue Kenntnis von derem üblen, hochverräterischen Inhalt gehabt und trotzdem die Vervielfältigung geduldet, ja durch seine eigene Tat gefördert hat. Das gleiche gestattete er ein Jahr später nochmals, wobei er auch hierbei von vornherein annehmen mußte, dass es sich wieder um hochverräterische Schriften handelt. Dieses Verhalten Steinwenders läßt sich nur damit erklären, dass er die in den Flugschriften aufgestellten Ziele gebilligt und selbst seinen Teil zu deren Verwirklichung hat beitragen wollen. Diese Überzeugung des Senats wird überdies durch die Angaben Pumpernigs in der Hauptverhandlung bestätigt, dass Steinwender die ihm von Pumpernig auseinandergesetzten Ziele der Organisation mit Befriedigung gutgeheißen hat.
Wenn endlich der Angeklagte Pieller in der Hauptverhandlung gleichfalls seine Unschuld beteuert und im Gegensatz zu seinen richterlichen Angaben behauptet hat, die staatsfeindlichen Bestrebungen des Pumpernig seien ihm ganz unbekannt gewesen; er habe dem Pumpernig zwar einen Satz zu einem Aufruf an die Tiroler diktiert, doch wisse er den Sinn nicht mehr; er habe dem Pumpernig das Geld gegeben, um diesen persönlich zu unterstützen und habe ihm die Pistole nur zu dem Zwecke ausgehändigt, damit er beim Streuen der Flugblätter u. U. Signalschüsse abgeben könne; er habe das ganze überhaupt nicht so ernst genommen, so konnte auch dieser Angeklagte mit diesen Schutzbehauptungen nicht gehört werden. Das in seiner eigenen Verteidigung liegende halbe Geständnis in Verbindung mit den auch insoweit glaubwürdigen Angaben des Pumpernig in der Hauptverhandlung haben den Senat überzeugt, dass das von Pieller vor dem Ermittlungsrichter abgelegte volle Schuldbekenntnis durchaus zutrifft. Für diesen Angeklagten ist die rohe Bemerkung besonders bezeichnend, der Revolver

sei gut zum Nazierschießen sowie das daran geknüpfte Versprechen, den Pumpernig gegebenenfalls von dieser Sünde loszusprechen. Wenn von den Verteidigern der Angeklagten Steinwender und Pieller ausgeführt worden ist, dass diese beiden Angeklagten durch das jahrelange Klosterleben weltfremd geworden seien und ihnen die notwendige Einsicht in politische Dinge verwehrt gewesen sei, ist dem entgegenzuhalten, dass erfahrungsgemäß die katholischen Priester, auch soweit sie Ordensangehörige sind, in politischen Dingen durchaus unterrichtet sind. Im übrigen haben diese beiden nicht in so strenger Klausur gelebt, dass sie von aller Welt abgeschnitten gewesen wären. Vom einfachen ungebildeten Arbeiter, der sich vielleicht einmal dazu hergibt, kommunistische Flugblätter zu verbreiten, wird – und mit Rücksicht auf die unablässige Aufklärungsarbeit von Partei, Presse und Rundfunk mit vollem Recht – vorausgesetzt, dass er die Tragweite seines Beginnens erkennen muß. Um so weniger können sich die hochgebildeten Angeklagten Steinwender und Pieller auf Unwissenheit in diesen Dingen berufen. Jedenfalls müssen sie, wenn sie sich auf das ihnen angeblich nicht geläufige Gebiet der aktiven staatsfeindlichen Politik begeben, auch die volle Verantwortung dafür tragen.

Zusammenfassend ergibt sich daher, dass die Angeklagten Pumpernig, Granig, Primosch, Ortner, Krumpl und Pieller dadurch, dass sie sich zur Vorbereitung des Sturzes des Nationalsozialismus und zur gewaltsamen Losreißung der ehemals österreichischen Länder vom Reich organisatorisch zusammengeschlossen, andere Personen dafür geworben oder dies wenigstens versucht, oder, wie Pieller, Geld und Waffen beigesteuert haben, Pumpernig, Granig und Primosch Terror- und Mordanschläge geplant, Pumpernig, Granig, Primosch, Ortner und Pieller Flugschriften hergestellt oder weiterverbreitet haben, wobei der Angeklagte Steinwender ohne näheren organistaorischen Zusammenhalt mit der Gruppe mitgewirkt hat, als Mittäter das Verbrechen der Vorbereitung zum Hochverrat in erschwerter Form begangen (§§ 80, 83 Abs. 2 u. 3 Nr. 1 bei Krumpl, §§ 80, 83 Abs. 2 u. 3 Nr. 1 u. 3 bei Pumpernig, Granig, Primosch, Ortner und Pieller, §§ 80, 83 Abs. 2 u. 3 Nr. 3 bei Steinwender). Dabei ist allen diesen Angeklagten vollkommen klar gewesen, dass sie durch ihre Tätigkeit der Kriegsmacht unseres Reiches in dessen schwerstem Schicksalskampf in den Rücken fallen. Sie sind daher überdies der Feindbegünstigung gemäß § 91 b StGB. schuldig.

Der Angeklagte Stoppacher hat sich in der Hauptverhandlung dahin verteidigt, dass er über die hochverräterische Natur der von ihm gestreuten Flugschriften nicht unterrichtet gewesen sei und wegen der Dunkelheit keinerlei Möglichkeit gehabt habe, die Flugblätter selbst zu lesen. Einige Zeit vorher schon habe er sich mal mit Primosch über das angeblich schikanöse Verhalten preußischer militärischer Vorgesetzter ausgesprochen, und beide hätten erklärt, man sollte diese einmal „plakatieren“. An dem Nachmittag vor dem Streuen der Flugblätter hätte ihm Primosch gesagt, er solle in der Nacht Flugblätter gegen die „Tachinierer“ mitstreuen, auch von einem Aufruf an die Katholiken sei gesprochen worden. Dazu sei er bereit gewesen. Den in der Hauptverhandlung erstmalig angesetzten Versuch, sich mit Trunkenheit während der Tat zu entschuldigen, hat Stoppacher, als er die Aussichtslosigkeit seines Beginnens einsah, selbst fallen gelassen. Entgegen dieser Verantwortung ist der Senat auf Grund der Angaben des Primosch im Vorverfahren überzeugt, dass Stoppacher über den hochverräterischen Inhalt der Flugschriften durchaus im Bilde gewesen ist. Abgesehen davon aber mußte Stoppacher schon aus der Heimlichkeit, mit der bei Nacht zu Werke gegangen wurde, erkennen, dass es sich nur um staatsabträgliche Flugschriften handeln könne, die er mit verbreiten sollte. Dagegen konnte der Senat im Widerspruch zur Ansicht des Anklagevertreters bei Stoppacher keinen Tätervorsatz mit Sicherheit feststellen. Stoppacher ist in keinerlei organisatorischer Bindung zu dem Kreis um Pumpernig und Granig gestanden und hat sich nur dieses eine Mal auf Veranlassung eines Dritten zur Mithilfe bewegen lassen. Der Senat hat bei dieser Sachlage dem Stoppacher nur Gehilfenvorsatz mit Sicherheit zurechnen zu können geglaubt. Danach ist Stoppacher der Beihilfe zu den hochverräterischen Unternehmen des Pumpernig und Primosch durch Verbreiten von Schriften überführt (§§ 80, 83 Abs. 2 u. 3 Nr. 3, 49 StGB.).

b) Die Angeklagten Bernthaler, Kofler, Jörgl und Dr. Frodl

Der Inhalt des von Bernthaler, Kofler und Jörgl zur Verbringung ins Ausland weitergegebenen Flugblattes ist im einzelnen nicht bekannt geworden. Auch aus den Angaben des Dr. Frodl läßt sich nicht mit voller Sicherheit schließen, dass der Inhalt die gewaltsame Losreißung eines Gebietes vom Reich oder den Sturz der nationalsozialistischen Regierung propagiert hätte, so naheliegend der Verdacht auch sein mag. Indes geht mit Sicherheit aus den Angaben des Dr. Frodl hervor, dass der Inhalt der Schrift im allgemeinen gegen das nationalsozialistische Deutschland gerichtet gewesen ist. Der Versuch, eine derartige Schrift während des jetzigen Krieges ins Ausland zu schmuggeln und dort durch Rundfunk verbreiten zu lassen, ist geeignet, den Kriegsfeinden des Reiches das Bestehen einer Opposition gegen die Führung des Reiches glaubhaft zu machen und damit die Feinde in ihrem Widerstandswillen gegen die militärischen Aktionen des Reiches zu bestärken. Denn die Feinde des Reiches rechnen ja seit Kriegsbeginn damit, dass es nur gelte, so lange auszuharren, bis das Reich von selbst innenpolitisch zusammenbricht. Es liegt auf der Hand, dass damit unserer Kriegsmacht ein erheblicher Nachteil zugefügt würde, ein solches Beginnen daher Feindbegünstigung im Sinne der §§ 91 b, 87 StGB. ist. Dessen sind sich nach der Überzeugung des Senats auch die Angeklagten Bernthaler, Kofler und Jörgl bewußt gewesen. Bernthaler und Kofler haben sich dahin verteidigt, dass sie alles nur im Interesse ihrer Heimat für den Fall des Zusammenbruchs des Reiches getan hätten und gegen den nationalsozialistischen Staat nicht eingestellt seien. Die Jörgl hat zugegeben, dass nach ihrer Meinung etwas gegen den Staat im Werk gewesen sei.

Die Heimatliebe des Bernthaler und Kofler in Ehren; aber mit dem, was diese Angeklagten getan haben, hat Heimattreue nichts mehr zu tun. Das ist nichts als nackter Verrat am eigenen Volkin seinem schwersten Existenzkampf gegen eine Welt von Feinden. Das haben auch die Angeklagten Bernthaler und Kofler erkannt und die schweren Folgen mindestens aber in Kauf genommen. Für ein solches Verhalten eines Mannes, der alle fünf Sinne beisammen hat, was bei Bernthaler und Kofler zweifellos der Fall ist, gibt es keine Entschuldigung und keine Ausrede. Bernthaler und Kofler haben daher dadurch, dass sie im Kriege, wenn auch vergeblich, versucht haben, eine staatsfeindliche Flugschrift ins Ausland zu schmuggeln, um sie durch den ausländischen Rundfunk verbreiten zu lassen, das Verbrechen der Feindbegünstigung nach §§ 91 b, 87 StGB. begangen. Objektiv hat die Angeklagte Jörgl zweifellos das gleiche Verbrechen und darüber hinaus noch dadurch, dass sie für Pumpernig einen als hochverräterisch erkannten Schriftsatz zwecks Vervielfältigung auf Matrize geschrieben hat, objektiv auch Vorbereitung zum Hochverrat in erschwerter Form begangen. Der Anklagevertreter hat in der Hauptverhandlung auch die Verurteilung der Jörgl als Mittäterin in dieser Richtung beantragt. Diesem Antrag vermochte der Senat jedoch nicht zu entsprechen. Wenngleich die Angeklagte nicht so dumm ist, dass sie die hoch- und landesverräterischen Bestrebungen des Pumpernig, Kofler oder Loßmann nicht erkannt hätte, dies ja auch zugegeben hat, so konnte sich der Senat doch des Eindruckes nicht erwehren, dass diese Angeklagte nicht aus eigenem Interesse, sondern aus Gedankenlosigkeit und ohne Überlegung sich als Werkzeug hat mißbrauchen lassen. Es war unverkennbar, dass es sich bei der Angeklagten Jörgl um eine unselbständige, leicht beeinflußbare Person handelt, die eine ihr

vorgetragene Bitte nicht abschlagen zu können glaubte. Demgemäß ist der Angeklagten Jörgl, die sich ihrer Eigenschaft als Mithelferin immerhin genau bewußt gewesen ist, das Verbrechen der Beihilfe zu dem von Pumpernig und Kofler begangenen Verbrechen der Vorbereitung zum Hochverrat und der Feindbegünstigung zugerechnet worden (§§ 60, 83 Abs. 2 u. 3 Nr. 3, 91 b, 49 StGB.).
Was den Angeklagten Dr. Frodl betrifft, hat der Anklagevertreter in der Hauptverhandlung die schriftlich erhobene Anklage auf Vorbereitung zum Hochverrat und Wehrkraftzersetzung nicht mehr aufrecht erhalten, vielmehr Bestrafung dieses Angeklagten wegen pflichtwidriger Unterlassung der Anzeige eines hoch- und landesverräterischen Verbrechens beantragt. Das Beweisverfahren hat, wie der festgestellte Sachverhalt zeigt, nichts ergeben, was mit Sicherheit darauf schließen ließe, dass Dr. Frodl vor Aushändigung der Schriften durch Bernthaler in die ganze Tragweite des Vorhabens des Bernthaler eingeweiht gewesen wäre und dessen Bestrebungen bewußt und aus eigenem Interesse unterstützt hätte. Der Senat vermochte hier der Darstellung des Angeklagten Bernthaler nicht zu folgen, die dahin ging, dass sich Dr. Frodl von sich aus erbötig gemacht hätte, die Schrift ins Ausland zu befördern. Auf Grund des persönlichen Eindrucks ist der Senat vielmehr zu der Überzeugung gelangt, dass es Bernthaler war, der Dr. Frodl drängte, dies zu bewerkstelligen. Dr. Frodl hat, als er dann die staatsfeindliche Natur der Schrift feststellte, unwiderlegt diese entgegen der Bitte Bernthalers nicht ins Ausland zu bringen versucht, er hat sie vielmehr vernichtet. Dr. Frodl hat aber, wie er selbst zugeben mußte, die Anzeige an die Behörde unterlassen, obwohl er durch die Schriften sichere Kenntnis von dem staatsfeindlichen Vorhaben des Bernthaler hatte und sich auch seiner Pflicht zur Anzeige bewußt war. Dr. Frodl ist daher eines Vergehens gegen § 139 StGB. schuldig.

c) Der Fall Staudacher.
Gegen Staudacher war Anklage wegen Unterlassung der pflichtgemäßen Anzeige eines hochverräterischen Unternehmens erhoben worden. Der Verdacht gegen Staudacher in dieser Richtung gründete sich auf Angaben, die Pumpernig im Vorverfahren zunächst gemacht, später aber als Irrtum widerrufen hat. Diesen Widerruf hielt Pumpernig auch in der Hauptverhandlung aufrecht. Seine ursprünglichen Angaben lauteten dahin, dass Pumpernig glaubte, den Angeklagten Staudacher von den hochverräterischen Plänen der Klagenfurter Gruppe unterrichtet zu haben, als er des öfteren in den Jahren 1940

bis 1942 bei ihm vorsprach. Staudacher hat in allen Vernehmungen jede Schuld in Abrede gestellt und erklärt, er habe wohl im Laufe der Gespräche mit Pumpernig erkannt, dass dieser entgegen seiner früheren, durch die freiwillige Meldung zur Wehrmacht bewiesenen positiven Einstellung zum nationalsozialistischen Staat, nunmehr gegnerisch eingestellt gewesen sei, doch habe er weder von Pumpernig noch auf andere Weise von den hochverräterischen Umtrieben Kenntnis erlangt. Andernfalls würde er sogleich Anzeige erstattet haben.

Der Anklagevertreter hat auf Grund der Ergebnisse der Hauptverhandlung die Freisprechung des Staudacher mangels Beweises beantragt. Es ist schon bei der Wiedergabe der persönlichen Verhältnisse des Angeklagten Staudacher darauf hingewiesen worden, dass sich dieser schon während der Systemzeit sehr für den Nationalsozialismus eingesetzt und vielfach zugunsten von Nationalsozialisten vermittelnd und helfend eingegriffen hat. Dazu gehörte bei den bekannten früheren politischen Verhältnissen in Österreich, besonders für einen katholischen Priester, nicht nur ein seltener Mut, sondern auch ein Grad nationalen Bewußtseins und Verantwortungsgefühls, der bei Männern in weit weniger schwieriger Lage leider nicht immer vorhanden gewesen ist. Der Senat kann nicht glauben, dass ein Mann von der politischen Vergangenheit des Staudacher, der als Priester Mitglied der NSDAP. werden sollte und nur um seines Standes willen dieses Ziel nicht erreichen konnte, auch nur einen Augenblick gezögert hätte, die Behörden in Kenntnis zu setzen, wenn er von hochverräterischen Umtrieben halbwegs sichere Kenntnis gehabt hätte. Man wird vielleicht gegen die Untadeligkeit der Gesinnung des Staudacher einwenden, dass Pumpernig ihm gegenüber die Absicht kundgegeben hat, Predigten eines deutschen Bischofs zu vervielfältigen, der wohl nicht als dem nationalsozialistischen Staate gegenüber gut gesinnt bewertet werden kann und sicherlich auch in seinen Predigten eine entsprechende Stellung bezogen hat. Daraus hätte doch Staudacher schon entnehmen müssen, dass Pumpernig staatsfeindliche Aktionen plane. Allein der genaue Inhalt der Predigten, die Pumpernig damals vervielfältigen zu wollen vorgab, ist nicht bekannt. Er kann daher auch nicht ohne weiteres als hochverräterisch angesprochen und daher um so weniger dem Angeklagten Staudacher zugemutet werden, dass er aus der erwähnten Absicht des Pumpernig allein schon auf dessen aktive hochverräterische Betätigung hätte schließen müssen. Der Senat vermochte bei dieser Sachlage nicht anders, als die Unschuld des Angeklagten Staudacher festzustellen, der im übrigen den Eindruck eines offenen, ehrlichen und anständigen Mannes gemacht hat, dem man unbedenklich glauben kann.

IV.

Die Angeklagten Pumpernig, Granig, Primosch, Ortner, Krumpl, Steinwender, Pieller, Bernthaler und Kofler waren gemäß § 91 b StGB. zu bestrafen.

Selten zeigte ein Angeklagter ein so düsteres Bild menschlicher Verworfenheit wie der Angeklagte Granig. Wohl hat er im Verhältnis zu anderen Angeklagten weniges selbst ausgeführt; dagegen war er es, der fast überall den Anstoß zu den Straftaten der Angeklagten Pumpernig, Primosch, Ortner, Krumpl und indirekt auch des Pieller, Steinwender, Bernthaler und Kofler gegeben hat. Er, als der Drahtzieher, der sich stets im Hintergrunde zu halten wußte, um nach der Aufdeckung seiner Verbrechen seine eigenen Kumpane im Stich zu lassen, sich selbst herauszureden und alle Schuld auf seine Mittäter abzuwälzen suchte, kann keinesfalls damit rechnen, wegen seines geringen faktischen Tatbeitrages milder beurteilt zu werden. Für seinen verbrecherischen Verrat an allem, was einem Deutschen heilig und wert ist, für den Verrat an Volk und Vaterland, an Treue und am Glauben an ein würdiges Menschentum gibt es nur eines – den Tod. Bis auf Pumpernig, von dem noch die Rede sein wird, haben auch die anderen eben genannten Angeklagten ihr Leben verwirkt. Im dritten und vierten Kriegsjahre seinem eigenen Volke in den Rücken fallen zu wollen, kann nur mit dem Tode gesühnt werden. Primosch und Ortner haben darüber hinaus als Angehörige der deutschen Wehrmacht ihren Eid auf den Führer schmächlich gebrochen. Diese beiden Angeklagten wurden seit Kriegsbeginn im Hinterland verwendet und haben, anstatt sich durch besonders rührigen Einsatz den Opfern ihrer Kameraden an der Front würdig zu erweisen, deren Heldentum zunichte machen wollen. Krumpl hat den Nachlaß des Restes seiner Strafe damit gelohnt, dass er sogleich nach der Entlassung aus der Strafhaft seine politische Wühlarbeit wieder aufnahm. Es wurden daher Primosch, Ortner, Krumpl, Steinwender, Pieller, Bernthaler und Kofler gleichfalls zum Tode verurteilt.

Es sind im Verlaufe des Verfahrens Bedenken gegen die volle Zurechnungsfähigkeit des Angeklagten Pumpernig zur Tatzeit aufgetaucht. Die gerichtsärztliche Untersuchung in dieser Richtung hat ergeben, dass Pumpernig ein erblich belasteter Neurotiker, ein Psychopath und Neuropath ist, der, insbesondere auch infolge einer anläßlich eines Bergunfalles am 10. 8. 1941 erlittenen Gehirnerschütterung, in seiner Fähigkeit, das Unerlaubte seines Handelns einzusehen, herabgemindert war. Dagegen bestehen bei Pumpernig keinerlei Intelligenzdefekte oder auffallenden Erinnerungsschwächen, desgleichen kein Geisteszustand, der Pumpernig etwa Phantasien als Wirklichkeit erscheinen ließe und ihn so veranlaßte, sich oder einen anderen zu Unrecht zu beschuldigen. Dies ist nach dem Sachverständigengutachten auch schon wegen der betont religiösen Einstellung des Pumpernig nicht anzunehmen. Im Ergebnis stellt das Gutachten eine verminderte Zurechnungsfähigkeit des Pumpernig zur Tatzeit gemäß § 51 Abs. 2 StGB. fest. Ein Abklingen seines derzeit noch bestehenden psychopathischen Zustands ist jedoch zu erwarten. Im allgemeinen pflegt der Senat auf abwegige Tätertypen bei der Strafbemessung keine Rücksicht zu nehmen und sie, da ja die Bestimmung des § 51 Abs. II StGB. lediglich eine Kannvorschrift ist, genau so zu bestrafen, als ob ein geistiger Defekt nicht vorhanden wäre. Das deutsche Volk soll ein gesundes und vollwertiges Volk sein, in dem geistig krankhafte oder abwegige Persönlichkeiten keineswegs besondere Rücksichtnahme und Schonung zu erwarten haben. Wenn der Senat trotzdem in Übereinstimmung mit dem Anklagevertreter bei Pumpernig auf eine zeitliche Zuchthausstrafe erkannt hat, so geschah dies nicht so sehr wegen der zur Tatzeit verminderten Zurechnungsfähigkeit des zu Verurteilenden, sondern in erster Linie deswegen, weil Pumpernig durch sein wirklich reumütiges , umfassendes und offenes Geständnis weitgehend die Aufklärung der Sache und die Überführung Mitschuldiger ermöglicht hat. Der Senat ist der sicheren Überzeugung, dass Pumpernig ohne den verderblichen Einfluß des Granig der brave, einsatzbereite Kriegsfreiwillige geblieben wäre, der er vordem gewesen war. Der Senat glaubt mit dem medizinischen Sachverständigen, dass bei Pumpernig noch nicht alles Gute verschüttet ist und berechtigte Hoffnung besteht, ihn noch einmal in die Volksgemeinschaft einzugliedern. Demgemäß hat der Senat für das sonst gewiß außerordentlich schwere und im allgemeinen nur mit dem Tod sühnbare Verschulden des Pumpernig eine Zuchthausstrafe von zehn Jahren als angemessene und ausreichende Sühne erkannt.

Für die Angeklagten Stoppacher und Jörgl konnte die nach § 83 Abs. 2 und 3 bezw. § 91 b StGB. zu bemessende Strafe nach den Vorschriften der § 49 und 43 StGB. gemildert werden. Der Senat sah wenigstens keinen Anlaß, von diesen Milderungsbestimmungen keinen Gebrauch zu machen. Mit Rücksicht auf die Gefährlichkeit der von diesen Angeklagten geförderten Bestrebungen wurde für beide eine Zuchthausstrafe von je sechs Jahren als angemessene und ausreichende Sühne festgesetzt.

Der Anklagevertreter hat zur Strafbemessung für Dr. Frodl die An [restlicher Text fehlt]

4. Weitere Dokumernte zur AFÖ

Konzept eines Briefes von Fürstbischof Hefter (n. 11.8.1944) an Adolf Hitler[375]

Felfernigg Post: Flattnitz über Friesach

Mein Führer!

Durch den Volksgerichtshof Berlin, Senat V fand in Wien im Justizpalast vom 9. bis 11.8. die Hauptverhandlung über folgende Angeklagten statt:

Pumpernig Eduard, Klagenfurt
Granig Dr. Anton, Klagenfurt
Primosch Wenzel, Klagenfurt
Ortner Ernst, Klagenfurt
Krumpl Karl, Klagenfurt
Kofler Georg, Klagenfurt
Berntaler Franz, Klagenfurt
Stoppacher Franz, Klagenfurt
Frodl Dr. Ferd., St. Georgen/Längsee
Jörgl Sophie, Klagenfurt
Staudacher Karl, Maria Enzersdorf
Steinwender Dr. Eduard, Wien
Pieller Dr. Wilhelm, Wien

Der Gegenstand der Anklage war: Vorbereitung legitimistischen Hochverrates. Soweit mir eine zur Verfügung gestellte private Gedächtnisniederschrift Auskunft geben kann, wurden die einzelnen Angeklagten Handlungen und Absichten im Sinne des obgenannten Gegenstandes angelastet.

Ohne auf die einzelnen Dinge eingehen und Ihre Zeit damit in Anspruch nehmen zu wollen, darf ich das eine sagen, dass tatsächlich gegen niemandes Leben und gegen keine Gegenstände Tathandlungen begangen wurden. Auch sind die Personen, die in die Angelegenheit verwickelt erscheinen, nicht Leute, von denen man eine wirkliche Gefahr für den Staat befürchten müsste. Es war vielfach eitles Geschwätz, das allerdings hätte unterbleiben müssen und Vervielfältigung von Flugzetteln, die ebenfalls nicht hätten stattfinden dürfen. Auch liegen die Sachen Jahre zurück, da die Angeklagten, soviel ich

[375] Klagenfurt, Archiv Diözese Gurk, Nachlass Kadras

weiß, mehr als 1 Jahr in Haft sind. Wenn schon jemand in der ganzen Personengruppe etwas Größeres getan hat, so war es wohl Eduard Pumpernig, der aber wegen seines Geständnisses und seiner psychischen Erkrankung vom Gerichte selbst milde beurteilt wurde und 10 Jahre Zuchthaus erhielt. Ich bitte jedoch weder für ihn, noch für irgendjemand anderen, der eine Freiheitsstrafe erhielt, um Gnade, sondern bitte nur um das Leben der zum Tode Verurteilten

Granig Dr. Anton, Primosch Wenzel, Ortner Ernst, Krumpl Karl, Steinwender Dr. Eduard, Pieller Dr. Wilhelm, Kofler Georg und Bernthaler Franz.

Ohne auf die Gründe einzugehen, die für die einzelnen sprechen – sie sind zumeist Katholiken aus der von mir früher geleiteten Diözese – so bitte ich mein Führer, zu erwägen, dass es beim Juli-Putsch im Jahre 1934 mir gelungen ist, dass kein Todesurteil in ganz Kärnten erfolgte. Ich habe mich in meiner Tätigkeit szt. nicht nur für Priester oder Katholiken, sondern auch für Nichtkatholiken verwendet und meine Verwendung war Gott sei Dank in sehr vielen Fällen von Erfolg begleitet. Jedenfalls konnte ich im Jahre 1934 das Todesurteil für meine Diözese verhüten.

Mein Führer! Ich bitte Sie deshalb trotz der vielen Sorgen, die Sie jetzt bedrücken, schenken Sie den zum Tod Verurteilten das Leben. Sie werden sich damit die Dankbarkeit der Verurteilten, ihrer Angehörigen und des Bekanntenkreises sichern. In der Überzeugung, dass Sie, mein Führer, meine Ausführungen einer wohlwollenden Behandlung unterziehen, bin ich Ihr

Abschiedsbrief Granigs an seinen Bruder Peter vom 13.8.1944:

Wenn ich Dir und durch Dich heute allen meinen lieben Geschwistern und Angehörigen die herzinnigsten Grüße sende, so geschieht dies aus einer ganz neuen Verfassung und Situation! Ich weiß, wie innig Ihr alle im Geiste bei mir seid und wie Ihr in den schweren Tagen mir beigestanden habt. Der liebe Jörg und auch Paula haben mir als Vertreter viel Trost und Kraft gegeben! Ich muss Dir, lieber Jörg und Paula noch ganz besonders „Vergelts Gott“ sagen! Ich bin glücklich, dass Du dabei warst und die ganze Sache, die einfach so unfassbar ist, auch kennst. Lieber Jörg! Sei Du mein Vertreter den Lieben gegenüber, die unter dieser Tatsache schwer tragen werden. Ich bitte Dich, tröste alle und sage ihnen, dass ich getragen von der Gnade Gottes und gestärkt durch Euer Gebet das Schicksal mutig trage. Ich fürchte im Geiste des Glaubens nicht die Menschen, die wohl den Leib töten, aber der Seele nicht schaden können. Ich habe

mein Schicksal in Gottes gütige und allmächtige Vaterhände gelegt, und wenn es Sein Wille ist, bin ich zu allem bereit! In seiner Allmacht liegt es auch, dem Schicksal eine neue Wendung zu geben und alles noch zum Besten zu lenken! In dieser Meinung bitte ich Dich um viel Gebet und ersuche auch sonst alles zu tun, was zu einer günstigen Lösung beitragen kann. Ich bitte Dich, meine kirchliche Behörde zu informieren und die ehrfurchtvollsten Empfehlungen zu übermitteln mit dem höflichen Ersuchen, dass auch dort amtlich alle Schritte unternommen werden, um eine Begnadigung zu erwirken. Ihr seid natürlich besorgt und interessiert, wie es dem Toni geht und die ersten Tage und Nächte waren. Zu Eurer Beruhigung kann ich mitteilen, dass ich genug zum Essen habe und keinen Hunger leide! Meine Arbeit besteht in Gebet und Betrachtung und Studium der Heiligen Schrift. Ich bin mit einem lieben älteren Priester in der gleichen Zelle! So machen wir alles gemeinsam und füllen die Zeit aus. Ich schlafe gut. Auch die erste Nacht durchgeschlafen. Ich brauche keine Nährmittel, es ist auch nicht gestattet. So braucht Ihr um mich keine Sorge zu haben. Es ist für mich das Schwerste, dass ich Euch, meine Lieben, Sorgen bereite. Es ist nicht absichtlich geschehen. Ich bitte Euch um Vergebung. Ich nütze die Zeit aus zur Vorbereitung auf die Heimkehr zu Gott, welcher ja unser aller Ziel ist. Ich bin mir des Ernstes der Stunde wohl bewusst und bin bereit, dieses Tränental mit dem ewigen Leben, mit der Herrlichkeit Gottes, mit der Heimat bei Gott, zu vertauschen. Sein Wille geschehe! Sollte es anders von Gott bestimmt sein und mir die Möglichkeit zur Arbeit wieder gegeben werden, so werde ich gerne in ganz neuem Geiste dem Herrn dienen. Es gibt nur zwei Wirklichkeiten: Gott und die Seele! Diese Erkenntnis bestimmt unser Handeln. Ich stelle mich unter die segnenden Hände des Schöpfers, verberge mich in den Wundmalen des göttlichen Erlösers und lasse mich leiten und tragen von der Gnadenkraft des Heiligen Geistes. In diesem dreifaltigen Namen segnet und grüßt Euch alle Euer Toni.
NB. Bitte bestelle hl. Messen auf meine Meinungen zum heiligsten Herzen
E 58 Granig Anton Wien VII/65, den 13. August 1944 Landesgerichtsstraße 11[376]

Wien VII/65, den 10.9.1944
Lieber Jörg, liebe Geschwister!
Für Deinen so netten und tröstenden Brief, der uns viele Freude in die Zelle brachte,

[376] Klagenfurt, Archiv der Diözese Gurk, Personalakt Granig; vergl. Kempner (1966), 123.

danke ich aufrichtig. Ebenso dem Peter für seine schönen Zeilen. Die Grüße und Wünsche von Euch Lieben daheim sind wie Sonnenstrahlen fürs Gemüt in Stunden, wo ein herbes Schicksal einen so hart anfasst. Ich danke allen herzlich und weiß es genau, wie warm und anteilnehmend die Grüße und Wünsche gemeint sind. Es ist in solcher Lage ein großer Trost zu wissen, dass man nicht allein ist. – Dazu ist mir das Gebet vieler die größte Freude. Der Engel eines Petrus und vieler anderer schwebt auch heute noch durch die Welt. Mit felsenfestem Vertrauen schauen wir auf zu dem, der alle Geschicke lenkt und leitet. Ich muss sagen, dass bisher die Hilfe Gottes oft greifbar war! Je schwerer die Stunde, desto größer die Hilfe und Gnade, die Partikel des Kreuzes in gläubiger Ergebung aus des gütigen Vaters Hand anzunehmen. Es ist morgen schon wieder ein Monat her, seit jenem schwarzen Tage, aber ich kann Dir und allen lieben Geschwistern zum Trost mitteilen, dass ich diese Zeit gut überstanden habe. Ich bin pumperlg'sund und verbringe die Tage im Gebet, Betrachtung und Lesung, wo mir mein lieber Zellenkollege als alter Missionär u. erfahrener Priester eine wahre Gnade bedeutet. Wir sind in allem ein Herz und eine Seele. Die Tage sind oft zu kurz und die Nächte übersehen wir in gutem, süssem Schlafe. – Auch Hunger leiden wir nicht. So braucht Ihr Euch auch in dieser Hinsicht nicht zu viel Sorge zu machen.
Im übrigen lege ich alles in Gottes Hand. Bisher hat er mich immer so liebevoll geleitet! Habe ich aber so viel Gutes aus seiner Hand entgegengenommen, warum nicht auch einmal etwas Schweres? – Alles gereicht zum Besten, was Gott tut! Es fällt kein Spatz vom Dache und kein Haar vom Haupte.... Darum stehen meine dunklen Tage längst in Gottes Vorsehung gezeichnet. Dieses gläubige Bewusstsein ist uns Kraft und Licht in der Zelle, die sogar manchmal zum Heiligtum wird. – Das heiligste Herz Jesu und Mariä sind unsere besonderen Leitsterne.
Gestützt auf das Gebet und die großen Bemühungen von guten Menschen und von Seiten so vieler haben wir die feste Hoffnung, dass sich das Schicksal wenden wird, und schliesslich eine große Gnadenzeit war!
In unseren Gebeten wollen wir wohl auch feste Euer gedenken und derer, die sich um uns so Mühe machen. Ich bitte Dich, dem Adam und Andreas in meinem Namen zu danken und zu sagen, dass dies zu wissen für uns ein grosser Trost ist. Vergiss den H. Kanzler[377] nicht. – Durch stilles Gedenken und Aufopferung mancher Stunde für

377 Generalvikar Dr. Josef Kadras.

Anliegen der Diöcese will ich zu ersetzen suchen, was zu tun mir verwehrt ist,-
Im Geiste bin ich bei Euch innig verbunden daheim und den Lieben in Klagenfurt und sende wohl oft Segen und Grüße durch das Gitterfenster für alle. – Bitte, tröste alle, besonders die lieben Angehörigen und sage Ihnen, dass ich mutig und fest bin und mit Gottes Hilfe wir uns auch in dieser Welt wiedersehen. – So verbinde ich Dank und Grüsse für Adam, Andreas, Kadras, Fr. Oberin und Kloster, alle Mitbrüder – Dann weiter … Unterluggauer… Bruderschaft … alle Irschener.. Peter Thresl, Liesinger, grüße mir den Lois an der Front. – Besonderen Dank und heisse Grüsse allen Geschwistern, Nachbarn und Dir in Liebe Euer Toni.[378]

[378] Klagenfurt, Archiv Diözese Gurk, Personalakt Granig.

5. Anhang: Rechtliche Grundlagen des Volksgerichtshofes

1. Gesetz zur Änderung von Vorschriften des Strafrechts und des Strafverfahrens vom 24. April 1934, RGBl. I, S. 314[379]
Artikel III: Volksgerichtshof
§1
(1) Zur Aburteilung von Hochverrats- und Landesverratssachen wird der Volksgerichtshof gebildet.
(2) Der Volksgerichtshof entscheidet in der Hauptverhandlung in der Besetzung von fünf Mitgliedern, außerhalb der Hauptverhandlung in der Besetzung von drei Mitgliedern, einschließlich des Vorsitzenden. Der Vorsitzende und ein weiteres Mitglied müssen die Befähigung zum Richteramt haben. Es können mehrere Senate gebildet werden.
(3) Anklagebehörde ist der Oberreichsanwalt.
§2
Die Mitglieder des Volksgerichtshofs und ihre Stellvertreter ernennt der Reichskanzler auf Vorschlag des Reichsministers für Justiz für die Dauer von fünf Jahren.
§§ 1 und 2 wurden durch folgende Bestimmungen des Gesetzes über den Volksgerichtshof und über die fünfundzwanzigste Änderung des Besoldungsgesetzes vom 18. April 1936, RGBl. I, S. 369 abgeändert:
Artikel I
§ 1
Der Volksgerichtshof ist ein ordentliches Gericht im Sinne des Gerichtsverfassungsgesetzes.
§ 2
Der Volksgerichtshof wird an hauptamtlichen Mitgliedern mit einem Präsidenten und der erforderlichen Zahl von Senatspräsidenten und Räten besetzt.
§ 3
Der Präsident, die Senatspräsidenten und Räte werden auf Lebenszeit ernannt. Sie müssen die Befähigung zum Richteramt besitzen und das 35. Lebensjahr vollendet haben.
§ 4

[379] Abgedruckt in Gert Buchheit: Richter in roter Robe, München 1968, 282-284.

Die ehrenamtlichen Mitglieder des Volksgerichtshofs werden vom Führer und Reichskanzler auf Vorschlag des Reichsministers der Justiz für die Dauer von fünf Jahren bestellt.

§ 5

Bei dem Volksgerichtshof werden Senate gebildet, deren Zahl der Reichsminister der Justiz bestimmt.

§ 6

Bei einer Häufung der Geschäfte können ständig angestellte Richter vorübergehend als Hilfsrichter zum Volksgerichtshof zugezogen werden, wenn dies zur Sicherung eines ordnungsgemäßen Geschäftsganges erforderlich ist. Die Abordnung eines Hilfsrichters darf vor Ablauf der Zeit, für die der Hilfsrichter einberufen ist, nur widerrufen werden, wenn das Bedürfnis, durch das sie veranlaßt wurde, weggefallen ist.

§ 7

Das Amt der Staatsanwaltschaft bei dem Volksgerichtshof wird durch einen oder mehrere Reichsanwälte oder Staatsanwälte ausgeübt. Sie sind nichtrichterliche Beamte, müssen aber zum Richteramt befähigt sein.

§ 8

Bei dem Volksgerichtshof wird eine Geschäftsstelle eingerichtet, die mit der erforderlichen Zahl von Urkundsbeamten besetzt wird.]

§3

(1) Der Volksgerichtshof ist zuständig für die Untersuchung und Entscheidung in erster und letzter Instanz in den Fällen des Hochverrats nach §§ 80 bis 84, des Landesverrats nach §§ 89 bis 92, des Angriffs gegen den Reichspräsidenten nach § 94 Abs. 1 des Strafgesetzbuchs und der Verbrechen nach § 5 Abs. 2 Nr. der der Verordnung des Reichspräsidenten zum Schutze von Volk und Staat vom 28. Februar 1933 (Reichsgesetzbl. I S. 83). In diesen Sachen trifft der Volksgerichtshof auch die im § 73 Abs. 1 des Gerichtsverfassungsgesetzes bezeichneten Entscheidungen.

(2) Der Volksgerichtshof ist auch dann zuständig, wenn ein zu seiner Zuständigkeit gehörendes Verbrechen oder Vergehen zugleich den Tatbestand einer anderen strafbaren Handlung erfüllt.

(3) Steht mit einem Verbrechen oder Vergehen, das zur Zuständigkeit des Volksgerichtshofs gehört, eine andere strafbare Handlung in tatsächlichem Zusammenhang, so kann das Verfahren wegen der anderen strafbaren Handlung gegen Täter und Teilneh-

mer im Wege der Verbindung bei dem Volksgerichtshof anhängig gemacht werden.

§4

(1) Der Oberreichsanwalt kann in Strafsachen wegen der in den §§ 82 und 83 des Strafgesetzbuchs bezeichneten Verbrechen der Vorbereitung zum Hochverrat und wegen der in den §§ 90b bis 90e des Strafgesetzbuchs bezeichneten landesverräterischen Vergehen die Strafverfolgung an die Staatsanwaltschaft bei dem Oberlandesgericht abgeben. Der Oberreichsanwalt kann die Abgabe bis zur Eröffnung der Untersuchung zurücknehmen.

(2) Der Volksgerichtshof kann in den im Abs. 1 bezeichneten Sachen die Verhandlung und Entscheidung dem Oberlandesgericht überweisen, wenn der Oberreichsanwalt es bei der Einreichung der Anklageschrift beantragt.

[§ 4 Abs. 1 und 2 wurden aufgrund des Gesetzes über den Volksgerichtshof und über die fünfundzwanzigste Änderung des Besoldungsgesetzes vom 18. April 1936, RGBl. I, S. 369 wie folgt abgeändert: Die Bezeichnung „Oberreichsanwalt" wurde durch „Reichsanwalt beim Volksgerichtshof" ersetzt].

(3) § 120 des Gerichtsverfassungsgesetzes findet entsprechende Anwendung.

§ 5

(1) Auf das Verfahren finden, soweit nicht etwas anderes bestimmt ist, die Vorschriften des Gerichtsverfassungsgesetzes und der Strafprozeßordnung über das Verfahren vor dem Reichsgericht in erster Instanz Anwendung.

(2) Gegen die Entscheidungen des Volksgerichtshofs ist kein Rechtsmittel zulässig.

[Durch die Verordnung über die Zuständigkeit der Strafgerichte, der Sondergerichte und sonstige strafverfahrensrechtliche Vorschriften vom 21. Februar 1940, RGBl. I, S. 405 wurden die §§ 3 bis 5 durch folgende Bestimmung ersetzt:

(...)

§1

(1) Die im vorbereitenden Verfahren dem Amtsrichter obliegenden Geschäfte können, solange die Zuständigkeit des Volksgerichtshofs begründet ist, auch durch einen oder mehrere besondere Ermittlungsrichter des Volksgerichtshofes vorgenommen werden. Die Bestellung sowie die Verteilung der Geschäfte unter mehrere Ermittlungsrichter erfolgt durch den Reichsminister der Justiz auf die Dauer eines Geschäftsjahres. Zum Ermittlungsrichter kann jedes Mitglied eines deutschen Gerichts und jeder Amtsrichter bestellt werden.

(2) Über die Beschwerde gegen eine Verfügung des Ermittlungsrichters entscheidet der Volksgerichtshof.

(…)

§ 3

Die Wahl des Verteidigers bedarf der Genehmigung durch den Vorsitzenden des Gerichts. Die Genehmigung kann zurückgezogen werden; wird sie in der Hauptverhandlung zurückgezogen, so ist § 145 der Strafprozeßordnung entsprechend anzuwenden.

§ 4

(1) Die Voruntersuchung entfällt, wenn sie nach dem Ermessen der Anklagebehörde für die Vorbereitung der Hauptverhandlung nicht erforderlich ist.

(2) Das Gericht kann nach der Einreichung der Anklageschrift von Amts wegen oder auf Antrag des Angeschuldigten die nachträglicher Eröffnung einer Voruntersuchung beschließen, wenn ihm dies zur besseren Aufklärung des Sachverhalts oder für die Vorbereitung der Verteidigung des Angeschuldigten geboten erscheint.

[§ 4 aufgehoben durch Gesetz vom 28. Mai 1935, RGBl. I, S. 844]

§ 5

(1) Es bedarf keines Beschlusses über die Eröffnung des Hauptverfahrens. An die Stelle des Antrags der Staatsanwaltschaft auf Eröffnung des Hauptverfahrens tritt der Antrag auf Anordnung der Hauptverhandlung.

(2) Nach Ablauf der gemäß § 201 der Strafprozeßordnung bestimmten Frist ordnet der Vorsitzende, wenn er die gesetzlichen Voraussetzungen für gegeben erachtet, die Hauptverhandlung an. Er beschließt zugleich über die Anordnung oder Fortdauer der Untersuchungshaft. Trägt der Vorsitzende Bedenken gegen die Anordnung der Hauptverhandlung, erscheint ihm insbesondere die nachträgliche Eröffnung einer Voruntersuchung geboten oder hat der Angeschuldigte die nachträgliche Eröffnung einer Voruntersuchung beantragt, so ist eine Entscheidung des Gerichts herbeizuführen.

(3) Einer Entscheidung des Gerichts bedarf es, wenn der Oberreichsanwalt die Überweisung an das Oberlandesgericht beantragt. Der Volksgerichtshof ordnet in diesem Falle zugleich mit der Überweisung die Hauptverhandlung vor dem Oberlandesgericht an.

(...)

(4) Die in der Strafprozeßordnung an die Eröffnung des Hauptverfahrens geknüpften Wirkungen treten mit der Einreichung der Anklageschrift ein. Die Wirkungen, die

nach der Strafprozeßordnung an die Verlesung des Eröffnungsbeschlusses geknüpft sind, treten mit dem Beginn der Vernehmung des Angeklagten zur Sache ein.
(5) Für die Eröffnung des Hauptverfahrens vor einem Gericht niederer Ordnung behält es bei den Vorschriften der Strafprozeßordnung über den Eröffnungsbeschluß sein Bewenden.
(...)
Anhang 1:
Verordnung über das Sonderstrafrecht im Kriege und bei besonderem Einsatz (Kriegssonderstrafrechtsverordnung)[380]
(...)
§ 2. Spionage
(1) Wegen Spionage wird mit dem Tode bestraft, wer heimlich oder unter falschem Vorwand in dem Kriegsgebiet der deutschen oder einer verbündeten Wehrmacht Nachrichten einzieht oder einzuziehen sucht in der Absicht, sie dem Feinde oder zu dessen Nutzen einem anderen mitzuteilen. Daneben kann auf Einziehung des Vermögens erkannt werden.
(2) Keine Spione sind:
1. Militärpersonen in Uniform, die in das Kriegsgebiet der deutschen oder einer verbündeten Wehrmacht eingedrungen sind, um sich Nachrichten zu verschaffen.
2. Personen, die den ihnen erteilten Auftrag, Mitteilungen an ihre eigene oder die feindliche Wehrmacht zu überbringen, offen ausführen.
3. Personen, die in Luftfahrzeugen befördert werden, um offen:
a) Mitteilungen zu überbringen oder
b) überhaupt Verbindungen zwischen den verschiedenen Teilen der feindlichen Wehrmacht oder eines Gebietes aufrechtzuerhalten.
(3) Ein Spion, der zur feindlichen Wehrmacht zurückgekehrt ist und später gefangengenommen wird, ist als Kriegsgefangener zu behandeln und kann für frühere Spionage nicht verantwortlich gemacht werden.
(4) Abs. 2 und 3 gelten nicht für Deutsche und die Angehörigen eines verbündeten Volkes oder einer verbündeten Wehrmacht.
§ 3. Freischärlerei

[380] Abgedruckt in Adolf Schönke: Strafgesetzbuch für das Deutsche Reich. Kommentar, 802f.

(1) Wegen Freischärlerei wird mit dem Tode bestraft, wer, ohne als Angehöriger der bewaffneten feindlichen Macht durch die völkerrechtlich vorgeschriebenen äußeren Abzeichen der Zugehörigkeit erkennbar zu sein, Waffen oder andere Kampfmittel führt oder in seinem Besitz hat in der Absicht, sie zum Nachteil der deutschen oder einer verbündeten Wehrmacht zu gebrauchen oder einen ihrer Angehörigen zu töten, oder sonst Handlungen vornimmt, die nach Kriegsgebrauch nur von Angehörigen einer bewaffneten Macht in Uniform vorgenommen werden dürfen. Daneben kann auf Einziehung des Vermögens erkannt werden.

(2) Keine Freischärler sind:

1. Angehörige der bewaffneten feindlichen Macht in Uniform, die sich lediglich einer üblichen Tarnung bedienen,

2. Angehörige der Milizen und Freiwilligen-Korps, wenn sie folgende Bedingungen erfüllen:

a) jemand an ihrer Spitze steht, der für seine Untergebenen verantwortlich ist;

b) sie ein bestimmtes aus der Ferne erkennbares Abzeichen tragen;

c) sie die Waffen offen führen und

d) bei ihren Unternehmungen die Gesetze und Gebräuche des Krieges beachten,

3. die Bevölkerung eines nicht besetzten Gebietes, die beim Herannahen des Feindes aus eigenem Antrieb zu den Waffen greift, um die eindringenden Truppen zu bekämpfen, ohne Zeit gehabt zu haben, sich nach Nr. 2a und b zusammenzuschließen, wenn sie die Waffen offen führt und die Gesetze und Gebräuche des Krieges beachtet. (...)

§ 5. Zersetzung der Wehrkraft

(1) Wegen Zersetzung der Wehrkraft wird mit dem Tode bestraft:

1. wer öffentlich dazu auffordert oder anreizt, die Erfüllung der Dienstpflicht in der deutschen oder einer verbündeten Wehrmacht zu verweigern, oder sonst öffentlich den Willen des deutschen oder verbündeten Volkes zur wehrhaften Selbstbehauptung zu lähmen oder zu zersetzen sucht;

2. wer es unternimmt, einen Soldaten oder Wehrpflichtigen des Beurlaubungsstandes zum Ungehorsam, zur Widersetzung oder Tätlichkeit gegen einen Vorgesetzten oder zur Fahnenflucht oder unerlaubten Entfernung zu verleiten oder sonst die Manneszucht in der deutschen oder einer verbündeten Wehrmacht zu untergraben;

3. wer es unternimmt, sich oder einen anderen durch Selbstverstümmelung, durch ein auf Täuschung berechnetes Mittel oder auf andere Weise der Erfüllung des Wehrdien-

stes ganz, teilweise oder zeitweise zu entziehen.
(2) In minder schweren Fällen kann auf Zuchthaus oder Gefängnis erkannt werden.
(3) Neben der Todes- und der Zuchthausstrafe ist die Einziehung des Vermögens zulässig.

Anhang 2:
Neuregelung der Gestapo-Vernehmungsmethoden (Rundschreiben des SS-Gruppenführers Heinrich Müller vom 12. Dezember 1942)
1. Verschärfte Vernehmung darf nur angewendet werden, wenn auf Grund des Vorermittlungsergebnisses festgestellt ist, dass der Häftling über wichtige staats- oder reichsfeindliche Sachverhalte, Verbindungen oder Planungen Auskunft geben kann, seine Kenntnisse aber nicht preisgeben will und sie im Ermittlungswege nicht feststellbar sind.
2. Die verschärfte Vernehmung darf unter diesen Voraussetzungen nur angewendet werden gegen Kommunisten, Marxisten, Bibelforscher, Saboteure, Terroristen, Angehörige der Widerstandsbewegungen, Fallschirmagenten, asoziale, polnische oder sowjetrussische Arbeitsverweigerer oder Bummelanten. In allen übrigen Fällen bedarf es grundsätzlich meiner vorherigen Genehmigung.
3. Zur Herbeiführung von Geständnissen über eigene Straftaten darf die verschärfte Vernehmung nicht angewendet werden. Ebenso darf dieses Mittel nicht angewendet werden gegenüber Personen, die zeitweilig von der Justiz zwecks weiterer Ermittlungen überstellt worden sind. Ausnahmefälle bedürfen ebenfalls meiner vorherigen Genehmigung.
4. Die Verschärfung kann je nach der Sachlage unter anderem bestehen in: einfachste Verpflegung (Wasser und Brot), hartes Lager, Dunkelzelle, Schlafentzug, Ermüdungsübungen, aber auch in der Verabreichung von Stockhieben (bei mehr als 20 Stockhieben muß ein Arzt zugezogen werden).[381]

1) Fernschreiben des Reichsjustizministers Thierack an den Reichsleiter Bormann betreffend den Verhandlungsstil Roland Freislers, 8. September 1944:
„(...) Die Verhandlungsführung des Vorsitzers war bei den Angeklagten Wirmer und

[381] Abgedruckt in Gert Buchheim: Richter in roter Robe, München 1968, 127f., im Original in: Der Prozeß gegen die Hauptkriegsverbrecher, Nürnberg 1948/49, Bd.22, 70.

Goerdeler unbedenklich und sachlich, bei Lejeune-Jung etwas nervös. Leuschner und von Hassell ließ er nicht ausreden. Er überschrie sie wiederholt. Das machte einen recht schlechten Eindruck, zumal der Präsident etwa 300 Personen das Zuhören gestattet hatte. (...) Die politische Führung der Verhandlung war sonst nicht zu beanstanden. Leider redete er aber Leuschner als Viertelportion und Goerdeler als halbe Portion an und sprach von den Angeklagten als Würstchen. Darunter litt der Ernst dieser gewichtigen Versammlung erheblich. Wiederholte längere, nur auf Propagandawirkung abzielende Reden des Vorsitzers wirkten in diesem Kreise abstoßend. Auch hierunter litt der Ernst und die Würde des Gerichts. Es fehlt dem Präsidenten völlig an eiskalter, überlegener Zurückhaltung, die in einem solchen Prozeß allein geboten ist (...)." Auch SiPo- und SD-Chef Ernst Kaltenbrunner bemängelte in einem Bericht an Hitler die Pöbeleien Freislers gegenüber dem angeklagten Generaloberst Erich Hoepner, ob dieser „Esel" oder „Schweinehund" sei.[382]

2) Hitlers „Bolschewik"-Zitat: „(...) Freisler sei ja in seiner ganzen Art ein Bolschewik (...)[383]
3) Hitler: Freisler sei „unser Wyschinski"[384]
4) „Gnadengesuche" kamen meistens zu spät, da die Todesurteile in den meisten Fällen unmittelbar nach der Verkündigung des Urteils erfolgten.[385]
5) VGH in Österreich: Die Kompetenzen des VGH für Österreich wurden in der „Einführungsverordnung" vom 20. Juni 1938[386] geregelt. In den §§ 1 und 3 Abs. 1 wurde der VGH für folgende Tatbestände für zuständig erklärt: Hoch- und Landesverrat (§§ 80-93a RStGB), feindliche Handlungen gegen befreundete Staaten (§ 102 RStGB), Wehrmittelzerstörung (§ 143a) sowie eingeschränkt §§ 49a und 139 RStGB (erfolglose Teilnahme und unterlassene Anzeige von Hoch- und Landesverrat).
Mit der Verordnung vom 10. Dezember 1941[387] wurde die Kompetenz des VGH auch

[382] So in Gert Buchheit: Richter in roter Robe, München 1968, 272.
[383] Diese Äußerung wurde von Hitler im Zuge seiner „Tischgespräche" am 29.3.1942 getätigt (Uwe Wesel: Drei Todesurteile pro Tag, in: Die Zeit Nr.6/2005 v. 3.2.2005).
[384] So in Gert Buchheit: Richter in roter Robe, München 1968, 27.
[385] Ebenda, 264.
[386] Verordnung über die Einführung der Vorschriften über Hochverrat und Landesverrat im Lande Österreich vom 20. Juni 1938, RGBl.I, 640.
[387] Verordnung über die erweiterte Zuständigkeit des Volksgerichtshofes vom 10.Dezember 1941, RGBl.I, 776.

auf die Bestimmungen der KSSVO ausgedehnt; mittels weiterer Verordnung vom 18. Januar 1943 wurde der Wirkungsbereich auch auf österreichisches Gebiet ausgedehnt.[388]

6) Bibliographische Angaben:

Gert Buchheit: Richter in roter Robe. Freisler, Präsident des Volksgerichtshofes, München 1968.

Adolf Schönke: Strafgesetzbuch für das Deutsche Reich. Kommentar, München 1942

---

[388] Wolfgang Form/Wolfgang Neugebauer/Theo Schiller: NS-Justiz und politische Verfolgung in Österreich, München 2005,15f.

14. PROVISORISCHE LISTE DER BEKANNTEN KZ-OPFER AUS KÄRNTEN

Vorbemerkung

Den etwa 104 nachweislich vom NS-Regime zum Tode verurteilten Kärntnern sollen die 336 NS-Opfer zur Seite gestellt werden, die in den KZs zu Tode kamen. Einige Opfer dürften aus Oberkrain und dem Mießtal stammen, auch einige Zugewanderte kamen zu Tode. Mehr als 80 % der hier angeführten KZ-Opfer aus Kärnten waren jedoch Kärntner. 99 kamen in Auschwitz zu Tode, 74 in Dachau, 45 in Mauthausen, 45 in Ravensbrück und 19 in anderen KZs. 39 Sozialdemokraten und Revolutionäre Sozialisten kamen zu Tode, von denen etliche bei den Kommunisten biografiert sind[389] Daneben sollten auch 145 gefallene Kärntner Partisanen – von insgesamt 927 namentlich bekannten – genannt werden.[390] Etliche Opfer waren Insassen mehrerer KZs, das Gesamtregister ist für die Zahl maßgebend.

Das waren aber nicht alle Opfer. Im April 1941 wurden 51 Personen – Angehörige der Volksgruppe der Sinti – von der Kärntner Kriminalpolizei verhaftet, der Kriminalpolizei Linz übergeben, und von dieser in das Zigeunerlager Weyer/Gemeinde St. Pantaleon in Oberösterreich eingeliefert. Nach Auflösung des Lagers Weyer im November 1941 deportierte man alle 301 Häftlinge in das burgenländische Lager Lackenbach. Nach einem kurzen Zwischenaufenthalt in Lackenbach wurden alle Gefangenen aus Weyer

[389] Wilhelm Baum: Der kommunistische Widerstand gegen das NS-Regime in Kärnten, in: Das Buch der Namen, Klagenfurt 2010, 275-292. Zahlreiche Namen in der Liste bei Willi Weinert: „Ich möchte, dass sie Euch alle immer nahe bleiben…“ Biografien WiderstandskämpferInnen in Österreich, Wien 2005, 45-96 waren jedoch nie Kommunisten, wie etwa die katholischen Zellaner usw. Die Weinert-Liste ist mit großer Vorsicht zu betrachten. Vinzenz Jobst: Sozialdemokraten, in das Buch der Namen, Klagenfurt 2010, 269-274 listet 39 Todesopfer auf, von denen 12 nicht biografiert sind.

[390] Marjan Linasi, Koroški partizani. Protinacistični odpor na dvojezičnem Koroškem v okviru slovenske Osvobodilne fronte. Celovec 2010, 679f

weiter nach Polen in das Ghetto von Lodz/Litzmannstadt transportiert. Dort wurde notdürftig ein Ghetto im Ghetto errichtet, in welches die Sinti und Roma auf engsten Raum gepfercht wurden. Im Jänner 1942 überstellte man diejenigen, die dieses Ghetto bis dahin überlebt hatten, in das Vernichtungslager Chelmno/Kulmhof und erstickte sie dort mit Dieselabgasen in eigens dafür hergestellten Kastenwagen. Auch 25 Angehörige der jüdischen Gemeinden aus Kärnten wurden umgebracht.[391] Mehr als 1100 Euthanasieopfer sind in Kärnten zu beklagen; 400 davon wurden von Dr. Niedermoser 1946 im Prozess in Klagenfurt zugegeben; 17 Opfer von Kindern, die in Wien getötet wurden, wurden von Waltraud Häupl erforscht.[392]

DACHAU[393]

Ambrosch Alex
Geb. 7.8.1899 Brückl
+ 24.12.1944

Anderwald Wilhelm
Geb. 1.5.1887 Feldkirchen
+ 24.6.1945 Haftfolgen

Aschgan Franz (Nr. 94612)
Geb. 19.9.1899 Villach
+ 3.2.1945

Bevc Franc
Geb. 14.4.1906 Gornji Grad
+ 27.4.1945

Blaha Markus
Geb. 28.9.1878, Feldkirchen
+ ?

---

[391] Hans Haider: Opferliste der Jüdinnen und Juden aus Kärnten, in: Das Buch der Namen, Klagenfurt 2010, 1119-129.

[392] Vinzenz Jobst: Die vergessenen Kinder aus Kärnten, in: Waltraud Häupl: Der organisierte Massenmord an Kindern und Jugendlichen in der Ostmark 1940-1945, Wien-Köln-Weimar 2008, 225-233.

[393] Alle hier verzeichneten KZ-Opfer kommen in den Listen von Dachau vor; einige Opfer aber kamen möglicherweise in anderen KZs um (in Klammern).

Böhm Wolfgang Kurt (Nr. 27849)
Geb. 24.12.1894 Berlin, Villach
+ 3.4.1942

Cijan Franz
Geb. 30.11.1894 (30.11.1902?) Kozana/Görz
+ 5.4.1945

Doujak Franc
Geb. 20.10.1885 Zell Mitterwinkel
+ 17.3.1945

Dovjak Simon
Geb. 28.10.1901 Zell Oberwinkel
+ 18.3.1945

Erjavec Franc
Geb. 29.11.1905 Sulzbach
+ 19.5.1945

Falle Anton
Geb. 25.3.1886 Rajach
+ 15.1.1945

Fertin Hermann (Nr. 21113)
Geb. 23.7.1894 Klagenfurt
+ 22.1.1942

Gasser Josef
Geb. 22.7.1892 Althofen
+ 23.2.1945

Gastl Anton
Geb. 29.5.1879 Rottenstein/Ebental
+ 17.2.1944

Golser Michaela
Geb.? + ?

Grießer Mathias

Geb. 24.8.1894 Vorderwald + ?

Hackl Hans
Geb. 26.7.1908 Villach
+ 24.2.1943

Hassler Ludwig
Geb. 25.8.1892 Dellach
+ 29.4.1945

Haim Karl
Geb. 17.12.1902 Bruck/Mur
+ 24.1.1942

Hojnikar Josef
Geb. 12.3.1907 Hartenstein, dann Klagenfurt
+ 25. 1.1945

Hornböck Janez
Geb. 5.7.1878 St. Johann i.R.
+ 6.8.1942

Hribar Anselm
Geb. 20.4.1870 Trögern
6 10.2.1944 (Lublin?)

Hribar Josef
Geb.7.2.1904 Trögern
+ 10.3.1945 (Mauthausen)

Huber Fridolin
Geb. 7.1.1902 St. Johann am Pressen
+ 19.3.1945

Inzinger Leopold
Geb. 16.11.1894 Goritschach +?

Jernej Klement
Geb. 23.11.1887 Nageltschach
+ 7.3.1945

Karnitschar Stefan
Geb. 29.12.1896 Trögern
+ 31.3.1944

Kaschnig Rok
Geb. 13.8.1922 Rechberg
+ 23.1.1945

Kelih Matevž
Geb. 31.10.1925 Windisch Bleiberg
+ 7.4.1944

Kogoi Lukas
Geb. 4.9.1901 Leppen
+ 1945

Koperek Anton
Geb. 28.2.1902 Essen
+ 11.11.1942

Krögler Fritz
Geb. 4.6.1898 Wien, Bodensdorf
+14.6.1938

Kutej Anton
Geb. 13.7.1909 Klagenfurt
+ 16.12.1941

Laussegger Valentin
Geb. 6.2.1912 Windisch Bleiberg
+ 20.11.1944 (Sachsenhausen?)

Leitmann Bartholomäus
Geb. 18.4.1905 in Klagenfurt
+ 6.1944

Leitner Gregor
Geb. 6.8.1893 Görlach/Hüttenberg
+ 10.12.1944

Lepuschitz Josef
Geb. 3.11.1912 Rosenbach
+ 3.5.1945 (Neuengamme?)

Lipusch Karl
Geb. 17.11.1919 Leppen
+ 15.9.1944 KZ Flossenbürg

Lyssy Franz
Geb. 12.11.1891 Wolfsberg
+ 3.3.1945

Mautz Anton (Nr. 94660)
Geb. 9.1.1891 Seebach
+ 18.4.1943

Mayer Rudolf
Geb.6.2.1916 Villach
+ 21.11.1940

Melcher Peter
Geb. 27.6.1878 Faak a. See
+ 4.3.1945

Miklau Nikolaus
Geb. 5.12.1901 Leppen
+ 9.4.1944

Missbichler Franz
Geb. 7.10.1905 Wien, Bad Bleiberg
+ 3.9.1844

Mohar Hanzej
Geb. 7.11.1908 Srejach
+ (?)

Monai Franz
Geb. 4.10.1879 Friesach
+ ?

Partei Mathäus
Geb. 10.9.1889 Untergreutschach
+ 5.3.1945

Paul Filip
Geb. 21.7.1896 Koprein
+ 21.4.1941 (?)

Paul (Pavel) Jakob
Geb. 21.7.1896 Koprein
+ 13.11.1944 (Asche 8.4.1945)

Pečnik Peter
Geb. 5.1.1923 Remschenik
+ 29.3.1944 (Natzweiler)

Pečnik Rok
Geb. 13.8.1894 Koprein
+ 6.1.1945

Pegrin Matevz
Geb. 7.9.1899 Ebriach
+ 1.4.1944

Permosch Andrej
Geb. 25.9.1904 Matschach
+ 29.6.1944/5 (?) KZ Nekarelo

Petritsch Mathias
Geb. 10.10.1899 St. Jaklob
+ 28. o. 29.1.1945

Pettauer Johann
Geb. 30.5.1885 Stift Griffen
+ 8.5.1945 (oder 1944 Natzweiler?)

Pleschberger Josef
Geb. 28.6.1919 Villach
+ 13.6.1941

Ploner Thomas
Geb. 10.2.1890 Weidenberg; Zedras b. Ludmannsdorf
+ ?

Poeck Hanej/Johann
Geb. 6.3.1913 Altfinkenstein
+ 26.4.1944 (Nr. 62880)

Pokornik Ignaz (Nr. 23775)
Geb. 30.1.1902 Leoben, Bleiberg
+ 25.9.1941

Politschar Johann
Geb. 19.12.1890 Rupa/Jugoslawien; Kühnsdorf
+ 9.4.1945

Pototschnig Valentin
Geb. 7.2.1886 Grablach
+ 8.1944 (Lublin?)

Prepotnik Peter
Geb. 27.5.1896 Remschenik
+ KZ Dachau

Pristovnik Ignaz
Geb. 6.6.1886 Remschenik
+ 28.4.1945

Prodinger Johann
Geb. 14.11.1887 Villach
+ 5.9.1938

Psenicnik Tone
Geb. 19.5.1916 Leifling
+ 15.3.1945

Pucher Martin
Geb. 17.9.1890 Seltschach
+ 14.11.1944 (KZ Neuengamme?)

Rajakowitsch Ottilio
Geb. 10.4.1897 Triest
+ 10.5.1945

Rudl Josef
Geb. 24.3.1903 Laiplach/Strau
+ 7.5.1945 nach Todesmarsch aus KZ Dachau

Sacherer Engelbert
Geb. 26.10.1896 St. Veit
+ 26.12.1943

Schifferer Thomas
Geb. 21.12.1888 Skofja Loka, dann Klagenfurt
+ 15.12.1944

Schilbar Johann
Geb. 8.2.1927 Villach
+ 3.6.1945

Schmid Johann
Geb. 30.7.1903 Unterbergen, Weizelsdorf
+ 28.12.1944

Schuschnig Josef
Geb. 11.1.1893 St. Margarethen/Ros.
+ 23.2.1945

Schuster Dr. Otto
Geb. 15.11.1897 Klagenfurt
+ 25.8.1942

Schwarz Andreas
Geb. 26.11.1902 Bösendorf
+ Mai 1938

Singer Stefan
Geb. 22.12.1871 Strau bei Kappel
+ 24.2.1945 nach Entlassung aus Dachau in Maria Trost/Graz

Sitar Lukas
Geb. 18.10.1926
+ 18.3.1945 Auf Heimmarsch von Dachau

Sluga Janez
Geb. 28.8.1878 Remschenik
+ ?

Sluga Georg vlg. Kach
Geb. 24.4.1875 Remschenik

Spitzer Florian
Geb. 30.7.1873 Lukowitz/Kovice
+ 22.2.1945

Stichauner Johann
Geb. 1.9.1901 Deutschberg/Ossiachersee
+ 3.4.1945

Stingl Peter
Geb. 23.3.1888 Suetschach
+ 20.4.1944

Strauß Karl
Geb. 1896 (?) Klagenfurt
+ 15.4. 1945

Struger Johann
Geb. 8.8.1897 Windisch Bleiberg
+ 28.4.1945

Sucher Max
Geb. 11.4.1903 Albersdorf
+ 8.5.1945

Swoboda Franz
Geb. 3.11.1887 Wien, LTA Kärnten
+ 4.4.1945

Thomasser Georg
Geb. 17,2.1893 Viollach
+ 28.4.1941

Tischler Matthäus
Geb. 16.1.1894 Dröschitz/Velden
+ 20.4.1945

Tschernitz Max vlg. Kraijnic
Geb. 31.3.1893 in Augsdorf
+ 30.1.1945

Urbancic Franc
Geb.?
+ ?

Uznik Janez vlg. Cvitar
Geb. 26.12.1902 Zell Pfarre
+ 17. oder 21.5.1945

Wank Rudolf
Geb. 19.9.1892 Zelterei
+ 11.5.1945

Wersnjak Franc
Geb. 20.7.1886 Gurnitz
+ 27.2.1945

Werschnjak Thomas
Geb. 18.12.1915 Gurnitz
+ ?

Wiedl Leopold
Geb. 8.2.1902 Steyerling, Villach
+ 1.7.1943

Winding Vinzenz
Geb. 31.12.1882 Feistritz/Drau
+ 15.1.1945

Wutte Franz
Geb. 15.7.1897 in Gupf/Ferlach
+ 19.2.1945

Wuzella Stefan
Geb. 20.8.1894 Töschling
+ 21.10.1942 (Nr. 30205)

Zuffer Gregor
Geb. 6.1.1894 in Feistritz/Ros.
+ 26.10.1944

Zuffer Peter
Geb. 13.7.1891 Feistritz/Ros.
+ 28.9.1947 an Haftfolgen v. Dachau

MAUTHAUSEN

Andrejevitsch Georg
Geb. 26.4.1898 Preliebl/Köttmannsdorf
+ 25.7.1945 (Nr. 32313) (F 531)

Anetter Paul
Geb. 23.3.1893 Oberdrauburg
+ 1.10.1942

Anthofer Karl
Geb. 13.1.1910 Villach
+12.1.1940

Ballmüller Franz
Geb. 20.8.1906 Feistritz
+ 10.12.1939

Blajs Janez (F 531)
Geb. ?
+ 12.10.1943

Bordewicz Wladislaus
Geb. 18.12.1905 Griffen
+ 27.1.1942

Bössl Anton
Geb. 11.10.1898 Velden
+ 16.12.1942

Brezjak Franc
Geb. 31.7.1885 Blasenitzen
+ 7.4.1944 (F 531)

Burgstaller Johann
Geb. 6.12.1893 Spittal
+ 24.2.1940

Daumann Georg
Geb. 1909 Villach
+ 7.3.1940

Dobrodel Rudolf
Geb. 4.12.1903 Schwarzenbach/Črna
+ 10.1.1944 (F 300, Nr. 30793)

Dolonac Karl
Geb. 19.1.1908
+ 14.12.1939

Felfernig Eustachius
Geb. 25.8.1897 Hüttenberg
+ 7.5.1942

Florianschütz Ignaz
Geb. 14.9.1907 Villach
+ 3.4.1940

Glinik Franc
Geb. 1.10.1885 St. Margarethen
+ 10.1.1944 (F 300, Nr. 30797)

Grafitsch Anton
Geb. 23.6.1905 Villach
+ 16.12.1939

Greisinger Rupert
Geb. 9.4.1897 Eisenerz
+ 11.1.1940 Mauthausen

Gutzelnig Gottfried
Geb. 9.11.1896 St. Veit
+ 27.3.1945

Haberz Miha
Geb. 17.9.1891 Koprein/Petzen
+ 10.3.1945 (Nr. 89547)

Heller Ferdinand
Geb. 24.11.1904 Klagenfurt
+ 24.12.1939

Holzinger Rudolf
Geb. 12.12.1894 Klagenfurt
+ 15.1.1943 Gusen

Ischepp Ignaz
Geb. 21.7.1899 St. Georgen
+ 24.4.1945 (F 475, Nr. 106285)

Jandus Karl
Geb. 28.10.1882 Untere-Potscherniz
+ 20.12.1941 (F 532, Nr. 245)

Jerlich Josef
Geb. 4.3.1902 Rechberg
+ 29.11.1944

Juch Leopold
Geb. 15.11.1856 Klagenfurt
+ 29.10.1944

Klementschnig Anton (F 535, Nr. 941)
Geb. 10.6.1912 Maria Saal
+ 10.12.1941

Kokot Josef
Geb. 18.9.1923 Oberdorf/Köstenberg
+ 25.9.1944 (F 230, Nr. 91659)

Kosischnik Franc
Geb. 4.12.1890 Trate
+ 6.10.1942 (F 182, Nr. 10592)

Krepec Johann
Geb. 14.4.1893 Poslesie
+ 8.12.1941 (F 532, Nr. 172)

Kuess Alois
Geb. 6.7.1911 Villach
+ 19.3.1940

Leeb Marcel
Geb. 1.1.1893 Gnesau
+ 1.11.1940 (Giftspritze)

Leitner Gregor
Geb. 6.6.1893 Görlach
+ 11.12.1944

Maier Johann
Geb. 18.9.1888 Greifenburg
+ 22.3.1945

Maier Johann
Geb. 26.9.1904 Spittal
+ 11.1.1940

Mandek Michael
Geb. 22.9.1892 Veldes
+ 4.2.1945

Meglitsch Ruolf
Geb. 29.3.1915 Klagenfurt
+ 19.12.1939 Mauthausen

Melcher Daniel
Geb. 15.1.1921 Glanhofen/Hüttenberg
+ 26.8.1942

Messner Franz
Geb.?
+ 4.5.1943 (F 522)

Messner Paul
geb. 15.2.1917 Schwarzenbach(Crna
+ 4.10.1943 Außenlager Perggau (Nr. 30819 Mauthausen)

Milavec Franz
Geb. 27.8.1889 Studeno/Slowenien aus Bleiburg
+ 2.1945

Niederwieser Alois
Geb. 13.3.1906 Anras/Osttirol
+ 18.10.1943

Novak Florian
Geb. 4.3.1891 Ebriach
+ 16.12.1944 (F 436, Nr. 90033)

Novak Johann
Geb. 12.7.1894 Villach
+ 19.1.1940

Oder Konrad
Geb. 29.2.1908 Wildenstein
+ 1.2.1945 Melk (F 492, Nr. 113812)

Osojnik Jakob
Geb. 27.7.1895 Javorje
+ 19.2.1945 (F 509, Nr. 128835)

Osojnik Leopold („Topičnik Poldi)
Geb. 4.11.1898 Leppen
+ 19.4.1945 (F 436, Nr. 90054)

Paul Johann
Geb. 14.12.1904 Leppen
+ 12.1.1945 Ebensee (F 436, Nr. 90087

Peteln Karl
Geb. 4.5.1903 Klagenfurt
+ 28.9.1939

Pihler Jakob
Geb. Tainach
+ 11. 1944 (F 533)

Podbregar Peter
Geb. Globasnitz
+ 4.4.1945 Außenlager Peggau (F 306f, Nr. 32779)

Rader Josef
Geb. 4.2.1913
+ 2.2.1940

Rainer Engelbert
Geb. 15.10.1905 Klagenfurt
+ 26.10.1944

Russ Martin
Geb.11.11.1888 Klagenfurt
+ 9.1.1940

Sailer Alexius Franz
Geb. 10.7.1880 Kömmel
+ 12.11.1943 (F 300, Nr. 30838)

Sainer Franz
Geb.10.6.1881 Hörtendorf
+20.12.1942

Satschen Josef
Geb. 13.3.1894 Feistritz/Bleiburg
+ 5.11.1943 (F 300, Nr. 30852)

Scheiber Albin
Geb. 2.4.1894 Klagenfurt
+ 16.1.1940

Schwarz Pankraz
Geb. 11.5.1890 Blasenitzen
+ 2.1940 (F 76)

Schwerschina Franz
Geb. 22.3.1919 Leppen
+ 5.5.1945

Sluga Jurij vlg. Kah
Geb.?
+ 5.5.1945 (F 533)

Spreitzer Anton
Geb. 6.6.1922 Gutenstein
+ 5.9.1942

Stanek Josef
Geb. 28.12.1895 Raudnitz
+ 5.12.1941 (F 533)

Stefan Martin vlg. Gutovnik
Geb. 7.11.1897 St. Margarethen
+ 5.5.1945 (F 300, Nr. 30838)

Stropnig Jernej
Geb. 22.8.1886 Kömmel/Lokowitzen
+ 30.12.1944 (F 437, Nr. 90491)

Stropnik Karl
Geb. 4.11.1922 Lokowitzen
+ 21.11.1941 (F 78, Nr. 2711)

Sumberac Friedrich
Geb. 6.3.1905 Augsdorf
+ 11.1.1940

Teggau Josef
Geb. 24.10.1899 Paternion
+ 27.2.1945 Gusen

Toporsch Andreas
Geb. 18.12.1912 Unterduplach
+ 8.2.1943

Toporsch Mathias
Geb. 3.4.1908 Klagenfurt
+ 22.1.1940

Trapp Josef
Geb. 23.10.1911 Klagenfurt
+ 6.5.1945 KZ Ebensee (F 389, Nr. 59456)

Tuder Anton
Geb.16.1.1887 Lind/Velden
+ 27.8. 1942 Gusen

Unteregger Josef
Geb. 12.3.1903 Klagenfurt
+ 27.8.1942 KZ Gusen

Urschitz Franc
Geb. 24.12.1914 Skofja Loka /Jugoslawien
+ 28.11.1944 (F 375, Nr. 40839)

Vejnik Franz
Geb. 26.12.1913 Vellach/Remschenik
+ 5.5.1945 (F 534)

Vogel Adolf
Geb. 20.2.1873 Leifling
+ 18.9.1941 (F 534)

Vrtnig Johann
Geb. 27.5.1892 Schulterndorf
+ 20.4.1941 (F 534, Nr. 132)

Weizer Jakob
Geb. 22.6.1911 Klagenfurt
+ 11.1.1940

Werkownik Fritz
Geb. 9.7.1913 Feistritz
+ 18.11- 1941

Wertschnig Anton
Geb. 5.2.1899 Klagenfurt
+ 10.4.1945 Gusen (382, Nr. 49192)

Zanker Stefan
Geb. 2.1.1905 Klagenfurt
+ 8.1.1940

Županc Stanislav
Geb. 29.4.1917 Jesenice/Assling
+ 7.4.1945 (F 307, Nr. 34648, Krieselsdorf/Spittal)

RAVENSBRÜCK[394]

Böck Aloisia, Kärnten + Ravensbrück

Boltizar Klara, geb. 27.7.1892 + 29.1.1944 Auschwitz

Brunner Simon, geb. 16.8.1911 Skukan-Ottmanach + 13.11.1941

Doujak Apollonia, Zell-Winkel, geb. 18.12.1898 Zell Mitterwinkel, Ravensbrück + 16.4.1945 Bergen-Belsen

[394] Gedenkbuch für die Opfer des Konzentrationslagers Ravensbrück 1939-1945, hrsg. v. Bärbel Schindler-Saefkow u. Monika schnell, Berlin 2005. Aus dem Gedenkbuch, das die 13161 Frauen und Männer (von über 123000 Häftlingen) enthält, deren Namen bekannt sind, wurden alle angeführt, die aus Kärnten und Osttirol, dem Mießtal und Oberkrain und ab September 1943 aus Triest nach Ravensbrück kamen und hier oder in einem anderen Lager zu Tode kamen.

Doujak Maria Zell-Winkel, + Ravensbrück

Kellich Paula, Zell b. Ferlach, + Ravensbrück

Köhlich Anna, Kärnten + Ravensbrück

Kos Anna geb. Zemljak, geb. 29.10.1894 Mežica/Mieß

Križnar Marija, Slowenin + 1944

Kuster Maria Sittendorf (Sittersdorf?) + 19.1.1944 Auschwitz

Kuster Marija, Völkermarkt (1891-19.4.1944)

Lipusch Maria geb. Karnicar (14.8.1908 Lobnig + 3.2.1945

Lorbeg Katharina (18.4.1892 Eisenkappel + 23.8.1944

Miklav Katharina (29.3.1904 Leppen + 1.7.1944

Osojnik Jerica, Mežica/Mieß (1927 + 12.2.1945

Osojnik Neža + 12.2.1944 Lublin

Paul Anna (* Leppen + 1945 Auschwitz

Paul Margarethe (2.7.1872 Kärnten + 28.1.1944

Paul Maria (1.2.1989 Leppen + 8.2.1945

Pegrin Marie geb. Artatsch + 1.4.1944 Lublin

Pinter Gertraud (Miklauzhof + Auschwitz)

Pinter Klara (Blasnice/Blasenitzen + 1945 Auschwitz)

Pörtsch Paula geb. 23.3.1910 Kärnten + 26.6.1944 Auschwitz

Potenschek, Frau aus Sobnin-Eisenkappel

Prikržnik Jožefa (23.3.1923 Prevalje + April 1944)

Prikržnik Marija (23.3.1893 Prevalje + 23.3.1945)

Rannacher Karl (24.1.1888 Klagenfurt +6.5.1941)

Schorli Elisabeth (5.11.1895 + 8.7.1944)

Dovjak Stefanie, geb. Zell Mitterwinkel, + 1945

Gregoritsch Agnes, geb. 16.1.1887 Zell Pfarre + 24.11.1944

Gregoritsch Maria, geb. 1.8.1906 Zell Pfarre, + 18.5.1945 an Haftfolgen von 4 KZs

Juch Theresia, geb. 31.1.1884 Windisch Bleiberg + 8.2.1944

Grilc Anna, geb. 1.10.1900 Sielach, + 25.9.1943

Bucher Hildegard, Geb. 15.9.1902 Lölling, + 1.5.1945

Fritz Elisabeth, Geb. 4.7.1880, St Jakob i.R.

Pečnig Maria, Geb. 11.6.1924 St. Philippen, + 31.4.1944

Polanšek Maria, Geb. 24.9.1926 Leppen, + 4.1945

Ranner Stefanie, Geb.18.12.1923 Watschig, + 17.4.1944

Rotar Anna vlg. Kach, Geb. 18.7.1908 Remschenik, + 1.4.1945

Rotar Marija vlg. Kach, Geb. 26.5.1904 Eisenkappel, + 22.3.1945

Rotar Anna, Geb. 16.5.1904 Eisenkappel, + 2.3.1945

Sodat Rosalie, Geb. 27.8.1901 Görz, + 22.11.1943

Sumper Josefa, Geb. 17.3.1887 Latschach, + 18.2.1945

AUSCHWITZ[395]

Ambrosch Alex
Geb. 7.8.1899, Brückl, + 24.12.1944

Blach Josefine
Geb. 28.11.1932 Greifenburg
+ 29.12.1943

Blahovec Leopoldine
Geb. 7.11.1922 Eferding + 24.12.1943
Aus Ledenitzen 4, Bezirk Villach

Fischbach Amalia
Geb. 20.7.1885 Losiacz, Polen, Villacxh
+ 1942

Fon Filomena
Geb. 6.11.1902 Banffy-Hunyad, Bezirk Klausenburg, Siebenbürgen + 15.12.1943
aus Seebach bei Villach Nr. 4

Forst Sigmund
Geb. 5.6.1878Klagenfurt
+ 16.8.1943

Fugger Stanislaus (Nr. 23205)
Geb. 27.5.1921 Unterdrauburg +22.3.1942
Aus Domšale Savestraße 7, Oberkrain

Golser Michaela
Geb. 9.11.1916 Obertechanting bei Finkenstein + 14.3.1943
aus Müllnern bei Villach Nr. 10

Gornik Maria
Geb. 20.4.1900 Burztyn/Polen, Villach
+ 16.10.1942

[395] Die biografierten Personen wurden dem Archiv und Totenbuch von Auschwitz entnommen

Grauinger Wenzel
Geb. 27.9.1892 St. Martin bei Klagenfurt + 14.12.1943
aus Klagenfurt, Domgasse 11

Gross Adolf
Geb. 11.3.1885 Kotesaova/Ungarn, Wolfsberg
+31.5.1942

Gross Emma
Geb. 11.9.1893 Tachau in Böhmen, Wolfsberg
+ 19.9.1942

Gugganig Marianne
Geb. 25.9.1904 Semslach bei Obervellach + 19.3.1943
aus Obervellach, Bezirk Spittal

Held Therese
Geb. 3.8.1934 Maria Elend
+ 19.11.1943

Herzenberg Rosa
Geb. 1.5.1931 Seebach/Villach
+ ? (Nr. 6540)

Hirs Agatha
Geb. 5.2.1900 Vellach, Bezirk Völkermarkt + 28.1.1943
aus Klagenfurt Rosentalerstr. 47

Hwala Stefanie
Geb. 6.12.1900 St. Michael am Zollfeld + 12.7.1943
aus Rotheis bei Maria Saal Nr. 6

Jakober Maria
Geb.27. 9.1911 Rauris, Salzburg + 13.7.1943
aus Lassach bei Mörtschach Nr. 18

Kapus Mathilde
Geb.12.3.1918 in Mieger + 4.12.1942
Aus Klagenfurt Völkermarkterstraße 38

Klarfeld Charlotte
Geb. 7.4.1888 Polen, Velden
+ ?

Kopeinig Ernest
Geb. 7.12.1912 Nagyszombat, Bad Bleiberg
9.7.1942

Korath Johann
Geb. 21.9.1909 Witsch bei Moosburg + 20.12.1943
aus St. Jakob Nr. 8

Krems Olga
Geb. 12.9.1939 Villach
+ 20.11.1943

Kristan Johann (Nr. 21133)
Geb. 4.5.1909 in Prävali/Prevalje, Unterdrauburg + 23.3.1942
aus: Aichdorf Nr. 5, Bezirk Unterdrauburg

Kübelwirth Rosalie
Geb. 21.10.1902 Spittal + 28.9.1942
Aus Unteramlach bei Spittal an der Drau

Leitner Anna
Geb. 8.7.1892 Wunderstätten bei Lavamünd + 3.12.1943
aus Wolfsberg-Reding Nr. 42

Lichtenberger Stefan Z5879
Geb. 10.1.1938 Villach
+ 1.5.1943

Maritschnig Maria
Geb. 26.3.1844 Elbling bei Feldkirchen + 25.9.1942
aus Feldkirchen, Bahnhofstraße 37

Melchior Jakob
Geb.11.7.1912 in Altenmarkt bei Griffen + 19.12.1942

Mischitz Theresia
Geb. 10.10.1897 Großkleinberg
+ 2.2.1944

Mochar Maria
Geb.- 1903 Srejach/St.Kanzian
+ 1945

Mrak Franz (Nr. 23203)
Geb. 9.4.1905 in Kronau / Kranjska Gora, Oberkrain + 22.3.1942
aus Homberg Nr. 14

Pacher Maria
Geb. 18.12.1920 Feistritz im Rosental + 27.11.1943
aus Brückl

Pintar Juli
Geb. 24.8.1914 Krumpendorf am Wörthersee + 6.4.1943
aus Rast Nr. 14, Bezirk Marburg, Untersteiermark

Pirc Alois
Geb. 21.6.Untergöriach/Radmannsdforf
+ 14.4.1944

Poppitsch Emma
Geb.18.9.1918 in St. Veit an der Glan + 17.10.1943
aus Klagenfurt, Hummelgasse 41

Porges Walter
Geb. 28.10.1887 Spittal
+ ?

Preis Else
Geb. 25.4.1908 St. Johann/Pongau
+?

Preis Eva
Geb. 22.3.1935 Klagenfurt
+ ?

Preis Peter Adolf
Geb. 12.6.1936 Klagenfurt
+ 1944

Salesnik Paul
Geb.1.1.1903 St. Daniel + 20.12.1943
aus Berg ob Tscherberg Nr. 16 bei Wolfsberg

Sax Siegfried
Geb. 17.10.1882 Kyjov/CSSR
+ ?

Scharfegger Anton (Nr. 55900)
Geb. 13.6.1885 Kallitsch bei Feldkirchen + 15.10.1942

Schmidt Anna
Geb. 22.8.1929 Viktring + 27.11.1943
aus Kirchberg in Tirol

Seger Adolf
Geb. 27.1.1940 Villach
+ 21.10.1943

Seger Friedrich
Geb. 22.1.1936 Villach
+ 3.8.1943

Seger Paul
Geb. 20.1.1909 Bruck
+ ?

Siutz Wilhelmine
Geb.14.10.1906 Klagenfurt + 20.10.1942
aus Villach Kaiser Josef Platz 4

Travnik Angela
Geb. 10.11.1883 Ebriach + 26.12.1943
aus Ebriach, Schaidasattel Nr. 97

Tschinkowitsch Hermann
Geb. 31.1.1898 Villach
+ 9.12.1943

Warum Josef
Geb. 1.1.1894 Goritschach
+ 16.6.1945 (?)

Wohlfahrt Franz
Geb. 26.3.1890 Köstenberg
+ 26.2.1944

Wurzer Romana
Geb.17.2.1906 St. Salvator, Bezirk St. Veit an der Glan
+ 13.12.1943

Zeichner Otto
Geb. 19.2.1921 Klagenfurt
+ 11.8.1942

Bajec Rafael 24.10.1913 Sankt Veit – 21145

Berger Amalia 15.04.1935 Mühldorf - Z-6668

Böttcher-Rosenberg Marie 1892.09.15 Weißensee - Z-2630

Brorzenski Dora 1934.Sachsenburg - Z-10401

Cerar Dominik 25.9.1914 Domschale 3.07.1942

Eberle Wilhelmine 31.1.1936 Rangersdorf - Z-6569

Fichtinger Franz 20.10.1910 Mühldorf - 15473

Florian Erika 4.7.1939 Sachsenburg - Z-10391

Florian Rosa 1.1.1934 Sachsenburg - Z-10389

Förster Adolf 31.7.1937 Klagenfurt - Z-8429

Förster Anton 5.3.1935 Klagenfurt - Z-8428

Franz Louis 28.9.1920 Spittal - Z-3635

Franz-Krause Marie 1.6.1937 Steinfeld - Z-617

Grabner Maria 29.9.1902 Luderberg 20.10.1943

Horvath Josef 3.9.1927 St.Veit - Z-5746

Horwath Wilhelm 27.12.1940 Ebenthal - Z-6792

Huber Viktor 10.12.1909 Spittal – 25183

Kaiser Vinzenz 23.7.1913 Schutna 8.9.1942

Kolman Maria 6.11.1914 St. Veit 27.4.1943

Kopmaier August 29.7.1917 Liescha bei Prävali 14.3.1942

Krems Rudolf 1936 Kärnten - Z-5892

Krischmann Gregor 15.9.1897 St. Veit 5.2.1942

Kukanja Josef 18.2.1911 Sutta 17.7.1943

Laubinger Anton 14.8.1937 Dürnvellach 16.4.1943

Lenz Barbara 10.5.1905 Feldkirchen

Lenz Lena 10.10.1896 Feldkirchen

Lichtenberger Rosalia 15.3.1915 Klagenfurt 2.08.1943

Lutz Elwira 20.10.1939 Klagenfurt - Z-6582

Müller Vinzent 20.7.1920 Bleiburg – 21136

Nagel Maria 3.9.1913 Steinfeld - Z-9692

Pasquali Anna 1887.2.17 Weißensee - Z-1841

Petermann Barbara 22.5.1877 Weißensee - Z-2711

Pohl Lotte 3.1.1930 Weißensee - Z-6262

Pohl Bärbel 1.4.1927 Ferndorf - Z-9992

Pohl Wilhelm 15.3.1892 Weißensee - Z-7115

Raiminius Alois 1936 Kärnten - Z-5875

Raiminius Reinhold 1936 Kärnten - Z-5868

Riegler Franz 24.9.1915 Spittal – 26066

Ruzicka Marie 3.5.1925 Reichenau 7.10.1943

Säger Valentin 5.6.1930 St.Veit Kärnten - Z-7120

Schmidt Leopold 16.5.1935 Wolfsberg - Z-5983

Schmidt Maria 9.2.1937 Ober-Vellach - Z-6685

Schubert Waldemar 26.10.1938 Klagenfurt - Z-4137

Steblij Anna 16.12.1916 Pozany 4.1.1943

Strauss Fritz 1.10.1927 Weißensee - Z-8194

Vintr Eva 23.11.1939 Neuhaus - Z-2207

Wappler Oswald 29.12.1909 Ruden - Z-3001

Weider Otto 30.5.1935 Klagenfurt - Z-7020

Weihs Johann 21.6.1898 Millstatt – 168028

Weiss Amanda 17.10.1919 Neuhaus - Z-1656

Weiss Barbara 15.5.1874 Weißensee - Z-4052

Weiss Grete 9.10.1900 Weißensee - Z-218

Weiss Katharine 21.4.1899 Kappel - Z-1691

Winter Anna Maria 27.1.1937 Feldkirchen 13.5.1943

Zeichner Otto 19.2.1921 Klagenfurt

Zenz Barbara 10.5.1905 Feldkirchen - Z-693

Flossenbürg

Lassnig Albin, Klagenfurt
+?

Lessnig Karl
Geb. 17.11.1919 Leppen + 15.9.1944

Matschek Valentin
Geb. 12.2.1875 Bösenort + 27.1.1945

Mejvoschek Johann
Geb. 25.8.1887 **+ 6.1944

Schwarz Josef
Geb. 8.3.1901 Bösendorf
+ 12.12.1944

Slugoutz Paul
Geb. 29.6.1898 Unterberg
+ 8.5.1945

Natzweiler

Pavel Filip
Geb. 11.4.1909 Koprein + 21.4.1944

Salesnik Peter
Geb. 30.7.1924 Leifling
+ 2.4.1945

Zalesnik Peter vlg. Stesl
Geb.?
+ n.17.11.1944

Lublin

Demoser Gottlieb
Geb. 11.1.1884 Steinfeld + 16.2.1944 Lublin/Majdanek

Lindner Peter Paul
Geb. 18.9.1902 Nussdorf
+ 30.4.1944 (?)

Pöck Alojzia
Geb. 31.10.1882 Altfinkenstein
+ 5.3.1944

Pöck Johann (Hanej)
Geb. 6.4.1913 Altfinkenstein
+ 26.4.1944

Potočnik Valentin
Geb. 7.2.1886 in Grablach
+ 8.1944

Sluga Jurij vlg. Kah
Geb. 24.4.1944

Vernjal Jurij
Geb. 4.6.1881 Globasnitz
+ 17.3.1944

Majdanek

Poeck Aloizija
Geb. 31.10.1892 Altfinkenstein/Latschach
+ 5.3.1944

Sachsenhausen

Klinger Friedrich
Geb. 15.1.1892 Klagenfurt
+ ?

Platzer Anton
Geb. 4.2,1896 Pontafel
+ 14.3.1940

Pollack Josef
Geb. 2.2.1874 Trzic/Neumarktl
+ 24.7.1940

Stossier Johann
Geb. 29.5.1909 St. Martin am Techelsberg
+ 7.5.1944

Weingerl Martin (Nr. 5900)
Geb. 18.2.1883 Zagreb
+ 30.3.1940

Treblinka

Blau Leopold
Geb. 7.11.1874 Pressburg, Villach
+ 1942

Lilian Rosa
Geb. 1860 Stanislaw/Polen, Klagenfurt
+ ?

Neuengamme

Graile Lorenz
Geb. 14.7.1896 Lichtpold/Villach
+ 16.3.1945

Marchnig Johann
Preblau + 29.11.1944

Pucher Martin
Geb. 17.9.1890 Seltschach
+ 14.11.1944 AußenlagerHusum-Schwesing

Stroj Valentin
Geb. 8.9.1899 Augsdorf
+ 8.5.1945

Buchenwald

Linker Samuel
Geb. Storojinet/Bukowina, Klagenfurt
+ 9.2.1940

Riegel Anton
Geb. 14.1.1904 Eberndorf
+ 1.5.1945

Seger Leopold
Geb. 12.5.1911
+ ?

Wandaller Stefan
Geb. 31.10.1907 Turdanitsch/Villach
+ 1.1.1944

Wilfinger, Moosburg
+?

L`Estoq Hermann
Geb. 20.6.1887 Wien, Völkermarkt
+ 16.6.1940

Lexer Georg
Geb. 20.10.1888, Klagenfurt
+ 4.8.1941

Neumann Alfons
Geb. 22.8.1888 in Klagenfurt
+ 22.7.1941

Lackenbach

Held Johann
Geb. 9.3.1940 Wien
+ 16.11.1941 Lackenbach

Held Katharina
Geb. 25.11.1871 Maria Elend
+ Chelmo/Polen

Held Rudolf
Geb. 16.2.1939 St. Egyden
+ 1942 Chelmo/Polen

Pachernik Isabella
Geb. 7.9.1941 Seebach/Villach
+ ?

Pachernik Mathilde
Geb. 8.3.1922 Velden
+ ?

Pachernik Melitta
Geb. 20.2.1940 Velden
+ ?

Seger Valentin
Geb. 2.10.1920 Villach, + ?

Taubmann Karl
Geb. 7.3.1915 St. Martin/Villach
+ ?

Fürstenberg

Urbancic Angela
Geb. ?
+ 1.1945

Oranienburg

Orischnig Valentin
Klagenfurt + 30.4.1940

Theresienstadt

Fischl Ernst
Geb. 1.5.1889, Klagenfurt
+ 18.3.1944

Neumann Alfons
Geb. 22.8.1888 Klagenfurt
+ 22.7.1941

Neumann Emanuel
Geb. 12.5., Klagenfurt
+ 8.9.1942

Neumann Mathilde
Geb. 25.4.1860
+ 7.10.1942

Preis Felix
Geb. 30.9.1896 Klagenfurt
+ 28.2.1944

Preis Hermine

Geb. 17.1.1871 Graz
+ 8.6.1944

Rubel Johanna
Geb. 24.12.1864 Chuturtök
+ 25.11.1942

Bergen-Belsen

Podlipnig Andreas
+ 6.3.1945

Sajmište/Belgrad

Linker Eva
Geb. 1937 Klagenfurt
+ 1942

Linker Hedwig
Geb. 3.7.1917 Spittal
+ 1942

Schörgenhub/Linz

Tschofenig Gisela geb. Taurer
Geb. Villach
+ 27.4.1945

Zilina/Slowakei

Lustig Paul
Geb. 8.7.1930 Klagenfurt
+ ?

Quellen und Literatur

Auskünfte erteilten die Zeitzeugen Franz Najemnik, Villach, Gertrude Gabernig, Klagenfurt und Romana Zellnig, Klagenfurt. Für wichtige Informationen danke ich Maria Fritsche, Berlin, Peter Tropper, Klagenfurt u. Adele Polluk, Villach

Ungedruckte Quellen

Berlin, Bundesarchiv, VGH 2329, A 1 (Zellaner Prozess); VGH 3775 A 1 (Käfer-Prozess); OLG Graz oJs 66/44 AK 36/44 (Urteil Tollinger); Berlin, P 650 (1361-1-4488), Gestapo Klagenfurt IV 1 a (Gestapobericht v. 17.8.1944).

Graz, Geschichtsarchiv der Zeugen Jehovas, Akte Opetnik
Klagenfurt, Kärntner Landesarchiv, 17 VR 1899/46 (31.7.1947).; 17 VR 1899/47/55 (5.9.1947); Strafakten, Schachtel 257, Vr. 2831/46 u. Hofakten der Familie Ročičjak; Opferfürsorge 290 (Andreas Mitsche)

Klagenfurt, Archiv der Diözese Gurk, Akt Granig u. Nachlass Kadras (Gestapo)

Koblenz, Bundesarchiv, R 22/4062, RJM-Akten, R 22 Gr. 5/535

Prag, Vojenský ustredni archiv RKG 6 (II), 01734, Urteile 4/1942 (StPl (HLS) IV 102/42 v. 21.12.; RKG, StPL 4. Sen. 6/45 RKA.II 657/44, MA Prag

Prag, Vojeneky historicky archiv, RKLG 9 (II), 233/44.; RKG Vollstreckungsliste III.

St.Veit, Eisenbahnmuseum, Briefe u. Fotos

Wien, Österr. Staatsarchiv – Allg. Verwaltungsarchiv (AVA), St.A.b.OLG-Wien HI 464/43 (Gestapo-Schlussbericht zur AFOe).

Wien, DÖW 372; 1448; 13.133; 21.062/17;372; Zl. Er 87/41; 8276 OJs 270/41; 4366/3; 8274 OJS 267/41; 8276 (7 OJS 270/41); 9226; 5H 58/44, 5H60/44 – 7(8) J 258/42, 7(8) J 258/43, 7J80/44; ER 87/41; E 19.793; 8274; 9226, Das Bekenntnis eines jungen Deutschen; 1929 7 (8) J 208/43 (Urteil gegen Granig usw.); 1929 (Anklageschrift gegen Granig u.a.); 6312 (Johann Zöhrer); RKA II 614/44; 1936 Liste B, LG Graz; Brief des OLG-Präsidenten von Graz vom 29.5.1962 an den KZ-Verband.

Online-Datenbank Nationalsozialismus, Holocaust, Widerstand u. Exil 1933-1945 Widerstand als Hochverrat 1933-1945, 2 Bde (Die Verfahren gegen deutsche Reichsangehörige vor dem Reichsgericht, dem Volksgerichtshof und dem Reichskriegsgericht, hrsg. v. Institut f. Zeitgeschichte, bearb. v. Jürgen Zarusky u. Hartmut Mehringer, München 1995/98; Bd. 1: 750 Mikrofiches, Bd. 2 (1998) Erschließungsband

Widerstand und Verfolgung in Österreich 1938 bis 1945. Die Verfahren vor dem Volksgerichtshof und den Oberlandesgerichten Wien und Graz, hrsg. v. Wolfgang Form, Wolfgang Neugebauer u. Th. Schiller, München 2005 (= Saur Datenbank Österreich), Bd. 1: Mikrofiches, Bd. 2 Erschließungsband

Literatur

Adolfburg statt Judenburg. NS-Herrschaft: Verfolgung und Widerstand in der Region Aichfeld-Murboden, hrsg. v. Heimo Halbrainer u. Michael Schiestl, Graz 2011

Auf Wiedersehen über den Sternen! Na svidenje nad zvezdami. Briefe aus Widerstand und Verfolgung unter dem NS-Regime in Kärnten, hrsg. v. Wilhelm Baum, Klagenfurt 2012

Baum Wilhelm: Klagenfurt. Geschichte einer Stadt am Schnittpunkt dreier Kulturen, Klagenfurt 2002

Baum Wilhelm: Die Freisler-Prozesse in Klagenfurt, Klagenfurt 2011

Baum: Anton Granig, in: Biografisches-Bibliografisches Kirchenlexikon 32, 2011, 536-543
Baum Wilhelm: Die slowenischen Naziopfer im Partisanenkrieg in Zell-Pfarre, Eisenkappel, Bleiburg, im Rosental und auf der Saualm, in: Das Buch der Namen. Die Opfer des Nationalsozialismus in Kärnten, Klagenfurt 2010, 130-163

Buchheit Gerd: Richter in roter Robe. Freisler, Präsident des Volksgerichtshofes, München 1968.

Cäsar Maria/Halbrainer Heimo: (Hrsg.): „Die im Dunkeln sieht man doch". Frauen im Widerstand - Verfolgung von Frauen in der Steiermark, Graz 2002

Dinklage Karl: Geschichte der Kärntner Arbeiterschaft, Bd. 2, Klagenfurt 1982

Form Wolfgang, Uthe Oliver (Hg.): NS-Justiz in Österreich. Lage- und Reiseberichte 1938-1945, (= Schriftenreihe des DÖW 3), Wien 2004

Form Wolfgang: Wehrkraftzersetzung: Die Verfolgung des „Inneren Feindes", in: Wehrmachtjustiz. Kontext, Praxis, Nachwirkungen, hrsg. v. Peter Pirker u. Florian Wenninger, Wien 2011, 60-76

Forster David, Fritsche Maria und Geldmacher Thomas: Erläuterungen zur Methodik, zu den Quellenbeständen und zur Datenbank, in: Opfer der JS-Militärjustiz, hrsg. v. Walter Manoschek, Wien 2003, 63-78

Forster David: Österreicherinnen und Österreicher vor dem Reichskriegsgericht, in: Opfer der NS-Militärjustiz, hrsg. v. Walter Manoschek, Wien 2003, 390-398

Fritsche Maria: Österreichische Opfer der NS-Militärgerichtsbarkeit. Grundlegende Ausführungen zu den Untersuchungsergebnissen, in: Walter Manoschek (Hg.): Opfer der NS-Militärjustiz. Urteilspraxis – Strafvollzug – Entschädigungspolitik in Österreich, Wien 2003, 80-112

Garscha Winfried R.: Linker Widerstand – „Rote Hilfe“ – Arbeiterwiderstand, in: Widerstand in Österreich 1938-1945, hrsg. v. Stefan Karner u. Karl Duffek, Graz-Wien 2007, 53-61.

Graf-Stuhlhofer Franz: Bischof Andreas Rohracher als NS-Kritiker – eine denunziatorische Überinterpretation?, in: Mitt. d. Gesellschaft f. Salzburger Landeskunde 138, 1998, 99-102

Haase Norbert: Das Reichskriegsgericht und der Widerstand gegen die nationalsozialistische Herrschaft, Berlin 1993

Haider Hans: Nationalsozialismus in Villach, 3. Aufl., Klagenfurt 2008

Herrberger Marcus: Zeugen Jehovas als Kriegsdienstverweigerer in der NS-Zeit (1939-1945), in: M. Herrberger: Denn es steht geschrieben: Du sollst nicht töten!, (= Schriftenreihe Colloquium 12), Wien 2005, 216-221

Vinzenz Jobst: Die vergessenen Kinder aus Kärnten, in:Waltraud Häupl: Der organisierte Massenmord an Kindern und Jugendlichen in der Ostmark 1940-1945, Wien-Köln-Weimar 2008, 225-233.

Jobst Vinzenz: Anton Uran - verfolgt – vergessen – hingerichtet, Klagenfurt 2011

Kaiser-Kaplaner Ingrid: Schicksale Kärntner Sloweninnen im Zeitraum von 1930-1950. Eine soziologische Darstellung, (= Studia Carinthiaca VIII), Klagenfurt 1995

Kempner Benedicta Maria: Priester vor Hitlers Tribunalen, München, 2. Aufl. 1966

Koch Hannsjoachim W.: Volksgerichtshof. Politische Justiz im 3. Reich, München 1988

Kolenik Lipej: Für das Leben, gegen den Tod. Mein Weg in den Widerstand, Klagenfurt 1997

Koroschitz Werner: Hermann Pischelsberger, in: Zeichen setzen/Obudimo spomin. NSD-Opfer der Marktgemeinde Rosegg. Na žrtve nacionalnega socializma tržne občine Rožek, Klagenfurt 2010, 50-57

Kronthaler Michaela: Dr. Anton Granig, Mitglied der Antifaschistischen Freiheitsbegung Österreichs, in: Bedrängte Kirche. Bedrängt - verfolgt - befreit, Graz 1999, 32-37

Liebmann Maximilian: Die Antifaschistische Freiheitsbewegung Österreichs, jetzt in: ders.: Kirche in Gesellschaft u. Politik, hrsg. v. M. Kronthaler, R. Zinnhobler u. D. A. Binder, Graz 1999, 318-337

Liebmann Maximilian: Planungen und Aktionen der „Antifaschistischen Freiheitsbewegung Österreichs" sowie die von einzelnen ihrer Anhänger, in: Kirche in Gesellschaft u. Politik, hrsg. v. M. Kronthaler, R. Zinnhobler u. D. A. Binder, Graz 1999, 338-357

Liebmann Maximilian: Erzbischof Rohracher und die Antifaschistische Freiheitsbewegung Österreichs, in: Erzbischof Andreas Rohracher. Krieg, Wiederaufbau und Konzil, hrsg. v. Ernst Hintermaier, Alfred Rinnthaler u. Hans Spatzenegger, Salzburg 2010, 95-113.

Löffler Peter (Hrsg.): Bischof Clemens August Graf von Galen – Akten, Briefe und Predigten 1933–1946. Ferdinand Schöningh, Paderborn/München/Wien/Zürich, 2. Aufl. 1996

Malle Eva: Der Widerstand der Kärntner Slowenen gegen das NS-Regime, dargestellt am Beispiel der Familie Ročičjak, Diplomarbeit Wien 2006, erschienen 2011 im Kitab-Verlag

Malle Gerti: „Für alles bin ich stark durch den, der mir Kraft verleiht". Widerstand und Verfolgung der Zeugen Jehovas in der Zeit des Nationalsozialismus in Kärnten, Klagenfurt 2011

Malle Gerti: Wilhelm Mösslacher, ein NS-Opfer aus dem Gailtal, in: Literarische und historische Streifzüge durchs Gailtal, hrsg. v. Engelbert Obernosterer u. Wilhelm Baum, Klagenfurt 2010, 192f.
Malle Gerti: Delacher Helene, in: Auf Wiedersehen über den Sternen! Na svidenje nad zvezdami. Briefe aus Widerstand und Verfolgung unter dem NS-Regime in Kärnten, Klagenfurt 2012, 245-249.

Malle Tatjana: Widerstandsforschung als Teil der Familiengeschichte, in: Widerstand gegen Faschismus und Nationalsozialismus im Alpenraum. Odpor proti fašizmu in nacizmu v alpsko-jadanskem prostoru, Klagenfurt 2011, 128-138

Manoschek Walter (Hg.): Opfer der NS-Militärjustiz. Urteilspraxis - Strafvollzug - Entschädigungspolitik in Österreich, Wien 2003

Manoschek Walter: Kärntner Slowenen als Opfer der NS-Militärjustiz in: Ders. (Hg.): Opfer der NS-Militärjustiz (2003), 358-387

Manoschek Walter: Österreichische Opfer der Militärjustiz, in: Wehrmachtsjustiz. Kontext. Praxis. Nachwirkungen, hrsg. v. Peter Pirker u. Florian Wenninger, Wien 2011, 47-58

Messerschmidt Manfred: Die Wehrmachtsjustiz 1933-1945, Paderborn-München-Wien-Zürich 2005

Messner Janko: Spanheimer Idyllen besonderer Art, in: Ausgewählte Werke 7, Klagenfurt 2011, 11-26

Metzler Hannes: „Soldaten, die einfach nicht im Gleichschritt marschiert sind…" Zeitzeugeninterviews mit Überlebenden der NS-Militärgerichtsbarkeit, in: Walter Manoschek (Hg.): Opfer der NS-Militärjustiz. Urteilspraxis – Strafvollzug – Entschädigungspolitik in Österreich, Wien 2003, 494-602

Moll Martin: Die ungehörte Warnung: Eine deutsche Quelle zur Absetzung des italieni-

schen Diktators Benito Mussolini im Juliu1942, in: Journal for intelligence, propaganda and security Studies 4, Nr. 1, 2011, 124-138
Muchitsch Max: Die Rote Stafette. Vom Triglav zum Hochschwab, Wien 1985
Najemnik Franz: Balkongeschichten, Bd. 2: Am Abgrund entlang, Villach 2002

Neugebauer Wolfgang: Der NS-Terrorapparat, in: NS-Herrschaft in Österreich, hrsg. v. Emerich Tálos, Ernst Hanisch, Wolfgang Neugebauer, Reinhard Siedler, Wien 2000, 721-743

Neugebauer Wolfgang: Der österreichische Widerstand 1938-1945, Wien 2008

Nischelwitzer Josef: Skizzen aus seinem Leben und seiner Zeit, Klagenfurt 1988

Obersteiner Jakob: Die Bischöfe von Gurk (1824-1979), Klagenfurt 1980

Österreichs Eisenbahner im Widerstand, hrsg. v. Friedrich Vogl, Wien 1968

Ortner Helmut: Der Hinrichter. Roland Freisler – Mörder im Dienste Hitlers, Wien 1993

Pirker Peter: Gegen das „Dritte Reich". Sabotage und transnationaler Widerstand in Österreich und Slowenien 1938-1940, Klagenfurt 2010

Pirker Peter: Widerstand und Volksgemeinschaft im deutschsprachigen Teil Kärntens, in: Widerstand gegen Faschismus und Nationalsozialismus im Alpen-Adria-Raum/Odpor proti fašizmu in nacismu v alpsko-jadranskem prostoru, Klagenfurt 2011,97-116

Polluk Adele: Die Bewältigungs- und Abwehrmechanismen bei der Erinnerung bezüglich des Holocausts und des Nationalsozialismus in St. Veit im Jauntal/Št. Vid v Podjuna, Diplomarbeit Klagenfurt 2006.

Prušnik-Gašper Karel: Gemsen auf der Lawine. Der Kärntner Partisanenkampf, 3. Aufl., Klagenfurt 1981

Rausch Josef: Der Partisanenkampf in Kärnten im Zweiten Weltkrieg, Wien 1979
Rettl Lisa: „Und dann denk' ich an die Frau Peskoller. Weiblicher Widerstand und Desertionsdelikte, in: „Da machen wir nicht mehr mit…" Österreichische Soldaten und Zivilisten vor Gerichten der Wehrmacht, hrsg. v. Thomas Geldmacher, Magnus Koch, Hannes Metzler, Peter Pirker, Lisa Rettl, Wien 2010, 117-125

Rettl Lisa: Fahnenflucht in den Widerstand. Kärntner Slowenen als Deserteure und Partisanen, in: Wehrmachtsjustiz. Kontext, Praxis, Nachwirkungen, hrsg. v. Peter Pirker u. Florian Wenninger, Wien 2011, 152-166

Roth Herlinde: Beiträge zum Widerstand gegen das NS-Regime in Kärnten 1938-1945, phil. Diss., Wien 1985

Ruggenthaler Peter: Eine kleine Kärntner Landgemeinde zur Zeit des Nationalsozialismus: Gesellschaftspolitische Veränderungen in der Bevölkerungsstruktur 1938-1945, (= Kriegsfolgen-Forschung, Sonderband 3, Graz-Wien-Klagenfurt 2002, 237-262

Sämtlich Slowenen, hrsg. v. Franc Kattnig, Klagenfurt 1978

Schänder der Heimat. 10 Hochverräter gehängt, in: Die Heimat ruft, 5, Februar 1945

Schernthaner Peter: Andreas Rohracher, Erzbischof von Salzburg im „Dritten Reich", Salzburg 1994

Spurensuche. Erzählte Geschichte der Kärntner Slowenen, hrsg. v. Mirko Messner, Andreas Pittler u. Helena Verdel, Wien 1991

Tropper Peter (Hrsg.): Kirche im Gau. Klagenfurt 1995

Valentin Hellwig: Der Sonderfall. Kärntner Zeitgeschichte 1918-2004/08,2. Aufl., Klagenfurt 2009

Vogl Friedrich: Österreichs Eisenbahner im Widerstand, Wien 1968

Vogl Josef: Ein Österreicher, der nur seine Pflicht getan hat, in DÖW-Jahrbuch 2009, Wien 2009, 159-175

Wagner Walter: Der Volksgerichtshof im nationalsozialistischen Staat, (= Die deutsche Justiz und der Nationalsozialismus 3), Stuttgart 1974

Walter Thomas: Standhaft bis in den Tod. Die Zeugen Jehovas und die NS-Militärgerichtsbarkeit, in: Opfer der NS-Militärjustiz, hrsg. v. Walter Manoschek, Wien 2003, 342-357

Walzl August: „Als erster Gau…“. Entwicklungen und Strukturen des Nationalsozialismus in Kärnten, Klagenfurt 1992

Walzl August: Gegen den Nationalsozialismus. Widerstand gegen die NS-Herrschaft in Kärnten, Slowenien und Friaul, Klagenfurt 1994

Weinert Willi: „Mich könnt ihr löschen, aber nicht das Feuer“. Biografien der im Wiener Landesgericht hingerichteten WiderstandskämpferInnen, 3. Aufl., Wien 2011

Wette Wolfram/Vogel Detlef (Hrsg.): Das letzte Tabu. NS-Militärjustiz und Kriegsverrat, Berlin 2007

Widerstand und Verfolgung in Wien 1934-1945, eine Dokumentation, hrsg. v. DÖW, Bd. 3, Wien 1975

Wie ein Vogel im Käfig. Das Tagebuch des Thomas Olip, hrsg. v. Wilhelm Baum. Klagenfurt 2011

Wieland Günther: Das war der Volksgerichtshof, Berlin 1989

Wölbisch Liselotte: In tiefer Nacht beginnt der Morgen. Franz Wohlfahrt überlebt den NS-Terror, Klagenfurt-Ljubljana 2000

Zarusky Jürgen: Einleitung, in: Widerstand als Hochverrat 1933-1945. Erschließungsband zur Mikrofiche-Edition, München 1998

www.wilde.minze.at (10.5.2011)

www.denblickhinrichten.at

Namensregister

Aichner Franz: 113
Albrecht Kurt, Dr.: 119
Barger Eduard: 106
Bastian Max: 11, 192, 194, 196, 200
Bauer, Dr.: 142
Bergmann: 176
Bergthaler Peter: 199
Bernsteiner: 129
Bernthaler Franz: 84, 88, 101-105, 114-121, 125f, 129, 131, 137
Bernthaler Gertrude: 88
Binder Theodor: 98, 112f
Blažič Peter: 67
Bochinz Christian: 112
Bormann Martin: 188
Boštjančič Lojzka: 179, 183
Brandstätter Meinhard: 39
Brauchitsch: 135
Bresownik Josefine: 196
Brunner Franz: 42, 45
Brunner Heinrich: 140f, 143f, 148, 151f
Brunner Johann: 99f
Burgstaller Michael: 60
Buxbaumer Josef: 198
Cavaille Denis: 166, 168, 172
Conle: 152-154
Czernin Karl: 85, 112
Čemernjak Martin: 31, 34, 68
Delacher Helene: 25-27
Dollfuß Engelbert: 84, 113
Dorner Anton sr.: 20
Dorner Anton jr.: 20
Dorner Franz: 20
Dovjak Johann/Ivan: 76, 81
Draxler Franz: 123
Duller Hubert: 193
Eberhard Rosa. geb. Steiner: 139, 143, 148f, 152
Ermenz Josef: 149f
Essmann Michael Robert: 49f, 54
Ferk Georg: 165
Fertin Hermann: 27, 291
Feyertag Helmut: 197f
Fikeis: 135
Filbinger Hans: 197
Fischer Hans: 194f
Frank Hans: 65
Freisler Roland: 14, 64, 68, 147f-149, 182f
Friesl Hermann: 40, 59
Fritz Josef: 61
Frodl Ferdinand: 103-106, 119, 125
Fuchs Siegfried: 187
Führer Erich: 119, 129
Gabernig Leopold: 29, 38
Gabernig Gertrud geb. Bernthaler: 88
Gärtner Heinrich: 61
Gabriel Gregor: 30, 32, 140
Gager Romuald: 107
Galen Clemens August von: 125, 132
Gallina Ottilie: 68
Gallob Rudolf: 155
Gärtner Heinrich: 60f, 63
Glatz Franz: 152-154
Glinik Stefanie: 163, 178
Glitzner Engelbert: 30, 33
Goebbels Josef: 65, 188
Gollobin Wasil: 47, 148, 152
Göschler Hermann: 17
Götzinger Richard: 51, 53, 55, 59
Granig Anton: 84-92, 95-99, 106, 108,

110, 112, 115-121, 123f, 126, 128f, 131
Granig Josef: 119, 126, 128f
Grebens Karl: 131
Gregorič Franc: 76
Gröblacher Milena: 156, 166, 169
Grojer Franz: 40, 42, 45
Gruber: 154
Gucher Sophie: 192
Gruden Johann: 67
Habotian: 129
Habsburg, Otto v.: 113
Haderlapp Franz: 37
Hafner: 78
Hampel Bruno: 127f
Hasslacher Johann: 40
Hefter Adam: 83, 93-95, 127
Heide-Mattkey Richard: 20
Herbst Alexander: 33, 40, 44, 142, 190
Hermann Josef: 56
Hess Rudolf: 103
Heydrich Reinhard: 34, 41, 65
Himmler Heinrich: 152f, 187f
Hitler Adolf: 8, 11, 65, 76, 83, 179, 184, 187f
Hitzler Eugen: 113
Hobel Johanna: 194
Hochrainer Alois: 26
Höfernig Ludwig: 40, 42, 44, 46, 50, 54
Hofer Lorenz: 78
Hoja Wilhelmine: 74
Holzer David: 51
Huber Leopold: 42, 45
Hudal Alois: 95
Hurdes Felix: 107, 132
Innitzer Theodor: 129
Ivančič Anton: 29f, 34
Ivančič Franz: 29f, 32f
Jäger: 70f, 127
Jaklitsch Anton: 106
Jelen Tone: 66, 76
Jelič Milan: 146-149, 151f
Jennes Maria: 145, 147f, 150
Jessernig Margarethe: 139, 142-145, 152
Jessernig Margarethe jr.: 144
Jörgl Johann: 98, 107f
Jörgl Sophie: 98, 105, 108, 115,117, 119f, 122
Jörgl Grete: 98, 108
Jörgl Maria: 98
Jug Justine: 74
K. Josef: 198
Kačnik: 165
Kadras Josef: 94f, 101, 127, 183f
Käfer Markus: 155-157, 159f, 164f, 169, 171-173, 180f, 185
Käfer Irma geb. Tomaschitz: 159, 180, 185
Käfer Günther: 185
Kaiser-Kaplaner Ingrid: 170
Kaltenbrunner Ernst: 70
Kampl Josefine: 159f, 185
Kampl Max: 180
Kanatschnig Olga: 175
Kapaunig Ernst: 62
Karasek Karl: 132
Karisch Alois: 90, 118, 122
Kassulin Michael: , 163147, 151f
Kelich Florjan: 72, 81
Kelich Paula: 76
Kelich Josef: 66
Kelich Maks: 66
Kelich Urh: 81
Kempner Maria Benedicta: 125
Kienberger Ernst: 42, 45, 56
Kilzer Karl Ferdinand: 39
Klantschnig Johann: 158, 160-165, 170, 180f
Klementin Valentin: 139, 142, 149, 152f
Knes Alois: 30, 34, 140
Knes Franz: 31, 68
Knes Hubert: 36, 38
Knes Theresia: 31
Köck Eduard: 54, 76, 131
Köstner Josef: 94
Kofler Georg: 101f, 115, 119-122, 130f

König Johann: 51-53, 55
Köstner Josef: 94
Koglek Josef: 168f
Kopeter Albin: 40
Korack Gertrude: 40, 42
Korack Josef: 43, 44f, 56
Kosmatsch Leopold: 78
Krampl Gottfried: 170
Krassnig Maria geb. Ročičjak: 166, 161,171f
Krassnig: 185
Krassnik Simon: 61
Kravanja Ferdinand: 29, 34
Kreuzberger Josef: 102, 108, 112
Kröll Josef: 80
Krug Leopold: 50, 55
Krumpl Karl: 84, 89, 91f, 96f, 107, 119-122, 128, 130
Krumpl Paula: 107, 113, 130
Kuchler Josef: 41, 47, 50, 54
Kuhar Aloyz Dr.: 68
Kummer Stefan: 165
Kummer Stefan jr.: 166, 177-179
Kummer Anton: 165
Kutscheg Franz: 68
Lassnig Josef: 189f, 198
Lautz Ernst:71
Leitmann Bartholomäus: 42f
Leitner: 193
Lelivre Emile: 160
Lepuschitz Karl: 29, 38, 140
Lexer Georg: 84, 88f, 112
Lexer Wunibald: 84f, 99, 112
Lexer Ottilie: 99, 109, 126
Lipusch Konrad: 34, 68
Logar Josef: 199f
Logar Johanna: 199f
Loibnegger: 158
Lossmann Karl: 102f, 105, 109, 115
Lovrenc: 122
Lugger Alois: 113
M. Stanislaus: 198
Macher: 190
Macher Hermann: 40, 42f
Mascher: 147
Maier Johanna: 18
Mak Aloys: 67
Malle Paul: 66
Malle „Tomkov“: 67
Mandl Franz: 113
Martl Ernst: 55
Melcher Franz: 31, 34
Meldt Dr.: 70
Meney Georges: 160
Messner Janko: 95
Mihajlović Draža: 69
Mitsche Theresia geb. Gregorič: 165f, 174-179, 183
Mitsche Theresia („Trezi“): 166, 174-179, 182f
Mitsche Andrej: 165, 174-177, 183f
Möbius Reinhard: 113, 249
Mösslacher Wilhelm: 24
Mösslacher Eleonore: 24
Mösslacher Pauline: 24
Molzbichler Barbara: 193
Muchitsch Max: 139, 193
Mühltaler Ruth: 113
Mussolini Benito: 187
Najemnik Franz: 109, 112, 118, 126, 139, 140, 142-145, 149
Niederwieser Ferdinand: 113
Novak Johann: 306
Oder Konrad: 306
Olip Thomas: 66f, 72, 146, 187
Olip Maria: 67
Olip Marija (jr.): 75
Olip Johann: 66
Olip Peter: 66
Olip Valentin: 66
Oliva René: 176
Opetnik Franz: 22f
Oraže Jernej: 67, 79
Oraže Jakob: 67, 79

Oraže Johann: 75
Ortner Ernst: 89, 96-98, 118f, 123f, 130f,
Ortner Dorothea: 130
Pasterk Jurij: 73, 76
Pasterk Katharina: 72, 74
Paul Johann: 306
Pawlowsky Wladimir: 95
Pegrin Christine: 76
Peskoller Josef: 30, 32, 138, 147-152
Peskoller Maria geb. Greil: 139-141, 143, 145, 148f, 152
Peskoller Helga: 143, 148f, 151f
Peteln Karl: 306
Peternell Mathäus: 39
Peternelj Karl: 68
Petris Urban: 198
Petschar Johann: 153
Petschnig Viktor: 57
Pečnik Ivan: 161
Pieller Kapistran (Wilhelm): 90, 107, 112, 118-123, 129
Pischelsberger Hermann: 192f
Pius XII.: 95
Platzer Anton: 27
Pleschounig Valentin: 172, 177
Pleskott Johann: 42, 45
Poljanec Vinko: 168
Porges Walter: 100
Poketz Lorenz: 63
Polanz: 57
Poljanec Vinko: 165
Pregernig Franz: 113
Prezihov Voranc: 68
Prikeršnik Stefan („Tiger"): 165f, 170f, 176f, 179, 183
Primosch Wenzel: 89, 96-99, 107, 110, 112, 119-121, 123, 130
Pristovnik Franc: 72, 74f, 80
Prušnik-Gasper Karel: 37, 66
Pumpernig Eduard: 86-92, 95f, 99, 107, 109f, 114-116, 118-120, 122-124, 127-130
Rainer Friedrich: 70-72, 107, 112, 127f, 130, 182, 187
Ranacher Julius: 27
Ranacher Erich: 139-144, 148, 151f
Ranacher Ernst: 144, 148
Ranacher Josef: 139, 144, 148, 150f
Ražun Matevž: 168
Regenfelder Johann: 62
Rehse Hans Joachim: 200
Resch Bruno: 195f
Ribitsch Josef: 138-142, 145, 149, 152, 190
Riegler: 158
Rigl Miha: 179
Rittner Josef: 55
Ročičjak Josef: 166f, 172, 183
Ročičjak Elisabeth (Lizika): 166, 169-174, 179, 183
Ročičjak Franziska: 168f, 171f
Ročičjak Elisabeth geb. Ražun: 168
Ročičjak Josefine (Trobej): 166, 169, 171, 181
Ročičjak Cäcilia: 177, 182
Ročičjak Anna: 172
Ročičjak Valentin: 182
Rogy Peter: 57
Rohracher Andreas: 72, 83, 93-95, 98, 110, 127-129
Rom Franz: 113
Roth Herlinde: 44
Roth Maria: 82
Rudl Josef: 27
Rumpf Hieronymus: 63
Ruppitsch Romana: 157
Russ Martin: 307
Rutter Maximilian: 18
Rutter Leonhard: 27
Sablatnig Johann: 42, 57, 59
Sablenig: 193
Sagmeister Hermine: 28
Sailer Alexius Franz: 307
Salzmann Karl: 42
Satschen Josef: 307
Sattler Johann: 188

Schauss Kilian: 28, 30, 34, 38, 140
Schedenig Pius: 62
Scheer Heinrich: 119, 130
Schinnerl Elise: 22
v. Schirach Baldur: 111, 118
Schlager Josef: 38
Schlömmer Peter: 40f, 44, 46, 50f
Schmauser Karl: 34
Schuschnigg Kurt v.: 92, 98, 111
Schuschnigg Arthur v.: 98
Seifried Franz: 60
Sellak Hans: 52, 68, 74, 94, 142
Seper Josef: 39
Serfecz geb. Wriesnegger Helene: 63
Sirok Karl: 33
Sirokin Juan: 147, 151f
Smounig Franz: 20
Sornberger: 197
Spreitzer Anton: 308
Stanek Josef: 308
Staudacher Karl: 122
Stalin Josef: 110
Steiner Paul: 109
Steinwender Eduard OFM: 100, 110f, 118f, 124, 131
Stoppacher Franz: 96, 99, 110, 119, 122-124
Strauß Johann: 39
Suchanek Erich: 57
Supan Johan: 67
Stalin: 36, 111
Staudacher Karl OFM: 87, 122
Steiner Paul: 109
Steinwender Angelus (Eduard): 89f, 121
Stoppacher Franz: 96, 107
Streit Max: 177, 182
Šorli Josef: 66
T. Josef: 198
Täferle Franz: 42, 45
Tantinger Karl: 32
Thierack Georg: 65, 70
Tito (Josip Broz): 156f
Tollinger Walter: 14, 134-137
Tragbauer Ambros: 188
Trapp Jakob: 28f
Treboutz Josef: 198
Tragbauer Ambros: 193
Tratter Franz: 185
Trattler Arthur: 107, 112, 117
Tripolt Franz: 55
Truk Anton: 55
Tuder Anton: 30, 140, 305
Unterköfler Anna: 195
Uran Anton: 24f
Urank Janez: 75
Valle Guido: 32
Vauti Alojz: 75f, 179, 182
Verdnik Matija: 179
Vodopivec Jurij („Alex“): 165
Vrtnig Hohann: 307
Wagner: 129
Waller Johann: 39
Wanner Karl: 85, 91f, 101, 107, 116-118, 122
Waste Andreas: 48, 50, 54
Weber, Dr.: 185
Weimann Ernst: 34, 74
Weinzierl Franc: 72, 79
Weiss Janez: 179
Wenzl: 197
Weyersberg Albert: 182
Wickenhauser: 197
Wiencken Heinrich: 110
Wiesegge: 131
Wieser Wolfgang: 193
Wohlbank Robert: 190-192
Wohlfahrt Franz: 18
Wohlfahrt Gregor sr.: 18
Wohlfahrt Gregor jr.: 18
Wriesnegger Alfred: 193
Wunder Gottfried: 89, 112
Zach Franz: 87, 91, 117f, 123
Zechner Johann: 197
Zechner Willibald: 197

Zellnig Markus: 156, 165, 172, 183, 185
Zellnig Maria geb. Loibnegger: 156
Zellnig Maria: 156, 162-165, 169, 180f, 183, 185
Zimmermann Karl: 40, 44, 49, 54
Zitter Maximilian: 41, 45, 53-55
Zitter Marie: 54
Zöhrer Johann: 189f
Zulechner Theresia: 176
Županc Johann: 66f, 69
Županc Miha: 79

Register der KZ-Opfer

Ambrosch Alex: 287,308
Anderwald Wilhelm: 287
Andrejevitsch Georg: 297
Anetter Paul: 297
Anthofer Karl: 297
Aschgan Franz: 287
Bajec Rafael: 313
Ballmüller Franz: 297
Berger Amalia: 313
Bevc Franc: 287
Blach Josefine: 308
Blaha Markus: 287
Blahovec Leopoldine: 308
Blajs Janez: 297
Blau Leopold: 318
Böck Aloisia: 305
Böhm Wolfgang Kurt: 288
Bössl Anton: 298
Böttcher-Rosenberg Marie: 313
Boltizar Klara: 305
Bordewicz Wladislaus: 298
Brezjak Franc: 298
Brorzenski Dora: 313
Brunner Simon: 305
Bucher Hildegard: 307
Burgstaller Johann: 298
Cerar Dominik: 313
Cijan Franz: 288
Daumann Georg: 298
Demoser Gottlieb: 317
Dobrodel Rudolf: 298
Dolonac Karl: 298
Doujak Apollonia: 305
Doujak Maria: 306
Doujak Franc: 288
Dovjak Simon: 288
Dovjak Stefanie: 307
Eberle Wilhelmine: 313
Erjavec Franc: 288
Falle Anton: 288
Felfernig Eustachius: 298
Fertin Hermann: 288
Fichtinger Franz: 313
Fischbach Amalie: 308
Fischl Ernst: 321
Fikeis Dr. Wladimir: 137
Fischl Ernst: 323
Florian Erika: 313
Florian Rosa: 313
Florianschütz Ignaz: 298
Fon Filomena: 308
Forst Sigmund: 308
Förster Adolf: 313
Förster Anton: 314
Franz Louis: 314
Franz-Krause Marie: 314
Fritz Elisabeth: 307
Fugger Stanislaus: 308
Gasser Josef: 288
Gastl Anton: 288
Glinik Franc: 299
Golser Michaela: 288, 308
Gornik Maria: 308
Grabner Maria: 314
Grafitsch Anton: 300f
Graile Lorenz: 319
Grauinger Wenzel: 309
Gregoritsch Agnes: 307
Gregoritsch Maria: 307
Greisinger Rupert: 299
Grießer Mathias: 288
Grilc Anna: 307

Gross Adolf: 309
Gross Emma: 309
Gugganig Marianne: 309
Gutzelnig Gottfried: 299
Haberz Miha: 299
Hackl Hans: 289
Haim Karl: 289
Hassler Ludwig: 289
Held Johann: 320
Held Katharina: 320
Held Rudolf: 320
Held Therese: 309
Heller Ferdinand: 299
Herzenberg Rosa: 309
Hirs Agatha: 309
Hojnikar Josef: 289
Holzinger Rudolf: 299
Hornböck Janez: 289
Horvath Josef: 314
Horwath Wilhelm: 314
Hribar Anselm: 289
Hribar Josef: 289
Huber Fridolin: 289
Huber Viktor: 314
Hwala Stefanie: 309
Inzinger Leopold: 289
Ischepp Ignaz: 299
Jakober Maria: 309
Jandus Karl: 299
Jerlich Josef: 299
Jernej Klement: 289
Juch Leopold: 299
Juch Theresia: 307
Kaiser Vinzenz: 314
Kapus Mathilde: 309
Karnitschar Stefan: 290
Kaschnig Rok: 290
Kelih Matevž: 290
Kellich Paula: 306
Klarfeld Charlotte: 310
Klementschnig Anton: 300
Klinger Friedrich: 318
Köhlich Anna: 306
Kogoi Lukas: 290
Kokot Josef: 300
Kolman Maria: 314
Kopeinig Ernest: 310
Koperek Anton: 290
Kopmaier August: 314
Korath Johann: 310
Kos Anna: 306
Kosischnig Franc: 300
Kovacic Karl: 316
Krems Olga: 310
Krems Rudolf: 314
Krepec Johann: 300
Krischmann Gregor: 314
Kristan Johann: 310
Križnar Marija: 306
Krögler Fritz: 290
Kuess Alois: 300
Kübelwirth Rosalie: 310
Kukanja Josef: 314
Kuster Maria: 306
Kuster Marija: 306
Kutej Anton: 290
L' Estoq Hermann: 320
Lassnig Albin: 316
Lassnig Karl: 318
Laubinger Anton: 314
Laussegger Valentin: 290
Leeb Marcel: 300
Leitmann Bartholomäus: 290
Leitner Anna: 310
Leitner Gregor: 290, 300
Lenz Barbara: 314
Lenz Lena: 314
Lepuschitz Josef: 291
Lessnig Karl: 316
Lexer Georg: 320
Lichtenberger Rosalia: 314
Lichtenberger Stefan: 310
Lilian Rosa: 318
Lindner Peter Paul: 317
Linker Eva: 322
Linker Hedwig: 322
Linker Samuel: 319, 322
Lipusch Karl: 291

Lipusch Maria geb. Karnicar: 306
Lorbeg Katharina: 306
Lustig Paul: 322
Lutz Elwira: 314
Lyssy Franz: 291
Maier Johann: 300
Maier Johann (II): 300
Mandek Michael: 302
Marchnig Johann: 319
Maritschnig Maria: 310
Matschek Valentin: 316
Mautz Anton: 291
Mayer Rudolf: 291
Meglitsch Rudolf: 301
Mejvoschek Johann: 316
Melcher Daniel: 301
Melcher Peter: 291
Melchior Jakob: 310
Messner Franz: 301
Messner Paul: 301
Miklau Nikolaus: 291
Miklav Katharina: 306
Milavec Franz: 301
Mischitz Theresia: 311
Missbichler Franz: 291
Mochar Maria: 311
Mohar Hanzej: 291
Monai Franz: 291
Mrak Franz: 311
Müller Vincent: 314
Nagel Maria: 314
Neumann Alfons: 320, 321
Neumann Emanuel: 321
Neumann Mathilde: 321
Niederwieser Alois: 301
Novak Florian: 301
Novak Johann: 301
Oder Konrad: 301
Orischnig Valentin: 321
Osojnik Jakob: 301
Osojnik Jerica: 306
Osojnik Leopold: 302
Osojnik Neža: 306
Pacher Maria: 311
Pachernik Isabella: 320
Pachernik Mathilde: 320, 323
Pachernik Melitta: 320
Partei Mathäus: 292
Pasquali Anna: 314
Paul Anna: 306
Paul Filip: 292
Paul Jakob: 292
Paul Johann: 302
Paul Margarethe: 306
Paul Maria: 306
Pavel Filip: 316
Pečnik Peter: 292
Pečnig Maria: 307
Pečnik Rok: 292
Pegrin Marie geb. Artatsch: 306
Pegrin Matevž: 292
Permosch Andrej: 292
Peteln Karl: 302
Petermann Barbara: 314
Petritsch Mathias: 292
Pettauer Johann: 292
Pihler Jakob: 302
Pintar Juli: 311
Pinter Gertraud: 306
Pinter Klara: 306
Pirc Alois: 311, 318
Platzer Anton: 318
Pleschberger Josef: 292
Ploner Thomas: 293
Podbregar Peter: 302
Podlipnig Andreas: 322
Poeck Johann/Hanej: 293, 317
Pöck Alojzia: 319, 317f
Pörtsch Paula: 306
Pohl Bärbel: 315
Pohl Lotte 314
Pohl Wilhelm: 315
Pokornik Ignaz: 293
Polanšek Maria: 307
Politschar Johann: 293
Pollak Josef: 318
Poppitsch Emma: 311
Porges Walter: 311

Potenschek Frau: 306
Potočnik Valentin: 293, 317
Preis Else: 311
Preis Eva: 311
Preis Felix: 321
Preis Hermine: 321f
Preis Peter Adolf: 312
Prepotnik Peter: 293
Prikržnik Jožefa: 307
Prikržnik Marija: 307
Pristovnik Ignaz: 293
Prodinger Johann: 293
Psenicnik Tone: 293
Pucher Martin: 293, 319
Rader Josef: 302
Raiminius Alois: 315
Raiminius Rainhold: 315
Rainer Engelbert: 302
Rajakowitsch Ottilio: 294
Rannacher Karl: 307
Ranner Stefanie: 307
Riegel Anton: 319
Riegler Franz: 315
Rotar Anna: 307
Rotar Anna II: 307
Rotar Marija: 307
Rubel Johanna: 322
Rudl Josef: 294
Russ Martin: 302
Ruzicka Marie: 315
Sacherer Engelbert: 294
Säger/Seger Adolf: 314,317
Säger/Seger Friedrich: 314, 317
Säger/Seger Valentin: 315, 323
Sailer Alexius Franz: 302
Sainer Franz: 302
Salesnik Paul: 312
Salesnik Peter: 317
Satschen Josef: 303
Sax Siegfried: 312
Scharfegger Anton: 312
Scheiber Albin: 303
Schifferer Thomas: 294
Schilbar Johann: 294
Schmid Johann: 294
Schmidt Anna: 312
Schmidt Leopold: 315
Schmidt Maria: 315
Schorli Elisabeth: 307
Schubert Waldemar: 315
Schuschnig Josef: 294
Schuster Otto: 294
Schwarz Andreas: 294
Schwarz Josef: 316
Schwarz Pankraz: 303
Schwerschina Franz: 303
Seger Adolf: 312
Seger Friedrich: 312
Seger Leopold: 319
Seger Paul: 312
Seger Valentin: 320
Singer Stefan: 294
Sitar Lukas: 295
Siutz Wilhelmine: 312
Sluga Janez: 295
Sluga Georg/Jurij: 303, 317
Slugoutz Paul: 316
Sodat Rosalie: 307
Spitzer Florian: 295
Spreitzer Anton: 303
Stanek Josef: 303
Steblij Anna: 315
Stefan Martin: 303
Stichauner Johann: 295
Stingl Peter: 295
Stossier Johann: 318
Strauß Fritz: 315
Strauß Karl: 295
Stroj Valentin: 310, 319
Stropnig Jernej: 303
Stropnik Karl: 303
Struger Johann: 295
Sucher Max: 295
Sumberac Friedrich: 304
Sumper Josefa: 307
Swoboda Franz: 295
Taubmann Karl: 321
Teggau Josef: 304

Thomasser Georg: 296
Tischler Mathäus: 296
Toporsch Andreas: 304
Toporsch Mathias: 304
Trapp Josef: 304
Travnik Angela: 312
Tschernitz Max: 296
Tschinkowitsch Hermann: 313
Tschofenig Gisela geb. Taurer: 322
Tuder Anton: 304
Unteregger Josef: 304
Urbancic Angela: 321
Urbancic Franc: 296
Urschitz Franc: 304
Uznik Janez: 296
Vejnik Franz: 304
Vernjal Jurij: 317
Vintr Eva: 315
Vogel Adolf: 304
Vrtnig Johann: 306
Wandaller Sterfan: 319
Wank Rudolf: 296
Wappler Oswald: 315
Warum Josef: 313
Weider Otto: 315
Weihs Johann: 315
Weingerl Martin: 318
Weiss Amanda: 315
Weiss Barbara: 316
Weiss Grete: 316
Weiss Katherine: 316
Weizer Jakob: 305
Werkownik Fritz: 305
Wersnjak Franc: 296
Werschnjak Thomas: 296
Wertschnig Anton: 305
Wiedl Leopold: 296
Wilfinger, Moosburg: 319
Winding Vinzenz: 296
Winter Anna Maria: 316
Wohlfahrt Franz: 313
Wurzer Romana: 313
Wutte Franz: 297
Wuzella Stefan: 297
Zalesnik Peter: 317
Zanker Stefan: 305
Zeichner Otto: 316
Zenz Barbara: 316
Županc Stanislav: 305
Zuffer Gregor: 297
Zuffer Peter: 297